BIBLIOTHEK DES DEUTSCHEN STAATSDENKENS

Herausgegeben
von Hans Maier und
Michael Stolleis

Band 8

PETER VON ANDLAU
KAISER UND REICH
LIBELLUS DE CESAREA
MONARCHIA

Lateinisch und deutsch

Herausgegeben
von Rainer A. Müller

PETRI DE ANDLO,
Canonici Columbariensis, Decretorum Doct.

DE IMPERIO RO-
MANO, REGIS ET AVGVSTI
CREATIONE, INAVGVRATIONE,
administratione; officio & potestate Electorum;
alijsq; Imperij partibus, juribus, ritibus
& cerimoniis,

Libri duo:

AD FRIDERICVM III. IMP.
*scripti: & nunc primum typis
editi.*

Curante MARQVARDO FREHERO,
Consiliario Palatino.

Accedunt separatim,

LVPOLDI · DE BEBENBVRG,
&
HIERONYMI BALBI,
Bambergens. & Gurcens.
Episcoporum,

EIVSDEM ARGVMENTI LIBELLI, MVLTO
quàm antea emendatiores & auctiores.

ARGENTORATI, TYPIS IOSIAE RI-
helij, per Andream Rietschium.

Anno M. DC. III.

Erstdruck des Werkes durch Freher, 1603 – Titelblatt

gedruckt in N.d.VII.6? (1612)

235.

Incipit libellus de Cesarea monarchia ad Fridericum III. Augustum editus anno ae[tatis] eius LX...

Incipit der Basler Handschrift (UB Basel/242)

Gedruckt mit Mitteln aus dem Leibniz-Programm
der Deutschen Forschungsgemeinschaft
auf säurefreiem, alterungsbeständigem Papier

Erste Auflage 1998
© Insel Verlag Frankfurt am Main und Leipzig 1998
Alle Rechte vorbehalten
Druck: Nomos Verlagsgesellschaft, Baden-Baden
Printed in Germany

INHALT

Libellus de Cesarea Monarchia / Kaiser und Reich ...... 9 / 10

Zu Peter von Andlau und seiner Schrift
»De Cesarea Monarchia« 315
Zur Übersetzung 332
Quellen des »Libellus« 334
Personenverzeichnis 337
Abkürzungsverzeichnis 346

LIBELLUS DE CESAREA MONARCHIA
KAISER UND REICH

Gloriosissimo et triumphantissimo principi, domino Frederico Romanorum imperatori semper augusto, Ungarie, Dalmacie et Croacie regi, Austrie, Stirie et Carinthie potentissimo duci etc. Sacre sue majestatis subjectissimus Petrus de Andlo Alsacie oppido agnomen trahens Columbariensis ecclesie canonicus, inter decretorum doctores minimus, amplissimorum regnorum et ducatuum felicis semper prosperitatis augmentum.

Romani procursum imperii, ingentemque loci et urbis gloriam, princeps orbis sacratissime, magni excellentesque ingenio viri dictis scriptisque magnopere celebrarunt. Germanorum vero, ad quos splendor migravit imperii, vel rerum gestarum gloriam, quibus Cesaream meruere monarchiam, tum quoque maxime ea, quae vel latissimis juris utriusque codicibus aut veterum a partim hystoriis de imperialis celsitudinis maiestate, sparsim leguntur diffusa, pauci admodum stylo complexi sunt. At nuper mihi in bibliothecula mea paulisper ociosius residenti, multa quoque et preclara de divinarum et humanarum rerum sciencia litteris pertractanti, Teutonicum non immerito visum est decere laborem, illa ceu ex variis floribus in unum compingere opus, quo multis morem gererem, qui horum forsitan noticiam non haberent.

Unde ad sacri decus imperii, honoremque venerabilis et clare nobilitatis viri, domini Georgii de Andlo, Basiliensis ac Lutembacensis ecclesiarum prepositi, michi inter mortales colendissimi domini manum promptam papyro adieci. Illius nempe amplam et vetustissimam familiam pro necessitudine stirpis hanc paginam pro aliquanta eciam porcione attinere existimavi, cum in ordine septem graduum nobilitatis et basium, quibus Romana fundatur potencia, et sua prosapia inter quatuor militaris ordinis genealogias dignissime connumeretur, et prima. In nullo namque meam occupacionem dignius detineri posse ratus sum, quam versari calamo mundanarum omnium dignitatum culmine, illustrium quoque Germanorum laude, a

Dem ruhmreichsten und siegreichsten Fürsten, dem Herrn Friedrich, ewig erhabenem Kaiser der Römer, König von Ungarn, Dalmatien und Kroatien und mächtigstem Herzog von Österreich, Steiermark und Kärnten etc. wünscht der ergebenste Untertan Ihrer Majestät, Peter, genannt nach der elsässischen Stadt Andlau, Kanoniker der Kirche von Kolmar und der geringste unter den Doktoren des Kirchenrechts, glückliches Gedeihen und Wachstum Seiner weiten Königreiche und Herzogtümer.

Die geschichtliche Entwicklung des Römischen Reiches, den ungeheuren Ruhm dieses Ortes und dieser Stadt, heiligster Kaiser des Erdkreises, verherrlichten große und an Geist herausragende Männer mit glühendem Eifer in Wort und Schrift. Was jedoch die Deutschen betrifft, auf die der Glanz dieses Reiches übergegangen ist, so haben nur sehr wenige den Ruhm ihrer Taten schriftlich festgehalten, mit denen sie sich doch die kaiserliche Monarchie verdient haben. Dies gilt vor allem von dem, was in umfangreichen Kodizes beider Rechte oder in den Chroniken der Vorfahren von der Majestät der kaiserlichen Größe auszugsweise, hier und dort verstreut, zu lesen ist. Doch als ich mich neulich ein Weilchen den Tagesgeschäften entzog, um mich in meiner kleinen Bibliothek niederzulassen und viele erhabene Dinge, göttliches und menschliches Wissen betreffend, schriftlich zu behandeln, kam ich zu der Überzeugung, es möchte einem Deutschen die Mühe wohl anstehen, jene Dinge – wie aus verschiedenen Blumen – zu einem einheitlichen Werk zusammenzutragen, um so dem Wunsch vieler Menschen nachzukommen, die kaum Kenntnis von all dem besitzen.

So griff ich denn bereitwillig zu Papier und Feder zu Ehren des heiligen Reiches und zu Ehren des verehrungswürdigen und hochadeligen Herrn Georg von Andlau, Propstes der Kirchen von Basel und Lautenbach, meines Herrn, dem ich höhere Ehrerbietung schulde als allen übrigen Sterblichen. Ich glaube nämlich, daß wegen der Verwandtschaftsbeziehungen seines Geschlechts diese meine Schrift zu einem erheblichen Teil auch seine hochangesehene und sehr alte Familie anginge, da in der Ordnung der sieben Adelsstufen, d.h. der Basen, auf die sich die römische Macht gründet, seine Sippe verdientermaßen zu den vier [führenden] Rittergeschlechtern zählt, und zwar als die erste. Ich war nämlich der Über-

quibus olim ecclesie orthodoxe salus magna ex parte pendebat, et in sanctam Petri sedem relucebat fides meritorum, profectoque tam late reluxit, ut nulla sit tellus, nulla insula, portus, aut maris synus, ad quem Germanorum fulgidissimi nominis fama non penetraverit. Quorum utique virtute gestum est, ut inclitum imperium summaque rerum majestas ex remotissimis Grecie claustris migrando, cetera plane orbis despiciens climata, soli Germanie gremio insideret. Ad te vero, dive Cesar, qui summi iam tenes sceptra imperii, et alta Germanie gubernacula geris, hunc meum libellum de Cesarea monarchia potissimum inscribere volui, ut quod mea exilitas obnubilat, tua excellenti virtute et auctoritate fulgescat. Nusquam enim conveniencius musa imperialis praeconii, quam coram majestate tua inferri poterit, ut auctoritate tanti nominis majorumque tuorum promotus gloria ad amplissime et felicissime fame tue propagacionem fervencius animeris, et ita maximorum gestorum tuorum adaugeas cumulum, ut in te uno et celebrate quondam Germanice decus revirescere, et antiquam triumphalis imperii laudem victrici dextera tua denuo restaurandam esse speremus. Ne autem, serenissime princeps, existimes velim, tantum me in preconia Germanice nacionis stilum erexisse, sed et in vicia quoque, quibus imperii potentatus elanguit, invectum, ne vel blandiri me patrie crederes, vel virtute, quod suum est, neglexisse putares.

Sed cum in minimis eciam rebus, ut in Timaeo Platoni placet divinum presidium debeat implorari, ea propter felici exordio levatis sursum oculis celestem opem leta sic imprecor voce:

zeugung, daß es keinen würdigeren Gegenstand für meine Beschäftigung geben könnte, als mit meiner Feder beim herausragenden Gipfel aller weltlichen Würden und beim Lob berühmter Deutscher zu verweilen, von denen einst weitgehend das Heil der rechtgläubigen Kirche abhing und deren verdienstvoller Glaube auf den Hl. Stuhl Petri zurückstrahlte. Er strahlte in der Tat so weithin, daß es kein Stück Land, keine Insel, keinen Hafen und auch keine Meeresbucht gibt, wohin der Ruf des so glanzvollen deutschen Namens nicht gedrungen wäre. Ihre Tüchtigkeit hat bewirkt, daß das ruhmvolle Reich und die höchste Majestät der Welt, aus den weit abgelegenen Festungen Griechenlands auswandernd, alle anderen Zonen der Welt schlicht verachtete und sich auf dem Schoß des deutschen Bodens niederließ. Dir aber, göttlicher Kaiser, der Du in dieser Zeit das Szepter des höchsten Reiches hältst und das erhabene Steuerruder Deutschlands führst, wollte ich in erster Linie mein kleines Werk über die kaiserliche Monarchie widmen, damit das, was meine Schwäche verdunkelt, durch Deine herausragende Tüchtigkeit und Autorität zu strahlen beginne. Nirgendwo nämlich hätte die Muse passender hingeführt werden können als vor das Angesicht Deiner Majestät, damit Du durch das Gewicht eines so großen Namens und angetrieben durch den Ruhm Deiner Vorfahren umso stärker zur Erhöhung Deines glänzenden und glückseligen Rufes angespornt werdest und so das Übermaß Deiner überaus großen Taten noch vermehrst, auf daß wir hoffen können, daß schon allein durch Dich das Ansehen des einst gefeierten Deutschland wieder erblühe, und so durch Deine siegreiche Rechte sich das alte Lob des triumphierenden Reiches erneuere. Denke jedoch nicht, erhabenster Herrscher, ich habe den Griffel ausschließlich zum Lob des deutschen Volkes in die Hand genommen; vielmehr habe ich auch die Fehler angegriffen, wegen derer die Kraft des Reiches erschlaffte, damit Du nicht glaubst, ich würde dem Vaterland schmeicheln oder es unterlassen, dieses an seine Tugendpflicht zu erinnern.

Doch da man, wie Platon im »Timaios« lehrt, schon bei den geringsten Angelegenheiten den göttlichen Schutz erflehen soll, will ich um der genannten Dinge willen in glückhaftem Beginnen meine Augen nach oben richten und so mit fröhlicher Stimme die Hilfe des Himmels erbitten:

O splendor eterne, lux o clarissima mundi
Terrarum celique sator, qui rosea poli
Astra candore pingis, tu mitis ab alto
Prospice et sacro opus spiramine ducas.
Cesari ut magno placeat hec tela Minerve
Quam teneris texuit manibus illa suis
Theutonie rauco canit modulamine decus,
Imperiique sacri varium per tempora cursum
Austrie stella micans en maxime princeps tibi.[1]

Titulorum ordo quibus summa tocius edicionis reseratur.

Cap. I.	De primeva principatuum et dominiorum origine.
Cap. II.	An regnum mundi a summo rerum principe Deo eiusque divina dependeat voluntate.
Cap. III.	Quod pro mundi gubernacione necessario principes gencium sunt instituti.
Cap. IV.	De regnis et monarchiis primitivis.
Cap. V.	De exortu Romani imperii et vario eiusdem procursu.
Cap. VI.	De regalis regiminis in consulare et politicum Romani imperii translacione.
Cap. VII.	De consularis imperii in Caesareum transmutacione.
Cap. VIII.	An conveniat imperium et quodlibet regnum magis regaliter quam politice gubernari.
Cap. IX.	An expediat reipublice imperii et cuiuslibet alterius gubernatorem pocius habere perpetuum vel temporalem.
Cap. X.	Quod previsivo consilio celum terramque regentis monarchia mundi Romanis concessa est.

---

1 Hs L:
  Aeterne o splendor, lux o clarissima mundi
  terrarum caelique sator. tu mitis ab alto
  Prospice divinoque opus hoc spiramine ducas:
  Caesaris ut magni ingratum auribus adsit.
  Teutonicae rauco canimus modulamine laudem,
  Imperiique sacri varium per tempora cursum.
  Austria stella micans quod suscipe, maxime Princeps.

Du ewiger Glanz, du klarstes Licht der Welt,
Schöpfer des Himmels und der Erde, der du die rötlich
                                                leuchtenden Sterne
in funkelnden Glanz tauchst, blicke gütig herab von der Höhe
und geleite das Werk mit heiligem Wehen,
damit dieses Tuch Minervas dem großen Kaiser gefalle,
das sie mit ihren zarten Händen gewoben hat,
[und das] in rauhem Ton die Ehre Teutoniens verkündet
und den wechselnden Lauf des Heiligen Reichs durch die
                                                        Zeiten.
Siehe, [sie wob es] für Dich, strahlender Stern Österreichs
                                            und größter Herrscher.

Reihenfolge der Kapitelüberschriften, durch die der Inhalt des Buches erschlossen wird.

Tit. I: Die ursprüngliche Entstehung von Gewalt und Herrschaft
Tit. II: Leitet sich weltliche Herrschaft von Gott, dem höchsten Herrn der Welt, und seinem göttlichen Willen her?
Tit. III: Zur Leitung der Welt wurden notwendigerweise Fürsten über die Völker eingesetzt
Tit. IV: Die ersten Königsherrschaften und Weltreiche
Tit. V: Die Entstehung des Römischen Reiches und seine vielfältige Fortentwicklung
Tit. VI: Die Übertragung der königlichen Gewalt auf die konsularische und die bürgerschaftliche Leitung des Römischen Reiches
Tit. VII: Der Wechsel von der konsularischen zur kaiserlichen Herrschaftsform
Tit. VIII: Ist die monarchische Leitung des Römischen oder jedes anderen Reiches einer bürgerlichen vorzuziehen?
Tit. IX: Ist es für einen Staat, das Kaiserreich oder irgendeine andere Herrschaftsform besser, einen Leiter mit unbegrenzter oder einen mit begrenzter Amtsdauer zu haben?
Tit. X: Durch den Plan der göttlichen Vorsehung wurde den Römern die Weltherrschaft gewährt

Cap. XI. De imperialis sedis a Latinis in Grecos translacione.
Cap. XII. De variis magistratuum dignitatibus et officiis, quibus tam in veteri quam nova Roma late Romanum regebatur imperium.
Cap. XIII. De Romani imperii a Grecis in Germanos translacione.
Cap. XIV. Quod Romanum imperium divino presagio transferendum fuit nobilissimos in Germanos.
Cap. XV. De Germanice nobilitatis excellencia et antiquissima eiusdem origine.
Cap. XVI. De principibus ac proceribus, super quibus Romani imperii fundatus est potentatus.

Tituli secundi partis huius libri.
Cap. I. De septem principum electorum institucione.
Cap. II. De Romanorum regis eleccione.
Cap. III. An electores imperii principem non Germanum eligere valeant in Cesarem.
Cap. IV. An per negligenciam principum electorum, regem Romanorum eligere cessancium, potestas provisionis devolvatur ad papam ipso jure.
Cap. V. An in regem Romanorum electus ante papalem approbacionem et coronacionem jura imperii possit administrare.
Cap. VI: De Romanorum regis uncione et triplici ejusdem coronacione.
Cap. VII. De benediccione regine in imperatricem et ejusdem coronacione.
Cap. VIII. De imperatorie majestatis super alios reges excellencia et auctoritate.
Cap. IX. An majestatis imperialis auctoritas derivetur in Cesarem immediate a Deo, vel illam accipiat ab ejus vicario, pontifice summo.
Cap. X. Ad quem Romano imperio vacante jurium rerumque imperii administracio spectare dicatur.
Cap. XI. De nobilitate et quibus ex causis nobilitatis jura nascantur.
Cap. XII. De septem nobilitatis gradibus, quibus terrena regitur monarchia.

Tit. XI:	Die Übertragung des kaiserlichen Regierungssitzes von den Römern zu den Griechen
Tit. XII:	Die verschiedenen Würden und Ämter der Staatsdiener, durch die sowohl im alten wie im neuen Rom das Römische Reich in seiner weiten Erstreckung regiert wurde
Tit. XIII:	Die Übertragung des Römischen Reiches von den Griechen auf die Deutschen
Tit. XIV:	Das römische Reich wurde durch die göttliche Vorsehung auf die edlen Deutschen übertragen
Tit. XV:	Die herausragende Stellung des deutschen Adels und sein Ursprung in der Vorzeit
Tit. XVI:	Die Fürsten und der Adel, auf denen die Stärke des Römischen Reiches beruht

Die Kapitel des zweiten Teils dieses Buches

Tit. I:	Die Einsetzung der sieben Kurfürsten
Tit. II:	Die Wahl des Römischen Königs
Tit. III:	Können die Kurfürsten einen Nicht-Deutschen zum Kaiser wählen?
Tit. IV:	Geht bei Untätigkeit der Kurfürsten das Recht zur Einsetzung des Königs auf den Papst über?
Tit. V:	Kann der erwählte Römische König vor der päpstlichen Approbation und Krönung die Rechte des Reiches wahrnehmen?
Tit. VI:	Die Salbung des Römischen Königs und seine dreifache Krönung
Tit. VII:	Die Weihe der Königin und ihre Krönung zur Kaiserin
Tit. VIII:	Die Vorrangstellung und die Autorität des römischen Kaisers über die anderen Könige
Tit. IX:	Leitet sich die Autorität der kaiserlichen Majestät direkt von Gott ab, oder empfängt er jene von dessen höchstem Stellvertreter?
Tit. X:	Wem obliegt bei einer Vakanz des Römischen Reichs die Wahrnehmung der Rechte und die Verwaltung des Reichs?
Tit. XI:	Der Adel und aus welchen Gründen die Rechte des Adels entstanden sind
Tit. XII:	Von den sieben Stufen des Adels, durch die die irdische Monarchie gelenkt wird

Cap. XIII. De militibus et veteri jure militari.
Cap. XIV. De aquila et armorum insigniis.
Cap. XV. De imperalis curie celebracionis et cesaree majestatis solempnitate.
Cap. XVI. De hiis quae ad imperatoris spectant officium, et defectivis imperii causis.
Cap. XVII. Quod Cesareus animus ad divini cultus augmentum semper debet esse intentus.
Cap. XIII. Quod imperatoris maxime est in orbe terrarum conservare pacem et stratas publicas tenere securas.
Cap. XIX. De forma Romanorum imperatorem suscipiendi, cum urbem duxerit ingrediendam.
Cap. XX. De Romani imperii exitu et ejus finali consumacione.

Tit. XIII:	Die Soldaten und das alte Militärrecht
Tit. XIV:	Der Adler und die Wappen
Tit. XV:	Die Feier des Reichstages und der feierliche Auftritt der kaiserlichen Majestät
Tit. XVI:	Die Amtspflichten des Kaisers und die Gründe für den Verfall des Reiches
Tit. XVII:	Der Sinn des Kaisers muß allezeit auf die Förderung der Gottesverehrung bedacht sein
Tit. XVIII:	Die Wahrung des Friedens auf Erden und die Sicherung der öffentlichen Verkehrswege ist in erster Linie Aufgabe des Kaisers
Tit. XIX:	Das Empfangszeremoniell für einen Kaisers, wenn er eine Stadt betreten will
Tit. XX:	Der Untergang des Römischen Reiches und seine endgültige Vollendung

PETRI DE ANDLO
DE IMPERIO ROMANO LIBER PRIMUS

TIT. I. DE PRIMEVA PRINCIPATUUM ET DOMINIORUM ORIGINE.

Rex eternus et in secula gloriosus, cujus ineffabilis altitudo prudencie, recti censura judicii, celestia et terrena pariter disponit, a principio, celum et terram, angelicamque et humanam naturam creavit. Ad humani quoque generis regulacionem legem prodidit naturalem, que ad regimen concreati hominis, juxta creatoris primeve disposicionis statum, sufficiens erat, cum ipse rerum omnium opifex opus non noverit imperfectum. Qua quidem lege omnia tunc erant communia, cunctorumque hominum una et indivisa possessio fuit. I. Dist. jus naturale. et 8. Dist. quo jure. manebatque eo tempore cunctis mortalibus inconcussa libertas, nec quisquam sciebat a consorte sue nature obsequia servitutis exigere. c. 6. Dist. 35. Tunc quoque et ipse Deus humanum genus, ut plasmator suam creaturam, rexit per se ipsum, illi precepta vivendi dedit, prevaricacionique penam inflixit condignam, ut Genes. 2 et 4. cap. in Cham et Lamech historia testatur. Verum multiplicato genere humano, cujus etas ab adolescencia prona est ad malum, diffcile erat in communione omnia omnibus permanere, cum ipsa communio discordiam soleret parturire, ut L. cum pater. D. de legat. 2. Unde placuit rerum conditori, ut occupanti terra concederetur quecunque. Ait enim Deuter. 13. *Quamcunque terram calcaverit pes tuus, tua erit.* Perductum est autem tempus regiminis divini usque ad Noe eximii patriarche tempora, quo deinceps Deus suas creaturas gubernare cepit per ministros, quorum primus erat Noe, cui Dominus gubernacionem arcae, per quam prefigurabatur Ecclesia, commisit. Gen. 5 et 6. sibique non solum, sed et filiis postmodum suis, rectoriam in populo dedit et legem Gen. XV. Porro multiplicatis iterum post diluvium gentibus, plerique viribus sue fortitudinis confidentes, a paternis solempnitatibus progressi, vi ceperunt infirmiores opprimere, et bonum omne despicere. Quo actum est, ut in libro de officiis apud Tullium legitur Romane sapiencie patrem, ut sagax provisivo populorum sibi deligeret justum aliquem virtute prestantem, cujus ductu et imperio contra adversancium impressionem se defenderent, et indomite gen-

1. BUCH

TIT. 1: Die ursprüngliche Entstehung von Gewalt und Herrschaft

Der ewige und allzeit ruhmreiche König, dessen unaussprechliche Tiefe der Weisheit mit dem Urteil gerechten Gerichts Himmlisches und Irdisches gleichermaßen lenkt, schuf im Anfang Himmel und Erde, die engelhafte und die menschliche Natur. Ferner erließ er zur Befriedung des Menschengeschlechts das Naturgesetz, das zur Lenkung des [mit der Natur] zusammen geschaffenen Menschen nach dem ursprünglichen Heilsplan des Schöpfers genügte, weil der Schöpfer aller Dinge kein unvollendetes Werk kannte. Nach diesem Gesetz war damals alles gemeinschaftlich; alle Menschen hatten einen einheitlichen und ungeteilten Besitz. (Vgl. Dist. I, *jus naturale*, und Dist. VIII, *quo iure*.) In jener Zeit war die persönliche Freiheit aller Sterblichen unangetastet, und keiner dachte daran, von seinem Mitmenschen Knechtsdienste zu fordern (Dist. XXXV, c. 6). Auch regierte damals Gott selbst das Menschengeschlecht, [regierte] in eigener Person als Schöpfer seine Geschöpfe, gab ihnen Vorschriften für das Leben und bestrafte in angemessener Weise ihre Verfehlungen, wie Genesis, Kap. 2 und 4, in der Geschichte Chams und Lamechs bezeugt. Als sich aber das Menschengeschlecht vermehrte, dessen Leben von Kindheit an zum Bösen neigt, wurde die allgemeine Gütergemeinschaft schwierig, weil gemeinsames Eigentum gewöhnlich Zwietracht erzeugt. (Vgl. Dig., *de legat*. 2., l. *cum pater*.) Daher beschloß der Schöpfer der Welt, daß aller Grund und Boden Eigentum des Besetzers sein sollte. Er sagt nämlich Dt 13: »Das Land, das dein Fuß betreten wird, wird dein sein.« Diese Periode göttlicher Herrschaft erstreckte sich bis zu den Zeiten des vortrefflichen Patriarchen Noah; mit ihm begann Gott seine Geschöpfe durch Diener zu regieren. Der erste von ihnen war Noah, dem der Herr die Führung der Arche anvertraute, in der die Kirche vorgebildet war (Gn 5-6), und nicht nur ihm allein, sondern auch seinen Söhnen nach ihm gab er die Lenkungsgewalt und die Rechtsprechung über das Volk (Gn 15). Als sich dann nach der Flut die Menschheit wiederum vermehrte, begannen viele, auf die Kraft ih-

tis maliciam justicie legibus cohercerent. Unde postea ubique terrarum secundum provinciarum et linguarum diversitatem regna, principatus, dominiaque terrarum a Deo permissa, et passim jure gencium sunt introducta, ut habetur in L. ex hoc jure. D. de justit. et jure. I. Distinct. c. jus gencium. Nec attinet, quod Cham ille maledictus, et Nemroth, primi in orbe principes, fastu superbie elati viribusque confisi, gentis sue principatum non eleccione, sed oppressione ursurpabant primi, ut recitatur 6. dist. c. hiis itaque. Horum nempe dominatus, qui juxta philosophos tyrannia dicenda est, non ab epikeya matre virtutum, sed radice omnium malorum cupiditate sumpsit exordium. Post lapsum ergo primi omnium parentis, et divinam pariter naturalemque legem prevaricatam, in statuque miserie dominatus mundi exortus est, quem tantopere animus mortalium adipisci desiderat. In statu quippe originalis justicie, intraque paradisiace amenitatis vireta, nullus unquam hujuscemodi vel regalis vel despoticus principatus fuisset futurus: cum principatus despoticus penalis sit, servitutemque subjectam habeat; et regalis propter direccionem pacis et justicie, dissenciendique facilitatem, que in politica multitudine esse solet, a nacionibus sit adinventus; quorum utrumvis paradisi leges respuissent, cum ibi summa omnium hominum libertas animorumque consensio futura fuisset; licet politico quodam ordine et ibi prelacio subjeccioque in disponendo et gubernando multitudinem fuisset eventura, non quidem dominandi libidine, sed officio quodam consulendi digerendique secundum quod quisque ad influendum, vel influencias ab altero recipiendum, juxta sue nature merita dispositus extitisset. Fuit itaque solum natura corrupta regimen necessarium regale: dempta enim culpa omnes secundum racionem humanitatis equales sumus, ut inquit textus in c. de Constantinop. XXII. dist. Sed cum perversi difficile corrigantur, et stultorum (ut est in Ecclesiast.) infinitus sit numerus, et multitudo, que non ab uno regitur, dissensionibus frequenter laboret, fluctuetque absque pace; quam ob rem congruum erat in gubernacione mundi eligere unum, quo indomita multitudo virga discipline rigoreque justicie regeretur. In cujus rei argumentum, gladius ille ante principem defertur seculi, ut beati Apostoli ad Romanos verba testantur. Surgente denique propter dominandi libidinem inter gentes bellorum immanitate; prestanciores indigne ducebant, propter caduca rerum temporalium bona mortales invicem cruenta gerrere bella, humanumque profundi cruorem: et quo magis ab humana

rer Stärke vertrauend, die heiligen Bräuche ihrer Vorfahren zu übertreten, die Schwächeren mit Gewalt zu unterdrücken und alles Gute zu verachten. So kam es, wie man bei Cicero, dem Vater der römischen Weisheit, in »De officiis« lesen kann, dazu, daß kluge Vorsorge der Völker sich einen gerechten und durch Tüchtigkeit ausgezeichneten Menschen erwählte, unter dessen Führung und Befehlsgewalt sie sich gegen feindliche Unterdrückung zur Wehr setzen und mit gerechten Gesetzen die Bosheit eines wilden Geschlechts im Zaum halten konnten. Deshalb wurde in der Folgezeit überall auf Erden entsprechend den unterschiedlichen Provinzen und Sprachen von Gott die [Einrichtung von] Königsherrschaften, Fürstentümern und territorialen Herrschaften gestattet und allenthalben völkerrechtlich eingeführt. (Vgl. Dig. *de justit. et iure*, l. *ex hoc jure*; Dist. I, c. *jus gentium*.) Dagegen spricht auch nicht, daß der verfluchte Cham und Nemrod, die ersten Fürsten auf Erden, in Stolz und Hochmut sich überhebend und auf ihre Kraft vertrauend, die Herrschaft über ihr Volk nicht durch Wahl übernahmen, sondern sie – als erste – durch Unterdrückung an sich rissen. (Vgl. Dist. VI, c. *hiis itaque*.) Deren Herrschaft nämlich, die nach den Philosophen Tyrannei zu nennen ist, nahm nicht von der Epikie, der Mutter der Tugenden, ihren Ausgang, sondern von der Gier, der Wurzel aller Übel. Nach dem Fall des Stammvaters also, nach Übertretung des göttlichen Gesetzes und des Naturgesetzes und im Zustand des Elends, entstand jene weltliche Herrschaft, nach der das Herz der Sterblichen so sehr verlangt. Im Zustand der ursprünglichen Gerechtigkeit jedoch und auf den grünenden Auen des paradiesischen Lustortes hätte es niemals weder königliche noch tyrannische Herrschaft gegeben, weil tyrannische Herrschaft Strafe ist und Knechtung der Untertanen bedeutet, während die Königsherrschaft zur Aufrechterhaltung von Frieden und Gerechtigkeit und wegen der Leichtigkeit des Dissenses, der sich bei einer größeren Anzahl von Bürgern einzustellen pflegt, von den Völkern erfunden wurde. Beide [Herrschaftsformen] wären von den im Paradies geltenden Gesetzen zurückgewiesen worden, da dort größte Freiheit für alle Menschen und Übereinstimmung der Herzen geherrscht hätte. Selbst wenn es auch dort zum Zweck einer gewissen Ordnung des Gemeinwesens Führerposition und Unterordnung gegeben hätte, so wäre [diese Ordnung] nicht aus Herrschsucht entstanden, sondern aus einer Art Verpflichtung zu raten und zu organisieren nach Maßgabe dessen, wie der

cede temperarent manus, statuerunt ut qui justo bello hostem pocius vellet servare quam occidere, captus in servitutem triumphantis transiret perpetuam. Quo jure dominatus despoticus, qui est domini ad servum, mundo eciam, primum influxit.

TIT. II. AN REGIMEN MUNDI A SUMMO RERUM PRINCIPE DEO, EJUSQUE DIVINA DEPENDEAT VOLUNTATE.

Cum ab origine rerum equa omnium hominum sit condicio, contraque jus naturale, quo cunctos mortales libertate potiri disposuit Deus, principatus dominiaque terrarum jus dumtaxat gencium induxerit mundo: solet a nonnullis curiosis viris scholastico more in disceptacionem venire, an hujusmodi dominatus mundi a summo rerum principe Deo, ejusque divina dependeat voluntate. Et quidem in partem negativam disserentes in medium afferre solent, quod antiquus ille Hebreorum populus, cum Deo peculiari esset amore dilectus, post infractam naturalem legem, usque ad Saul primi regis Israhel tempora, divina quadam disposicione non regulariter, sed po-

einzelne zum Einflußnehmen oder zum Beeinflußtwerden durch andere von seiner Naturanlage her disponiert war. Nur wegen der Verderbnis der Natur wurde Königsherrschaft notwendig; sobald man nämlich die Schuld wegnimmt, sind wir auf Grund unseres Menschseins alle gleich. (Vgl. den Text Dist. XXII, c. *de Constantinop.*) Aber weil verdorbene Menschen schwer zu bessern sind und die Zahl der Toren nach dem Wort des Ecclesiastes unendlich ist, wird auch die Menge, die nicht von einem einzigen regiert wird, oft unter Meinungsverschiedenheiten leiden und friedlos hin und her schwanken. Deshalb war es angemessen, für die weltliche Herrschaft einen Bestimmten zu wählen, durch den die wilde Menge mit der Rute der Disziplin und der Strenge der Gerechtigkeit gelenkt würde. Zum Zeichen hiefür wird dem weltlichen Fürsten das Schwert vorangetragen, wie die Worte des heiligen Apostels [im Brief] an die Römer bezeugen. Als dann schließlich wegen der Herrschsucht gräßliche Kriege unter den Völkern entstanden, hielten die Besseren es für unwürdig, daß Menschen wegen der hinfälligen irdischen Güter Kriege miteinander führten und menschliches Blut vergossen wurde, und um die Hände umso nachdrücklicher von menschlichen Morden abzuhalten, beschlossen sie, daß, wenn jemand in einem gerechten Krieg den Gegner lieber schonen als töten wollte, der Gefangene dann zu lebenslanger Knechtschaft dem Sieger überstellt würde. Mit dieser Satzung gelangte zum ersten Mal tyrannische Herrschaft, d. h. die Herrschaft eines Herrn über einen Sklaven, in die Welt.

TIT. II: Leitet sich weltliche Herrschaft von Gott, dem höchsten Herrscher der Welt, und seinem göttlichen Willen her?

Da von Beginn der Welt an alle Menschen gleich geschaffen sind und das Völkerrecht – im Widerspruch zum Naturrecht, in dem Gott festlegte, daß alle Menschen sich im Besitz der Freiheit befinden – Fürstentümer und Herrschaftsterritorien in die Welt gebracht hat, pflegt von etlichen wißbegierigen Leuten in scholastischer Weise darüber diskutiert zu werden, ob diese weltliche Herrschaft vom höchsten Herrn der Welt, Gott, und von dessen göttlichem Willen sich herleite. Diejenigen, die dagegen argumentieren, bringen vor, jenes alte Volk der Juden sei, weil von Gott besonders geliebt, nach dem Zusammenbruch des Naturrechts bis auf die Zeit Sauls, des er-

litice (ut sacris litteris compertum habeatur) gubernatus sit, sicut luculentius in hoc divina voluntas ex I. Regum 8. cap. deprehendatur; ubi Samuele confecto etate, qui filios Israhel politice et judicavit et rexit, expeterentque illi, aliarum instar gencium, regibus deinceps gubernari, dicentes ei in Ramatha: »Constitue nobis regem, qui judicet nos, sicut et universe habent naciones«; consultusque desuper Dominus exasperatus respondit illi: Audi vocem populi in omnibus, que loquitur tibi; non enim te abjecerunt, sed me, ne regnem super eos: quasi regnare et principari sit rem divini juris usurpare, divinamque fugere subjeccionem recensuit quoque illis jura et leges regum, tyrannidis profecto et iniquitatis plenas. Solum denique reprobi et Deo nostro invisi ab inicio seculi dominium in confratres usurparunt, ut Genes. hystoria declarat. Accedit porro ad hanc sentenciam, aliud, divine indignacionis exemplum. Omnnes nempe fere primi orbis monarche dira morte interierunt. Cham quippe a Lamech occisum, Ninum ictu sagitte occubuisse, alios vero aliter misere mortem obiisse hystoriis traditum sit. Quam ob rem elicere volunt terrena dominia divine omnino contrariare voluntati.

In adversum vero tripartita emergit philosophica racio, quibus mundi principatum ostenditur ab ipso summo Deo ejusque divina defluere voluntate. Omnis namque principatus a Deo est, tum racione entis, tum motus, atque finis, quod hoc ordine elucescit.

Omne quippe ens ex ente primo dependet, a quo originatur: et omne creatum in increato fundatur. Cum autem ens creatum profluat ab increato, necesse est eciam ejus virtutem et potenciam, scilicet dominatum, ab illo procedere, dominiumque creatum in increato fundari. Omne preterea ens per participacionem reducitur ad ens per se. Presidentes autem dominio plus vigent in natura entis, quam persone private: cum gerant vicem, quasi tocius entis, cui pre-

sten Königs von Israel, auf Grund göttlicher Weisung nicht monarchisch, sondern bürgerschaftlich regiert worden, wie man aus der Heiligen Schrift ersehen kann. Noch klarer gebe sich in dieser Hinsicht der göttliche Wille in 1 Rg 8 zu erkennen. Als Samuel, der die Söhne Israels bürgerschaftlich gerichtet und regiert hatte, altersschwach geworden war, verlangten jene, von nun an ebenso wie die anderen Völker von Königen regiert zu werden, und sie sagten zu ihm in Ramatha: »Setze für uns einen König ein, der über uns richtet, wie ihn alle Völker haben.« Der Herr aber, den er hierüber befragte, antwortete ihm voll Ingrimm: »Höre auf die Stimme des Volkes in allem, was es zu dir sagt; denn nicht dich haben sie verworfen, sondern mich, auf daß ich nicht König über sie sei«, gerade als bedeute Königsein und Herrschen so viel wie eine Sache göttlichen Rechts zu usurpieren und sich der Unterordnung unter Gott zu entziehen. [Samuel] zählte ihnen auch die Rechtsprechung und die Gesetzgebung der Könige auf, die in der Tat voll von Tyrannei und Schlechtigkeit sind. Schließlich hätten nur die Verworfenen und unserem Gott Verhaßten seit Anfang der Welt Herrschaft über ihre Mitmenschen beansprucht, wie die Geschichte im Buch Genesis darlegt. Des weiteren, sagen sie, wird diese ihre Auffassung durch das Beispiel göttlichen Mißfallens bekräftigt. Denn die ersten Monarchen der Welt starben fast alle eines grausamen Todes: Cham wurde von Lamech ermordet, Ninus starb durch einen Pfeilschuß, andere endeten auf wieder andere Weise elend, wie in den Berichten [des AT] überliefert ist. So wollen sie hieraus folgern, daß irdische Herrschaft dem göttlichen Willen gänzlich zuwiderläuft.

Dagegen erhebt sich jedoch eine dreifache philosophische Überlegung, aus der hervorgeht, daß weltliche Herrschaft sich vom höchsten Gott selbst und seinem göttlichen Willen herleitet. Alle Herrschaft nämlich kommt von Gott, sowohl hinsichtlich des Seins als auch hinsichtlich der Bewegung und des Ziels, was in dieser Reihenfolge dargelegt werden soll.

Alles Seiende hängt von einem ersten Seienden ab, von dem es seinen Ausgang nimmt, und alles Geschaffene gründet im Ungeschaffenen. Weil aber das geschaffene Sein aus dem Ungeschaffenen hervorgeht, muß auch dessen Stärke und Macht, nämlich die Herrschaft, aus jenem hervorgehen und die geschaffene Herrschaft im Ungeschaffenen ihren Grund haben. Außerdem führt sich alles Seiende durch Teilhabe zurück auf das Seiende an sich. Die aber, die ei-

sunt. Unde Augustinus ait, illos divinos mereri honores et duplicatos. Et ad Timotheum Apostolus: Qui bene presunt, inquit, duplici honore digni habentur. Quo ergo magis, participant de natura entis, tanto quoque magis ad suum approbinquant principuum, plusque de divina participant influencia. Cujus rei exemplum est Saul ille regum Israël primus, quem mox ut per Samuelem assumptus esset in regem, insiliit Spiritus Domini, et prophetavit, ut I. Regum cap. 10. legitur. Et Salamon ordinatus in regem divinam meruit sapienciam. Claret illud quoque et in quibusdam moderniori evo principibus, quod ex ampliori participacione entis singularem quandam virtutem in egrotos habere dicuntur, ut de regibus Francie fertur et Anglie.

Sequitur et alia racione, dominium esse a Deo, in comparacione ad motum. Omne namque quod movetur, ab alio movetur et in moventibus et motis (ut inquit Philosophus VIII. Physicorum) non est infinitum abire, sed est venire ad aliquod movens, quod non movetur, quod est ipse Deus. Cum vero domini in gubernando sint motores orbis, oportet sui regiminis motum in Deum optimum maximumque veluti in principalem reducere motorem. In 3. de Trinit. enim Augustinus ordinem motoris describens, et mobilis ab infimo corpore videlicet terra; ostendit omnia, que supra sunt, juxta ordinem elementorum gradatim moveri usque ad supremum corpus ultime sphere, et ulterius in celesti hierarchia spiritus racionales inferiores per superiores. Tam omnes creatos spiritus ab increato gubernari, in quo tota racio motus entis et vite consistit. Ait enim Apostolus: »In ipso vivimus, movemur, et sumus.« Si ergo a Deo omnis motus emanat, consequens est, ut et ab eo provinciarum dominia tanquam a principali motore dependeant. Sic namque se habet Deus sive prima causa (ait Philosophus XII. metaphys.) ad totum universum, sicut dux ad exercitum, a quo multitudo tota castrorum dependet. Porro inter cunctos mortales plus habent de racione motus reges, principesque terrarum, tum multitudinem gubernando, tum judicando, tum denique illam defendendo. Unde Seneca in libro de brevitate vite ad Paulinum, exhortans eum ad contemptum mundi, sic loquitur de Cesare: »Cum voles rerum omnium oblivisci, Cesarem cogita. Omnium enim domus illius vigilia defendit, omnium

ner Herrschaft vorstehen, vermögen mehr in der Natur des Seienden als die Privatpersonen, weil sie gewissermaßen das gesamte Seiende, dem sie vorstehen, repräsentieren. Daher sagt Augustin, daß sie göttliche und verdoppelte Ehren verdienen. Und der Apostel sagt [im Brief] an Timotheus: »Die, die gut vorstehen, werden doppelter Ehren für würdig befunden.« Je mehr sie also an der Natur des Seienden Anteil haben, desto mehr haben sie auch Anteil an der göttlichen Einströmung. Ein Beispiel hiefür ist Saul, der erste König Israels. Gleich nachdem er durch Samuel zum König erhoben worden war, erfaßte ihn der Geist des Herrn und er prophezeite, wie in 1 Rg 10 zu lesen ist. Und als Salomon zum König gekrönt war, ward ihm göttliche Weisheit zuteil. Dies zeigt sich auch bei bestimmten Fürsten in neuerer Zeit darin, daß sie aus der größeren Teilhabe am Seienden eine einzigartige Heilkraft für Kranke besitzen, wie man sagt. (Man berichtet dies von den Königen Frankreichs und Englands.)[1]

Auch aus einer anderen Überlegung folgt, daß Herrschaft von Gott ist, nämlich aus dem Vergleich mit der Bewegung. Alles, was sich bewegt, wird von einem anderen bewegt; man kann aber bei den Bewegenden und den Bewegten, wie der Philosoph (Aristoteles) im 8. Buch der »Physik« sagt, nicht bis ins Unendliche fortschreiten, sondern kommt notwendig zu etwas Bewegendem, das nicht bewegt wird, und das ist Gott selbst. Weil aber die regierenden Herren die Beweger der Welt sind, muß man die Bewegung ihrer Herrschaft auf den besten und höchsten Gott als auf den ursprünglichen Beweger zurückführen. In »De Trinitate« III beschreibt Augustinus nämlich die Ordnung der Bewegung und zeigt, ausgehend vom untersten Körper, d. h. der Erde, daß alles, was weiter oben ist, nach der Ordnung der Elemente Schritt für Schritt bewegt wird bis hin zum obersten Körper der letzten Sphäre und daß in der himmlischen Hierarchie die unteren der vernunftbegabten Geister durch die höheren bewegt werden. Auf diese Weise werden alle geschaffenen Geister von einem ungeschaffenen geleitet, und darin besteht das ganze Prinzip der Bewegung des Seienden und des Lebens. Der Apostel sagt nämlich: »In ihm leben wir, bewegen wir uns und sind wir.« Wenn also jede Bewegung von Gott herrührt, ist es folgerichtig, daß von ihm als dem ursprünglichen Beweger auch die Herrschaft über die Provinzen abhängt. Denn, so sagt der Philosoph im 12. Buch der

---

1 Gemeint ist die sog. »Skrofelnheilung«.

ocium illius labor, omnium vocationem illius occupacio«. Et subinfert: »Ex quo se Cesar orbi terrarum dedicavit, se sibi eripuit.« Siderum namque more agere debet commendabilis princeps, que in re quieta cursus explicant suos.

Qua de re et Papalis et Imperialis majestas, pro quiete subditorum voluntarios se amplecti labores, et noctes quandoque insomnes transire profitentur, ut in proemio VI. Decretal. Papa disserit, et Imperator Auth. ut nulla judic. Collat. 9. et ut jud. sine quo suffrag. in princ. Collat. 2.

Est sane et tercia racioni mundi dominium a Deo, ex parte finis. Divina enim providenica, in quantum unamquamque creaturam movet in finem suum destinatum, in debitum finem deducit illam, sicut sagittam in determinatum signum, qua profecto racione a sapiente dicitur, opus nature opus esse intelligencie. Cum autem ipse universorum dominus ordinatissimis quibusdam motibus omnia debito et ordinato fine concludat: consentaneum est, multo magis illum racionalem creaturam in finem optimum deducere velle. Quod quidem per suos dispensatores provisoresque terrenos utpote reges, principes, ecclesiarumque prelatos, tanquam causas secundas fieri disposuit. Debet nempe Rex ad id vires suas extendere, ut cives dirigantur ad vivendum secundum virtutem, qui est finis legislatoris, ut 2. Ethicor. Philosophus ait. Ad istum autem finem pervenire impossibile est absque mocione divina. Ceterum finis movere solet efficientem, et tanto efficacius, quanto finis nobilior atque melior. Finis vero quem princeps principaliter in se et subditis intendere debet, eterna est beatitudo, que perfectissimum bonum est. Sunt namque atque dicuntur mundi rectores Dei cooperatores, et ut instrumenta principalis agentis. Hinc est quod Apostolus Corinthiis scriberet, non esse potestatem nisi a Deo; illico subjunxit: Que autem sunt, a

»Metaphysik«, Gott oder die erste Ursache verhält sich zum Weltall wie der Feldherr zum Heer, von dem die ganze Menge der Lager abhängt. Nun haben unter allen Sterblichen die Könige und Landesfürsten ein Mehr an bewegender Kraft, insofern sie die Menge regieren, richten und schließlich verteidigen. Daher sagt Seneca im Buch »De brevitate vitae« zu Paulinus, den er zur Weltverachtung auffordert, Folgendes über Caesar: »Wenn Du alle Welt vergessen willst, denke an Caesar. Seine Wachsamkeit verteidigte nämlich die Häuser aller, seine Anstrengung die Ruhe aller und sein Bestreben das Freisein aller.« Und er fügt hinzu: »Seitdem sich Caesar dem Erdkreis widmete, ist er an sich selbst zum Räuber geworden.« Denn der lobenswerte Fürst muß nach der Art der Sterne tätig sein, die ruhelos ihre Kreise ziehen.

Aus diesem Grund erklären die päpstliche und kaiserliche Majestät, sie würden um der Ruhe ihrer Untergebenen willen aus freien Stücken Mühsale erdulden und bisweilen ganze Nächte ohne Schlaf zubringen. So äußert sich der Papst im Vorwort zum Lib. VI und der Kaiser Auth. *ut nulla judic.* collat. 9. und *ut jud. sine quo suffrag.* zu Beginn von collat. 2.

Es gibt noch ein drittes Argument, daß weltliche Herrschaft von Gott ist, u.z. auf Grund des Ziels. Insofern nämlich die göttliche Vorsehung jedes Geschöpf zu seinem bestimmten Ziel bewegt, führt sie es zu dem ihm zukommenden Ziel wie einen Pfeil in die festgelegte Markierung. Deshalb sagt der Weise wahrheitsgemäß, das Werk der Natur sei ein Werk der Intelligenz. Da aber der Herr des Universums durch wohlgeordnete Bewegungen allen Dingen das ihnen zukommende und ordnungsgemäße Ziel bestimmt hat, folgt notwendig, daß er weit mehr noch jenes vernünftige Geschöpf zum besten aller Ziele führen will. Er ordnete an, daß dies durch seine irdischen Verwalter und Schaffner, d.h. durch Könige, Fürsten und Prälaten der Kirche als Zweitursachen geschehe. Der König nämlich muß seine Anstrengungen darauf richten, daß die Bürger dazu gebracht werden, nach der Tugend zu leben, was Ziel des Gesetzgebers ist, wie der Philosoph im 2. Buch der »Ethik« sagt. Aber ohne göttlichen Antrieb ist es unmöglich, zu diesem Ziel zu gelangen. Im übrigen setzt das Ziel gewöhnlich die Wirkursache in Bewegung, und dies umso nachhaltiger, je edler und besser das Ziel ist. Doch das Ziel, das der Fürst in erster Linie für sich und seine Untertanen anstreben muß, ist die ewige Glückseligkeit, die das vollkommenste

Deo ordinatae sunt: et qui potestati resistit, Dei ordinacioni resistit. II. q. 3. c. resistit. Rursus quoque per divinam scripturam dicitur Proverb. 8: »Per me reges regnant, et legum conditores justa decernunt«. Et Dominus per Ezechielem: »Servus meus, inquit, David rex super omnes erit, et pastor unus omnium eorum«. Princeps denique Apostolorum, Petrus, fideles subditos exhortans ad suis obediendum principibus, eos alloquitur hiis verbis: »Subditi estote omni creature propter Deum, sive Regi tanquam precellenti, sive Ducibus tanquam ab eo missis, ad vindictam malorum, laudem vero bonorum«. Que verba transsumptive ponuntur in c. solite. De major. et obed. Et eximius doctorum doctor: »Omnis anima, (inquit ad Roman.) potestatibus sublimioribus subdita sit«; et habetur in c. omnis anima. De censib. Quod intelligendum est de anima peccatis subdita, ut not. gl. in c. magnum II. q. I. Proinde nequaquam ambigendum, dominia orbis terrarum a summo Deo ejusque divina defluere voluntate. Apertissimum quoque illud est, a quo Christus rex et sacerdos in eternum utramque monarchiam, et spiritualem et temporalem, transtulit in Petrum uti vicarium suum. A primordio namque humane creacionis (ut supra cap. prog. explicatum est) Deus mundum rexit per se ipsum, usque ad eximii Noe tempora; et deinde per suos ministros humanum genus gubernatum est, quorum rector primus populi Dei Noah erat. In hac autem vicaria successerunt Patriarche, Judices, Reges, Sacerdotes et alii, qui pro tempore fuerunt in regimine populi Judeorum; duravitque illud regimen usque ad Christum, qui fuit naturalis dominus et rex noster, de quo David regum omnium specimen canit in Psalmo: »Deus, judicium tuum regi da«. Et Esaias 33: »Dominus judex noster, Dominus legifer noster, Dominus rex noster«. Ipse autem Jesus Christus vicarium suum constituit Petrum et successores, quando ei dedit claves regni celorum, et quando dixit: »Pasce oves meas«; a quo Imperialis auctoritas et deinceps ab Imperiali cetera regna, ducatus, principatus et dominia mundi subalterna quadam emanacione defluxerunt, ut luculencius infra id nostre pagine series declarabit.

Gut ist. Denn die Lenker der Welt sind und heißen Mitarbeiter Gottes, sozusagen Werkzeuge des Haupthandelnden. Deshalb schreibt der Apostel den Korinthern, es gebe keine Macht, es sei denn von Gott, und fügt sogleich hinzu: »Alles, was ist, ist von Gott eingerichtet, und wer der Macht Widerstand leistet, leistet der Ordnung Gottes Widerstand«. (Vgl. Causa II, q. 3., c. *resistit*.)[2] Wiederum heißt es in der Heiligen Schrift Pv 8: »Durch mich regieren die Könige und bestimmen die Gesetzgeber, was recht ist.« Ferner [sagt] der Herr durch Ezechiel: »Mein Knecht David wird über sie als König herrschen und der einzige Hirte für sie alle sein.« Schließlich ermahnt Petrus, der erste unter den Aposteln, die ihm unterstellten Gläubigen, ihren Fürsten zu gehorchen, und spricht sie mit folgenden Worten an: »Seid untertan aller Kreatur um Gottes willen, sei es dem König als dem Oberherrn oder den Statthaltern, weil sie von ihm geschickt sind, um die Bösen zu bestrafen und die Guten zu loben«. (Diese Worte werden übertragen angewandt in *de maior. et obed.*, c. *solite*.) Und der überragende Lehrer der Lehrer sagt [im Brief] an die Römer: »Jedermann sei der obrigkeitlichen Gewalt untertan.« (Dies findet sich in *de censibus*, c. *omnis anima*.) Es ist zu beziehen auf die Seele, die Sklavin der Sünde ist, wie die Glosse zu Causa XI, q. 1, c. *magnum* bemerkt. Daher steht zweifelsfrei fest, daß die weltlichen Herrschaften sich vom höchsten Gott und seinem göttlichen Willen herleiten. Ebenso ist offenkundig, daß Christus, König und Priester in Ewigkeit, beide Monarchien, die geistliche und die weltliche, auf Petrus als seinen Stellvertreter übertragen hat. Denn beginnend mit der Erschaffung des Menschen hat Gott, wie im vorigen Kapitel ausgeführt, die Welt in eigener Person gelenkt bis auf die Zeit des trefflichen Noah; dann hat er das Menschengeschlecht durch seine Helfer regiert, unter denen der erste Leiter des Gottesvolkes Noah war. Die Nachfolge in dieser Stellvertretung traten die Patriarchen, Richter, Könige, Priester und andere an, die zeitweilig das jüdische Volk lenkten. Diese Regentschaft dauerte bis Christus, unserem natürlichen Herrn und König, von dem David, das Vorbild aller Könige, singt: »Gott, gib dem König Deine richterliche Gewalt.« Dazu Is 33: »Der Herr ist unser Richter, der Herr ist unser Gesetzgeber, der Herr ist unser König.« Jesus Christus hinwiederum setzte Petrus und seine Nachfolger als seine Stellvertreter ein, als er ihm die

---

2 Gemeint wohl Paulus, Römer 13.

TIT. III. QUOD PRO MUNDI GUBERNACIONE NECESSARIO PRINCIPES
GENCIUM SUNT INSTITUTI.

Ad gubernacionem autem orbis reges et principes necessarios esse multis racionibus persuasum est. Cum enim naturale sit hominum in multitudine vivere, et diversi diversis preoccupentur negociis, necesse est in omnibus esse aliquid, per quod multitudo regatur. Multis enim existentibus hominibus, et unoquoque id quod est sibi proprium providente, multitudo in diversa spargaretur, nisi esset aliquis in ea curam habens eorum que ad multitudinis pertinent bonum, quemadmodum corpus hominis et cujuslibet animalis deflueret, nisi esset aliqua vis regitiva communis in corpore, ad omnium membrorum commune bonum intendens. Ait enim Salamon Hebreorum sapientissimus: »Ubi non est gubernator, dissipabitur populus«. Preterea sicut operaciones rerum naturalium procedunt ex naturalibus, ita operaciones humane ex humana procedunt voluntate. Oportuit autem in naturalibus, ut superiora moverent inferiora ad suas acciones, per excellenciam naturalis virtutis collate divinitus, sic oportet in rebus humanis, quod superiores per suam voluntatem ex vi auctoritatis divinitus ordinate inferiores regerent, ut satis probat Thomas II. secunde q. c. 4. art. I. et gl. in clem. ad. nostram. De heretic. Istorum autem summorum movencium unus est supremus, et omnes alii subjecti sunt mocioni illius, et sunt in illo quasi membra de membro. c. significandi. De elect.

Omnis vero humani regiminis et superioritatis necessitas ex peccato provenit. Semota namque culpa, omnes secundum racionem humilitatis equales sumus inquit tex. in c. de Constantinop. 22. dist.

Schlüssel des Himmelreiches gab und sagte: »Weide meine Schafe!« Von ihm strömte in einer Art sekundärer Emanation die kaiserliche Herrschergewalt aus und von der kaiserlichen sodann die der übrigen Königreiche, der Herzog- und Fürstentümer sowie der nachgeordneten weltlichen Herrschaften, wie der Text unserer Abhandlung weiter unten noch deutlicher zeigen wird.

TIT. III: Zur Leitung der Welt wurden notwendigerweise Fürsten über die Völker eingesetzt

Aus vielen Gründen steht fest, daß zur Lenkung der Welt Könige und Fürsten notwendig sind. Da es nämlich natürlich ist, daß der Mensch in der Menge lebt und verschiedene Menschen sich mit verschiedenen Dingen beschäftigen, muß es für alle etwas geben, das die Menge leitet. Denn wenn viele Menschen existieren, von denen jeder auf seine eigenen Interessen achtet, würde die Menge sich hierhin und dorthin zerstreuen, gäbe es nicht in ihr einen, der sich um das kümmerte, was für die gesamte Menge gut ist, so wie der Körper des Menschen oder jedes anderen Lebewesens auseinanderbrechen würde, wäre im Körper nicht eine lenkende, gemeinsame Kraft vorhanden, die auf das gemeinsame Gut aller Glieder achtete. Salomon, der Weiseste unter den Hebräern, sagt: »Wo kein Lenker ist, wird sich das Volk zerstreuen.« Ferner: Wie die Tätigkeiten der natürlichen Dinge aus den natürlichen [Fähigkeiten] hervorgehen, so gehen die menschlichen Werke aus dem menschlichen Willen hervor. Wie nun bei den natürlichen Dingen das Niedere vom Höheren zum Handeln bewegt werden muß, und zwar mittels der Vortrefflichkeit der gottgeschenkten natürlichen Kraft, so müssen auch in den menschlichen Dingen die Höheren mit ihrem Willen kraft der von Gott verliehenen Autorität die Niederen leiten, wie Thomas [in der »Summa theologiae«.] II^a. II^{ae}, q. 104, art. 1, nachweist und die Glosse zu Clem. *ad nostram. De heretic.* Von diesen höchsten Bewegern ist aber einer der Allerhöchste, und alle anderen sind seiner Bewegung unterworfen und hängen an ihm wie Glieder an einem Glied. (Vgl. [Lib. VI], *De elect., c. significandi.*)

Doch jede Notwendigkeit für menschliches Regiment und Überordnung entstammt der Sünde. Denn ohne Schuld sind wir alle gleich unter dem Aspekt des Menschseins, sagt der Text Dist. XXII,

quod gl. ibidem exponens ait: »Omnes essent equales, si omnes essent boni«. Sed quod facilitas humani generis ex libero arbitrio proclive ad illicita prolabitur, necesse est esse aliquos, qui horum effrenatam cohibeant vivendi libertatem, et unumquemque in suo jure conservent. Quod utique onus principum humeris incumbere debet, qui ob id a Deo vocati sunt, et Jeremie exemplo super gentes et regna constituti, ut plantent et edificent, evellant quoque dum necesse est, et dissipent totius reipublice curam gerant.

Contrarium enim agentes dissipatores reipublice et tyranni vere vocandi sunt, a sedibusque eorum longe propellendi, cum Reges propter regna, et non regna propter Reges sunt instituta. Unde Reges apud Grecos (ut Isidorus lib. 7. c. 26. etymol. ait) Basilei vocantur, eo quod tanquam bases populum sustinere debeant. Culpa itaque omnis subjeccionis causa est. Virtuosi enim et boni legi minime subjiciuntur, ut Apostoli ad Rom. sentencia est, idemque gloriosus et invictus ait Imperator in Auth. de incest. et neoph. recept., §. si sermo. Collat. 2. et in canonibus est 19. q. 2. due sunt leges et in c. licet. De regul. Nec habet nostra eciam etate exercicium jurisdiccionis princeps in bonos, sed in legis dumtaxat transgressoribus, ut ibid. not.

Quam ob rem exigit humane condicionis perversitas hierarchia esse diversos ordines, majores videlicet et minores, aliter enim corrueret genus humanum, nec stabilis foret permanencie omnis homo, inquit nempe text. in c. ad hoc. 89 dist.: universitas creaturam subsistere non posset, nisi magnus eam differencie ordo conservaret, qui ad majorem concordiam a Deo institutus est. dist. 45. c. licet. Nulla enim creatura in una eademque qualitate et gubernare et equaliter vivere potest, ut celestium militarium exempla nos instruunt, quod dum in celesti hierarchia sunt angeli et archangeli, throni quoque, dominaciones et potestates, liquet profecto alios aliis ordine preesse et potestate. Hujusmodi quoque dominacio atque prelacio (ut dicit gl. in prealleg. cap.) huc erit usque in diem judicii tantum. Dicit namque Apostolus: »Dum mundus iste durabit, homines presunt hominibus, demones demonibus, angeli quoque et angelis, cum au-

c. *de Constantinop*. Die Glosse zur Stelle sagt erläuternd: »Alle wären gleich, wenn alle gut wären.« Aber weil die Unbeständigkeit des Menschengeschlechts auf Grund der Willensfreiheit jählings zum Unerlaubten abgleitet, muß es einige geben, die deren zügellosen Freiheitsdrang im Zaum halten und jeden einzelnen in seinem Recht schützen. Diese Last müssen die Fürsten auf ihre Schultern laden, die dazu von Gott berufen sind und nach dem Zeugnis des Jeremia über Völker und Reiche gesetzt sind, damit sie pflanzen und bauen, ausreißen, wenn es nötig ist, und zerstreuen, und für den ganzen Staat Sorge tragen.

Diejenigen, die das Gegenteil tun, werden zurecht Zerstörer des Staates und Tyrannen genannt und müssen von ihren Thronen verjagt werden, weil die Könige für die Reiche und nicht die Reiche für die Könige eingerichtet wurden. Daher werden die Könige bei den Griechen, wie Isisdor, »Etymologiae« VII 26, sagt, »Basilei« genannt; müssen sie doch wie Basen das Volk tragen. Schuld ist demnach die Ursache aller Untertänigkeit. Die Tugendhaften und Guten sind am wenigsten dem Gesetz unterworfen, wie der Apostel [im Brief] an die Römer sagt. Dasselbe sagt auch der ruhmreiche und unbesiegbare Kaiser im Auth., *de incest. et neoph. recept.*, § *si sermo*, coll. 2, und im kanonischen Recht ist [einschlägig] Causa XIX, q. 2, *due sunt leges* und *de regul.*, c. *licet*. Auch in unserer Zeit kann der Fürst die Rechtsprechungsgewalt nicht gegen die Guten anwenden, sondern allein gegen die Übertreter, wie ebendort festgestellt wird.

Deswegen forderte die Schlechtigkeit der Menschennatur verschiedene, hierarchisch abgestufte Ordnungen, höhere und niedrigere; widrigenfalls würde das Menschengeschlecht zugrundegehen, und kein Mensch hätte festen Bestand. So sagt der Text Dist. LXXXIX, c. *ad hoc*: »Die Gesamtheit der geschaffenen Dinge könnte nicht bestehen, wenn sie nicht eine große, wohlgeordnete Differenzierung bewahrte, die zum Zweck größerer Harmonie von Gott eingerichtet wurde.« Ferner Dist. XLV, c. *licet*: »Kein Geschöpf kann nämlich in ein und derselben Eigenschaft sowohl herrschen als auch als Gleiches unter Gleichen leben, wie uns das Beispiel der himmlischen Heerscharen lehrt. Da es nämlich in der himmlischen Hierarchie Engel, Erzengel, Throne, Herrschaften und Mächte gibt, ist völlig klar, daß die einen die anderen an Rang und Macht übertreffen.« Eine Herrschaft und Vorrangstellung ähnlicher Art gibt es, wie die

tem Deus erit omnia in omnibus, cessabit prelacio omnis«. In futuro enim postquam homines, propter quos hee modo sunt prelaciones, ita confirmati erunt, ut nec augmentari nec seduci possint, hujusmodi prelacio necessaria non erit, non tamen ordo vel majoritas preibit. Erit enim tunc alter altero major digniorque. In domo namque patris mei mansiones multe sunt, inquit Salvator, et transumitur: De penit. dist. 3. c. in domo, non tamen preerit ibi alter alteri, ut nunc necesse est fieri. hec gl. ubi sup. In ecclesia ergo militante necesse est, quemlibet habere superiorem, vel quod Imperatorem, vel Papam nec potest quisquam esse acephalos in hoc mundo.

Sed quoniam dominiorum origo innotuit, illa quam a summo maximoque Deo emanare, ad humanique generis gubernacionem necessario instituta fore declaravimus, ad primas orbis monarchias, illorumque exortum deinceps stilum vertamus.

TIT. IV. DE REGNIS ET MONARCHIIS PRIMITIVIS.

Ut Joseph. libro antiquit. I. Genesisque littera hystoriam nobis texere videntur, a primordio humane creacionis dipositum principatum aut hujusmodi alterius in alterum dominatum (ut supra explicatum est) nullum reperimus, sed omnes homines hoc seculi passim bestiarum more vagabantur, nullaque lege, nulla societate, nulla denique humanitate regebantur, sed jure dumtaxat nature vivebant. At genere humano multiplicato, ceperunt homines simul habitare, quod ex eo tempore (ut recitat tex. 6. Dist. §. hiis itaque) factum esse putatur, quo Cain occiso abel fratre suo profugus ad plagam Orientalem divertens civitatem ibidem edificavit, quam ab Enoch seniore filio Enochiam apellavit. Is enim (ut Josephus narrat) primus simplicitatem, qua prius vivebant homines, ad invencionem mensurarum et ponderum permutavit, integram eorum vitam ex rerum ignorancia et simplicate ad calliditatem corrupcionemque perduxit; ter-

Glosse zum oben zitierten Kanon sagt, auch auf dieser Welt, aber nur bis zum Jüngsten Gericht. Es sagt nämlich der Apostel: »Solange diese Welt dauert, sind Menschen über Menschen gesetzt, Dämonen über Dämonen und Engel über Engel; wenn aber dereinst Gott alles in allen sein wird, wird jede Obrigkeit aufhören.« Wenn nämlich in Zukunft die Menschen, deretwegen es jetzt Obrigkeit gibt, so gefestigt sein werden, daß sie weder gebessert noch verführt werden können, wird keine Obrigkeit mehr notwendig sein, was freilich nicht bedeutet, daß jegliche Rangordnung oder jeder Vorzug aufgehoben ist. Auch dann wird der eine größer und angesehener sein als der andere. »Denn im Haus meines Vaters sind viele Wohnungen«, sagt der Erlöser (übernommen in De penit., dist. 3. c. *in domo*), doch wird dort keiner des anderen Vorgesetzter sein, wie es jetzt sein muß. (So die Glosse wie oben.) In der streitenden Kirche muß jeder einen Oberen haben, den Kaiser und den Papst, und keiner kann in dieser Welt ohne Haupt sein.

Da nunmehr der Ursprung der Herrschaften erklärt ist und wir dargelegt haben, daß sie sich vom höchsten und größten Gott herleiten und zur Lenkung der Menschheit notwendigerweise eingerichtet wurden, wollen wir uns den ersten Monarchien der Geschichte und deren Entstehung zuwenden.

TIT. IV: Die ersten Königsherrschaften und Weltreiche

Wie Josephus »Antiquitates I« und der Text der Genesis uns berichten, finden wir, wie oben dargelegt, in den Anfängen des Menschengeschlechts weder die Einrichtung von fürstlicher Gewalt noch eine vergleichbare Herrschaft des einen über den anderen. Vielmehr wanderten damals alle Menschen frei umher nach Art der wilden Tiere, und sie wurden von keinem Gesetz, von keiner Gemeinschaft und auch von keiner Zivilisation bestimmt, sondern sie lebten lediglich nach dem Naturrecht. Doch nachdem sich die Menschheit vermehrt hatte, fingen die Menschen an, zusammen zu wohnen. Dies geschah, wie man annimmt, zu der Zeit (Text Dist. VI, § *hiis itaque*), als Kain nach der Ermordung seines Bruders Abel auf der Flucht sich nach Osten wandte und dort eine Stadt erbaute, die er nach seinem ältesten Sohn Enoch Enochia nannte. Dieser nämlich ging als erster, wie Joseph erzählt, von der einfachen Lebensweise der frühen

minos terre eciam primus posuit, civitatesque constituit, et muris munivit, illicque suos coëgit convenire domesticos, eorumque dominum et principem se erexit; proximos eciam quosque sibi adjacentes fratres cede, rapinis, depraedationibus infestans, ut robustus viribus erat, timore sui anxit, vique dominatu potitus est. Vetustum itaque genus predonum est, qui primum in orbe principem archique raptorem Cain auctorem habent.

Tunc quoque hoc tempore ceperunt homines jure gencium paulatim vivere, quo jure divise sunt possessiones, distincta rerum dominia, contractus quoque civiles, ut empciones, vendiciones, locaciones et conducciones et alii hujuscemodi introducti sunt, ut text. inquit I. Dist. jus gencium. Quod quidem jus cum diluvio propter hominum raritatem pene videbatur extinctum, sed a tempore Nemrod reparatum existimatur, qui primus post diluvium gentis sue principatum sibi usurpavit. Cum enim post aquarum diluvium Deus vellet filios Noë ad incrementum humani generis pervenire, dispersi sunt post diversitatem linguarum, migraciones agentes ubique et terram apprehendentes unusquisque felicem, et ad quem eos Deus adduceret, ut ita omnis terra per eos compleretur, mediterranea simul atque maritima, quidam eciam navibus transeuntes insulas habitarunt. Unde in generacionibus suis Sem Assiam, Cain Africam, Japhet Europam obtinuisse dicuntur. Nembroth vere filius Thusi permanens apud Babilonios cum esset animo audax, manuque fortissimus, tyrranidem exercuit, ceterosque sue dicioni subegit. Legitur enim de illo Genes. 10: cepit Nembroth robustus venator esse coram domino, id est, hominum oppressor et extinctor, et transumptive in prealleg § hiis itaque. Ab illo autem descendit Belus, rex primus Babilonis et orbis. Nam etsi Babiloniis et exiguis adhuc populis dominaretur Nembroth, Belus tamen circumjacentes populos acrius infestans paulatim, ut dominorum est, sibi quos potuit, armis subegit. De Belo natus est Ninus, qui postea bellis et armis totam Assyriam fatigans, Assyriorum et tocius quasi Orientis monarcha potentissimus et primus effulsit.

Generationen über zur Erfindung von Maßen und Gewichten und führte deren reines Leben aus dem Zustand von Unwissenheit und Einfalt in [den Zustand von] Schlauheit und Verderbtheit über. Auch legte er als erster Grenzen für Grundbesitz fest, errichtete Städte und befestigte sie mit Mauern, zwang die Seinen dazu, dort als Hausbewohner zusammenzubleiben und warf sich zum Herrn und Fürsten über sie auf. Auch alle seine Brüder, die in der Nähe hausten, bedrängte er mit Mord, Raub und Beutezügen, jagte ihnen Furcht ein mit seiner körperlichen Robustheit und erlangte die Herrschaft durch Anwendung von Gewalt. So ist es denn das alte Geschlecht der Räuber, die Kain, den ersten Fürsten auf Erden und Erzräuber, zum Stammvater haben.

Ferner begannen damals die Menschen mehr und mehr nach dem Völkerrecht zu leben, nachdem Besitzungen verteilt, Güterbesitz unterschieden und Zivilkontrakte wie Kauf und Verkauf, Vermietung und Anmietung und ähnliches mehr eingeführt wurden, wie der Text Dist. I, c. *jus gentium* sagt. Dieses Recht schien zwar mit der Sintflut wegen der geringen Menschenzahl nahezu erloschen, aber man nimmt an, daß es seit der Zeit des Nemrod wieder in Geltung kam, der als erster nach der Flut die Herrschaft über sein Volk beanspruchte. Als nämlich nach der Flut der Wassermassen Gott wollte, daß die Söhne des Noah für das Wachstum des Menschengeschlechts sorgten, zerstreuten sich [die Menschen] nach den verschiedenen Sprachen, wanderten in alle Richtungen und nahmen Besitz vom fruchtbaren Land und [von jedem Ort], zu dem Gott sie führte, so daß die ganze Erde von ihnen erfüllt wurde, Binnen- und Küstenland; einige setzten sogar mit Schiffen über und bewohnten Inseln. Daher soll Sem mit seinen Nachkommen Asien, Cham Afrika und Japhet Europa erhalten haben. Doch Nemrod, der Sohn des Chus, blieb in Babylon, und weil er verwegen und kühn war und körperlich überaus stark, riß er die Alleinherrschaft an sich und unterwarf die übrigen seiner Befehlsgewalt. Man liest nämlich von ihm Gn 10: »Nemrod begann ein tüchtiger Jäger vor dem Herrn zu sein«, d. h. ein Menschenquäler und -vernichter. (Vgl. die Übertragung im o.g. § *hiis itaque*.) Von ihm stammt Belus ab, der erste König Babylons und der Welt. Denn wenn auch Nemrod über Babylon und über immer noch kleine Völker herrschte, so war es doch erst Belus, der die umliegenden Völkerschaften energisch angriff und sich nach und nach mit Waffengewalt, wie es Herrenart ist, alle unterwarf, de-

Procedente vero tempore alia pedetentim regna ubique terrarum surrexerunt. Tempore quoque quo Abraham egressus erat de Thara in terram Canaan (ut fulgentissimus ecclesie doctor Augustin. in 16. de civit. Dei recitat) eminencia erant regna gencium, in quibus terrigenarum civitas, hoc est, societas hominum, secundum hominem vivencium, sub dominatu angelorum desertorum, insignius excellebat. Regna videlicet tria, Sicyoniorum, Aegyptorum et Assyriorum. Sed Assyriorum multo erat potencius atque prestancius. Nam rex ille Ninus Beli filius, excepta India, universe Assie populos subiugavit. Assiam nunc dico, non illam partem, que hujus majoris Assie una provincia est, sed eam, que universa Assia nuncupatur, quam quidam in altera duarum, plerique autem in tercia tocius orbis parte posuerunt, ut sint omnes Assia, Europa, Africa; quod non equali divisione fecerunt. Namque ista que Assia nuncupatur, a meridie per Orientem usque ad Septentrionem pervenit, Europa vero a Septentrione usque ad Occidente. Atque inde Africa ab occidente in meridiem. Unde videntur orbem dimidium tenere Europa et Africa, alium vero dimidium sola Assia, quod quidem mare magnum, quod ex Oceano ingrediens terras interluit, nobis facit.

In Assyria ergo prevaluit a principio dominatus gencium, cujus caput Babilon. Ibi jam Ninus regnabat post mortem patris sui Beli LV annos. Filius vero ejus Ninus qui defuncto patre successerat in regnum, regnavit LII annos, et habebat in regno XLIII, quando natus est Abraham, qui erat annus circiter Mcc ante conditam Romam veluti alteram in occidente Babyloniam. Ut autem instabilitas terreni potentatus mortalium oculis claresceret, etsi potentissima esset Assyriorum monarchia, post tamen annos MccXL finem cepit, Medorumque monarchia depost Orientem suis legibus submisit. Arbaces quippe Medorum rex de Assyriis magnifice triumphans, illorum monarchiam ad Medos transtulit et Persas. Digne profecto dixerimus Medos orientis imperium meruisse, quos tantopere in II. de Offic. de justo regimine commendat Tullius. Et Cyrus magnus ille

ren er habhaft werden konnte. Sohn des Belus war Ninus, der später mit Kriegen und Waffen ganz Asien bedrängte und als mächtigster und bedeutendster Monarch der Assyrer und fast des ganzen Orients glänzte.

Im Verlauf der Zeit aber entstanden allenthalben auf dem ganzen Erdreich weitere Königreiche. Auch zu der Zeit, als Abraham von Thara aus ins Land Kanaan gezogen war, gab es, wie der großartige Kirchenlehrer Augustinus »De civitate Dei« XVI schreibt, herausragende heidnische Königreiche, in denen die *civitas terrena*, d. h. die Gemeinschaft der nach dem Menschen lebenden und unter der Herrschaft der gefallenen Engel stehenden Menschen blühte, nämlich das Reich der Sikyonier, der Ägypter und der Assyrer, wobei das Reich der Assyrer bei weitem das mächtigste und herausragendste war. Denn jener König Ninus, der Sohn des Belus, hatte mit Ausnahme Indiens die Völker ganz Asiens unterjocht. Asien nenne ich hier nicht jenen Teil, der eine Provinz des größeren Asiens ist, sondern das, was man als Gesamtasien bezeichnet. Einige identifizieren es mit der einen Hälfte des Erdkreises, die meisten aber mit dem dritten Teil, so daß Asien, Europa und Afrika drei [Drittel] bilden. Diese Teilung ist aber nicht richtig; denn der Erdteil, der Asien genannt wird, reicht vom Süden über den Osten bis hin zum Norden, Europa aber vom Norden bis zum Westen und Afrika dann vom Westen bis zum Süden. Man sieht, Europa und Afrika nehmen die halbe Erdoberfläche ein, Asien allein die andere Hälfte. Dies bewirkt für uns das große Meer, das vom Ozean her eindringt und die Länder bespült.[3]

Mit der Völkerherrschaft wurde also in Assyrien begonnen, dessen Hauptstadt Babylon war. Dort herrschte Ninus nach dem Tod seines Vaters Belus 55 Jahre. Dessen Sohn Ninus, der nach dem Tod seines Vaters die Nachfolge angetreten hatte, regierte 52 Jahre. Er befand sich im 43. Herrscherjahr, als Abraham geboren wurde, etwa 1200 Jahre vor der Gründung Roms, sozusagen des zweiten, im Westen gelegenen Babylon. Damit aber die Unbeständigkeit der irdischen Macht den Augen der Sterblichen klar werde, fand das Weltreich der Assyrer, obwohl überaus mächtig, nach 1240 Jahren sein Ende, und das Weltreich der Meder unterwarf den Orient seinen Gesetzen. Denn Arbakes, der König der Meder, trug einen glän-

---

3 Die Erdteiltrennung wird nicht genauer markiert; mare magnum = Mittelmeer.

orientis monarcha, in principio Esdre, potentatum suum a Deo sibi donatum humili professione recognoscens: »Omnia regna mundi, inquit, michi Dominus celi et terre«.

Verum etsi Medi hoc tempore orbi essent notissimi, paucis tamen admodum annis triumphalis gloria imperii apud illos quievit. Etenim cum annis tantum ccXXXIII regnassent Medi, Alexander Macedonum gloriosissimus princeps, Medorum atque Persarum gloriam prosternens, primatum gencium in sua persona in Grecorum transtulit dicionem. Sed nec illic quidem durare poterat summa rerum majestas. Duodecimo etenim anno imperii sui invictissimus princeps et tocius orientis domitor, victor septentrionis, morte subtractus est, atque ejus obitu Grecorum pariter monarchia defuncta, ut Maccabaeorum hystoria lib. I. manifestat. At vero quia hunc mundum per Romanum imperium gubernandum previsivo consilio disposuit Deus, qua ex re gencium monarchia ab Oriente migrando in Occidentem dehinc ad Romanos translata est.

In hiis nempe quatuor, quas prelibavimus, monarchiis a diluvii temporibus mundi dominatus cucurrit, in finemque temporum curret, nec aliqua deinceps monarchia post Romanam futura est. Quas utique monarchias prefigurabat statua illa, quam (ut apud Danielem est cap. II.) Nabuchodonosor rex Babylonis somnians vidit in visione, ut Hieronymi et Augustini sentencia est, qui eandam visionem ad has mundi monarchias sua exposicione adaptarunt, volentes per aureum ejusdem statue caput, Assyriorum intelligere regnum; per argentea vero brachia et pectus, Medorum atque Persarum; atque pro ventre et femoribus ereis, Grecorum; pro tibiis vero ferreis, et pedibus partim ferreis, partim fictilibus Romanum et ultimum regnum designantes. Quarum sane designacionum raciones seriatim depromerem, sed ne nimium a proposito pedem divertam, ad Romanorum monarchiam, in qua principaliter mea versatur intencio, verba calamumque converto.

zenden Sieg über die Assyrer davon und bewirkte den Übergang ihres Weltreiches auf die Meder und Perser. Ich würde sagen, daß die Meder verdientermaßen die Herrschaft über den Orient übernahmen, da sie Tullius (Cicero) in »De officiis« Buch II über gerechte Herrschaft so sehr empfiehlt. Und Kyrus, jener große Monarch des Orients, erkennt zu Beginn des Buches Esdras in demütigem Bekenntnis an, daß ihm seine Macht von Gott geschenkt wurde, wenn er sagt: »Alle Reiche der Welt hat mir der Herr des Himmels und der Erde [gegeben].«

Doch obwohl zu dieser Zeit die Meder das bekannteste Volk des Erdkreises waren, erstarb der Siegesruhm ihres Reichs innerhalb weniger Jahre. Denn nachdem die Meder nur 233 Jahre die Herrschaft innegehabt hatten, machte der glorreiche Makedonenfürst Alexander den Ruhm der Meder und Perser zunichte und brachte in seiner Person die Völkerherrschaft unter die Befehlsgewalt der Griechen. Aber auch dort konnte die Würde der Weltherrschaft nicht auf Dauer bleiben. Im zwölften Jahr seiner Regierung starb der ewig unbesiegte Fürst, der Bezwinger des gesamten Orients und der Sieger über den Norden, und mit seinem Tod erlosch gleichzeitig das Weltreich der Griechen, wie die Geschichte Makkabäer I beweist. Denn weil Gott im Plan seiner Vorsehung beschloß, diese Welt durch das Römische Reich lenken zu lassen, ging die Völkerherrschaft bei ihrer Wanderung nach Westen schließlich auf die Römer über.

In diesen von mir geschilderten vier Weltreichen vollzog sich der Ablauf der Weltherrschaft, und so wird sie weiterhin ablaufen bis zum Ende der Zeiten, und es wird kein weiteres Weltreich nach dem römischen geben. Diese Weltreiche verkörperte jene Statue, die, wie bei Daniel 2 steht, Nabuchodonosor, der König von Babylon, in einer Traumvision sah. Dies ist jedenfalls die Meinung des Hieronymus und des Augustinus, die in ihrer Auslegung diese Vision auf die Weltreiche bezogen, wobei sie unter dem Kopf der Statue das Reich der Assyrer verstanden wissen wollten, unter den Armen und der Brust aus Silber das der Meder und Perser, unter dem Bauch und den Lenden aus Erz das der Griechen; die eisernen Beine und die teils eisernen, teils tönernen Füße deuteten sie auf das römische und zugleich letzte Reich. Ich könnte durchaus die Gründe für ihre Zuweisungen in lückenloser Folge vortragen, doch will ich, um nicht allzusehr vom Thema abzuschweifen, meine Gedanken und meine Feder auf das römische Weltreich lenken, dem mein Hauptinteresse gilt.

TIT. V. DE EXORTU ROMANI IMPERII
ET VERIO EJUSDEM PROCESSU.

Agressuro michi Romani statum imperii, libet paulisper subsistere et priusquam exortum illius pertingam, Albanum premittere regnum sive Latinum, a quo processit Romanum, utque quibus illud procurrebat temporibus, innotescat, Israeliticum, quod hiis coetaneum fuit, connectere fas est.

Postquam superis visum esset, ingentem Teucrorum prosternere gloriam, postque alme Troie excidium (quod Orosii chronica referente, et Eutropio, factum est tercio anno Abdon judicis Israelis, anno profecto CCCXXX ante conditam urbem) Eneas dux Trojanus, cum genitore suo Anchise, atque Ascanio filio, et multa nobilium comitiva, qui Trojanam evaserant stragem, viginti navibus alto pelago se fatisque committens, incertas exul quesiturus sedes, primo in Thraciam, et deinde post ingentes terre marisque labores in Siciliam tandem devenit, ubi sepulto Anchise patre cum vela tenderet in Italiam, adversa maris tempestate pulsus Libie devenit in regnum, ubi a Didone regina adamatus, aliquamdiu remoratus, tum deinde auguriis agitatus et fatis in Ytalye oras iter reflexit, prosperoque flatu in portum, ubi Tiberis influit mari applicuit. Cum autem Euander rex, qui tunc regnavit in septem montibus, ubi postea Roma condita est, vidisset Eneam, hostem suspicatus, armis eidem occurrit. At pius Eneas hoc cernens tulit manu virentis ramum olive, pacis ostendens signum more antiquorum. Quem Euander, ut innotuisset Trojanos esse illos, quorum virtutis fama orbem totum penetrarat, benigne humaniterque suscipiens, ibi illum manere, finemque laborem capere rogitavit. Unde procedente tempore Laviniam filiam regis Latini, qui circa hunc locum non longe regnaverat, duxit uxorem. Qui Latinam lingwam emendavit, et Latini suo de nomine appellati sunt. Quod quidem Latinorum regnum de Saturno, qui primus regnavit in Lacio, cumputando, CL annis ante adventum Enee constitisse veterum hystoriis perhibetur. Rege autem Latino mortuo Eneas regnum Latinorum adeptus tribus annis regnavit, quo Hebreorum judex fuit Samson, qui cum mirabiliter fortis esset, putatus est Hercules. Et ut beatissimi Augustini in XVIII. de civit. Dei, verba

TIT. V.: Die Entstehung des Römischen Reiches und seine
vielfältige Fortentwicklung

Wenn ich nunmehr daran gehe, die Beschaffenheit des Römischen
Reiches zu erörtern, sei es gestattet, vor der Schilderung seiner Entstehung kurz innezuhalten und [die Geschichte] des Königtums von
Alba bzw. des latinischen Königtums vorauszuschicken, aus dem
das römische hervorgegangen ist. Und damit deutlich werde, in welcher Zeit es entstand, halte ich es für erlaubt, eine Verbindungslinie
zum israelischen Königtum zu ziehen, weil dieses mit jenen [Reichen] gleichzeitig existierte.

Nachdem es dem Himmel gefallen hatte, den ungeheuren Ruhm
der Teukrer zu zerschmettern, hat sich nach dem Untergang des erhabenen Troja – nach der Chronik des Orosius und nach Eutrop im
dritten Jahr Abdons, Richters von Israel, und im Jahr 330 vor der
Gründung Roms – der trojanische Heerführer Aeneas mit seinem
Vater Anchises, seinem Sohn Askanius und zahlreichen adeligen Begleitern, die dem Untergang Trojas entkommen waren, auf zwanzig
Schiffen dem Schicksal und dem Meer überantwortet. Aus der Heimat vertrieben und auf der Suche nach unbekannten Wohnsitzen
kam er zuerst nach Thrakien und hierauf nach unendlichen Mühen
zu Wasser und zu Lande nach Sizilien, wo er seinen Vater Anchises
begrub. Als er dann nach Italien segeln wollte, wurde er von einem
Seesturm in die entgegengesetzte Richtung getrieben und gelangte
ins lybische Königreich, wo er, von der Königin Dido geliebt, einige
Zeit verweilte, bis er schließlich, von Vorzeichen und dem Schicksal
getrieben, Kurs auf die Küsten Italiens nahm und, von günstigen
Winden [unterstützt], an jenem Hafen landete, wo der Tiber ins
Meer fließt. Als aber König Euander, der damals auf den sieben Bergen regierte, auf denen später Rom gegründet wurde, dies bemerkte,
vermutete er in Aeneas einen Feind und trat ihm mit Waffen entgegen. Der fromme Aeneas jedoch hob, dies sehend, mit seiner Hand
einen grünen Olivenzweig hoch, um nach Sitte der Alten das Friedenszeichen zu geben. Wie nun Euander erkannte, daß es sich um
jene Trojaner handelte, deren Waffenruhm bis in den letzten Winkel
des Erdkreises gedrungen war, nahm er ihn wohlwollend und gastfreundlich auf und bat ihn, dazubleiben und den Mühsalen ein Ende
zu bereiten. So heiratete er im weiteren Verlauf Lavinia, die Tochter
des latinischen Königs, der an diesem Ort noch nicht lange regiert

recenseam, quarto Latinorum rege Silvio Enee filio non de Creusa, de qua fuit Ascanius qui tercius ibi regnavit, sed de Lavinia Latini filia, quem postumum Eneas dicitur habuisse; Assyriorum autem vicesimo et nono Oneo et Melantho Atheniensium sextodecimo; judice autem Hebreorum Heli sacerdote, regnum Sicyniorum consumptum est, quod per annos DCCCCLIX dicitur fuisse porrectum. Mox eisdem per loca memorata regnantibus Israelitarum regnum, finito tempore judicum, a Saule rege sumpsit exordium, quo tempore fuit propheta Samuel. Ab illo tempore his reges Latinorum esse ceperunt, quos cognominabant Silvios. Ab eo quippe quod filius Enee primus est dictus Silvius, ceteris et propria nomina imponebantur, et hoc non defuit cognomentum, sicut longe postea Cesares cognominati sunt ab Augusto Cesare. Reprobato autem Saule, ne quisquam ex ejus stirpe regnaret, eo quod defuncto successit David in regnum, post annis a Saulis imperio XL; post David qui eciam ipse XL regnavit annos, filius ejus Salamon rex Israelitarum fuit, qui templum illud nobilissimum Dei Hierosolymitanum condidit. Eius tempore apud Latinos condita est Alba, ex qua deinceps non Latinorum sed Albanorum reges appellari, in eodem tamen Lacio ceperunt, Salomon successit Roboam filius ejus, sub quo in duo regna populus ille divisus est, et singule partes suos singulos reges habere ceperunt. Lacium post Eneam, quem deum fecerunt Latini, undecim reges habuit. Aventinus autem qui duodecimo loco Eneam sequitur, cum esset prostratus et sepultus in eo monte, qui eciam nunc ejus nomine nuncupatur, deorum talium quales sibi fecerunt, numero est additus. Post hunc non est deus factus in Lacio, nisi Romulus conditor Rome.

hatte. Dieser verbesserte die lateinische Sprache, und [so] wurden die Latiner nach ihm benannt. Dieses Reich der Latiner wurde, wie die Geschichtsschreibung der Alten bezeugt, 150 Jahre vor der Ankunft des Aeneas von Saturn, dem ersten König in Latium, gegründet. Nachdem aber König Latinus gestorben war, fiel das Königtum der Latiner an Aeneas, und er regierte drei Jahre, während gleichzeitig Samson Richter in Israel war, den man wegen seiner wunderbaren Stärke mit Herkules gleichsetzte. Und, um die Worte des hl. Augustinus in »De civitate Dei« Buch XVIII wiederzugeben: »Unter der Herrschaft des Silvius, des vierten Königs der Latiner – er war ein Sohn des Aeneas, aber nicht von der Creusa, von der Ascanius stammte, der dort als dritter König regierte, sondern von der Lavinia, der Tochter des Latinus, und er soll ein nachgeborener Sohn des Aeneas gewesen sein – und unter der Herrschaft des Oneus, 29. König der Assyrer, und des Melanthus, 16. König der Athener, während der Priester Heli Richter in Israel war, ging das Reich der Sikyonier zugrunde, das 959 Jahre lang gedauert haben soll. Bald darauf nahm, während noch dieselben Männer in den genannten Gebieten herrschten, nach dem Ende der Richterzeit mit Saul das israelitische Königtum seinen Anfang, u.z. zur Zeit des Propheten Samuel. In dieser Zeit beginnt die Reihe derjenigen latinischen Könige, die man Silvier nannte. Weil nämlich der Sohn des Aeneas als erster den Namen Silvius führte, gab man zwar seinen Nachfolgern Eigennamen, aber außerdem diesen Zunamen, so wie lange Zeit hernach die Cäsaren ihren Zunamen von Caesar Augustus erhielten. Weil Saul [von Gott] verworfen worden war, folgte ihm, damit keiner aus seinem Geschlecht König werde, nach dessen Tod David in der Herrschaft nach, 40 Jahre nach dem Regierungsantritt Sauls. Nach David, der ebenfalls 40 Jahre regierte, wurde sein Sohn Salomon König der Israeliten; er erbaute jenen hochberühmten Tempel Gottes in Jerusalem. Zu seiner Zeit wurde bei den Latinern [die Stadt] Alba gegründet, nach deren Namen man sie dann nicht mehr Könige der Latiner, sondern Könige der Albaner nannte, obwohl [sie immer noch] im gleichen Latium [herrschten]. Auf Salomon folgte sein Sohn Roboam, unter dem das Volk in zwei Reiche geteilt wurde, wobei jeder Teil anfing, einen eigenen König zu haben. Latium hatte nach Aeneas, den die Latiner zu einem Gott gemacht hatten, elf Könige. Aventinus aber, der Aeneas an zwölfter Stelle folgte und auf jenem Berg erschlagen und begraben worden war, der bis

Inter istum autem et illum reges reperiuntur duo, quorum proximus est, (ut cum Virgiliano versu eloquar) proximus ille Procas Trojane gloria gentis. Cujus tempore quia quodammodo Roma parturiebatur, illud omnium regnorum maximum Assyriorum finem tante diuturnitatis accepit, ad Medos quippe (ut supra diximus) translatum est, post annos ferme MCCCV, ut eciam Beli, qui Ninum genuit, et illic parvo contentus imperio primus rex fuit, computentur tempora. Procas autem regnavit ante Amulium. Porro Amulius fratris sui Numitoris filiam, Ream nomine, que eciam Ilia vocatur, Romuli matrem, Vestalem virginem fecerat, quam voluit de Marte geminos concepisse. Isto modo stuprum fecerunt ejus honorantes vel excusantes, et adhibentes argumentum, quod expositos lupa nutrierit; hoc enim genus bestie ad Martem existimant, pertinere, ut videlicet ideo lupa credatur admovisse ubera parvulis, quod filios domini sui agnovit. Quamvis non desint qui dicant, cum expositi vagientes jacerent, a nescio qua primum meretrice fuisse collectos, et primas ejus suxisse mamillas (meretrices enim lupas nuncupabant, unde eciam nunc turpia loca earum lupanaria vocantur) et eos postea ad Faustulum pervenisse pastorem atque ab ejus uxore Acca fuisse nutritos. Quanquam si ad arguendum hominem regem, qui eos in aquam projici crudeliter jusserat, eis infantibus per quos tanta civitas condenda fuerat, de aqua divinitus liberalis per lactantem feram Deus voluit subvenire, quid mirum est?

Amulio successit in regnum Laciale frater Numitor avus Romuli, cujus Numitoris primo anno condita est Roma, ac per hoc cum suo deinceps nepote, id est Romulo, regnavit. Ne multis morer, (inquit Augustinus) condita est civitas Roma, velut altera Babylon, et velut prioris filia Babylonis, per quam placuit Deo debellare terrarum, et

heute seinen Namen trägt, wurde der Zahl der von ihnen geschaffenen sogenannten Götter beigezählt. Nach ihm wurde in Latium, abgesehen von Romulus, dem Gründer Roms, niemand mehr vergöttlicht.

Zwischen den beiden aber findet man zwei Könige. Der erste von ihnen ist, um es mit dem Vers Vergils auszudrücken, »jener erste Nachfolger Procas, der Ruhm des trojanischen Stammes.« Zu seiner Zeit, weil Rom gewissermaßen schon dabei war, geboren zu werden, endete die außerordentlich lange Dauer des größten aller Reiche, des assyrischen. Es ging, wie oben gesagt, auf die Meder über, und dies nach etwa 1305 Jahren, um auch die Zeit des Belus, des Vaters des Ninus, mitzurechnen, der dort, mit einer bescheidenen Herrschaft zufrieden, als erster König regiert hatte. Procas nun war König vor Amulius. Dieser Amulius hatte Rea, auch Ilia genannt, die Tochter seines Bruders Numitor und Mutter des Romulus, zur Vestalin gemacht. Man sagte, daß sie von Mars Zwillinge empfing, um auf diese Weise die Unzucht der Rea zu ehren oder zu entschuldigen. Ferner gaben sie vor, eine Wölfin habe die ausgesetzten Kinder gesäugt. Sie vertreten die Meinung, dieses Tier stehe unter dem Schutz des Mars, damit man glaube, die Wölfin habe aus dem Grund ihre Zitzen den Kindern dargeboten, weil sie in ihnen die Kinder ihres Herrn erkannte. Einige behaupten freilich, die ausgesetzten Kinder seien, als sie wimmernd dalagen, zuerst von einem Freudenmädchen aufgehoben und mitgenommen worden und sie hätten zuerst an ihrer Brust getrunken. Die Freudenmädchen wurden von ihnen »Wölfinnen« genannt; deswegen heißen noch heute die Orte, an denen sie ihrem schändlichen Geschäft nachgehen, »lupanaria« [»Wolfshöhlen«]. Erst später seien sie zum Hirten Faustulus gekommen und von dessen Frau Acca aufgezogen worden. Was aber wäre daran so erstaunlich, wenn Gott diesen Kindern, durch die ein so mächtiger Staat gegründet werden sollte, durch ein säugendes Tier zu Hilfe kommen wollte, nachdem er sie mit göttlicher Kraft aus dem Wasser befreit hatte, um so den König zu strafen, der den grausamen Befehl gegeben hatte, sie ins Wasser zu werfen?

Nachfolger des Amulius im Königreich Latium wurde dessen Bruder Numitor, der Großvater des Romulus; im ersten Regierungsjahr des Numitor wurde Rom gegründet, und so herrschte er von da an mit seinem Neffen Romulus gemeinsam. »Um es kurz zu machen«, sagt Augustinus, »die Stadt Rom wurde gegründet als ein

in unam societatem reipublice legumque perductum longe lateque pacare. Erant enim populi jam validi et fortes, et armis gentes exercitate, que non facile cederent, et quas opus esset ingentibus periculis et vastacione utrinque non parva, atque horrendo labore superari. Nam quando regnum Assyriorum totam pene Asiam subjugavit, licet bellando sit factum, non tamen multum asperis et difficilibus bellis fieri potuit, quod rudes adhuc ad resistendum gentes erant, nec tam multe et magne. Siquidem post illud maximum diluvium et universale, cum in archa Nohe octo soli homines evaserant, anni non multo amplius quam mille transierant, quam Ninus Assiam totam excepta India subjugavit. Roma vero tot gentes et Orientis et Occidentis, quas Romano subjecit imperio, non ea celeritate ac facilitate perdomuit; quoniam crescendo paulatim robustas eas et bellicosas, quaqua versum dilatabatur, invenit.

Tempore autem quo Roma condita est, populus Israel habebat in terra promissionis annos DCCXVIII. ex quibus XXVII pertinent ad Jesum Nave, deinde ad tempus judicum CCCXXIX. Ex quo autem reges ibi esse ceperunt, anni erant CCCLXII. et rex tunc erat in Juda cujus nomen Achas, vel (sicut alii computant) qui ei successit Ezechias, quem quidem constat optimum et piissimum regem Romuli regnasse temporibus. In ea vero parte Hebrei populi, que appellatur Israel, regnare ceperat Osee. Hucusque Augustini verba porrecta sunt.

Romanum ergo imperium (ut inquit Eutropius) quo neque ab exordio ullum fere minus, neque in incrementis toto orbe amplius humana potest memoria recordari, a Trojano nobilissimo sanguine Romuloque primo omnium Romanorum rege sumpsit exordium, a creacione mundi postquam fluxissent annorum quatuor milia CCCCLXXXIV (ut ad beatum Augustinum Orosius fertur scripsisse) anno post Troje excidium CCCCIIII ante adventum vero Salvatoris nostri DCCXV etatis autem Romuli XVIII. In cujus laudem Virgilii poetarum clarissimus VI Eneidos canit:

zweites Babylon und sozusagen als Tochter des älteren Babylon, durch die Gott den Erdkreis bekriegen und, nachdem er in eine einzige Gemeinschaft desselben Staates und derselben Gesetze überführt worden war, weit und breit befrieden wollte. Es gab nämlich schon starke und mächtige Völker und waffengeübte Nationen, die sich nicht leicht geschlagen gaben und die unter ungeheuren Gefahren und Verwüstungen mit nicht geringen und schrecklichen Mühen auf beiden Seiten überwunden werden mußten. Denn damals, als das Reich der Assyrer beinahe ganz Asien unterwarf, geschah dies zwar auch in kriegerischer Auseinandersetzung, aber es ließ sich mit nicht sehr rauhen und schwierigen Kriegen bewerkstelligen, weil die Völker noch keine Erfahrung im Widerstand hatten und obendrein noch nicht so zahlreich und noch nicht so groß waren. Waren doch nach jener großen, allumfassenden Flut, als in der Arche Noah nur acht Menschen entkamen, nicht viel mehr als tausend Jahre vergangen bis zu dem Zeitpunkt, da Ninus ganz Asien unterjochte, Indien ausgenommen. Rom aber hat die vielen Völker des Ostens und des Westens, die wir als Eroberungen des Römischen Reiches kennen, nicht mit gleicher Schnelligkeit und Leichtigkeit bezwungen, weil es, langsam wachsend, überall, wohin es sich auch ausbreitete, auf kräftige und kriegerische Völkerschaften stieß.

Zu der Zeit, als Rom gegründet wurde, lebte das Volk Israel im Land der Verheißung bereits 718 Jahre, wovon 27 Jahre Jesus Nave zuzurechnen sind, dann 329 der Zeit der Richter. Seitdem es dort Könige gab, waren 362 Jahre vergangen, und in Judäa regierte damals ein König mit Namen Achaz, oder, wie andere rechnen, dessen Nachfolger Hesekia. Sicher ist, daß dieser hervorragende und sehr fromme König zur Zeit des Romulus geherrscht hat. In dem Teil des hebräischen Volkes aber, der Israel genannt wird, hatte Osee angefangen zu herrschen.« Bis hierher also das Wort des Augustinus.

Das Römische Reich nun, das, wie Eutrop sagt, in seinem Beginn so ziemlich das kleinste, in seinem Wachstum aber seit Menschengedenken das größte Reich auf dem Erdkreise war, entsprang edelstem trojanischen Blut und nahm mit Romulus, dem ersten König aller Römer, seinen Anfang, nachdem seit der Erschaffung der Welt 4484 Jahre verflossen waren, wie Orosius an den hl. Augustinus schrieb, 404 Jahre seit dem Fall Trojas und 715 Jahre vor der Ankunft unseres Erlösers, als Romulus 18 Jahre alt war. Zu seinem Lob singt der Dichterfürst Vergil im VI. Buch der »Aeneis«:

»In hujus viri auspiciis illa inclita Roma
imperium terris, animos equabit Olympo;
septemque una sibi muro circumdabit arces«.

Rursusque sub Apollinis oraculo:

»Hec domus Enee cunctis dominabitur oris,
et nati natorum et qui nascentur ab illis«.

Condita autem urbe Romulus quamvis adolescens, illico tamen ad regni incrementum per optimam politiam intendens, urbem populumque trifarie divisit, videlicet in senatores, milites et plebem. Centum namque ex senioribus elegit, quorum consilio omnia ageret, mille eciam pugnatores constituit, qui urbis continue defensioni intenderent, artifices vero et agricolas sub nomine plebis posuit, ut ex illis omnibus aggregatis urbs perfectissima constitueretur.

Romulo successit Numa Pompilius, qui cultum deorum et leges Romanas moresque constituit. Hoc regnante Rome et apud Hebreos Manasse, ab eodem impio rege propheta Ysa perhibetur occisus. Regnante vero apud Hebreos Sedechia et apud Romanos Tarquinio Prisco, qui successerat Anco Marcio, ductus est captivus in Babylonem populus Judeorum, eversa Jerusalem et templo illo a Salomone constructo. Per idem tempus Cyrus rex Persarum, qui eciam Chaldeis et Assyriis imperavit, relaxata aliquanta captivitate Judeorum, quinquaginta milia hominum ex eis ad instaurandum templum regredi fecit, a quibus tantum prima cepta fudamina et altare constructum est. Incursantibus autem hostibus nequaquam progredi edificando valuerunt, dilatumque opus est usque ad Darium. Per idem eciam tempus illa sunt gesta, que conscripta sunt in libro Judith, quem sane in canone scripturarum Judei non recepisse dicuntur.

Sub Dario ergo rege Persarum impletis LXX annis, quos Jeremias propheta reddita est Judeis soluta captivitate libertas, regnante Ro-

»Sieh, unter seinen Auspizien dehnt die erhabene Roma
erdkreisfüllend ihr Reich, hebt Heldenadel zum Himmel;
sieben Burgen umfaßt die eine im Ring ihrer Mauern.«

Und weiter, als Orakel Apolls:

»Des Aeneas Haus wird herrschen über alle Länder,
auch die Söhne seiner Söhne und deren Kinder.«

Nachdem Rom gegründet war, war Romulus, obwohl noch jung an Jahren, doch sofort darauf bedacht, durch die bestmögliche Verfassung sein Reich zu mehren. So teilte er Stadt und Volk in drei Gruppen, nämlich Senatoren, Krieger und gemeines Volk. Er wählte aus den älteren Männern hundert aus, ohne deren Rat er nichts unternehmen wollte, bestimmte tausend Krieger, die ständig auf die Verteidigung der Stadt bedacht sein sollten, und machte andere zu Handwerkern und Bauern – sie wurden »plebs« [»gemeines Volk«] genannt –, auf daß aus der Vereinigung all dieser die denkbar vollkommenste Stadt errichtet werde.

Dem Romulus folgte Numa Pompilius, der den Götterkult und die römischen Gesetze und Sitten einführte. Während er in Rom herrschte und Manasse bei den Juden, wurde nach der Überlieferung der Prophet Jesaja von ebendiesem ruchlosen König getötet. Als Sedekia bei den Hebräern und bei den Römern Tarquinius Priscus herrschte, der dem Ancus Marcius nachgefolgt war, wurde das jüdische Volk gefangen nach Babylon geführt, nachdem Jerusalem und der von Salomon erbaute Tempel zerstört worden waren. Später machte der persische König Kyros, der auch über die Chaldäer und Assyrer herrschte, die Gefangenschaft der Juden etwas weniger drückend und ließ fünfzigtausend von ihnen zur Wiederherstellung des Tempels heimkehren; doch wurde von ihnen nur der Bau der Fundamente begonnen und der Altar errichtet. Wegen feindlicher Angriffe konnten sie mit dem Bau nicht fortfahren, und so wurde die Arbeit bis zur Zeit des Darius aufgeschoben. In diesen Zeiten ereigneten sich auch die Dinge, die im Buch Judith aufgezeichnet sind. (Dieses Buch haben die Juden, freilich, wie man sagt, nicht in den Kanon der Hl. Schrift aufgenommen.)

Unter dem persischen König Darius also, als die siebzig Jahre erfüllt waren, die der Prophet Jeremia vorhergesagt hatte, wurde die

manorum septimo rege Tarquinio, quo expulso Romani regum suorum dominacione liberi esse ceperunt. Usque ad hoc tempus prophetas habuit populus Israel, qui cum multi fuerint, paucorum et apud Iudeos et apud nos canonica scripta retinentur. Dies autem prophetarum, scilicet Osee, Amos, Esaiae, Michee, Ione, Joelis, tenduntur a rege Latinorum Proca sive superiore Aventino usque ad regem Romulum jam Romanum, vel eciam usque ad primordia regni ejus successoris, nomine Pompilii. Ezechias quippe rex Juda eo usque regnavit. Ac ex hoc per ea tempora fontes prophecie pariter eruperunt, quando regnum defecit Assyriorum, cepitque Romanum, ut quemadmodum regni Assyriorum primo tempore extitit Abraham, cui promissiones apertissime fierent in ejus semine benediccionis omnium gencium, ita occidentalis Babilonis exordio, qua fuerat Christus imperante venturus, in quo implerentur illa promissa oracula prophetarum non solum loquencium verum eciam scribencium in tante rei future testimonium solverentur. Quum enim prophete nunquam fere defuissent populo Israel, ex quo sibi reges esse ceperunt, in usum tantum eorum fuere, non gencium. Quando autem scriptura manifestius prophetica condebatur, que gentibus quandoque prodesset, tunc oportebat incipere, quando condebatur hec civitas que gentibus imperaret. Porro imperium Romanum licet usque ad hec tempora exigui adhuc nominis esset, et vix ad quintum decimum milliarium terras possideret, successivo tamen gradu surgere cepit. Cumque septem esset regibus administratum, scilicet Romulo, Numa Pompilio, Tullo Hostilio, Anco Marcio, Tarquinio Prisco, Servio Tullio, Tarquinio Superbo; propter ejusdem ultimi regis insolenciam regnum Romanorum deinceps non regali discrimine sive despotico, sed consulari pocius et politico administrari cepit, statusque imperii mutatus est.

Gefangenschaft aufgehoben und den Juden die Freiheit wiedergegeben. [Dies geschah] unter der Herrschaft des Tarquinius, des siebten römischen Königs, nach dessen Vertreibung die Römer begannen, von der Herrschaft ihrer Könige frei zu sein. Bis zu dieser Zeit hatte das Volk Israel Propheten; obwohl sie zahlreich waren, haben sich nur von wenigen kanonische Schriften erhalten, bei den Juden ebenso wie bei uns. Die Tage der Propheten, nämlich Osee, Amos, Jesaja, Micha, Jona und Joel, erstrecken sich vom latinischen König Procas oder seinem Vorgänger Aventinus bis zu Romulus, der bereits römischer König war, oder auch bis zu den Anfängen der Herrschaft seines Nachfolgers Pompilius; denn Hesekia herrschte als König von Juda bis auf diese Zeit. Und von diesem an brachen in diesen ganzen Zeiten die Quellen der Prophetie auf, während gleichzeitig das Reich der Assyrer zerfiel und das der Römer begann. Wie in den Anfängen des assyrischen Reiches Abraham lebte, dem die sichere Verheißung gegeben war, daß in seiner Nachkommenschaft alle Völker gesegnet seien, so [lebten die Propheten] zu Beginn des westlichen Babylons, während dessen Herrschaft Christus kommen sollte, auf daß in ihm sich jene Verheißungen erfüllten [und] die Weissagungen nicht nur der sprechenden, sondern auch der schreibenden Propheten zum Beweis für ein so großes zukünftiges Ereignis eingelöst würden. Obwohl es nämlich dem israelitischen Volk kaum je an Propheten mangelte, seitdem Könige über es herrschten, nützten diese [Propheten] dennoch fast nur ihnen, nicht den Heidenvölkern. Als dann aber [Bücher der Hl.] Schrift mit offenkundig prophetischem Charakter aufgezeichnet wurden, Bücher, die bisweilen auch den Heidenvölkern nützen konnten, war der rechte Zeitpunkt dafür gewiß die Gründung dieser Stadt, die über die Völker herrschen würde. Obwohl bis zu diesem Zeitpunkt das Römische Reich noch ziemlich unbekannt war und sein Territorium gerade eben bis zum 15. Meilenstein reichte, begann es doch, Stufe um Stufe nach oben zu steigen. Nachdem es von sieben Königen regiert worden war, nämlich von Romulus, Numa Pompilius, Tullus Hostilius, Ancus Marcius, Tarquinius Priscus, Servius Tullius und Tarquinius Superbus, wurde wegen der Überheblichkeit des letzten Königs das Reich der Römer von da an nicht mehr von einer königlichen oder despotischen, sondern von einer konsularischen und bürgerschaftlichen Regierungsform verwaltet, und die Verfassung des Reiches änderte sich.

TIT. VI. DE REGALIS REGIMINIS IN CONSULARE ET POLITICUM ROMANI IMPERII TRANSLACIONE.

Sub regibus ad instar etatis humane inclitum imperium ex teneris adhuc annis progrediens primo coaluit; deinde paulatim crescendo sub consulibus adolere cepit, roboreque plene potencie sub imperatoribus Julio et Octaviano adepta tanquam in florescente etate aliquamdiu persistens, successive post decrescere cepit, et quasi ad decrepitam etatem perveniens tandem morte cum tocius mundi occasu feriendum. Cum autem Rome septem regibus regnatum esset annis CCXLIII finibusque regni et urbis paululum ampliatis, expulsis urbe regibus, regalis potestas ad consules translata est, cepitque tunc regnum Romanum politice gubernari.

Cujus sane translacionis et mutacionis causa fuit tyrannis et insolentia plurimorum regum, precipue quoque causa expulsioni dedit Sextus Tarquinius, Tarquinii Superbi filius. Tarquinio namque Superbo Ardeam oppidum in XVIII. milliario ab urbe Roma positum actum est, ut in castris, cum obsidio traheretur in longum, cenantibus regiis juvenibus, inter quos et Collatinus erat nobilissime conjux Lucrecia, et forte nimio calentibus vino de conjugum honestate incideret sermo, et cum unusquisque suam, ut moris est, ceteris preferret, in consilium hoc itum est, ut cito conscensis equis viderent, quibus uxores eis bella gerentibus exercerentur officiis. Sane cum ceteri suas inter coequales ludentes invenissent, versis equis ad edes Collatini invenere, ibi cum honestis matronis lanificio vacantem et nullo exornatam cultu invenerunt Lucreciam, quam ob rem judicio omnium laudabilior visa est.

Inter reliquos autem juvenes precipue Sextus Tarquinius Superbi filius benigne susceptus, mox impudicos oculos in formositatem caste mulieris injecit. Unde post multis interjectis diebus nefando suc-

TIT. VI: Die Übertragung der königlichen Gewalt auf die konsularische und die bürgerschaftliche Leitung des Römischen Reiches

Will man einen Vergleich mit den menschlichen Lebensaltern ziehen, dann begann das berühmte Reich unter den Königen, aus zarten Kinderjahren sich fortentwickelnd, sich allererst zu gestalten. Dann wuchs es nach und nach heran und erreichte unter den Konsuln das Jugendalter. Unter den Kaisern Julius (Caesar) und Oktavian erlangte es den Vollbesitz seiner Kräfte und verblieb einige Zeit im blühenden Alter; dann begann es, Schritt um Schritt zu verfallen und gelangte gleichsam in die altersschwache Zeit, bis es schließlich mit dem Untergang der ganzen Welt den Tod erleiden wird. Als aber Rom 243 Jahre lang von sieben Königen regiert worden war und die Grenzen des Reiches und der Stadt sich ein wenig erweitert hatten, wurden die Könige aus Rom vertrieben, und es wurde die königliche Macht auf die Konsuln übertragen, und das Römische Reich ging zur bürgerschaftlichen Regierungsform über.

Der Grund der Übertragung und der Änderung waren wohl die Tyranneien und die Unverschämtheiten der meisten Könige; den Hauptgrund für die Vertreibung lieferte aber Sextus Tarquinius, der Sohn des Tarquinius Superbus. Denn als Tarquinius Superbus die Stadt Ardea, die 18 Meilen von der Stadt Rom entfernt liegt, [belagerte], geschah es, als die Belagerung sich hinzog, daß die jugendlichen Königssöhne im Lager ein Mahl veranstalteten. Unter ihnen war auch Collatinus, Gatte der hochadeligen Lucretia. Als nun [bei der Tafelrunde], die vielleicht durch übermäßigen Weingenuß erhitzt war, die Rede auf die Ehrbarkeit der Ehefrauen kam und jeder, wie üblich, die seine über die anderen erhob, faßte man den Plan, sogleich die Pferde zu besteigen und nachzusehen, womit die Frauen sich beschäftigten, während sie selber Krieg führten. Als nun alle übrigen ihre Frauen mit Altersgenossinnen spielend vorfanden, wendeten sie die Pferde und ritten zum Haus des Collatinus, wo sie Lucretia in Gesellschaft von ehrenhaften Matronen, sich der Wollarbeit widmend, weder geschmückt noch herausgeputzt antrafen. Daher schien sie nach dem Urteil aller die Lobenswerteste zu sein.

Sextus Tarquinius aber, der Sohn des Superbus, der unter den übrigen jungen Leuten [von Lucretia] besonders freundlich aufgenommen worden war, warf sogleich seine schamlosen Augen auf die

census igne, occulte castris exercituque relictis, nocte venit Collacium, ubi eo quod viri consanguineus esset a Lucrecia comiter susceptus et honoratus, postquam domum omnem lustrasset, tacitos et omnes sompno sospitos arbitratus evaginato gladio cubiculum intravit Lucrecie, minatusque illi mortem, si vocem emitteret aut sue non adquiesceret voluntati; tandem tremebunde mulieri, aspernanti tamen animo, per vim intulit stuprum. Quamobrem illuscente die patrem aliosque necessarios confestim accersiri fecit, et virum, quibus advenientibus, que a Sexto Tarquinii gesta sunt, cum lacrumis et ordine retulit. Cumque illam flentem solarentur affines, illa inquit: »Nulla impudica exinde Lucrecie se defendet exemplo«. Tum ferrum, quod veste celabat, subito visceribus immersit. Propter quam causam Brutus parens populum concitavit et Tarquinio ademit imperium; mox exercitus quoque qui civitatem Ardeam cum ipso rege oppugnabat, eum reliquit, veniensque ad urbem rex portis clausis exclusus est.

Unde Romani regia dignitate abolita consulendum sibi pocius, quam cuiquam sue libertati dominandum rati, consules ad imperium eorum gubernandum creaverunt. Pro uno namque rege duo hac de causa creati, ut si unus malus esse voluisset, alter eum similem habens potestatem coërceret. Et placuit, ne imperium longius quam annum haberent, ne per diuturnitatem potestatis insolenciores redderentur, sed civiles semper essent, qui se post annum scirent esse privatos. Fuerunt eciam non longe post tempore ad gubernacionem imperii et alie quamplures dignitates Rome create, ut dictatura, magistratus militum, questura, prefectura, et alie quamplures de quibus ad longum recitat tex. sermonem in L. 2. D. de orig. jur. et postea superno opitulante numine aliquid dicemus, nec ad singula Romanorum gesta describenda in presenciarum in manus sumptus est calamus, sed progressum tantum et statum imperii animus est quam succincto sermone perstringere.

schöne Gestalt der sittenreinen Frau. Daher verließ er viele Tage hernach, von bösem Feuer entzündet, heimlich das Lager und das Heer und kam des Nachts zum Haus des Collatinus, wo er als Verwandter ihres Mannes von Lucretia freundlich aufgenommen und ehrenvoll bewirtet wurde. Nachdem er das ganze Haus durchstreift und sich überzeugt hatte, daß alle [Hausbewohner] eingeschlafen und ruhig waren, betrat er mit gezücktem Schwert das Schlafgemach Lucretias und drohte ihr mit dem Tod, wenn sie einen Ton von sich gebe oder ihm nicht zu Willen sei. Schließlich vergewaltigte er die zitternde, aber ihn im Herzen verachtende Frau. Als es Tag geworden war, ließ sie deshalb eilig ihren Vater und andere Verwandte herbeiholen und auch ihren Mann. Ihnen erzählte sie unter Tränen und lückenlos, was Sextus Tarquinius angestellt hatte. Als die Verwandten die Weinende trösten wollten, sagte sie: »Keine Schamlosigkeit verteidige sich von heute an mit dem Beispiel der Lucretia.« Und sogleich stieß sie sich das Schwert, das sie unter der Kleidung verborgen hatte, in den Leib. Daher stachelte der Vater Brutus das Volk auf und entriß dem Tarquinius die Herrschaft. Sogleich verließ auch das Heer, das mit dem König die Stadt Ardea belagerte, diesen, und als der König nach Rom kam, fand er sich vor verschlossenen Toren und ausgesperrt.

Nachdem nun das Amt des Königs abgeschafft war, meinten die Römer, es wäre ihnen lieber, wenn man ihnen Ratschläge gebe, als wenn jemand über ihre Freiheit herrsche, und so bestimmten sie Konsuln [»Ratgeber«] zur Leitung ihres Reiches. Anstelle eines Regenten wurden zwei geschaffen, damit, wenn einer sich für die Schlechtigkeit entschiede, der andere, mit der gleichen Macht ausgestattet, ihn davon abhalte. Und man beschloß, daß sie nicht länger als ein Jahr die Herrschaft haben sollten, damit sie nicht durch die Länge der Macht überheblich würden, sondern immer bürgernah blieben, da sie ja wußten, daß sie nach einem Jahr wieder Privatleute sein würden. Wenig später wurden in Rom zur Verwaltung des Reiches viele andere römische Ämter geschaffen wie die Diktatur, das Heermeisteramt, die Quästur, die Präfektur und viele andere, über die der Text Dig., *de orig. jur.*, l. 2, ausführlich handelt. Weiter unten werden wir mit Gottes Hilfe über sie etwas sagen, doch wird unser Griffel jetzt nicht die Taten der Römer im einzelnen beschreiben, vielmehr ist es unsere Absicht, nur die Entwicklung und den Zustand des Reiches in kurzen Worten zu skizzieren.

Sub consulari autem imperio respublica Romana in immensum augmentari cepit. Incredibile enim est, inquit Sallustius, quam adepta libertate in brevi Romanum creverit imperium. Optimis namque et moderatissimis legibus urbs Romana per consules fundata est, ceperuntque justissime rempublicam administrare. Ob quam causam plereque naciones se sponte subdiderunt Romanis. Illi enim paulo post reges exactos decem viros sciencia et prudencia prestantes miserunt Athenas, per quos leges a Grecis civitatibus petebant, ne in incerto jure viverent, quas in tabulis eburneis descriptas proposuerunt, quo leges apercius percipi possent.

Quam eciam bello et armis militarique disciplina sub consulari imperio Romana sit audacta potencia, veterum sane hystoriarum codices pleni sunt. Superstitibus enim regibus Romani cum finitimis tantum regionibus sollicitabantur, nec longe adhuc arma commoverant. Sub consulibus vero extremas eciam naciones terra marique aggressi, victoriosissimis bellorum triumphis et cum multo suorum sanguine inclitum imperium longe lateque dilatarunt. Quas nempe laudes graciasque non digne satis dicere potest almum imperium illustribus et fortissimis viris Scipionibus, Fabiis, Emyliis, Fabriciis et Metellis, Catonibus, Brutis, Mariis, magnoque Pompeio, ac Gaio Julio, denique Cesari consulari adhuc eciam dignitate predito, plerisque tum aliis inexhausti vigoris nobilissimis civibus, qui pro hujus imperii nomine et fama extollenda tot asperrima bella gesserunt, tot cruentos cum hostibus iniere conflictus, totque millibus periculis et mortibus se infracto pectore opposuerunt.

Utque alia pene innumerabilia bella omittam, occurrit illud secundum Punicum bellum, ubi apud Cannas vicum Apulie Hannibale victore tot nobiles Romani pro salute imperii, et reipublice tuicione corruerunt, ut Hannibal pro testimonio triumphi tres modios annulorum aureorum Carthaginem miserit, quos ex manibus interfectorum Romanorum equitum, senatorumque et militum detraxe-

Unter der konsularischen Befehlsgewalt begann die römische Republik unendlich zu wachsen. »Es ist unglaublich«, sagt Sallust, »in wie kurzer Zeit das Römische Reich nach dem Gewinn der Freiheit wuchs.« Denn die Stadt Rom wurde durch die Konsuln auf hervorragende und überaus maßvolle Gesetze gegründet, und diese fingen an, den Staat äußerst gerecht zu verwalten. Daher unterwarfen sich sehr viele Völker freiwillig den Römern. Jene schickten nämlich kurz nach der Vertreibung der Könige zehn Männer, die an Wissen und Weisheit herausragten, nach Athen; durch sie erbaten sie sich Gesetze von den griechischen Stadtstaaten, um nicht in einem ungesicherten Rechtszustand leben zu müssen. Diese [Gesetze] ließen sie auf elfenbeinerne Tafeln eintragen, die sie aufstellten, damit die Gesetze öffentlich zur Kenntnis genommen werden konnten.

Davon, wie die römische Macht durch Krieg, Waffen und militärische Disziplin unter der konsularischen Befehlsgewalt gemehrt wurde, sind die Kodizes der alten Geschichte voll. Zu Zeiten der Könige stritten die Römer nämlich nur mit den benachbarten Gebieten und trugen den Krieg noch nicht in entfernte Gegenden. Unter den Konsuln aber griffen sie auch weit abgelegene Völker zu Wasser und zu Lande an, erweiterten das erhabene Reich nach allen Richtungen in siegreichen kriegerischen Triumphen und unter Entrichtung eines hohen Blutzolls. Niemals könnte das erhabene Reich jenen berühmten und tapferen Männern in ausreichender und angemessener Weise Lob und Dank abstatten, Männern wie Scipio, Fabius, Aemilius, Fabricius und Metellus, Cato, Brutus, Marius, Pompeius der Große und Gaius Julius Caesar und schließlich Caesar [Oktavian] zu der Zeit, als er noch das Konsulat bekleidete, nebst sehr vielen anderen hochedlen Bürgern von unerschöpflicher Tatkraft, die zur Erhöhung des Ansehens und des Ruhmes dieses Reiches so viele überaus harte Kriege führten, sich mit den Feinden so viele blutige Schlachten lieferten und sich vieltausendfacher Gefahr und vieltausendfachem Tod mit ungebrochenem Mut gestellt haben.

Ich übergehe die zahllosen anderen Kriege, doch kann ich nicht umhin, des zweiten Punischen Kriegs[4] zu gedenken, in dem bei Cannae, einem apulischen Dorf, durch Hannibals Sieg so viele edle Römer zum Wohl des Reiches und zum Schutz des Staates fielen, daß

---

4 218–201 v. Chr.

rat. Ingens mediusfidius michi, dum reminiscor, ex intimis erumpit precordiis dolor, tantum tamque generosum Hannibalis dextera profusum esse cruorem.

Quo denique clara virtus Romanorum, que ad glorie et serenissime fame extollenciam cupidissima semper erat, ad res bellicas ample peragendas ardencior foret, a nobilissimo senatu lege sancitum est, ut hiis, qui quinque millia hostium una acie occidissent, aut provinciis subactis victrici gloria in patriam redibant, pomposus honor triumphi dari deberet, qui in tribus consistebat. Primo quidem captivi manibus post tergum relegatis ante currum ducebantur triumphantis. Capta tamen et prostrata alta Carthagine insignis poeta Terencius ex nobilissimis Carthaginiensium civium captivis Scipionem Africanum triumphantem palliatus post currum secutus est. Secundo omnes cives cum leticia maxima ad suscipiendum triumphantem obvii illi venerunt. Tercio quod solus sedebat in curru indutus purpura, quem currum quatuor equi trahebant. Et quo eternam illorum redderent memoriam, sculpte imagines illis ponebantur pro rostris et arcus construebantur triumphales, quibus plena erat Roma, et usque in nostram etatem vestigia manent.

Quamquam autem per militarem disciplinam jusque triumphandi (ut Valerius inquit li. 2. Tit. de censor. nota) opes populi Romani in maximam excellenciam creverunt probitate imperatorum, nequaquam tamen stabiles permansissent nisi mores Romanorum civium fuissent temperati et virtuosi, viciis procul exclusis. Ideo eciam censoria nota adinventa fuit, per quam bona adquisita conservarentur, illa enim pacis magistra custosque virtutis semper erat. Quid enim, inquit Valerius, prodest foris esse strenuum, si domi male vivitur? expugnentur licet urbes, corripiantur gentes, regnis manus injiciantur, nisi foro et curie officium et verecundia constiterit, partarum rerum celo cumulus equatus sedem stabilem non habebit.

Hannibal zum Beweis seines Sieges drei Scheffel goldener Ringe nach Karthago schickte, die er von den Händen getöteter römischer Ritter, Senatoren und Soldaten abgezogen hatte. Bei Gott, wenn ich daran denke, daß durch Hannibals Hand so vieles und so edles Blut vergossen wurde, dann durchwühlt namenloser Schmerz mein Inneres.

Damit die glänzende Tapferkeit der Römer, die allzeit darauf erpicht waren, ihren Ruhm und ihren strahlenden Ruf zu mehren, noch brennender danach verlangten, kriegerische Unternehmungen in großartiger Weise durchzuführen, wurde vom edlen Senat gesetzlich bestimmt, daß jedem, der in einer Schlacht fünftausend Feinde getötet hatte oder nach Unterwerfung einer Provinz mit Siegesruhm in die Vaterstadt zurückgekehrt war, die Ehre eines prunkvollen Triumphzuges zuteil werden sollte. Dieser wies drei Elemente auf. Zuerst kam der Zug der Gefangenen, die mit auf dem Rücken gefesselten Händen vor dem Wagen des Triumphators hergehen mußten. (Nach dem Fall und der Zerstörung der erhabenen Stadt Karthago ging freilich der berühmte Dichter Terenz, einer der vornehmsten unter den gefangengenommenen Bürgern Karthagos, mit einem Mantel bekleidet, hinter dem Wagen des triumphierenden Scipio Africanus her.) Zum zweiten gingen alle Bürger unter größtem Jubel dem Triumphator entgegen, um ihn zu empfangen. Das dritte war, daß er, in Purpur gekleidet, allein im Wagen saß, den vier Pferde zogen. Und um deren Andenken zu verewigen, wurden ihre Standbilder vor der Rostra aufgestellt und Triumphbögen gebaut, von denen Rom voll war und die bis auf unsere Zeit ihre Spuren hinterlassen haben.

Obschon aber durch die militärische Disziplin und das Recht auf einen Triumphzug, wie Valerius [Maximus] in Buch II unter dem Titel »Vom Tadel des Zensors« bemerkt, die Macht des römischen Volkes über alle Maßen wuchs, wäre diese bei aller Tüchtigkeit der Feldherrn dennoch nicht stabil geblieben, wären die Sitten der römischen Bürger nicht beherrscht und tugendhaft gewesen und Laster strengstens verboten. Daher erfand man auch die [Einrichtung der] Zensorrüge, um durch sie die erworbenen Güter zu bewahren; sie war nämlich zu allen Zeiten die Lehrmeisterin des Friedens und die Hüterin der Tugend. Valerius sagt: »Was nützt es denn, draußen tüchtig zu sein, wenn man zu Hause schlecht lebt? Mögen Städte erobert, Völker gezüchtigt und die Hand auf Königreiche gelegt wer-

Cum itaque per CCCLXIII annos usque ad Julii Cesaris monarchiam consulare imperium esset porrectum, Romanique jam essent clarissima fama noti, suborta inter eos civili discordia, ubi politice regitur, consulare post cessavit imperium, Cesareum incepit, et alterato iterum imperii statu deinceps in nostra usque tempora per Imperatores respublica gubernata est.

TIT. VII. DE CONSULARIS IMPERII IN CESAREUM TRANSMUTACIONE.

Etsi sacri imperii terminos amplificavit quam latissime consularis potencia, sub Julio tamen Cesare et Octaviano Augusto alma Roma in florentissimo statu constituta, velut sol plene rutilans, ad extremos terrarum terminos sue potencie atque imperii radios circumquaque diffudit, cepitque post consulare regimen penes unum esse summa rerum majestas, mundique monarchia ad imperatores transfusa est, qui longo dehinc temporum intervallo tocius fere mundi monarchiam obtinuerunt, donec illa succendencium ignavia principum, insurgenciumque pervenit. Cesareum autem a Julio Cesare exortum est, qui bello civili commoto primus Romanum singularem obtinuit principatum. Is ab Iulo Enee filio originem et nomen sortitus est, ut Aeneidos carmine Virgilius confirmat:

> Julius a magno demissum nomen Iulo
> Imperium Oceano, famam qui terminat astris.

Causam vero ob quam consulare cessavit imperium, cesareumque incepit, Eutropius hoc ordine describit: Cum Julius Cesar, cui adhuc

den – wenn nicht auf dem Forum und in der Kurie Pflichtgefühl und Respekt herrschen, werden die aufgehäuften Erwerbungen, selbst wenn sie bis zum Himmel ragen sollten, auf schwankendem Grund stehen.«

Nachdem sich so die konsularische Machtbefugnis 363 Jahre bis zur Alleinherrschaft Julius Caesars erstreckt hatte und die Römer allerorts glänzende Berühmtheit erlangt hatten, entstand unter ihnen Bürgerzwist, und die konsularische Befehlsgewalt, unter der bürgerschaftlich regiert worden war, fand ein Ende, und es nahm die kaiserliche Befehlsgewalt ihren Anfang. So änderte sich wiederum die Verfassung des Reiches, und von da an wurde – und wird bis heute – das Gemeinwesen von Kaisern geleitet.

TIT. VII: Der Wechsel von der konsularischen zur kaiserlichen Herrschaftsform

Auch wenn die konsularische Macht die Grenzen des heiligen Reiches sehr weit vorgeschoben hatte, versandte dennoch [erst] unter Julius Caesar und Octavianus Augustus die erhabene Roma, nunmehr in höchster Blüte stehend, die Strahlen ihrer Macht und ihrer Herrschaft ringsum bis zu den letzten Grenzen der Erde wie die Sonne, wenn sie in vollem Glanz leuchtet. Nach der Leitung durch Konsuln begann die höchste Autorität bei einer einzigen Person zu liegen, und die Weltherrschaft ging auf die Kaiser über, die von da an für einen langen Zeitraum die Alleinherrschaft über beinahe die ganze Welt innehatten, bis es infolge der Schlaffheit der späteren Kaiser zur Alleinherrschaft der Usurpatoren kam. Das Kaisertum begann mit Julius Caesar, der durch einen Bürgerkrieg als erster die römische Alleinherrschaft erlangte. Sein Stammbaum und sein Name gingen zurück auf Iulius, den Sohn des Aeneas, wie Vergil in der »Aeneis« bestätigt:

Julius, dessen Namen sich vom großen Iulus herleitet:
seine Herrschaft endet [erst] am Ozean, sein Ruhm reicht bis
zu den Sternen.

Aus welchem Grund nun die konsularische Herrschaft ein Ende fand und die kaiserliche begann, beschreibt Eutrop wie folgt: »Als

consuli Gallia, Britannia atque Germania decreta erat, fortissimis preliis triumphasset, victor inde rediens sibi absenti iterum decerni consulatum poposcit atque triumphum, quorum utrumque ei senatus negavit, agente Pompeio maximo et triumphantissimo viro, qui nolebat Rome habere parem et Cesar maiorem se in urbe ferre non posset. Cumque esset de honore ac preeminencia inter eos contencio, nonnullique cives Romam Cesari adhererent, senatus vero atque universa fere nobilitas Romana partes tenerent Pompeii, et ipsi duo inter cunctos Romanos potentissimi et prestantissimi cives erant, bellum civile dissensioque maxima in urbe exorta est. Cum autem senatus cum validissimo exercitu Cneio Pompeio duce contra Julium Cesarem in Grecia bellum pararet, Cesar interim collecto exercitu decem legiones instituit, ex Germanis, Gallis, Britonibus, cum illisque Romanam urbem ingressus dictatorem, que maxima dignitas erat, se fecit, negatamque sibi ex erario pecuniam fractis foribus invasit, protulitque ex eo auri quatuor milia centum triginta quinque, argenti vero pondo nongenta millia. Deinde contra Pompeium in Orientem profectus, in Thessalia ingens bellum commiserat. Itaque instruitur utrinque ex Romanis acies, Pompeius LXXXVIII cohortes triplici ordine locavit; fuerunt autem peditum plusquam quadraginta milia, equites in sinistro cornu sexcenti, in dextro quingenti, preterea reges multi, senatores equitesque Romani plurimi, absque levium armaturarum maxima copia. Cesar similiter octoginta cohortes triplici ordine disposuit, cui fuerunt minus quam quadraginta milia peditum, equites mille. Videre(s) ibi et gemere erat contractas Romanorum vires in campis Pharsalicis ad occissionem mutuo constitisse, quas si concordia rexisset, nulli populi, nulli reges finire potuissent. Prima congressione equitatus Pompeii pulsus sinistram cooperuit, alteram nudavit, deinde cum diu utrinque dubia forte cederentur, atque ex alia parte Pompeius diceret: Parce civibus; tandem universus Pompeii fugit exercitus, castraque direpta sunt. Cesa sunt in eo prelio Pompeianorum quindecim milia, militum centuriones triginta tres. Pompeius fugiens in Asiam venit, inde fugatus per Cyprum Allexandriam petiit, ut a rege Egipti, cui tutor a senatu datus fuerat, propter juvenilem ejus etatem acciperet auxilia. Qui fortunam magis quam amicitiam secutus occidens Pompeium caput ejus et annulum Cesari misit. Quo conspecto Cesar eciam lacrimas fudisse dicitur, tanti viri intuens caput, et generi quondam sui. Triumpho ergo potitus Cesar, et bellis civili-

Julius Caesar, dem noch als Konsul Gallien, Britannien und Germanien zugewiesen worden waren, in überaus gewaltigen Schlachten gesiegt hatte, forderte er, von dort als Sieger zurückkehrend, daß ihm noch in seiner Abwesenheit wiederum das Konsulat und ein Triumphzug zugestanden werde; beides wurde ihm vom Senat verweigert auf Betreiben des größten und siegreichsten Mannes, Pompeius, der in Rom keinen ebenbürtigen [Mann] haben wollte, während Caesar in der Stadt keinen ertragen konnte, der größer war als er.« Weil nun über Ehrenstellung und Vorrang zwischen diesen ein Streit entbrannte, und einige Bürger Roms Caesar anhingen, der Senat aber und beinahe die gesamte römische Adelspartei zu Pompeius hielten, und weil die beiden die mächtigsten und herausragendsten Bürger Roms waren, entstand ein Bürgerkrieg und größte Uneinigkeit in der Stadt. Als dann der Senat mit einem sehr starken Heer unter der Führung des Gnaeus Pompeius gegen Julius Caesar in Griechenland einen Krieg vorbereitete, sammelte Caesar [seinerseits] ein Heer und stellte zehn Legionen mit Germanen, Galliern und Briten auf, marschierte mit ihnen in Rom ein, und machte sich – dies war das bedeutendste Staatsamt – zum Diktator. Und als man ihm das Geld aus der Staatskasse verweigerte, ließ er die Türen aufbrechen, drang ein und schaffte 4135 Pfund Gold und 90.000 Pfund Silber fort. Dann brach er gegen Pompeius in den Osten auf und schlug in Thessalien eine ungeheure Schlacht.[5] Deshalb wurden auf beiden Seiten Schlachtreihen aus Römern gebildet. Pompeius stellte 88 Kohorten in dreifacher Staffelung auf. [Sein Heer] umfaßte mehr als 40.000 Fußsoldaten, 600 Reiter auf dem linken Flügel und 500 auf dem rechten, außerdem viele Könige, Senatoren, römische Ritter in großer Zahl, nicht gerechnet die riesige Anzahl der Leichtbewaffneten. Caesar stellte gleichfalls 80 Kohorten in dreifacher Staffelung auf, hatte jedoch weniger als 40.000 Fußsoldaten und nur 1000 Reiter. Dort auf den pharsalischen Feldern hatten sich – ein beklagenswerter Anblick! – die versammelten Kräfte der Römer aufgestellt, um sich gegenseitig zu töten. Hätte Eintracht sie geleitet, wäre kein Volk und kein König imstande gewesen, sie zu besiegen. Beim ersten Zusammenstoß wurde die Reiterei des Pompeius geworfen; sie deckte die linke Flanke, entblößte jedoch die rechte. Als hierauf lange auf beiden Seiten mit schwankendem Glück gekämpft wurde

---

5 Schlacht bei Pharsalos 48 v.Chr.

bus toto orbe compositis Romam rediit, monarchiamque imperii solus adeptus est anno ab urbe condita septingentesimo, vir quo nullus unquam bello magis enituit, ejus siquidem ductu undecies centum nonaginta et duo milia hostium cesa sunt. Post hunc Octavianus Cesaris nepos sororisque filius apicem Romani imperii conscendit, sub quo respublica in prosperrimum statum perveniens ingenti felicitate pollebat, non enim ullo tempore ante Cesarem Augustum res Romana magis floruit. Tunc namque Romanum imperium ab Oriente in Occidentem, a septentrione in meridiem, ac per totum Oceani circulum cunctas gentes una pace compositas sub sua dicione tenebat.

Eo autem tempore, id est, XLII imperii sui anno, quo verissimam firmissimamque pacem ordinacione Dei Cesar composuit, ab urbe condita vero DCCXV anno a creacione autem mundi cum transissent annorum 5199 natus est CHRISTUS verus celi terreque monarcha, qui Romanum imperium suo sacravit adventu, cujus adventu pax ista famulata est, et sicut in primo ejus adventu CHRISTUS sopitis armorum fragoribus totum mundum sub unica terreni principatus monarchia et unanimi professione Romani imperii compositum reperit. Sic quoque in secundo ejus adventu deficiente Romano imperio, sedataque seva persecucione Antichristi cunctos per orbem populos sub monarchico principatu Apostolici papalisque imperii, unicaque orthodoxe fidei professione adunatos inveniet, eritque et tunc pastor unus, ovileque unum juxta ewangelium presagium.

und Pompeius auf der anderen Seite sagte: »Schone die Bürger!«, [da] floh schließlich das gesamte Heer des Pompeius, und das Lager wurde geplündert. Von den Pompeianern fielen in der Schlacht 15.000 Soldaten und 33 Zenturionen. Pompeius kam auf seiner Flucht nach Asien; von dort vertrieben, begab er sich über Zypern nach Ägypten, um vom ägyptischen König, dem er wegen seines jugendlichen Alters vom Senat zum Vormund gegeben worden war, Hilfe zu erbitten. Der jedoch hielt sich lieber an Fortuna als an die Freundschaft, tötete den Pompeius und schickte dessen Kopf und Ring an Caesar. Bei diesem Anblick soll Caesar geweint haben, das Haupt eines so großen Mannes und einstigen Schwiegersohnes betrachtend. Nachdem nun Caesar den Sieg errungen hatte und auf dem ganzen Erdkreis den Bürgerkriegen ein Ende gesetzt worden war, kehrte er nach Rom zurück und erlangte im 700. Jahr nach der Gründung Roms[6] die ausschließliche Alleinherrschaft über das Reich. Niemals hat sich jemand im Krieg glänzender ausgezeichnet; wurden doch unter seiner Führung 1.192000 Feinde getötet. Nach ihm gelangte Caesars Neffe Oktavian, der Sohn seiner Schwester, an die Spitze des Römischen Reiches. Unter ihm erreichte der Staat den Zustand höchster Prosperität und großen Glücks. Denn vor Caesar Augustus hatte Rom nie eine größere Blütezeit erlebt. Damals hatte das Römische Reich alle Völker von Osten bis Westen, von Norden bis Süden und auf dem gesamten vom Ozean umgebenen Erdkreis gleichermaßen befriedet und unter seine Herrschaft gebracht.

Zu dieser Zeit, das heißt im 42. Jahr seiner Herrschaft, als der Kaiser nach Gottes Plan wahren und dauerhaften Frieden geschaffen hatte, im 715. Jahr nach Gründung Roms, als seit Erschaffung der Welt 5199 Jahre vergangen waren, wurde CHRISTUS geboren, der wahre König des Himmels und der Erde, der das Römische Reich mit seiner Ankunft heiligte. Seiner Ankunft diente dieser Friede, und wie bei seiner ersten Ankunft CHRISTUS den Waffenlärm gestillt und die ganze Welt unter einer einzigen Monarchie irdischer Herrschaft und unter dem einmütigen Bekenntnis zum Römischen Reich geordnet vorgefunden hat, so wird er auch bei seiner zweiten Ankunft nach dem Ende des Römischen Reiches und nach dem Ende der grausamen Verfolgung durch den Antichrist alle Völ-

---

6 46 v. Chr.

Et tamen utriusque monarchie fuit caput, estque et erit illa inclita Roma, illa nempe sicut terrenum quondam imperium gerere visa est, sic nunc quoque celestis monarchie apicem in terris tenet. Recolenda profecto et felicissima civitas, omnique laude prosequenda, quam (ut Titus Livius ait) caput rerum omnium celestes esse voluerunt, de quo toties armis certatum est, in cujus denique preconium multa prelata disserit text. in c. fundata. De election. lib. VI.

Sub Octaviano ergo Augusto regnavit integerrime mundi monarchia, qui primus voluntate senatus singulare obtinuit imperium. Julius enim, etsi solus imperaret, invito tamen senatu sibi Romanum usurpavit imperium. Octavianus preterea a senatu primus ex eo quod rempublicam auxerit, Augustus consalutatus est, quod nomen cunctis successoribus usque ad nunc dominis tantum orbis consecratum est, idque apicem declarat imperii. Debet namque quilibet imperator illius esse propositi et animi, ut imperium augeat, ut ait gl. ordinaria in proem. digestor. et pariter instit. Nisi enim glosella salvaret titulum Augustorum, nullus fere nostra etate vere se denominaret Augustum; cum plerique pocius angustent quam augeant imperium. Cesares vero dicti a Julio Cesare, qui (ut Isidorus lib. 7 Ethym. ait) de matris vero cesus erat, vel a cesarie quod comatus. Quod nomen Romanis principibus Alamannica eciam lingwa dicatum est, laici enim non habentes periciam prosodiacae pronunciandique primi legerunt KESAR pro Cesar, unde vulgare teutonicorum quo Cesarem KEISER appellant, defluxit.

Imperatorum autem nomen Romani illis primum indiderunt, apud quos summa rei militaris consisteret, ab imperando exercitui Imperatores dicti. Sed dum diu duces titulo imperatorum fungerentur, senatus censuit, ut Augusti Cesaris hoc tantum nomen esset, illud, quo is distingueretur a ceteris gencium regibus, quod et sequen-

ker auf Erden vereint finden unter der monarchischen Führung der apostolischen und päpstlichen Herrschaft und unter dem einheitlichen Bekenntnis zum rechten Glauben. Dann wird ein Hirte und eine Herde sein nach der Weissagung des Evangeliums.

Das ruhmreiche Rom aber war, ist und wird sein das Haupt beider Monarchien. Wie es einst die irdische Befehlsgewalt ausübte, so liegt jetzt die höchste Gewalt der himmlischen Monarchie auf Erden in seinen Händen. Es ist wahrhaftig eine verehrungswürdige und glückgesegnete Stadt, von der, wie Titus Livius sagt, die Götter wollten, daß sie das Haupt der ganzen Erde sei, eine Stadt, um die so oft mit Waffen gekämpft wurde und zu deren Preis der Lib. VI, *de electione*, c. *fundata* vieles vorträgt und erörtert.

So herrschte also unter Octavianus Augustus die Monarchie uneingeschränkt über die Welt. Er erhielt als erster nach dem Willen des Senats die Alleinherrschaft. Julius nämlich, obwohl Alleinregent, usurpierte das Römische Reich gegen den Willen des Senats. Außerdem war Oktavian der erste, der, weil er das Reich gemehrt hatte, vom Senat als »Augustus« [»Mehrer«] begrüßt wurde. Dieser Titel, den die Nachfolger bis heute tragen, ist als ein heiliger [Titel] den Herrschern über die Welt vorbehalten und beinhaltet die höchste Amtsgewalt. Denn jeder Kaiser muß den Vorsatz und den Wunsch haben, das Reich zu mehren, wie die »Glossa ordinaria« zum Vorwort der Digesten und der Institutionen sagt. Würde nämlich nicht eine kleine Glosse den Titel »Augustus« konservieren, könnte sich so gut wie keiner in unserer Zeit zu Recht »Augustus« nennen, da die meisten das Reich eher verkleinern als vergrößern. Cäsaren [»Kaiser«] heißen sie nach Julius Caesar, der, wie Isidor, »Etymologiae« VII sagt, aus dem Schoß seiner Mutter geschnitten worden war, oder nach »caesaries« [»Scheitel«], weil er langes Haupthaar trug. Dieser Name wurde den römischen Kaisern auch im Deutschen zuteil. Die Laien, die keine Kenntnis der [lateinischen] Prosodie und Aussprache hatten, lasen zuerst »Kesar« statt »Cesar«; und davon leitet sich das volkssprachliche Wort »Kaiser« ab, mit dem die Deutschen den Cäsar bezeichnen.

Den Namen »Imperator« gaben die Römer zuerst jenen, die den höchsten militärischen Oberbefehl innehatten; »Imperatores« hießen sie, weil sie das Heer befehligten [»imperabant«]. Aber nachdem die Feldherrn lange Zeit den Titel »Imperator« getragen hatten, entschied der Senat, daß diese Bezeichnung Caesar Augustus allein

tibus Cesaribus in nostra usque tempora inviolatum permansit, sicut apud Albanos ex Silvii nomine omnes reges Romanorum Silvii appellati sunt, et Egiptiorum Ptolomei.

A tempore quo ad Germanos pervenit imperium, in imperatorum creacione major quam olim exigitur solempnitas, propter triplicem coronam, unccionemque quam de pontificali manu suscipit. Unde in Romanum electus principem non ante, quam auream Rome coronam et sacram unccionem recipiat, hodie Imperator appellari debebit, ut hoc pulcre nobiliterque declarat gl. in Clem. unica de jurejur. Cum autem ab Augusto usque ad tempora Magni Constantini non multo amplius quam CCCLX annis in urbe Roma Romanum procurrisset imperium depost inspirante illo qui cuncta gubernat, victoriosus princeps relicta maxima pulcherrimaque Roma imperii nutrice, sedem apud Grecos constituit, Constantinopolisque domicilium clarissimi et fortunatissimi imperii futuris deinceps imperatoribus dedicata est.

TIT. VIII. AN CONVENIAT IMPERIUM ET QUODLIBET REGNUM MAGIS REGALITER QUAM POLITICE GUBERNARI.

Amplitudine Romani imperii in suo processu utramque administracionem, et consularem et cesaream plurimum contulisse compendiosius quo potui, perstrinxi. Nunc vero priusquam ad alia progrediar, haud incongrue placuit politicam inserere quaestionem: An conveniat imperium et quodlibet regnum per unum magis quam plures gubernari? Et quidem politicum regimen prevalere regali multis racionibus persuaderi potest. Plerumque namque contigit, ut homines sub rege viventes segnius fiant ad bonum commune, existimantes id quod ad bonum commune impendunt, non sibi sed alteri conferri, sub cujus potestate consistunt. Cum autem res publica per plures administratur, quilibet ad bonum commune quasi ad suum proprium attendit. Unde experimento nonnunquam videmus, civitates per annuos rectores administratas plusque proficere, quam eas que principum administracione gubernantur, ut in rebus Romanis patuit, que post exactos reges mirum in modum et in brevi excreve-

zustehen und ihn von allen anderen Herrschern der Völker unterscheiden sollte. Dies blieb dann auch bei den nachfolgenden Kaisern bis heute unangefochten in Geltung, und so heißen sie »Imperatoren« wie bei den Albanern nach Silvius alle römischen Könige Silvier und bei den Ägyptern alle Ptolemäer genannt wurden.

Doch ist, seitdem das Reich an die Deutschen überging, bei der Kaiserkrönung ein feierlicheres Zeremoniell erforderlich als einst, und zwar wegen der dreifachen Krone und der Salbung, die er von der Hand des Papstes empfängt. Daher darf heutzutage der zum Römischen König Gewählte nicht »Imperator« genannt werden, bevor er nicht in Rom die goldene Krone und die heilige Salbung empfangen hat, wie die Glosse zu Clem., *de jurejur.*, unica, schön und eindrucksvoll erklärt. Nachdem aber von Augustus bis zur Zeit Konstantins des Großen die kaiserliche Reichsregierung in der Stadt Rom nicht viel länger als 340 Jahre gedauert hatte, verließ der siegreiche Kaiser, vom Lenker der Welt inspiriert, die große und herrliche Roma, Nährmutter des Reiches, und schlug seinen Sitz bei den Griechen auf. So wurde den künftigen Kaisern Konstantinopel als Heimstatt des erlauchtesten und glücklichsten Reiches bestimmt.

TIT. VIII: Ist die monarchische Leitung des Römischen oder jedes anderen Reiches einer bürgerschaftlichen vorzuziehen?

Daß zur Größe des Römischen Reiches im Laufe seiner Entwicklung beide Arten von Verwaltung, die konsularische und die kaiserliche, außerordentlich viel beigetragen haben, habe ich, so knapp ich konnte, abgehandelt. Bevor ich nun zu anderen Dingen übergehe, habe ich den nicht unangemessenen Entschluß gefaßt, Überlegungen zur bürgerschaftlichen Staatsform einzuschieben: Wird das Römische oder jedes andere Reich besser von einem einzigen oder besser von mehreren geleitet? Es gibt nämlich eine Reihe von gewichtigen Gründen, die dafür sprechen, daß eine bürgerschaftliche Leitung besser ist als die monarchische. Geschieht es doch nicht selten, daß die Menschen, die unter einem König leben, hinsichtlich des gemeinen Wohls ziemlich träge sind, weil sie glauben, daß das, was sich auf das Gemeinwohl bezieht, nicht sie, sondern einen anderen angehe, nämlich den, dessen Macht sie unterstellt sind. Wenn hingegen der Staat von mehreren verwaltet wird, achtet jeder auf das ge-

runt; et in Venetorum policia id hodie luculentissime cernitur. Parva preterea servicia a regibus gravius feruntur, quam onera grandia, que a communitate civium imponuntur. In Romana enim republica cum plebs milicie adscriberetur, nichilominus tamen et pro militantibus stipendia exolvebat. Verum cum stipendiis solvendis non sufficeret erarium, in usus publicos opes venere private, adeo ut preter singulos annulos et cetera dignitatis insignia nichil sibi auri senatus ispe reliquerit. Ceterum rectores civitatum legibus municipalibus adstringuntur, reges vero legibus regni saltem coactivis minime subjiciuntur, ut l. princeps. D. de legibus et IX. q. III. c. cuncta per mundum. Propter quod sepe contingit eorum regimen verti in tyrannidem, licet imperator velle se legibus vivere profiteatur, ut l. digna vox. C. de legibus.

In adversum vero monarchicum regimen optimum esse longe majoribus racionibus persuasum est. Et primo quidem id palam est ex fine regiminis. In id enim cujuslibet regentis fieri debet intencio, ut ejus, quod regendum suscepit, salutem procuret, instar nautici gubernatoris, cujus sollicitudo est, ut navem contra maris pericula et Scylleam voraginem ad portum salvam perducat. Bonum vero et salus consociate multitudinis est, ut ejus unitas, que pax nuncupatur, conservetur; qua remota socialis vite perit utilitas. Manifestum autem est, quod unitatem magis efficere potest, quod est per se unum, quam quod in pluri consistit. Juxta philosophos enim efficacissima causa calefaccionis est per se calidum. Et id non solum racione, sed et experimento compertum habemus, quod provincie et civitates que non reguntur ab uno, dissensionibus crebro laborant, ut in Romana republica visum est. Pluralitas enim est mater discordie, et quot sunt capita, tot sensus, ut c. sicut in sacramentis. De consecr. dist. IV. et c. quod diversitatem. De concess. prebend; et apud legi-

meine Wohl, als wäre es sein eigenes. Daher machen wir bisweilen die Erfahrung, daß Städte, die von jährlich wechselnden Bürgermeistern [rectores] verwaltet werden, größere Fortschritte machen als die, die von Fürsten regiert werden, wie im Fall des römischen Staates deutlich wird, der nach der Vertreibung der Könige in kurzer Zeit erstaunlich gewachsen ist. Im bürgerschaftlich organisierten Staat der Venezianer ist dies noch heute bestens zu sehen. Außerdem erträgt man kleine Dienstleistungen, die von Königen gefordert werden, schlechter als große Lasten, die von der Gemeinschaft der Bürger auferlegt werden. Wenn nämlich in der römischen Republik das Volk zum Militärdienst aufgerufen wurde, hat es nichtsdestoweniger für die Soldaten Steuern bezahlt, und wenn die Staatskasse nicht hinreichte, den Sold auszubezahlen, wurde zum öffentlichen Nutzen Privateigentum verkauft, so daß nicht einmal die Senatoren außer einem Ring und den übrigen Rangabzeichen Gold zurückbehielten. Im übrigen sind die Leiter von Kommunen an städtische Gesetze gebunden, während die Könige zumindest den zwingenden Gesetzen des Reichs nicht unterworfen sind, wie Dig., *de legibus* l. *princeps* und Causa IX, q. 3, c. *cuncta per mundum* zu lesen ist. Deswegen geschieht es oft, daß sich ihre Regentschaft in eine Tyrannei verwandelt, mag auch der Kaiser versprechen, daß er nach den Gesetzen leben will, wie Instit., *digna vox* Cod. *de legibus* [nachzulesen ist].

Dagegen basiert die Überzeugung, daß die monarchische Staatsform die beste sei, auf weit gewichtigeren Argumenten. Zum ersten wird dies deutlich aus dem Ziel der Herrschaft. Die Aufmerksamkeit eines jeden Regenten muß nämlich daraufhin gerichtet sein, das Wohl der [Gemeinschaft] zu gewährleisten, deren Leitung er übernommen hat, wie ein Steuermann, der sein Augenmerk darauf richtet, das Schiff im Kampf mit den Gefahren des Meeres und dem Schlund der Skylla in den sicheren Hafen zu führen. Aber das Gut und das Wohl einer Gesellschaft ist die Bewahrung ihrer Einheit, die man Frieden nennt. Ist dieser nicht mehr gewährleistet, geht der Nutzen des gemeinschaftlichen Lebens verloren. Es steht aber fest, daß das, was in sich eins ist, eher Einheit bewirken kann, als das, was in einer Vielheit existiert. Nach den Philosophen nämlich ist die wirksamste Ursache von Erwärmung das, was aus sich warm ist. Wir haben nicht nur theoretisch geschlossen, sondern auch praktisch die Erfahrung gemacht, daß Provinzen und Städte, die nicht

stas l. si unus § principaliter. D. de arbitris Nam voluntates hominum varie sunt. l. qui poterat. D. ad Trebell. Et ideo amicitia inter multos magnis attollitur preconiis, quasi miraculose animus amicorum sit in diversis corporibus.

Preterea id magis fugiendum est, ex quo majora possunt sequi incommoda. Sed in regimine multorum plerumque contingit, ut ex pluribus aliquis ab intencione communis boni divertat, quo a bono publico pedem declinante dissensionis periculum multitudini imminet. Dissencientibus enim principibus ut in multitudine sequatur dissensio, necesse est, et omne regnum in se divisum (ut ait Salvator) desolabitur, nec ulli navem in unam trahunt partem nisi conjuncti. Qua quidem consideracione haud imprudenter dixit summus philosophorum Aristoteles, quem Averroös regulam datam in natura: »Pluralitas principum mala, unus ergo princeps«. Quam enim dispendiosum et ad pacem et justiciam componendam sit pluralitas, absque unico capite dominancium, non solum nobilis Alsacia, sed et tota fere Alemania. Roma ut condita est, duos fratres simul habere non potuit et fratricidio dedicatur, et in Rebecce utero Esau et Jacob bella gesserunt. Optimus ergo est in qualibet republica principatus unius, ubi tum eciam regnum in tyrannidem vertitur, periculosius longe est in multitudine quam uno solo. Multitudine enim tyrannisante ad suppressionem tocius reipublice intendit, qui quidem excessus tyrannidis maximum gradum tenet malicie.

Et ut paucis que volo perstringam, si quis preterita facta et que nunc sunt, diligenter consideret, crebrius inveniet crevisse tyrannides in terris que pluribus reguntur, quam que gubernantur ab uno. Porro physica eciam racione monarchiam sive regale regimem optimum in republica esse comprobatur. Cum enim ea que secundum

von einem regiert werden, oft unter Streitigkeiten leiden, wie man an der römischen Republik sieht. Die Mehrzahl ist nämlich die Mutter der Zwietracht, und »so viele Köpfe – soviel Sinn«, wie [zu lesen in] *De consecr.*, dist. 5, c. *sicut in sacramentis* und *De concess. prebend.*, c. *quia diversitatem*, und bei den Legisten Dig., *de arbitris* l. *si unus § principaliter*. Denn die Menschen wollen nicht alle dasselbe (Dig., *ad Trebell.* l. *qui poterat*). Daher wird die Freundschaft, die viele verbindet, in den höchsten Tönen gepriesen, so als wäre auf wundersame Weise ein Geist und Sinn in verschiedenen Körpern anwesend.

Außerdem ist das vor allem zu meiden, woraus die größten Nachteile entstehen können. Bei der Leitung durch viele geschieht es jedoch sehr oft, daß unter mehreren ein einzelner davon Abstand nimmt, auf das gemeine Wohl zu achten; wenn dieser also vom Pfad des öffentlichen Wohls abgeht, droht der Menge die Gefahr der Uneinigkeit. Sind nämlich die Führer uneins, folgt zwingend, daß auch die Menge uneins ist. »Jedes Reich aber, das in sich uneins ist, zerfällt«, sagt der Erlöser, und nur wenn alle zusammen ziehen, ziehen sie das Schiff in eine Richtung. Dies bedenkend sagte Aristoteles, der größte aller Philosophen, den klugen Satz – und Averroes folgte ihm –, es sei eine von der Natur gegebene Regel: »Eine Vielzahl von Fürsten ist schlecht; deshalb soll einer der Führer sein.« Wie nachteilig für die Friedens- und Rechtssicherung eine Vielzahl von Herrschenden ohne Haupt ist, beweist nicht allein das edle Elsaß, sondern fast das gesamte Deutschland. Als Rom gegründet wurde, konnte es nicht zwei Brüder gleichzeitig ertragen und war zum Brudermord verdammt; ebenso bekriegten sich Esau und Jakob bereits im Mutterschoß. Deshalb ist in jedem Staatswesen die Herrschaft eines einzigen das beste, und selbst wenn das Regiment in Tyrannei umschlägt, ist eine solche bei einer Mehrzahl weitaus gefährlicher als bei einem einzelnen. Denn wenn eine Vielzahl die Tyrannei ausübt, tendiert sie dazu, das gesamte Gemeinwesen zu unterdrücken, und dieser Gipfel der Tyrannei bedeutet den höchsten Grad an Bosheit.

Um in kurzen Worten meine Absicht zu umreißen: Wenn einer die Geschichte und die Gegenwart sorgfältig betrachtet, wird er herausfinden, daß Tyranneien häufiger in Ländern aufgetreten sind, die von mehreren gelenkt werden, als in solchen, die von einem regiert werden. Außerdem wird auch durch ein naturphilosophisches Ar-

artem sunt, imitentur ea que secundum naturam; id opus artis melius est, quod magis assequitur similitudinem ejus quod secundum naturam est. Omne autem naturale regimen ab uno est, sicut a corde membrorum multitudo dependet, a racione potenciarum anime multitudo procedit. In apibus denique rex unus est, et grues unum sequuntur ordine litterato, ut inquit text. in c. in apibus VII. q. I. in totoque universo unus Deus creator et factor omnium est. Concluditur ergo ad conservacionem stabilitatemque imperii et cujuslibet regiminis racione naturali pariter et morali considerata frugalius esse regimen unius quam plurium, licet sepe ex desidia ac impericia regum et principum contrarium contingat. Nam plurium imperatorum studio et fideli administracione Romana respublica magnopere aucta est, et per plurium desidiam et tyrannidem ad nichilum vere redacta.

Sic quoque in utroque regimine populi Hebreorum fuit, quod rempublicam eorum offenderit, primo quidem, dum sub judicibus regebantur, undique diripiebantur ab hostibus, et unusquisque quod sibi bonum videbatur in oculis suis, faciebat. Regibus vero eis divinitus ad eorum datis instanciam, propter regum maliciam a cultu unius Dei recesserunt, finaliterque miserabili fato hostium armis devicti occubuerunt, longevaque captivitate attriti sunt. Utrobique ergo et in politico et regali regimine virtus in precio est.

gument bestätigt, daß ein monarchisches bzw. königliches Regiment für das Gemeinwesen das beste ist. Weil nämlich die Kunst die Natur nachahmt, ist das Kunstwerk das beste, das den höchsten Grad von Ähnlichkeit mit der Natur erreicht. Jede natürliche Leitung aber wird von einem einzigen geleistet, so wie die Menge der Glieder vom Herzen abhängt und die Menge der Seelenpotenzen aus der Vernunft hervorgeht. Schließlich gibt es auch bei den Bienen nur einen König, und die Kraniche folgen einem Führer in der Ordnung eines Buchstabens[7] (vgl. den Text in Causa VII, q. 1, c. *in apibus*), und im ganzen Universum ist ein Schöpfergott und Bildner aller Dinge. Nach Abwägung der natürlichen wie der moralischen Gründe kommt man daher zum Schluß, daß für die Erhaltung und Festigung des Reiches und jeglicher Herrschaft die Leitung eines einzelnen effektiver ist als die Herrschaft vieler, auch wenn oft aus Nachlässigkeit und Unerfahrenheit der Könige und der Fürsten das Gegenteil eintritt. Denn durch den Eifer und die verläßliche Amtsführung vieler Kaiser ist der römische Staat größer und stärker geworden, während er an der Nachlässigkeit und der Tyrannei vieler schier zugrunde ging.

So gab es auch bei beiden Herrschaftsformen des jüdischen Volkes etwas, das ihr Gemeinwesen schädigte. In der ersten Phase, als sie von Richtern gelenkt wurden, wurden sie von allen Seiten von Feinden [angegriffen und] geplündert, und ein jeder tat, was ihm in seinen Augen gut schien. Als ihnen dann auf ihr Drängen hin von Gott Könige gegeben wurden, fielen sie wegen der Bosheit ihrer Könige von der Verehrung des einzigen Gottes ab, wurden schließlich, von feindlichen Waffen besiegt, Opfer eines erbärmlichen Schicksals und in einer langandauernden Gefangenschaft aufgerieben. In beiden Verfassungen also, in der bürgerschaftlichen wie in der königlichen, ist es die Tugend, der Wertschätzung zuteil wird.

---

7 Form des V.

TIT. IX. AN EXPEDIAT REIPUBLICE IMPERII ET CUJUSLIBET ALTERIUS GUBERNATOREM HABERE POCIUS PERPETUUM VEL TEMPORALEM.

Sapientissimi urbis Rome patres politico eorum adhuc persistente regimine, singulis annis novos statuisse magistratus in superioribus actum est. Quo cessante Cesareoque incipiente per fixos rectores tanquam reipublice magis salutares res Romanas exinde directas esse agresti stylo perclaruit. Qua de re altera nunc pulsat questio animum: An expediat in omni republica magistratum ordinare fixum? Socrates certe et Plato precipue humane sapiencie lumina in ea sentencia fuere, quod omnino non conveniat reipublice magistratus annue mutari, ad eamque partem has voluerunt urgere raciones. Experiencia namque (inquiunt) facit artem, ut de arte militari Vegecius dixit: »Siencia rei militaris nutrit audaciam, quod nemo facere metuit, quod se bene dixisse confidit«. Sed si fiat mutacio rectorum vel principum, plerumque contingit inexpertum ad rempublicam administrandam assumi, ex quo errores nonunquam maximi incidunt in policia. Preterea per huiusmodi vicissitudinem rectorum datur occasio subditis rebellandi minimeque obediendi, vel quod quisque sperat magistratus potestatem brevi finiendam vel saltem per successum temporis ad idem officium seipsum deligendum fore. Quanta enim dissidia et intestina bella inter concives parturire soleat annua rectorum alternatio, multis exemplis in republica Romanorum exploratum est. Dum enim ex eis pleriqui maximi viri ad consulatum aspirarent, nec assequerentur votum, in perniciem postmodum reipublice et patrie accerime moliti sunt, adeo ut tandem hec res consulari imperio, ut supra patuit, silencium daret et finem.

Non videntur denique adeo sollertes esse et ad rempublicam attenti annui rectores, quemadmodum perpetue stabiliti, cum illi

TIT. IX: Ist es für einen Staat, das Kaiserreich oder irgendeine andere Herrschaftsform besser, einen Leiter mit unbegrenzter oder einen mit begrenzter Amtsdauer zu haben?

Wir haben oben davon gehandelt, daß die weisen Väter der Stadt Rom zu der Zeit, als das bürgerschaftliche Regiment noch bestand, jedes Jahr neue Beamte einsetzten. In meinem schlichten Stil habe ich versucht klarzumachen, daß nach dessen Ende und mit dem Beginn von Caesars [Herrschaft] die römischen Angelegenheiten von Regenten auf Lebenszeit geregelt wurden, da man annahm, daß sie mehr zum Wohlergehen des Staates beitragen würden. Daher bedrängt nun eine andere Frage meinen Sinn: Ist es von Nutzen, in jedem Staat einen Beamtenapparat mit unbegrenzter Amtsdauer einzusetzen? Sicherlich haben Sokrates und Platon, jene herausragenden Leuchten menschlicher Weisheit, die Meinung vertreten, daß es ganz und gar nicht vorteilhaft ist, den Beamtenapparat eines Staates jährlich auszuwechseln. Für diese ihre Lehrmeinung machten sie folgende gewichtige Gründe geltend: Die Erfahrung, so sagen sie, erzeugt Kunstfertigkeit, wie Vegetius über die Kriegskunst sagt: »Die Kenntnis des Militärwesens nährt die Kühnheit; denn niemand fürchtet eine Unternehmung, wenn er überzeugt ist, hierin gut ausgebildet zu sein.« Wenn aber Könige und Fürsten abgelöst werden, geschieht es nicht selten, daß ein Unerfahrener zur Verwaltung des Staates herangezogen wird, und hieraus entstehen bisweilen ganz große Fehler in der Staatsführung. Außerdem wird durch einen derartigen Wechsel der Leiter den Untergebenen die Möglichkeit gegeben, sich zu empören und nicht zu gehorchen, sei es, weil jeder hofft, die Macht des Beamten werde in Kürze zu Ende sein, oder sei es, weil er erwartet, im Laufe der Zeit für dasselbe Amt bestimmt zu werden. Durch viele Beispiele [aus der Geschichte] des römischen Staates ist deutlich geworden, welch große Zwistigkeiten und Bürgerkriege unter den Mitbürgern ein jährlicher Regentenwechsel hervorruft. Sehr viele und sehr bedeutende Männer in diesem Staate, die nach dem Konsulat strebten, ihren Wunsch aber nicht verwirklichen konnten, waren in der Folgezeit so verbissen darauf aus, dem Staat und dem Vaterland zu schaden, daß dies schließlich die konsularische Führung, wie oben dargelegt, zum Verstummen brachte und beendete.
Ferner sind offenkundig jährliche Regenten nicht genauso eifrig und schenken dem Staat nicht das gleiche Augenmerk wie die auf

suam potestatem sciant modico tempore duraturam, in quo modico tempore sepenumero contingit aliquos ad commodum peculiare pocius quam ad publicum intendere, nec ad emendacionem morum facinorumque correccionem promtus de facili quisque talis reperitur, cum omnibus applaudere magis quam quemquam offendere studeat. Ex quo fit, ut per impunitatis audaciam fiant, qui nequam fuerunt, nequiores, ut text. in c. ut fame. De sent. excom. Unde reipublice interitus corrupcioque nonnunquam sequitur. Interest namque reipublice, ne crimina remaneant impunita. l. ita vulneratus. D. ad leg. Aquil. l. si operis. C. de pen.

Et quamvis Socratica pariter et Platonica sentencia urgentibus racionibus persuaderi possit, est tamen in contrarium altera eque probabilis persuasio, monarcha nempe philosophorum Aristoteles II Politic: »Mutare (ait) aliquando principatum magistratusque dignitatem, causa majoris pacis unionisque in civitatibus solet esse et policiaque quacunque«. Emergit ad hanc sentenciam et alia racio ex dicti philosophi V. Ethicor., ubi ait: »principatus virum ostendit.« Contingit enim plerumque virum virtute et moribus commendabilem in gradu suo provehi ad dignitatem, et in successu, temporis vitam moresque deflectere in deterius, ut I. regum in Saule Hebreorum principe exemplum in manibus est. Porro in natura hominis gradus, quantum ad virtutes et gracias, reperiuntur, quidam enim ad subjeccionem idonei sunt, sed ad regimen minime utiles; quidam vero in contrarium sunt dispositi. Si autem ex fallibili opinione contingat, eum qui minime idoneus est ad regimen aliorum, elevari perpetuum, quantum id commoditatis frugalitatisque allaturus sit reipublice, nemo profecto racionis compos ignorat. Cum etiam secundum philosophum VI. Ethicor. omnes homines desiderent habere honores, maximumque bonorum exteriorum honorem existimant, adeo quod non sit ulla humilitas, ut Maximus ait Valerius, que hac dulcedine non tangatur. Ob quam causam nonnulli in republica ad principatum aspirantes non equo animo ferunt superioritatem unius et perpetui. Proinde Aristoteles II. Politicor. Socraticam irridens sentenciam ait:

Dauer eingesetzten, wissen erstere doch, daß ihre Macht nur eine kurze Zeit dauern wird. Da geschieht es dann nicht selten, daß der eine oder andere in dieser kurzen Zeit mehr den eigenen Vorteil als das öffentliche Wohl im Auge hat. Ein solcher wird auch nicht leicht dazu bereit sein, die Sitten zu bessern und die Verbrechen auszumerzen, weil er eher sucht, allen beizupflichten, als bei jemandem Anstoß zu erregen. Die Folge davon ist, daß die Übeltäter durch nicht bestrafte Keckheit noch übler werden. (Vgl. Text *De sent. excomm.*, c. *ut fame.*) Dies führt manchmal zum Niedergang und zur Verderbnis des Staates. Denn es ist für den Staat von Wichtigkeit, daß Verbrechen nicht ungestraft bleiben. (Vgl. Dig., *ad leg. Aquil.*, l. *ita vulneratus* Cod., *de pen.* l. *si operis.*)

Doch obwohl Sokrates' und Platons Meinung mit guten Gründen plausibel gemacht werden kann, ist dennoch die entgegengesetzte Argumentation nicht weniger akzeptabel. Aristoteles, der König unter den Philosophen, sagt nämlich im 2. Buch der »Politik«: »Manchmal bewirkt der Wechsel der Führung und der Austausch eines Amtsträgers ein Mehr an Frieden und Einheit in der Polis und in jeder staatlichen Gemeinschaft.« Dieselbe Auffassung geht aus den Worten desselben Philosophen im 5. Buch der »Ethik« hervor, wo er sagt: »Die Herrschaft zeigt den Mann.« Denn häufig geschieht es, daß ein Mensch, den Tüchtigkeit und Charakter auf seiner [ursprünglichen] Stufe empfehlen, zu einer hohen Stellung gelangt, daß dann aber im Lauf der Zeit seine Lebensweise und sein Charakter eine Wendung zum Schlechteren nehmen, wofür uns in 1 Rg Saul, der König der Juden, ein handgreifliches Beispiel liefert. Des weiteren finden sich in der Natur des Menschen Rangunterschiede hinsichtlich der Fähigkeiten und Talente: Die einen sind zur Unterordnung veranlagt, aber für Leitungsfunktionen ungeeignet; andere besitzen die entgegengesetzte Begabung. Wenn jedoch aufgrund einer irrigen Beurteilung der Fall eintritt, daß ein zur Führung anderer völlig ungeeigneter Mensch eine zeitlich unbegrenzte Position einnimmt, dann kann sich in der Tat jeder, der einigermaßen bei Verstand ist, selber ausrechnen, welchen Vorteil und welchen Nutzen ein solcher dem Staat verschaffen wird. Nach Aristoteles »Ethik« VI sehnen sich alle Menschen danach, Ehre zu erlangen, und halten Ehre für das höchste der äußeren Güter [*bona externa*], so daß, wie Valerius Maximus sagt, selbst Menschen niedrigsten Standes von diesem Reiz sich ansprechen lassen. Aus diesem Grund

»Socrates semper eosdem facit principes, quasi stabilicio principatuum apud inferiores viriles et animosos precipua sit causa civilis discordie«. Fabius dux Romanorum cum sepius consulatum habuisset hujusmodi dignitatis in sua familia longis fuisset continuata temporibus egit cum populo, ut aliquando vacacio honoris ejuscemodi Fabie genti daretur, ne tanta dignitas in una domo remaneret. Hodie quoque nobilis Roma annuo senatore gubernatur, ut innuit text. elegantiss. in c. fundamenta. De elect. lib. VI.; et per jus civile provisum est, ne ultra biennium civitas sibi eligere possit magistratum, ut in Auth. de defensor. civit. § fin. collat. III et aliter aspirans ad potestatem incidit in legem Juliam ambitus. C. ad leg. Jul. amb. una. Racio prohibicionis est, ne regentes rempublicam aspere dominentur, et ne detur occasio delinquendi, ideo disponit lex, ut post biennium deponat officium, et racionem reddat de gestis L. unica. C. ut omnes cau. tam civil. quam crimin. verum etsi. Aristotelica sentencia vicissitudinem rectorum et principum in republica exigere videatur. Est tamen advertendum, quod regiones gencium diversificantur, tum quoad naturam humanam, tum quoad complexiones modumque vivendi, quemadmodum universa animancia juxta aspectum, celi influenciamque astrorum alterantur in quadripartitio. Nam si plante ad aliam transferantur regionem illius naturam convertuntur, ita et de hominibus videmus, quod nonnunquam Alemanni translati in Ytalyam italicantur, et mores vitamque eorum vel in bonum vel in malum imitantur. Quam ob rem pari racione regimen et dominium cujuscumque regionis ordinandum esse videtur secundum disposicionem gentis sicut et ipse philosophus in Politicis tradit. Quedam enim provincie serviles sunt naturae, homines habentes pusillanimes, et tales gubernari convenit regimine despotico et regali. Sunt autem alie provincie habentes gentes et animi et corporis viribus audaces, ingenioque et industria prestantes, quas politico gubernari regimine necesse est, quale profecto dominium in Ytalya et plerisque aliis regionibus viget, quibus difficile esset propter innatam eorum rebellionem dominari regaliter. Regiones tamen insulares Ytalye semper reges et principes habuerunt, utpote Sicilia, Sardinia et Corsica. In partibus vero Ligurie, Emilie et Flaminie, que

ertragen einige, die nach der Herrschaft im Staat streben, die zeitlich unbegrenzte Überordnung eines anderen nicht mit Geduld. So verspottet denn Aristoteles im 2. Buch der »Politik« die Ansicht des Sokrates:

»Sokrates macht immer die gleichen zu Fürsten, gerade als wäre die Einsetzung von Herrschern bei tüchtigen und mutigen Untergebenen der hauptsächliche Grund für bürgerliche Uneinigkeit.« Als der römische Heerführer Fabius mehrmals das Konsulat innehatte und diese Würde in seiner Familie sich lange Zeit fortsetzte, machte er mit dem Volk aus, der Gens der Fabier eine Unterbrechung in Bezug auf dieses ehrenvolle Amt zu gewähren, damit eine so große Würde nicht bei einem einzigen Haus verbliebe. Auch heute wird das edle Rom von einem Senator mit einjähriger Amtszeit verwaltet, wie der hochelegante Text im Lib. VI, *De elect.*, c. *fundamenta*, darlegt; und im Zivilrecht ist vorgesehen, daß die Stadt keinen Magistrat wählen kann, der länger als zwei Jahre [im Amt bleibt], wie im Auth., *de defensor. civit.*, §, gegen Ende von collat. 3 [festgelegt ist]. Wer anders [als hier festgelegt] nach der Macht strebt, verfällt der Lex Julia wegen Amtserschleichung (Cod., *ad leg. Jul.*, *amb.*, l. una). Der Grund des Verbots ist es, die Staatslenker daran zu hindern, hart zu herrschen, und ihnen die Gelegenheit zu Straftaten zu nehmen. Deswegen ordnet das Gesetz an, nach zwei Jahren das Amt niederzulegen und einen Rechenschaftsbericht über die Tätigkeit abzulegen. (Vgl. Cod., *ut omnes cau. tam civil. quam crimin.*, l. unica.) Wenn nun auch die Lehrmeinung des Aristoteles den Wechsel der Rektoren und Vorsteher im Staat zu fordern scheint, gilt es doch zu bedenken, daß die Regionen, in denen die Völker leben, verschieden sind sowohl hinsichtlich der menschlichen Natur als auch hinsichtlich der körperlichen Konstitution und der Lebensweise, so wie alle Lebewesen sich in vier Gruppen scheiden nach dem Charakter des Klimas und dem Einfluß der Gestirne. Ebenso wie Pflanzen, die man in eine andere Gegend bringt, sich nach der Natur dieses [Gebietes] verändern, so beobachten wir das auch bei den Menschen: Deutsche, die nach Italien verpflanzt werden, werden zu Italienern und passen sich deren Sitten und Lebensgewohnheiten an, teils im Guten und teils im Schlechten. Aus demselben Grund muß demnach auch die Leitung und Regierung jeder Region nach der Anlage des betreffenden Volkes eingerichtet werden, wie auch Aristoteles in der »Politik« schreibt. Manche Provinzen sind nämlich von Natur aus

hodie Lombardia nuncupatur, nullus fere nisi tyrannica quadam impressione principatum obtinere potest, perpetuum, ut nostra etate sepe visum est. Attamen dux Veneciarum temperatum limitatumque regimen habet, qui suam potestatem a senatu Venetorum, veluti lumen a sole luna mutuare perhibetur. In terris vero ubi principatus ad tempus equanimius sustinetur, ad regimina mediocres (ut philosopho IV. Politic. placet) idoneiores sunt, hoc est, ut nec sint potentes nimis, qui de facili tyrannisent, nec nimis abjecte condicionis, quia statim democratisent. Considerantes enim illi se quasi ex nichilo in altum fastigium elevatos, sui immemores ignarique regiminis in erroris plerumque baratrum prolabuntur. Convenit preterea reipublice ad magistratus eligi viros, qui nec avaricie vicio, nec inopia nimium laborent. Narrat quippe Valerius lib. VI. quod cum duo consules in senatu Romano contenderent, uter eorum in Hispaniam mitteretur, tum Scipio Aemylianus omnibus aliis suam sentenciam exspectantibus, neuter inquit, mihi placet, eo quod alter nihil habet, alteri nihil satis est. Nec hujusmodi dominio derogant, si quandoque temporum et regionis qualitate considerata delicta levius puniantur in politico quam despotico. In nonnullis namque terrarum oris ad conservacionem policie dissimulare culpam, vel remittere meritam penam, non minus quandoque quam aspera correccio reipublice accommoda est. In quo casu non minus eciam epikeia sibi locum vendicare videtur. Unde Gregorius in pastorali modum correccionis juxta personarum statum et qualitatem instruit esse attendendum. Et canonica jura nonnunquam severitati detrahendum esse ajunt. L. dist. ut constituerentur. c. cum ex injuncto. De no. episc. nunc.

zum Dienen bestimmt, weil sie von kleinmütigen Menschen bevölkert sind, und für solche ist die despotische oder die königliche Leitung die angemessene. Daneben gibt es andere Provinzen mit Völkern, die aufgrund ihrer seelischen und körperlichen Stärke wagemutig sind und sich durch Begabung und Fleiß auszeichnen; solche müssen von einem bürgerschaftlichen Regiment geleitet werden, einer Herrschaftsform, wie sie in Italien und in vielen anderen Gegenden im Schwange ist, deren Einwohner wegen ihres angeborenen Widerspruchsgeistes nicht leicht eine königliche Herrschaft ertragen. Die italienischen Inseln freilich haben immer ihre Könige und Fürsten gehabt, wie Sizilien, Sardinien und Korsika. In Ligurien aber, in der Emilia und der Flaminia, der heutigen Lombardei, kann so gut wie keiner eine dauernde fürstliche Herrschaft erlangen, es sei denn durch eine Art tyrannischen Drucks, wie in unserer Zeit oft zu sehen war. Dennoch hat der Doge von Venedig eine relative und zeitlich begrenzte Herrschaft, da er seine Macht vom Senat Venedigs borgt, wie der Mond sein Licht von der Sonne. In Ländern aber, wo zeitlich begrenzte Herrschaft gleichmütig ertragen wird, sind zum Regieren Menschen der Mitte am geeignetsten, wie Aristoteles im 4. Buch der »Politik« erklärt. Das heißt, sie sollen nicht zu mächtig sein – solche neigen zur Tyrannei –, noch von allzu niederer Herkunft, weil solche auf der Stelle plebejische Verhaltensweisen zeigen. Wenn sie nämlich feststellen, daß sie sozusagen aus dem Nichts auf den höchsten Gipfel gehoben wurden, vergessen sie, wer sie sind, und stürzen, des Regierens unkundig, häufig in den Abgrund des Irrens. Ferner empfiehlt es sich, für die Staatsämter solche auszuwählen, die weder vom Laster der Habgier noch von allzu großer Not bedrängt werden. Es erzählt nämlich Valerius [Maximus] in Buch VI Folgendes: »Als im römischen Senat zwei Konsuln darüber stritten, wer von ihnen nach Spanien geschickt würde, und alle auf den Spruch des Scipio Aemilianus warteten, sagte der: ›Mir gefällt keiner von beiden, weil der eine nichts hat und der andere nie genug hat.‹« Der Herrschaft eines solchen [Mannes der Mitte] ist es auch nicht abträglich, wenn bisweilen unter Berücksichtigung von Zeit und Ort Vergehen in einer bürgerschaftlichen Verfassung leichter bestraft werden als in einer monarchischen. In manchen Himmelsstrichen ist zur Bewahrung der staatlichen Ordnung die Nichtverfolgung eines Vergehens oder der Nachlaß einer verdienten Schuld für das Gemeinwesen vorteilhafter als unerbittliche Bestrafung. In diesem Fall scheint

At ne longius verbis politicis digrediar, nunc que ob merita Romanis mundi monarchia a superis concessa erat, consequenter dispiciendum esse videtur.

TIT. X. QUOD PREVISIVO CONSILIO DEI MUNDI MONARCHIA ROMANIS CONCESSA EST.

Inter cunctos per orbem reges dominosque terrarum nulli usquam reperti sunt, qui bene beateque regendum solerciores existerent Romano populo, digne adeo suis virtutibus imperium orbis promeruisse, lumen ecclesie attestatur Augustinus. Virtutibus quidem, dico non theologicis, que sine fide et caritate non habentur, sed politicis, quibus eciam gentiles ornantur, ut inquit text. jun. gl. XXVIII. q. I. § ex his nempe et Romanos multis summisque virtutibus in XVIII. De civit. Dei, extollit Augustin. maxime tamen tribus, quibus precipue floruerunt, illos dignissimos imperio fuisse ostendit: tum ob sincerum amorem et integram eorum in rempublicam fidem, tum zelum justicie, tum quoque civilem eorum in omnes benevolencia. Atque, ut a prima exordiar, sanctus amor patrie honorem dominii digne meretur, ille enim in radice fundatur caritatis, sed quae virtus caritatis merito precellit omnem virtutem, eo quod cujuscunque virtutis meritum ex virtute dependet caritatis, et qui rempublicam, zelat, rem videtur zelare divinam, ut I. Ethicor. philosophus dicit. Ut justum principem decet, imperator amplissimum suum senatum alloquens:

die Tugend der Epikie für sich einen Platz zu beanspruchen. Daher lehrt Gregor [der Große] in der »Regula pastoralis«, daß bei der Bestrafung Maß zu halten sei, u.z. unter Berücksichtigung des Standes und der besonderen Art der Personen. Und das Kirchenrecht sagt, daß man bisweilen etwas an der Strenge nachlassen müsse. (Vgl. Dist. L, *ut constituerentur* c. *cum ex injuncto*; *De no. episc., nunc.*)

Damit ich jedoch mit meinen Ausführungen zur bürgerschaftlichen Verfassung nicht noch weiter abschweife, wird es Zeit, im folgenden zu betrachten, um welcher Verdienste willen den Römern die Weltherrschaft vom Himmel gewährt worden ist.

TIT. X: Durch den Plan der göttlichen Vorsehung wurde den Römern die Weltherrschaft gewährt

Unter allen Königen und Fürsten der Welt fanden sich keine, die für eine gute und glückliche Herrschaft geeigneter gewesen wären als das römische Volk. Daß es so aufgrund seiner Tugenden zu Recht die Weltherrschaft verdiente, bestätigt das Licht der Kirche, Augustinus. Wenn ich ›Tugenden‹ sage, meine ich nicht die theologischen Tugenden, die ohne Glaube und Liebe nicht sein können, sondern die bürgerlichen, die auch die Heiden schmücken, wie der Text zusammen mit der Glosse in Causa, XXVIII, q. 1, § *ex his nempe* sagt. Wenngleich Augustinus in »De civitate Dei« Buch XVIII die Römer wegen vieler und hoher Tugenden preist, zeigt er doch, daß sie vor allem wegen dreier [Tugenden], durch die sie in hervorragender Weise glänzten, der Befehlsgewalt würdig waren: wegen ihrer aufrichtigen Liebe und unwandelbaren Treue zu ihrem Staat, wegen ihres Eifers für Gerechtigkeit und auch wegen ihrer wohlwollenden Gesinnung gegenüber allen Mitbürgern. Um mit der ersten [Tugend] zu beginnen: die heilige Liebe zum Vaterland verdient zu Recht die Ehre der Herrschaft, denn sie hat ihren Wurzelgrund in der Liebe. Weil die Tugend der Liebe zu Recht allen übrigen Tugenden voransteht – hängt doch das Verdienst einer jeden Tugend von der Tugend der Liebe ab –, kann man sagen, daß wer für den Staat eifert, für die Sache Gottes eifert. Denn, wie Aristoteles im 1. Buch der »Ethik« sagt: »Das Gut des Volkes ist ein göttlich Gut.« Deshalb sprach ein Kaiser in ernster Weise, wie es sich für einen gerechten Fürsten ziemt, seinen ehrwürdigen Senat folgendermaßen an:

»Cordi (ait) nobis est, patres conscripti, semper nostri animi curas rebus communibus avidissime impendere.« L. I. E. de emend. cod. Ea propter amor patrie supra ceteras virtutes gradum meretur dominii, imperii, et honoris, in quo utique amore nullam dispensacionem mortales admittunt. Non enim ulla causa intervenire debet, ait Tullius in lib. de republ. unde proprie derogetur patrie. Et in I. Officior. is ipse Tullius, qui et consul Romanus fuit, »omnium societatum, inquit, nulla est gracior, nulla carior, quam ea, que cum republica perseverat. Unicuique enim nostorum cari sunt parentes, cari liberi, cari propinqui ac familiares, sed omnes omnium caritates patria una complexa est, pro qua quis bonus non dubitat mortem oppetere, si eidem sit profuturus«. Quanta autem in rem publicam flagrarint caritate veteres Romani, Salustius in Catiliniario ex sentencia Catonis refert, dum plurimas virtutes illorum connumerando subnectit: »Nolite namque existimare majores nostros armis rempublicam ex parva magnam fecisse, quippe amplior nobis quam ipsis armorum et equorum est copia, sed quia in eis fuit domi industria, foris justum imperium, in consulendo animus liber, nec delicto nec libidini obnoxius. Pro hiis (ait) nos habemus luxuriam et avariciam, publice egestatem, privatim opulenciam; laudamus divicias, sequimur inerciam, et inter bonos et malos discrimen nullum; omnia denique virtutis merita nunc possidet ambicio«. Quid dicam de Marco Curcio nobilissimo urbis Romane milite, qui pro salute urbis et patrie, cum in medio foro et in ea parte urbis, ubi nunc templum divi Antonii situm est, terra dissiluisset sumptis milicie insigniis equo armatus insidens in abruptum terre hyatum se precipitem dedit, ut pestilencia cessaret ab urbe. Quid preterea de Marco Regulo Attilio, Romanorum fidelissimo duce, condignum sue premio virtutis recenseam, qui reipublice suam preferens salutem sponte se dedit in necem. Is enim cum Carthaginensibus bellum inferret, cum quingentis viris captus et in cathenas conjectus esset, postea a Carthaginensibus, qui bello fracti erant, ad pacem petendam et pro commutacione captivorum Romam sub sacramento tamen redeundi, missus est. Ille tamen Romam ductus suasit, ne pax cum Afris fieret, illos enim fractos tot casibus spem non habere ullam, ac se tanti non esse, ut tot millia captivorum, quos Romani detinebant, propter unum se et senem et paucos, qui ex Romanis capti erant, redderentur. Offerentibus autem Romanis ut eum Rome tenerent, negavit se in ea urbe mansurum, in qua postquam Afris servierat, di-

»Versammelte Väter, es ist uns daran gelegen, allzeit die Sorge unseres Herzens mit heißem Verlangen dem gemeinen Wohl zu widmen.« (Vgl. Cod., *de emend. Just. Cod.*, l. unica.) Deshalb verdient die Vaterlandsliebe mehr als die anderen Tugenden den hohen Rang der Herrschaft, des Reiches und der Ehre. Wo es um diese Liebe geht, lassen die Sterblichen niemals eine Entschuldigung gelten. Kein Grund darf ins Spiel kommen, sagt Tullius (Cicero) in »De republica«, durch den dem eigenen Vaterland Nachteil entstehen würde. Und in »De officiis« I sagt derselbe Tullius, der auch römischer Konsul gewesen war: »Von allen Gemeinschaften ist keine angenehmer, keine teurer als die mit der *Respublica*. Jedem von uns sind die Eltern, die Kinder, die Verwandten und Freunde teuer, aber einzig das Vaterland umfaßt die ganze Liebe aller, für das jeder charaktervolle [Mensch] ohne zu zögern den Tod auf sich nehmen würde, wenn er ihm dadurch nützen würde.« Von welcher Liebe zum Staat die alten Römer brannten, berichtet Sallust in der »Coniuratio Catilinae« als Sprachrohr Catos, wobei er, ihre zahlreichen Tugenden aufzählend, fortfährt: »Glaubt ja nicht, daß unsere Vorfahren [nur] mit ihren Waffen aus dem kleinen Staat einen großen gemacht haben – besitzen wir doch eine größere Menge Waffen und Pferde als diese –, sondern weil sie zu Hause fleißig waren und draußen gerecht herrschten, einen unvoreingenommenen Geist bei der Beratung bewahrten und sich nicht Verbrechen und Willkür hingaben. Statt dessen kennen wir [heutzutage] Verschwendung und Habsucht, in der Öffentlichkeit Mangel und privat den Überfluß; wir loben die Reichtümer, folgen der Trägheit und machen keinen Unterschied zwischen Guten und Schlechten, und der Ehrgeiz erhält jetzt den Lohn, der der Tugend gebührt.« Was soll ich über Marcus Curtius sagen, den edelsten Ritter der Stadt Rom? Als sich mitten auf dem Forum, in dem Teil der Stadt, wo jetzt der Tempel des göttlichen Antoninus [Pius] steht, die Erde geöffnet hatte, legte er seine militärischen Abzeichen an, schwang sich aufs Pferd und stürzte sich für das Heil der Stadt und des Vaterlandes senkrecht in die steil abfallende Erdschlucht, auf daß die Seuche von der Stadt weiche. Was könnte ich ferner von dem treuen Marcus Regulus Attilius berichten, das dem Wert seiner Tugend entspräche? Er zog das Wohl des Staates dem eigenen Wohl vor und ging freiwillig in den Tod. Als er nämlich Karthago bekriegt hatte und mit 500 Mann gefangen und in Ketten gelegt worden war, wurde er von den Karthagern, die

gnitatem honesti civis habere non posset. Rediens itaque in Africam miserabili nece extinctus est.

Quam mundas eciam a muneribus habuerint manus Romani principes pro republica conservanda Valerius lib. IV. multis exemplis describit, sed unum de Mario sufficiat. Is postquam victoriam de Sampnitibus obtinuisset, legati Sampnitum ad eum cum muneribus missi ipsum ad focum in scampno sedentem et catino ligneo cenantem reperiunt; illi vero magnum auri pondus obtulerunt benignis invitantes verbis, ut eo uti vellet. Qui protinus vultum risu solvens: »Narrate, inquit, Sampnitibus, Marcum Curium malle locupletibus imperare quam locupletem fieri, mementote denique me nec acie vinci, nec pecunia posse corrumpi«. Integram ergo et inviolatam fidem urbi et patrie non modo illi, de quibus oracio premissa est, sed et plurimi alii servaverunt. Quapropter Romanis summa Dei providencia universale orbis dominium et imperium juste concessum est. Sic quoque et apud Hebreos Mathathias et ejus filii, quamvis sacerdotali essent tribu progeniti, propter zelum tamen legis et patrie in filiis Israel principatum meruerunt. Non solum autem Romanum imperium, ait idem Augustinus in V. de civit. Dei, dilatatum est ad humanam gloriam, verum eciam ut cives eterne illius civitatis quamdiu peregrinantur in terris, diligenter et sobrie illa intueantur exempla, et videant quanta dileccio debeatur superne patrie propter vitam eternam, si tantum a suis civibus terrena dilecta est propter hominum gloriam.

kriegsmüde waren, nach Rom geschickt, um Frieden zu erbitten und um über den Austausch der Gefangenen zu verhandeln; doch mußte er schwören zurückzukehren. Nach Rom überführt, gab er den Rat, keinen Frieden mit den Afrikanern zu schließen; sie seien nämlich durch die zahlreichen Niederlagen zermürbt und hätten keine Hoffnung mehr. Er selbst sei nicht so viel wert, daß man für ihn, einen einzelnen und dazu alten Mann, und für die paar gefangengenommenen Römer so viele tausend Gefangene zurückgeben sollte, die von den Römern festgehalten werden. Als daraufhin die Römer vorschlugen, ihn in Rom zurückzuhalten, lehnte er es ab, in einer Stadt zu leben, in der er nicht die Würde eines geehrten Bürgers haben könne, nachdem er den Afrikanern zu Diensten gewesen sei. Deshalb kehrte er nach Afrika zurück und starb eines elenden Todes.

Wie konsequent die römischen Führer zum Wohl der Republik ihre Hände auch von Bestechung rein hielten, schildert Valerius Maximus in Buch IV mit vielen Beispielen; aber das eine [Beispiel] des Marcus Curius mag genügen. Nachdem dieser den Sieg über die Samniten errungen hatte, trafen ihn Gesandte der Samniten, die mit Geschenken zu ihm geschickt worden waren, an, wie er am Herd auf einem Schemel saß und aus einem hölzernen Napf aß. Sie boten ihm eine große Menge Gold und forderten ihn mit freundlichen Worten auf, sich zu bedienen. Der brach auf der Stelle in Gelächter aus und sprach: »Sagt den Samniten, Marcus Curius wolle lieber über reiche Menschen herrschen, als selber reich werden. Und vergeßt nicht: Man kann mich weder im Kampf besiegen noch mit Geld bestechen.« Solch makellose und unversehrte Treue zu Rom und zum Vaterland bewiesen nicht nur die, von denen eben die Rede war, sondern auch sehr viele andere. Deswegen wurde den Römern durch Gottes erhabene Vorsehung zu Recht die universale Weltherrschaft und das Reich zugestanden. So verdienten auch bei den Hebräern Mattathias und seine Söhne, obwohl sie aus priesterlichem Stamm hervorgegangen waren, wegen ihres Eifers für das Gesetz und das Vaterland die Herrschaft über die Söhne Israels. Doch diente, sagt Augustinus in »De civitate Dei« Buch V, die Ausbreitung des Imperium Romanum nicht allein menschlicher Ruhmsucht, sondern auch dazu, daß die Bürger jener ewigen Stadt während ihrer irdischen Wanderzeit sich sorgfältig und nüchtern jene Beispiele vor Augen halten und erkennen sollten, welches Bemühen für das überirdische Vaterland um des ewigen Lebens willen erforderlich ist,

Fuit et altera haud minus digna imperio causa, zelus intemerate justicie, sacratissimaque sanccio legum, quibus Romanos dominium obtinuisse orbis ipse Romanorum profitetur Imperator in l. unica. C. de novo cod. confir. ubi in hec verba elegantissime exorditur: »Summa reipublice tuicio, inquit, de stirpe duarum rerum, armorum atque legum veniens, vimque suam exinde muniens, felix Romanorum genus omnibus anteponi nacionibus, omnibusque dominari efficit temporibus, quam Deo propicio in eternum efficiet. Istorum enim alterum alterius auxilio semper eguit; et tam militaris res legibus in tuto collocata est, quam ipse leges armorum praesidio servate sunt«. Rursum quoque in L. I. C. de vete. jure enucl. libros legum »sanctissimum templum justicie« appellat. Quas utique leges nostra Alomania (pro dolor) minus curare videtur; quamobrem minime, si tota compago Romane potencie dissolvatur, omnisque Teutonia continua inquietudine absque justicia agitur et pace. Plurimi populorum equissimis Romanorum legibus allecti spontanee se illis subdiderunt; nunc vero nec subiecti armis contineri possunt. Quibus itidem legibus doctor gencium Paulus innixus, cum a Judeis atrocibus afficeretur injuriis apud Cesaream Palestine urbem (ut in actibus apostolorum habetur) a Festo principe ad Cesarem appellat, et Romanis legibus cum et ipse civis esset Romanus (ut in c. si in adjutorium. X. dist.) confidenter se subjecit.

Illi enim exactissimi legum justicieque custodes nec delicto nec libidini obnoxii erant, pro quibus dominia nunc dissipantur. Ob quam revera caussam (ut Augustini XVIII. lib. de civitate Dei repetam verba) placuit Deo per Romanos orbem debellare terrarum, ut in unam societatem reipublice legumque perductum illum longe lateque pacaret. Unde in V. ejusdem voluminis inquit, quod Romani propter leges eorum equissimas usi sunt, tanquam recta via ad honores, imperium et gloriam. Nec habent unde jure conqueri possunt de summi et veri Dei justicia, perceperunt enim mercedem, juste do-

wenn das irdische [Vaterland] von seinen Bürgern [schon] wegen des Ruhms vor den Menschen so sehr geliebt wurde.

Daneben gab es den zweiten, nicht weniger gewichtigen Grund, weshalb [die Römer] die Herrschaft verdienten: Eifer für lautere Gerechtigkeit und die heilige Geltungskraft der Gesetze, durch die die Römer die Weltherrschaft erlangten, wie der römische Kaiser selbst (Cod., *de novo cod. confirm.*, l. unica) verkündet, wo er mit glänzend formulierten Worten so beginnt: »Die den höchsten Rang einnehmende Bewahrung der staatlichen Gemeinschaft, die aus den beiden Wurzeln »Waffen« und »Gesetze« erwächst, bewirkte, daß das glückliche Geschlecht der Römer an der Spitze aller Völker steht und zu allen Zeiten über sie herrscht; sie wird dies mit Gottes Hilfe auch in Zukunft bewirken. Beide bedurften immer der gegenseitigen Hilfe: die Militärmacht wird ebenso durch die Gesetze abgesichert wie umgekehrt die Gesetze durch den Schutz der Waffen behütet werden.« Auch nennt er in Cod., *de vetere jure enucl.*, l. I, die Gesetzesbücher »den hochheiligen Tempel der Gerechtigkeit.« Unser Deutschland scheint sich leider um die Gesetze nicht zu kümmern; deswegen [wundert] es mich überhaupt nicht, daß sich das gesamte Gefüge römischer Macht auflöst, ganz Deutschland ohne Gerechtigkeit und Frieden von dauernder Unruhe geschüttelt wird. Die meisten Völker wurden von den überaus gerechten Gesetzen der Römer angezogen und haben sich ihnen freiwillig unterworfen; jetzt hingegen können die [dem Gesetz] Unterstellten nicht einmal mit Waffengewalt gebändigt werden. Auf diese Gesetze stützte sich der Lehrer der Völker, Paulus, als er von den Juden grausam mißhandelt wurde. In Cäsarea, einer Stadt Palästinas, appellierte er, wie in der Apostelgeschichte nachzulesen, vor Statthalter Festus an den Kaiser und unterwarf sich vertrauensvoll den römischen Gesetzen, da er selbst römischer Bürger war. (Vgl. Dist. X, c. *si in adjutorium.*)

Jene überaus gewissenhaften Hüter der Gesetze und der Gerechtigkeit gaben sich weder verbrecherischem Tun noch der Geschlechtslust hin, Dingen, durch die heutzutage Herrschaften ruiniert werden. Genau aus diesem Grund beschloß Gott – um die Worte Augustins in »De civitate Dei« XVIII zu wiederholen –, den Erdkreis durch die Römer militärisch zu unterwerfen, um ihn in eine staatliche und gesetzliche Gemeinschaft zu überführen und allseits zu befrieden. Und daher sagte er im fünften Buch desselben Werkes, die Römer hätten mit ihren überaus gerechten Gesetzen sozusagen

minando legitimeque gubernando. Subjungit porro in eodem libro Augustinus exemplum de zelo justicie Bruti civis Romani, qui filios suos occidit, quod bella concitabant in populo. Vicit enim in eo (ut ait poëta) »amor patrie, laudumque immensa cupido«. Et rursum de Torquato, qui nato necem inferre voluit, quod contra edictum patris hostes invasit juvenili quodam provocatus ardore, et licet hostes vicit prelio, quod tamen castra sue gentis discrimini exposuit, ipsum morti juxta militares leges adjudicavit, ne plus mali esset in exemplo imperii contempti, quam boni in gloria hostis occisi. Et maluit (inquit Valerius) proprio carere nato, quam discipline militaris transgressionibus indulgere.

Terciam subinde justam concessionis domini causam subnectit idem Augustinus, asserens illam fuisse civilem illorum benevolenciam singularemque in omnes humanitatem. Cicero enim in II. de Officiis de Romanorum benevolencia disserens ait: »Nostri magistratus imperatoresque ex hoc maximam laudem capere studebant, si provincias, si socios equitate et fide defendissent, dominiumque nostrum patrocinium orbis terre verius quam imperium poterat nominari. Malus est (inquit) custos diuturnitatis metus, benevolencia vero ad perpetuitatem fidelis est«, introducens eciam illud Ennii poete: »Quem metuunt, oderunt; quem quisque odit, periisse expetit«. Et preclare flos poetarum Terencius in Adelphis ait: »Errat longe mea quidem sentencia, qui imperium credit gravius aut stabilius, vi quod fit, quam illud, quod amicicia adjungitur.« Humanitatis namque dulcedo, Valerio teste lib. V. barbarorum penetrat ingenia et in proverbiis sapiens dicit: »Verbum dulce multiplicat amicos, et mitigat inimicos«. Cujus profecto racio sumitur ex animi generositate; qui magis suavitate ducitur, quam rigitate trahatur, ut Seneca ait. Unde philosophus VIII. Ethicor. »benevolencia est premium amicicie«, ait; et legum conditor: »Nihil aliud tam peculiare est imperialis majestatis, quam humanitas, per quam solam Dei servatur imitacio«. C. de donat. int. vir. et uxor. L. fin.

den direkten Weg zu Ehrenstellen, zu Reich und Ruhm eingeschlagen. Deswegen hätten sie auch keinen Grund, sich über die Gerechtigkeit des höchsten und wahrhaften Gottes zu beschweren: Sie haben ihren Lohn empfangen, indem sie [die Gelegenheit erhielten], gerecht zu herrschen und rechtmäßig zu regieren. Im gleichen Buch führt Augustinus das Beispiel vom Gerechtigkeitssinn des römischen Bürgers Brutus an, der seine Söhne tötete, weil sie im Volk kriegerische Auseinandersetzungen provozierten. Es siegte in ihm, wie der Dichter sagt, »die Vaterlandsliebe und die ungeheure Begierde nach Ruhm.« Und [ähnlich] wiederum in bezug auf Torquatus, der seinen Sohn töten wollte, weil dieser gegen den Befehl des Vaters in seinem jugendlichen Übereifer die Feinde angegriffen hatte. Und obwohl dieser die Feinde in der Schlacht besiegt hatte, verurteilte er ihn dennoch nach dem Kriegsgesetz zum Tode, weil er das Lager seines Volkes gefährdet hatte. Es sollte nicht größeres Übel aus dem Beispiel eines mißachteten Befehls entstehen, als Gutes aus dem Ruhm über die Tötung des Feindes.

Einen dritten gerechten Grund dafür, daß [den Römern] die Herrschaft zugestanden wurde, fügt derselbe Augustinus hinzu. Er sagt, jener [dritte Grund] sei deren Wohlwollen gegenüber den Mitbürgern und ihre einzigartige Menschlichkeit gegenüber allen gewesen. Cicero sagt nämlich im 2. Buch »De officiis«, wo er von der wohlwollenden Gesinnung der Römer handelt: »Unsere Beamten und Feldherrn strebten danach, höchsten Ruhm daraus zu gewinnen, Provinzen und Verbündete mit Gerechtigkeit und Treue zu verteidigen, und unsere Herrschaft konnte mit größerem Recht Schutzherrschaft über die Erde als Beherrschung genannt werden.« Er sagt: »Furcht ist auf lange Sicht ein schlechter Aufseher; das Wohlwollen aber garantiert Dauer.« Und er führt auch das bekannte Wort des Dichters Ennius an: »Wen sie fürchten, den hassen sie; wen man haßt, dem wünscht man den Tod.« Und glänzend sagt die Blume der Dichter, Terenz, in den »Adelphi«: »Meiner Meinung nach irrt der gewaltig, der glaubt, eine erzwungene Autorität habe mehr Gewicht und sei unerschütterlicher als eine, die durch Freundschaft gewonnen wird.« Denn die gewinnende Kraft der Menschlichkeit begreifen, wie bei Valerius im 5. Buch steht, auch Barbaren, und ein Weiser sagt in den Proverbien:[8] »Ein liebes Wort macht viele Freunde und

---

8 richtig: Eccli 6,5.

Ac vere benevolencia animique lenitate Romani plerasque exteras nationes in suum traxerunt amorem, imo et quos armis superare non poterant, benevolencia devicerunt. Inter quos Scipio illustris consul occurrit primus. Is enim annos tantum natus quatuor et viginti, cum in Hyspaniam proconsulare sortitus esset imperium, primo impetu Carthaginem novam Hyspanie cepit, et dum inter ceteros quedam adulto flore virgo pulcherrima ab eo comprehensa fuisset, eam paterna pietate servavit, concedens parentibus, ut eam redimerent; ad se eciam sponsum nobilissimi generis virum venire persuadens, ei ipsam quasi pius genitor in matrimonium tradidit, preciumque quod a parentibus ejus acceperat, doti adjecit, puelleque condonavit. Et quo facto tota pene Hyspania ad Romanorum se dedit imperium. Et Titus Livius de bello scribens Punico, sermonem Scipionis quo virginis sponsum allocutus, tum mitem ejus in victoria animum digne certe principibus inimitabilem his verbis ostendit. »Primum quidem (ait) exhortatus est universos bono esse animo; venisse enim eos in populi Romani potestatem, qui beneficio mallent quam metu vincere; exteras quoque gentes magis fide ac societate junctas, quam tristi servicio subjectas habere«. Clemenciam pietatemque ipsorum magnopere eciam extollit Augustinus I. de civit. Dei, proprium inquiens Romanorum fuisse »parcere subjectis et debellare superbos«. Ex multisque exemplis introducens Marcum Marcellum, qui cum a senatu ad expugnandum Syracusas nobilem Sicilie urbem missus esset, ante illius dedicionem pias illi effudit lachrymas, publicoque edicto constituit, ne quis in illa corpus liberum violaret. Captis autem a sese Syracusis ruinam ex alta civitatis prospiciens arce: »En urbs, ait, Syracusana hoc saltem in tua clade maximum solamen habes, etsi incolumem stare non poteras, saltem sub victore clementissimo cecidisti«. Hiis denique et quamplurimis aliis virtutibus, quibus ab olim Romani claruerunt, allectus Judas Machabeus, Hebreorum invictissimus princeps, suique sanguine

besänftigt die Feinde.« Die Begründung hiefür läßt sich aus der Großmut des Herzens gewinnen, das sich eher durch Freundlichkeit führen als durch Härte zerren läßt, wie Seneca sagt. Daher spricht Aristoteles im 8. Buch der »Ethik«: »Das Wohlwollen ist der Lohn der Freundschaft«, und der Gesetzgeber: »Nichts kommt der kaiserlichen Majestät mehr zu als die Menschlichkeit, durch die allein [das Gebot] der Nachahmung Gottes erfüllt wird.« (Vgl. Cod., *de donat. int. vir. et uxor.*, l. fin.)

Tatsächlich haben die Römer durch wohlwollende Gesinnung und Milde eine Großzahl auswärtiger Völker dazu gebracht, sie zu lieben, und die, die sie mit Waffen nicht besiegen konnten, besiegten sie durch ihre entgegenkommende Art. Als erster fällt mir hier der erlauchte Konsul Scipio ein. Der nämlich eroberte, nachdem er, erst 24 Jahre alt, die prokonsularische Befehlsgewalt über Spanien erlangt hatte, im ersten Anlauf das in Spanien gelegene Neu-Karthago, und als er unter anderen eine ungewöhnlich schöne Jungfrau in der Blüte ihres Lebens erbeutet hatte, schonte er sie liebevoll, wie ein Vater, und erlaubte den Eltern, sie freizukaufen. Außerdem überredete er deren Verlobten, einen Mann von sehr vornehmem Geschlecht, zu ihm zu kommen, übergab ihm wie ein liebevoller Vater die Jungfrau zur Ehe, fügte das Lösegeld, das er von ihrem Vater erhalten hatte, dem Heiratsgut hinzu und schenkte es dem Mädchen. Aufgrund dieser Tat stellte sich fast ganz Spanien unter römischen Befehl. Titus Livius gibt in seiner Beschreibung des Punischen Krieges die Rede Scipios wieder, die er an den Bräutigam der Jungfrau gerichtet hat. Dann zeigt [Livius] dessen milde Gesinnung im Sieg, die sicherlich der Nachahmung der Fürsten würdig wäre, mit folgenden Worten: »Einleitend forderte er alle auf, guten Mutes zu sein; sie seien nämlich in den Machtbereich des römischen Volkes gekommen, das lieber durch Wohltaten als durch Furcht siegen wolle und es vorziehe, die auswärtigen Völker in vertrauensvoller Gemeinschaft an sich zu binden, als in trauriger Knechtschaft zu unterwerfen.« Auch Augustinus rühmt in »De civitate Dei« Buch I ihre Milde und ihr Verantwortungsbewußtsein, wenn er sagt, es sei die besondere Art der Römer gewesen, »die Unterworfenen zu schonen und die Hochmütigen im Kampf niederzuzwingen.« Aus vielen Beispielen führt er Marcus Marcellus an, der, als er vom Senat zur Eroberung der vornehmen sizilischen Stadt Syrakus geschickt worden war, vor ihrer Übergabe Tränen des Mitleids für sie vergoß und in ei-

fratres, qui etsi aliarum nacionum propter leges divinas absolvissent aspernari consorcium; fama tamen bonitatis Romanorum attracti, amicicie foedus cum eis statuerunt.

Divino itaque numine et superna predefiniente ordinacione actum est, ut mundi monarchia in Romanorum transierit dicionem, quos pre cunctis gentibus apciores ad regendum Deus invenit, qui armorum exercicio, disciplina castrorum, usu milicie, libertate quieta, justicie cultu, legum reverencia, finitimarum gencium amiciciis, maturitate consiliorum, gravitate verborum et operum obtinuerunt, ut orbis existerent domini. Nam Romanus populus a rege Romulo in Cesarem Augustum per septingentos annos ita per universum orbem victuose ac potenter arma circumtulit, et regna mundi propria virtute contrivit, ut qui ejus magnifica gesta legunt, non unius populi, sed tocius humani generis facta legere videantur. Et cum secundum philosophum virtutis premium sit honor, justusque Deus nullum bonum irremuneratum relinquat; ipsi certe Romani cum gentiles essent, mercedem premiumque virtutis in hoc mundo perceperunt, dominium videlicet mundi, imperii apicem, summique fastigium honoris.

TIT. XI. DE IMPERIALIS SEDIS A LATINIS
IN GRECOS TRANSLACIONE.

Quanquam statuissem directo tramite per semitam dicendorum transire, neque ad dextram neque ad sinistram efferre pedem, longius tamen ab instituto proposito calamum videor elongasse. Sed quoniam ita res exigebat, beati Gregorii in prologo Moralium debet

nem offiziellen Edikt bestimmte, daß keine freigeborene Person in der Stadt verletzt werden dürfe. Nachdem er Syrakus erobert hatte, blickte er von der Akropolis der Stadt hinab auf die Ruinen und sprach: »Sieh', Stadt Syrakus, wenigstens diesen Trost hast du in deinem größten Unglück: Wenn du auch nicht unversehrt bleiben konntest, so bist du doch unter einem gnädigen und auf Schonung bedachten Sieger gefallen.« Durch diese und sehr viele andere Vorzüge, die die Römer einst auszeichneten, gewonnen, schlossen Judas Macchabäus, der allzeit unbesiegte Fürst der Juden, und seine Blutsbrüder trotz ihres Beschlusses, um der göttlichen Gesetze willen Gemeinschaft mit anderen Völkern zu vermeiden, mit diesen einen Freundschaftsvertrag, weil der Ruf der römischen Güte sie anzog.

Daher geschah es nach göttlichem Willen und nach himmlischer Vorbestimmung, daß die Weltmonarchie in die Hände der Römer überging. Sie fand Gott vor allen Völkern am besten für die Herrschaft geeignet. Durch Waffengewandtheit, Disziplin im Lager, militärische Erfahrung, ungestörte Freiheit, Rechtspflege, Respekt vor den Gesetzen, Freundschaftsverträge mit den Nachbarvölkern, wohlüberlegte Planung und das Gewicht ihrer Worte und Taten erreichten sie es, Herren der Welt zu werden. Denn von König Romulus bis zu Caesar Augustus trug das römische Volk 700 Jahre lang siegreich und mächtig auf der ganzen Welt seine Waffen bald hierhin, bald dorthin und zerschmetterte mit seiner Kraft die Reiche dieser Erde, so daß den Lesern seiner großartigen Taten scheint, nicht von den Taten eines einzigen Volkes, sondern von denen des ganzen Menschengeschlechts zu lesen. Und weil nach Aristoteles Ehre der Lohn der Tugend ist und weil der gerechte Gott keine gute [Tat] unvergolten läßt, haben die Römer als Heiden Entgelt und Lohn für ihre Tugend [bereits] in dieser Welt erhalten, nämlich die Weltherrschaft, die höchste Befehlsgewalt und die höchste Stufe der Ehre.

TIT. XI: Die Übertragung des kaiserlichen Regierungssitzes von den Römern zu den Griechen

Obwohl ich beschlossen hatte, den direkten Weg auf dem Pfad der Worte zu gehen und weder nach rechts noch nach links abzuweichen, habe ich den Eindruck, mich immer weiter von meinem Vorhaben zu entfernen. Aber weil es der Gegenstand erforderte, muß

me excusare auctoritas, qui sermonem scribentis occasione accepta instar alvei fluminis asserit nonunquam lateraliter rivulos derivare. »Flumen nempe, inquit, per medium convallium dilabens ad alterum quandoque declinat concavitates, quibus repletis in alveum iterum se refundit«. Ita ipse eo quo digressus fui, nunc revertor, ad Romanique statum imperii iterato vestigia tendo. Is enim instabilis semper a sui exordio velut forma oceani maris alterna mutacione agitatus est, que omni die dispar nunc succiduis per septem dies tollitur incrementis, nunc insequentibus totidem diebus naturali defectu subducitur, ut humanus pernoscat animus mortalium potenciam quantumcunque maximam fatis et fortune viribus subjectam, nec sub amplo celi cardine rem vero esse ullam, que mutacionem non senciat. Nichil est enim, inquit Imperator, quod stare perpetuo possit L. II. C. de vet. jure enucl. Nam cum MLX annis et eo amplius domicilium clarissimi imperii Romane arces fuissent, per Constantinum qui tricesimus ab Augusto apicem conscendit imperii, ad Byzantium Thraciae nobilissimam urbem nunc Constantinopolim dictam, sedes imperiumque translatum est. Cujus sane mutacionis racio et casus hoc ordine hystoriis panditur.

Cum magnus Constantinus, utpote gentilis cultui adhuc deditus idolorum, Christianorum plurimas strages per omnes provincias perpetrasset, in incurabilem incidit plagam lepre. Et cum a nullo curari posset, dixerunt pontifices Capitolii, piscinam debere feri, ac puerorum sanguine repleri, in quo calido et fumante nudus descendens mox posset a lepra mundari. Igitur missum est, et supra tria milia infancium Romam adducti traditique sunt pontificibus occidendi. Cum autem Imperator ad Capitolium pergeret, ut ibi lavaretur in sanguine puerorum, occurrit ei multitudo mulierum, que resolutis crinibus et nudatis pectoribus ululantes coram eo se straverunt in plateis lacrymantes. Ille vero percunctatus causam didicit has esse matres puerorum quorum effundendus erat sanguis, ut ipse in eo totus sanaretur. Tunc ille facinus exhorruit, et prorumpens in lachrymas jussit stare currum quo vehebatur, et erigens se: »Audite me, inquit, comites et comilitones mei, et omnes populi qui astatis. Dignitas Romani imperii de fonte nascitur pietatis, qui hanc eciam legem

mich die Autorität des heiligen Gregor im Prolog zu den »Moralia« entschuldigen, der feststellt, daß die Worte eines Autors sich gelegentlich nach Art eines Flusses in kleine Seitenbächlein ergießen. Er sagt: »Ein Fluß, der mitten durch ein Tal fließt, ergießt sich bisweilen in seitliche Ausbuchtungen; hat er diese ausgefüllt, strömt er in sein Flußbett zurück.« So kehre auch ich wieder dorthin zurück, wo ich abgeschweift bin, und wende mich von neuem der Beschaffenheit des Römischen Reiches zu. Es wurde nämlich von Beginn an von ewigem Wechsel aufgewühlt, wie das Meer, das, jeden Tag verschieden, nun sieben Tage lang in ununterbrochenen Schwellungen ansteigt und dann an ebenso vielen aufeinanderfolgenden Tagen in natürlichem Schwinden zurückgeht, damit der menschliche Geist erkennen kann, daß selbst die denkbar größte Macht dem Schicksal und den Kräften der Fortuna unterworfen ist und daß es in der Tat unter dem weiten Himmelspol nichts gibt, das keine Veränderung kennt. Nichts nämlich, sagt der Kaiser, kann ewig bestehen. (Vgl. Cod., de vet. jure enucl., l. II.) Denn nachdem während 1060 Jahren und darüber hinaus das römische Kapitol Heimstatt des erhabensten Reiches gewesen war, wurde von Konstantin, der als dreißigster seit Augustus an die Spitze des Reiches trat, der [Regierungs]sitz und das Oberkommando nach Byzanz, eine vornehme Stadt Thrakiens, die jetzt Konstantinopel heißt, verlegt. Grund und Ursache dieser Veränderung wird in der Geschichtsschreibung wie folgt dargestellt.

Als Konstantin der Große, als Heide immer noch der Verehrung der Götzenbilder anhängend, in allen Provinzen unter den Christen sehr viele Blutbäder angerichtet hatte, befiel ihn die unheilbare Krankheit des Aussatzes. Als er von niemandem geheilt werden konnte, sagten die Oberpriester des Kapitols, man müsse einen Teich anlegen und ihn mit Knabenblut anfüllen. Wenn er dann in den warmen und dampfenden [Teich] nackt hinabstiege, könne er sogleich vom Aussatze geheilt werden. Man ließ deshalb mehr als 3000 Kinder nach Rom bringen und den Priestern zur Tötung übergeben. Als aber der Kaiser zum Kapitol aufbrach, um sich dort im Blut der Knaben zu baden, begegnete ihm eine Frauenschar, die mit offenen Haaren und entblößter Brust klagte und sich weinend vor ihm auf die Straße warf. Er fragte nach dem Grund und erkannte, daß es die Mütter der Knaben waren, deren Blut vergossen werden sollte, damit er selbst darin vollkommene Heilung fände. Da schauderte er vor der Tat zurück, brach in Tränen aus, ließ den Wagen an-

dedi, ut capitali sentencie subderetur, quicunque in bello eciam occidisset infantem. Quanta ergo crudelitas est, ut hec nostris faciamus filiis, que fieri prohibuimus alienis? Quid nempe, ait, juvat barbaros superasse, si crudelitate vincamur? Victor namque post triumphum vincitur, si pietas ab impietate superatur. Vincat ergo pietas in isto congressu. Melius enim est me mori salva vita innocencium, quam per eorum interitum vitam recuperare crudelem«. Jussit ergo ut matribus suis pueri cum donis amplissimis redderentur. Ipse autem Imperator ad palacium suum reversus est. Sequenti vero nocte Petrus et Paulus apparuerunt ei dicentes: »Quoniam exhorruisti effusionem sanguinis innocentis misit nos dominus Jesus Christus dare tibi recuperande sanitatis remedium. Sylvestrum episcopum, qui in monte Serapidis latitat, accersiri jube. Hic tibi piscinam ostendet, ubi tercio immersus curaberis ab omni morbo lepre. Tu vero Christo hanc vicissitudinem reddas, ut ydolorum templa destruas, Christique restaures ecclesias, et eius cultor fias«. Evigilans itaque Constantinus illico milites misit ad Silvestrum, ut eum cum reverencia exhiberent, qui milites videns ad palmam martyrii credidit se vocari. Deo autem se sociosque recommendans Constantino intrepide presentatur. Cui Constantinus assurgens ait: »Bene te ad nos venisse gratulamur«; suique sompnii per ordinem narravit visionem. Percunctanti vero Constantino, quinam illi dii forent, qui apparuerant ei, Silvester respondit: »Illos esse Christi apostolos et non deos«, attulitque imagines apostolorum, quas ut imperator aspexit, tales esse qui sibi apparuerant acclamavit, sancteque doctrine Silvestri credidit, qui eum catechumenum fecit, et unius hebdomade sibi jejunium indixit, carceresque ubique monuit aperiri. Cumque in aquam baptismatis descendisset, mirabilis ei splendor emicuit lucis, que omnes exterruit et aspectus obtexit, sicque inde mundus exivit, Christum se vidisse asseruit.

halten, mit dem er fuhr, richtete sich auf und sagte: »Hört mich an, meine Ritter und Begleiter und alles Volk, das hier steht. Die Würde des Römischen Reiches entspringt der Quelle liebevoller Fürsorge. Ich selbst habe das Gesetz erlassen, daß jeder, der im Krieg ein Kind tötet, als Kapitalverbrecher verurteilt werden solle. Welche Grausamkeit bedeutete es demnach, unseren eigenen Kindern etwas anzutun, was wir bei fremden [Kindern] verboten haben?« Er sagte: »Was nützt es, Barbaren zu besiegen, wenn wir uns selber von Grausamkeit besiegen lassen? Denn der Sieger wird nach seinem Sieg besiegt, wenn Verantwortungsbewußtsein der Ruchlosigkeit unterliegt. Also soll Veranwortungsbewußtsein in diesem Kampf siegen. Es ist besser, wenn ich sterbe und das Leben Unschuldiger erhalten bleibt, als wenn ich durch ihren Tod ein von Grausamkeit [beflecktes] Leben gewinne.« Also ließ er die Kinder nebst zahlreichen Geschenken ihren Müttern zurückgeben. Der Kaiser selbst aber kehrte in seinen Palast zurück. Doch in der folgenden Nacht erschienen ihm Petrus und Paulus und sprachen zu ihm: »Weil du dich gescheut hast, unschuldiges Blut zu vergießen, sandte uns der Herr Jesus Christus, damit wir dir ein Mittel zur Wiedererlangung der Gesundheit geben. Befiehl, den Papst Silvester herbeizuholen, der sich auf dem Berg des Serapis versteckt hält. Er wird dir einen Teich zeigen, wo du dich beim dritten Bad von der ganzen Leprakrankheit heilen kannst. Du aber leiste Christus den Gegendienst, daß du die Götzentempel zerstörst, die Kirchen Christi wiederherstellst und sein Diener wirst.« Als Konstantin erwachte, schickte er sofort Soldaten zu Silvester, damit sie ihn mit aller Ehrerbietung zu ihm brächten. Beim Anblick der Soldaten glaubte Silvester, er werde zur Palme des Martyriums gerufen. Er empfahl sich und seine Gefährten Gott und erschien furchtlos vor Konstantin. Konstantin erhob sich und sagte: »Wir sind glücklich über deine Ankunft.« Dann erzählte er seine Traumvision Punkt für Punkt. Als dann Konstantin nachforschte, was für Götter es denn seien, die ihm erschienen waren, antwortete Silvester: »Es waren die Apostel Christi und keine Götter.« Dann brachte er Bilder der Apostel herbei. Als der Kaiser sie erblickte, rief er aus, genauso hätten die ausgesehen, die ihm erschienen waren, und er glaubte der heiligen Lehre des Silvester, der ihn zum Katechumenen machte, ihm ein einwöchiges Fasten auferlegte und ihn ermahnte, überall die Gefängnisse zu öffnen. Als er zur Taufe in das Wasser hinabgestiegen war, umstrahlte ihn ein wunderbarer Licht-

Prima autem die baptismatis (ut produnt hystorie) hanc legem dedisse fertur, ut Christus ab urbe Romana tanquam verus Deus coleretur. Secunda autem, si quis Christum blasphemaret, capite plecteretur. Tercia, quincunque Christiano irrogassent injuriam, bonorum suorum parte privaretur. Deinde Imperator ad Vaticanum beatique Petri tumulum venit, et de suis culpis lamentabiliter se incusans, accepto bidente ad fundamentum construendum terram primus aperuit, duodecim quoque cophinos suis scapulis portando foras jecit. Tuncque Christianissimus princeps cum omnibus satrapis suis universoque senatu de reliqenda urbe, illamque in beati Silvestri suorumque successorum dominium transferenda, consilium captasse dicitur, indignum existimans, ut ubi caput Christiane religionis constitutum est, illic Imperator terrenus habeat potestatem. Unde et quarto die post lavacrum regeneracionis Romam cum territorio suo et plerasque alias provincias per pragmaticum constitutum Romane concessit ecclesie. Siquidem donacionis pagina decretis inserta est, habeturque XCVI. Dist. c. Constantinus et huiusmodi sub tenore describitur. Constantinus imperator quarto die sui baptismatis privilegium Romane ecclesie potifici contulit, ut in toto orbe Romano sacerdotes ita hoc caput habeant, sicut judices regem. In eoque privilegio inter cetera legitur:

»Utile judicamus una cum omnibus satrapis nostris et universo senatu, optimabus et cuncto populo imperio Romane ecclesie subjacenti, ut sicut beatus Petrus in terris vicarius Dei videtur esse constitutus, ita et pontifices, ipsius principis apostolorum in terris principatus potestatem amplius quam terrene imperialis nostre serenitatis manswetudo habere videtur, concessam a nobis nostroque imperio obtineant; eligentes nobis ipsum principem apostolorum, vel ejus vicarios firmos apud Deum esse patronos. Et sicut nostra est terrena imperialis potencia, ita ejus sanctam Romanam ecclesiam decernimus veneranter honorari, et amplius quam nostrum imperium, terrenumque thronum sedem sacratissimam beati Petri gloriose exaltari, tribuentes ei potestatem, et gloriam, et dignitatem atque vi-

glanz, der alle erschreckte und blendete. So trat [der Kaiser] rein hervor und er versicherte, er habe Christus gesehen.

Am ersten Tag nach seiner Taufe soll er nach Ausweis der Geschichtsbücher ein Gesetz erlassen haben, daß Christus als wahrer Gott von der Stadt Rom zu verehren sei. Am zweiten [Tag] aber, daß enthauptet werde, wer Christus lästere. Am dritten, daß jeder, der einem Christen ein Unrecht zufügte, einen Teil seines Besitzes verliere. Dann kam der Kaiser zum Vatikan und zum Grab des heiligen Petrus, klagte sich unter Tränen seiner Sünden an, nahm eine Hacke in die Hand und öffnete als erster die Erde, um das Fundament zu legen, und schaffte zwölf Körbe [Aushub] fort, die er auf seinen eigenen Schultern trug. Hierauf soll der allerchristlichste Kaiser den Plan gefaßt haben, mit allen seinen Statthaltern und dem gesamten Senat Rom zu verlassen und es der Herrschaft des seligen Silvester und seiner Nachfolger zu übergeben, weil er es für unangemessen hielt, daß ein irdischer Kaiser dort die Macht innehabe, wo das Haupt der christlichen Religion seinen Sitz hat. Und so schenkte er am vierten Tag nach dem Bad seiner Wiedergeburt Rom mit seinem Gebiet und sehr viele andere Provinzen in einer pragmatischen Konstitution der Römischen Kirche. Der Text der Schenkung wurde ins »Dekret« aufgenommen. Er findet sich in Dist. XCVI, c. *Constantinus* und wird [unten] nach diesem Text wiedergegeben. Am vierten Tag nach seiner Taufe gewährte Kaiser Konstantin dem Bischof der Römischen Kirche das Privileg, daß im ganzen weiten Römischen Reich die Priester ihn zum Oberhaupt haben sollten, wie die Richter den König [zum Oberhaupt haben].[9] In diesem Privileg liest man unter anderem:

»Wir, zusammen mit allen unseren Statthaltern und dem gesamten Senat, den Optimaten und dem ganzen Volk, das der Befehlsgewalt der Römischen Kirche untersteht, halten es für nützlich, daß, so wie der hl. Petrus zum Stellvertreter Gottes auf Erden eingesetzt wurde, auch die Bischöfe, die die Stelle des Apostelfürsten [einnehmen], fürstliche Macht von uns und unserem Reich übertragen erhalten, u.z. über die [Macht] hinaus, die die Güte unserer weltlichkaiserlichen Erhabenheit besitzt. So erwählen wir uns den Fürsten der Apostel und seine Stellvertreter zu verläßlichen Schutzherren bei Gott. Und entsprechend der weltlich-kaiserlichen Macht, die in un-

---

9 Sog. Konstantinische Schenkung (*Donatio Constantini*); Fälschung aus der Mitte des 9. Jahrhunderts. Text: MGH Fontes Juris 10, 1968.

gorem, et honorificenciam imperialem, atque decernentes sancimus, ut principatum teneat tam super quatuor sedes, Alexandrinam Antiochenam, Hierosolymitanam, Constantinopolitanam, quam eciam super omnes in universo orbe terrarum ecclesias Dei, et pontifex maximus qui per tempora ipsius sancte ecclesie Romane extiterit, celsior et princeps cunctis sacerdotibus tocius mundi existat, et ejus judicio, que ad cultum Dei, vel fidem Christianorum, vel stabilitatem procuranda fuerint, disponantur. Ecclesiis beatorum apostolorum Petri et Pauli pro continuacione luminariorum, possessionum predia contulimus, et rebus diversis eas ditavimus, et per nostram imperialem jussionem sacram tam in Oriente, quam in Occidente, quam vel eciam in septentrionali et meridiana plaga, videlicet in Judea, Grecia, Asia, Thracia, Africa et Ytalya, vel diversis insulis nostra largitate ei concessimus, ea prorsus racione, ut per manus beatissimi patris nostri Silvestri summi pontificis successorumque eius omnia disponantur. Beato Silvestro et omnibus successoribus eius de presenti tradimus palacium imperii nostri Laterense, deinde diadema, videlicet coronam capitis nostri, simulque Phrygium necnon et superhumerale, videlicet lorum, quod imperiale assolet collum; verum eciam chlamidem purpuream, atque coccineam, et omnia imperialia indumenta, seu eciam dignitatem imperialem presidencium equitum, conferentes ei eciam imperialia sceptra, simulque cuncta signa atque banna, et diversa ornamenta imperialia, et omnem processionem imperialis culminis, et gloriam potestatis nostre.

Viris eciam diversi ordinis reverendissimis, clericis sancte Romane ecclesie servientibus illud culmen singularis potencie et precellencie habere sancimus, cujus amplissimus noster senatus videtur gloria adornari, id est patricios et consules effici, nec non in ceteris dignitatibus imperialibus eos promulgamus decorari. Et sicut imperialibus extat decorata milicia, ita clerum sancte Romane ecclesie adornari decernimus. Et quemadmodum imperialis potencia diversis officiis cubiculariorum, necnon et ostiariorum atque omnium concubitorum ordinatur, ita et sanctam Romanam ecclesiam deco-

seren Händen liegt, bestimmen wir, daß seiner heiligen Römischen Kirche höchste Ehrfurcht entgegenzubringen und mehr noch als unser Reich und irdischer Thron der hochheilige Sitz des seligen Petrus ruhmreich zu preisen ist. So verleihen wir ihm kaiserliche Macht, Herrlichkeit, Ehre, Kraft und Ehrenbezeugung und bestimmen und legen fest, daß er den Primat habe sowohl über die vier Sitze Alexandrien, Antiochia, Jerusalem und Konstantinopel als auch über alle Kirchen Gottes auf der ganzen Welt. Ferner: der jeweilige Pontifex Maximus der heiligen Römischen Kirche soll den höchsten Rang einnehmen und Vorgesetzter für alle Bischöfe auf der ganzen Welt sein, und nach seinem Urteil werde alles geregelt, was sich auf den Gottesdienst, den christlichen Glauben und die Gewährleistung einer festen Ordnung bezieht. Den Kirchen der heiligen Apostel Petrus und Paulus übereigneten wir Grundbesitz zum Unterhalt von ständig brennenden Lichtern und bereicherten sie durch unter heiligem kaiserlichen Befehl großzügig übertragene Vermögenswerte verschiedener Art in Ost und West, in Nord und Süd, d. h. in Judäa, Griechenland, Asien, Thrakien, Afrika, Italien und auf diversen Inseln, dergestalt, daß die ganze Verfügungsgewalt in den Händen unseres heiligen Vaters, des Papstes Silvester liegt. Wir übergeben dem heiligen [Vater] Silvester und allen seinen Nachfolgern von diesem Zeitpunkt an unseren kaiserlichen Lateranpalast, dann das Diadem, d. h. die Krone unseres Hauptes, die Mitra, das Superhumerale, d. h. den Brustbehang, der vom Hals des Kaisers herabhängt, dann die purpur- und die scharlachgefärbte Tunika und alle sonstigen kaiserlichen Gewänder. Dazu das kaiserliche Ehrenrecht einer ritterlichen Eskorte. Zudem verleihen wir ihm das kaiserliche Szepter und gleichzeitig alle Abzeichen und Fahnen und die verschiedenen Elemente des kaiserlichen Schmucks, das ganze Prozessions[ritual] der kaiserlichen Souveränität und die Glorie unserer Macht.

Wir bestimmen auch, daß den hochwürdigsten Männern der unterschiedlichen Weihegrade, d. h. den Klerikern, die der heiligen Römischen Kirche dienen, jene höchste und einzigartige Macht- und Vorrangstellung zuteil werde, die unseren erlauchten Senat ehrenvoll schmückt. M.a.W., wir erklären feierlich, daß sie Patrizier und Konsuln werden und mit den übrigen kaiserlichen Würden geschmückt werden. Und wie die kaiserliche Garde geschmückt ist, so soll nach unserem Beschluß der Klerus der heiligen Römischen Kirche geschmückt werden. Und wie die kaiserliche Macht durch die

rari volumus. Et ut amplissime pontificale decus prefulgeat, decernimus ut clerici ejusdem Romane ecclesie mappulis et linteaminibus, id est, candidissimo colore decoratos equos equitent, et sicut noster senatus calceamentis utitur cum udonibus, id est, candido linteamine, illustrentur, et ita celestia sicut terrena ad laudem Dei decorentur. Pre omnibus autem licenciam tribuimus beato Silvestro, et succesoribus ejus ex nostro indicto, ut quem placatus proprio consilio clericare voluerit, et in religiosorum numero clericorum connumerare, nullus ex omnibus presumat agere. Decernimus itaque et hoc, ut ipse et successores ejus diademate, videlicet corona, quam ex capite nostro illi concessimus, ex auro purissimo et gemmis preciosis uti debeant pro honore beati Petri. Ipse vero beatissimus Papa super coronam clericatus quam gerit, ad gloriam beatissimi Petri, ipsa ex auro non est passus uti corona. Phrygium vero candido nitore splendidum, resurreccionem dominicam designans, ejus sacratissimo vertici manibus nostris imposuimus, et tenentes frenum equi ipsius, pro reverencia beati Petri stratoris officium illi exhibuimus, statuentes eodem Phrygio omnes ejus successores singulariter uti in processionibus ad imitacionem imperii nostri. Unde ut pontificalis apex non vilescat, sed magis quam imperii dignitas, gloria et potencia decoretur; ecce tam palacium nostrum, quam Romanam urbem, et omnes Ytalye, sive occidentalium regionum provincias, loca, civitates, beatissimo pontifici et universali pape Silvestro concedimus atque relinquimus, et ab eo, et a successoribus ejus per pragmaticum constitutum decernimus disponendas atque juri sancte Romane ecclesie concedimus permanendas.

verschiedenen Ämter, nämlich das der Kämmerer, der Türhüter und aller Hofbediensteten ordnungsgemäß verwaltet wird, so wollen wir auch, daß die heilige Römische Kirche in aller Pracht glänze. Und damit der Glanz des Papsttums weithin sichtbar strahle, beschließen wir außerdem, daß die heiligen Kleriker dieser Römischen Kirche auf Pferden reiten sollen, die mit Schabracken und Leinendecken von leuchtendem Weiß prächtig ausgestattet sind, und sie sollen ausgezeichnet werden durch Schuhwerk, wie es unser Senat trägt, versehen mit Gamaschen, d. h. weißem Leinen, auf daß der himmlische Bereich ebenso zu Gottes Lob und Ehre erglänze wie der irdische. Vor allem aber erteilen wir dem seligen Silvester und seinen Nachfolgern durch [diese] unsere Anweisung die Freiheit, daß niemand, welchen Ranges auch immer, es wage, einen Prozeß anzustreben, wenn er aus freiem Entschluß und ohne Zwang jemand zum Kleriker machen und dem Stand der gottgeweihten Kleriker zugesellen will. Deshalb beschließen wir auch dies, daß er selbst und seine Nachfolger zu Ehren des heiligen Petrus ein Diadem tragen sollen, d. h. die aus reinstem Gold und Edelsteinen gefertigte Krone, die wir von unserem Haupt auf ihn übertragen haben. Doch hat der selige Papst sich geweigert, über der Klerikerkrone,[10] die er zu Ehren des hl. Petrus trägt, die goldene Krone aufzusetzen. Die in hellem Weiß erstrahlende Mitra aber, die die Auferstehung des Herrn bezeichnet, haben wir mit eigener Hand auf seinen heiligsten Scheitel gesetzt, und die Zügel seines Pferdes haltend, haben wir zu Ehren des hl. Petrus ihm den Dienst des Strators erwiesen, und wir bestimmten, daß alle seine Nachfolger als einzigartige Auszeichnung ebendiese Mitra bei Prozessionen tragen sollen in Nachahmung unserer imperialen Würde. Und damit das Ansehen des höchsten Pontifex nicht leide, sondern noch über die kaiserliche Würde hinaus mit Ruhm und Ehre geschmückt werde, übergeben und überlassen wir sowohl unseren Palast wie auch die Stadt Rom, ganz Italien, die Provinzen der westlichen Gebiete mit ihren Orten und Städten dem heiligen Pontifex und universellem Oberhirten Silvester, und bestimmen durch eine pragmatische Konstitution, daß sie von ihm und seinen Nachfolgern verwaltet werden, und wir unterstellen sie dauerhaft der Jurisdiktion der heiligen Römischen Kirche.

10 Gemeint ist die Tonsur.

Unde congruum perspeximus, nostrum imperium et regni potestatem Orientalibus transferri regionibus, et in Byzantiae provincie optimo loco nomini nostro civitatem edificari, et nostrum illic imperium constitui. Quoniam ubi principatus sacerdotum, et Christiane religionis caput ab Imperatore celesti constitutum est, justum non est ut illic imperator terrenus habeat potestatem. Hec vero omnia que per hanc imperialem sacram, et per alia divalia decreta statuimus et confirmamus, usque in finem mundi illibata et inconcussa permanere decernimus. Unde coram Deo vivo, qui nos regnare precepit, et coram terribili ejus judicio obtestamur omnes nostros successores Imperatores, vel cunctos optimates satrapes etiam amplissimumque senatum, et universum populum in toto orbe terrarum, necnon et in posterum nulli eorum quoque modo haec infringere aut in quoquam convellere. Si quis autem, (quod non credimus) in hoc temerator aut comtemptor extiterit, eternis condempnacionibus subjaceat innodatus, et sanctos Dei principes Apostolorum Petrum et Paulum sibi, in presenti et futura vita senciat contrarios, atque in inferno inferiori concrematus, cum diabolo et omnibus deficiat impiis.

Hujus vero imperialis decreti paginam propriis manibus roborantes super venerandum corpus beati Petri posuimus. Datum Rome, III. Kal. Aprilis, Constantino Augusto. III. et Gallicano. III. Consule.«

[Sciendum autem est, quod clerici tunc Romane ecclesie nunc cardinales appellantur, sed ante Silvestrum simpliciter clerici seu sacerdotes Romane ecclesie appellati sunt, qui quantum ad decorem et dignitatem titulos non habebant, sed quantum ad onus videlicet quantum ad officium predicandi, martires sepeliendi; baptizandi, penitencias audiendo titulos habuerunt. Hec enim longe ante Silvestrum a temporibus Cleti et Anacleti, Dyonisii et Marcellini fuerant instituta; sed tempore Silvestri receperunt titulum dignitatis et illam prerogativam atque decorem, quem senatus habebat tempore Constantini.][2]

2 Fehlt in L.

Wir hielten es deshalb für angebracht, unser Kaisertum und die Reichsherrschaft in die östlichen Gebiete zu verlagern und am geeignetsten Ort der Provinz Byzanz zum [Ruhm] unseres Namens eine Stadt zu errichten und dort unsere Reichsregierung einzurichten. Denn es wäre nicht recht, wenn der weltliche Kaiser seine Macht dort ausübte, wo der oberste Bischof, das Haupt des christlichen Glaubens, vom himmlischen Kaiser eingesetzt wurde. All das, was wir durch diese heilige kaiserliche [Macht] und durch andere göttliche Beschlüsse angeordnet haben und [hiermit] bekräftigen, soll nach unserem Willen bis ans Ende der Welt unversehrten und unerschütterten Bestand haben. Daher beschwören wir beim lebendigen Gott, auf dessen Anordnung hin wir herrschen, und bei seinem schrecklichen Gericht alle unsere kaiserlichen Nachfolger und alle Optimaten, Statthalter, den ehrwürdigen Senat und das ganze Volk allüberall auf Erden, [weder jetzt] noch in Zukunft irgend etwas davon auf welche Weise auch immer zu brechen oder in irgendeiner Weise zu annullieren. Wenn sich aber jemand, was wir nicht glauben, diesbezüglich als Verletzer oder Verächter erweisen sollte, soll er den ewigen Verdammungen unlöslich ausgeliefert sein und erkennen, daß die heiligen Apostel Gottes Petrus und Paulus ihm im gegenwärtigen und zukünftigen Leben feind sind, und in der tiefsten Hölle brennend wird er mit dem Teufel und allen Bösewichten zugrunde gehen.

Die schriftliche Fassung dieses kaiserlichen Dekrets haben wir eigenhändig bestätigt und über dem Leib des heiligen Petrus niedergelegt. Gegeben zu Rom am 3. Tag vor den Kalenden des April, im Jahr des dritten Konsulats Kaiser Konstantins und im dritten Konsulatsjahr des Gallicanus.«

[Man muß aber wissen, daß die früheren Kleriker der Römischen Kirche nun Kardinäle genannt werden, vor Silvester jedoch einfach Kleriker oder Priester der Römischen Kirche hießen. Sie hatten keine Titel, die sich auf Ehren und Würden, sondern Titel, die sich auf ihre Amtspflichten bezogen, d. h. auf die Pflicht, zu predigen, die Märtyrer zu begraben, zu taufen und Beichte zu hören. Diese Einrichtungen gab es schon vor Silvester, von der Zeit des Cletus und Anaklet, des Dionysius und des Marcellinus an. Zur Zeit Silvesters aber erhielten sie einen Würdentitel und jene Sonderstellung und die prächtige Ausstattung, die der Senat in der Zeit Konstantins hatte.]

Qamquam autem apud multos curiosos legistas vertatur in dubium, an hujusmodi Constantini donacio facta ecclesie Romane de terris imperii, de jure subsistat, ut recitat Bart. in proem. digest. et gl. juris civilis hujus dubii partem negativam adstruere videatur, in Authent. quom. oport. episcop. in princip. Collat. I. et gl. in l. I. § in urbem. D. de offic. prefec. urb. Apud Canonistas tamen nulla ambiguitas est, quin perpetua firmitate subnixa sit, quod clara voce approbat text.in c. ego Ludovicus LXIII. dist. Et imperator tempore approbacionis eleccionis de se facte, de tuendo et defendendo Romanam ecclesiam in juribus sibi concessis solempne hodie prestat juramentum, ut text. in clem. ne Romani de jurejur., cujus juramenti forma in decretis est LXIII dist. c. tibi domino, et postea lacius patebit. Ex antiquioribus eciam gestis habetur, quod in hujusmodi rei argumentum pontifex summus dominica resurreccionis coronam, quam Constantinus Imperator beato Silvestro suisque successoribus contradidit, capiti suo imponere debet. Et dominus Imperator in beatorum Apostolorum Petri et Pauli solempnitate coronam et sceptrum et cetera imperii insignia, que dominus Leo Papa Karolo Francorum regi, successoribusque suis tradidit, debet gestare, in argumentum a beato Petro et ejus vicem gerentibus illa donata fuisse.

Ut autem ad rem transeam, inclitus Imperator rebus omnibus Rome bene dispositis, almam reliquens Romam antiquam et originariam imperii sedem, speculum gencium, orbisque florem, que quondam omnibus populis admiracioni fuit; apud Constantinopolim Grecie nobilissimam urbem, ubi terminatur Europa et incipit major Assia[3], sibi et successoribus suis depost imperialem statuit curiam, domiciliumque sacro consecravit imperio, quam dum primitus Byzantium vocaretur, auxit, et maximo eam muro circumdedit, diversisque ornatam fabricis equam imperiali Rome constituit, et a nomine suo denominatam Constantinopolin appellari eam secundam et Novam Romam lege firmavit, sicuti lex ipsa in marmore fuit conscripta, et in strategio juxta equestrem statuam ejus fuit constituta. Novamque Romam illam appellat eciam canon. in d. c. de

---

3 Gemeint wohl *asia minor*.

Von vielen übereifrigen Legisten wird allerdings bezweifelt, daß diese von Konstantin der Römischen Kirche gemachte Schenkung in bezug auf die Reichsterritorien rechtlich zu halten sei. So Bartolus im Vorwort zu den Digesten, und die Glosse zum Ius civile scheint diesen Zweifel nach der negativen Seite hin zu stützen. (Vgl. Auth., *quomodo oport. episc.*, zu Beginn von coll. 1, und die Glosse zu Dig., *de offic. prefec. urb.*, § *in urbem*, l. I.) Bei den Kanonisten jedoch gibt es keine Unsicherheit darüber, daß [die Schenkung] auf festem und dauerhaftem Grund ruht, was klar und deutlich der Text in Dist. LXIII, c. *ego Ludovicus* bekräftigt. Auch der Kaiser leistet heutzutage während der Zeit der Wahlprüfung einen feierlichen Eid, die Römische Kirche in den ihr gewährten Rechten zu schützen und zu verteidigen. (Vgl. den Text in Clem., *ne Romani de jurejur.*) Die Eidesformel steht im »Dekret« Dist. LXIII, c. *tibi domino*. Darüber weiter unten mehr. Ferner geht aus den alten Geschichtsbüchern hervor, daß zum positiven Beweis dieser Rechtslage der Pontifex Maximus am Ostersonntag die Krone, die Kaiser Konstantin dem heiligen Silvester und seinen Nachfolgern übergeben hat, auf sein Haupt setzen muß. Und der Herr Kaiser muß am Festtag der hll. Apostel Petrus und Paulus die Krone, das Szepter und die übrigen Reichsinsignien tragen, die der Herr Papst Leo dem fränkischen König Karl und seinen Nachfolgern gegeben hat, zum Beweis dafür, daß ihm diese vom hl. Petrus und seinen Stellvertretern geschenkt wurden.

Um wieder zur Sache zu kommen: Nachdem der erlauchte Kaiser alle Dinge in Rom wohl geordnet hatte, verließ er das erhabene alte Rom und den ursprünglichen Sitz des Reiches, den Spiegel der Völker und die Blume der Welt, die einst von allen Völkern bewundert wurde, und schlug für sich und seine künftigen Nachfolger die kaiserliche Residenz in Konstantinopel auf, einer sehr vornehmen Stadt Griechenlands, [an der Stelle gelegen], wo Europa aufhört und Kleinasien beginnt. Er erklärte sie feierlich zur Wohnstätte für das heilige Reich, erweiterte sie, die zuvor den Namen Byzanz getragen hatte, und umgab sie mit einer sehr großen Mauer. Und nachdem er sie mit verschiedenen Gebäuden geschmückt hatte, gab er ihr den gleichen Rang wie dem kaiserlichen Rom und erließ ein Gesetz, wonach die nach ihm Konstantinopel genannte Stadt das zweite Rom heißen sollte. Dieses Gesetz wurde in Marmor gemeißelt und auf dem Strategion neben seiner Reiterstatue aufgestellt. Das neue Rom

Constantinopolitana XXII. dist. et lex civilis, ut in l. omni nacione C. de sacros. eccles. Ea itaque summa liberalitate ditata, in illustribus domibus eos qui ab urbe Roma erant viros racionabiles collocavit, et ex aliis locis secundum genus eligens, et domus magnificas eis distribuens, ut habitaretur civitas, egit. Fuit autem hujusmodi translacio sedis facta, prout chronographi scribunt, anno Domini nostri CCCXI.

In Constantinopoli ergo post Constantinum Magnum et Christianissimum principem fortissimus deinceps Romanorum principatus permansit, usque quo in Germanos imperium translatum est. Postea enim hii, qui apud Constantinopolim regnabant, solo nomine imperii retento Grecorum pocius quam Romanorum Imperatores.

Sed quibus te nunc lachrymis atque lamentis prosequar, inclita Constantinopolis, nescio, que non solum utroque Imperatore tuo viduatam te cernis hodie, sed et in multo carissimorum civium tuorum sanguine virgineoque effuso cruore, Christiano eciam corpori subtracta es. Dum te nuper auxilia petentem undique, nec impetrantem impiissimus Turcorum princeps Christiani nominis cruentissimus et acerrimus hostis cum innumerabili Saracenorum multitudine in dedicionem cepit, sanctuariaque optima Dei nostri prophanavit anno incarnacionis ejusdem milesimo quadragintesimo quinquagesimo tercio vigesima nona mensis Maij. Enimvero plangendum est valde eam urbem sub infidelium imperio nunc ancillari, que toti quondam Orienti leges dedit. Sedet itaque jam in tristicia domina gencium, et non est ex omnibus, qui consoletur eam.

nennt es auch Dist. XXII, c. *de Constantinopolitana*, und das Zivilrecht, wie Cod., *de sacros. eccles.*, l. *omni nacione*. Und nachdem sie mit der höchsten Freiheit beschenkt worden war, brachte er die klugen Männer, die aus der Stadt Rom waren, in prächtigen Häusern unter, und indem er auch Leute aus anderen Orten mit entsprechender Abstammung auswählte und ihnen großartige Häuser zuwies, erreichte er, daß die Stadt bewohnt wurde. Diese Verlegung des Sitzes geschah, wie die Geschichtsschreiber schreiben, im Jahre 311 unseres Herrn.[11]

In Konstantinopel also blieb nach Konstantin dem Großen, dem christlichsten Kaiser, die gewaltige Herrschaft der Römer, bis das Reich auf die Deutschen übertragen wurde. Später nämlich waren die, die in Konstantinopel herrschten, eher Kaiser der Griechen als der Römer, wobei die Bezeichnung [Römisches] Reich nurmehr ein Name war.

Aber mit welchen Tränen und Klagen ich jetzt einen Nachruf auf dich schreiben soll, berühmtes Konstantinopel, weiß ich nicht. Du siehst dich heute nicht nur beider Kaiser beraubt, sondern bist nach blutigen Verlusten deiner teuren Bürger und nachdem viel jungfräuliches Blut vergossen wurde, auch der Gemeinschaft der Christen entrissen, als dich, während du jüngst erfolglos überall um Hilfe batest, der ruchlose Türkenherrscher und blutrünstigste und wildeste Feind des christlichen Namens mit einer unzähligen Menge Sarazenen zur Übergabe zwang und die besten Heiligtümer unseres Gottes entweihte. So geschehen im Jahr eintausendvierhundertdreiundfünfzig nach seiner Geburt, am 29. Mai. In der Tat ist sehr zu beklagen, daß diese Stadt unter dem Oberbefehl der Ungläubigen nun versklavt ist, die einst dem ganzen Osten Gesetze gab. So »sitzt jetzt in Trauer die Herrin der Völker, und keiner von ihnen allen ist da, sie zu trösten.«[12]

---

11 Konstantin beginnt 324 den Ausbau Byzantiums zur Residenz, die 330 eingeweiht wird.
12 Thren 1,2.

TIT. XII. DE VARIIS MAGISTRATUUM DIGNITATIBUS ET OFFICIIS QUIBUS TAM IN VETERI QUAM NOVA ROMA LATE ROMANUM REGEBATUR IMPERIUM.

Etsi imperialis potencia tam in nova quam veteri Roma variis (ut decuit) dignitatibus et officialium officiis fuit decorata, duodecim tamen dignitatibus precipuis in corpore legum comprehensis adornata fuit, quas ex ordine recitat eximius legum monarcha dominus Joh. de Plat. in l. curialibus. C. de decur. lib. X. Quarum prima fuit et maxima dignitatis patriciatus. Est autem patricius quasi pater principis. Instit. quibus mod. jus. pat. potest. sol. § filius familias si militaverit, et ibi gl. et hanc nemo habere potest nisi habuerit alias dignitates. Secunda dignitas fuit consularis. Et dicitur consularis, qui habet dignitatem consulis. Tercia subinde dignitas est prefectorum pretorio, scilicet aliorum quam Orientis, de quo infra specialiter dicetur. Hii autem prefecti constituebantur per diversas dieceses provinciarum, ut dicit gl. in L. preall. Quarta dignitas fuit prefecti urbis, sive is fuerit prefectus urbis Romae sive Constantinopolitane, que gaudet prerogativa urbis Romane, et appellatur secunda Roma L. ista C. de privileg. urb. Constip. lib. XI et dixit text. in Auth. ut ordo prefect. collat. V urbane prefecture senioris Rome, et nove, ut supra tetigi. Quinta dignitas est magistri militum. Nam prefectus urbis, et prefectus pretorio, et magister militum, et peditum sunt in pari gradu dignitatis, et ille precedit, qui primo fuit dignitatem adeptus. L. I. et II. C. de prefec. pretor. sive urb. et mag. milit. lib. XII. Sexta dignitas est questoris sacri palacii, et questor dicitur tribus modis, ut recitat gl. in proem. Instit. in ver. ex. questore. Primo dictus est questor ille, qui querebat pecunias tributorum per mundum et servabat; secundo ille, qui preerat capitalibus causis; tercio dicebatur questor, qui stabat ut legeret libros principales, qui candidatus principis dicebatur. Septima dignitas est prefecti Orientis et Illyrici, id est Slavonie, de quo prefecto habetur C. de Offic. prefec. Orient. Octava dignitas togatorum et est advocatorum fisci. Erant enim duo advocati electi et deputati pro fisco imperiali, quorum officio finiebatur biennio, et privilegia advocatorum fisci habent eciam advocati prefecture questoris, et Orientis, ac prefecture urbicarie, id est utriusque urbis. Et hujusmodi fisci advocati post depositum eciam advoccacionis officium manent in dignitate clarissima. Nona dignitas est principum agencium in rebus, et isti sunt clarissimi; et

TIT. XII: Die verschiedenen Würden und Ämter der Staatsdiener, durch die sowohl im alten wie im neuen Rom das Römische Reich in seiner weiten Erstreckung regiert wurde

Auch wenn die kaiserliche Macht sich im neuen wie im alten Rom, wie es sich gehörte, mit verschiedenen Würden und Ämtern der Staatsdiener eindrucksvoll umgab, so waren es doch [vor allem] die zwölf im »Corpus iuris civilis« aufgeführten obersten Dignitäten, die [das Imperium] zierten. Sie alle führt der ausgezeichnete König der Legisten, Herr Johannes de Placentia [Placentinus], zu Cod., *de decur.*, lib. X, l. *curialibus*, auf. Die erste unter ihnen und die bedeutendste war der Patriziat. Der »patricius« ist sozusagen der Vater des Herrschers (vgl. Instit., *quibus mod. jus pat. potest sol. § filius familias si militaverit*, und die dortige Glosse), und diese [Würde] kann keiner erlangen, bevor ihm nicht die anderen zuteil geworden sind. Das zweite Würdenamt war das konsularische. »Konsular« heißt einer, der die Konsulswürde innehat. Die dritte Würde ist sodann die des Prätoriumspräfekten; dieser ist zu unterscheiden vom Präfekten für den Osten, von dem unten gesondert gehandelt wird. Diese Präfekten wurden in den verschiedenen, aus mehreren Provinzen bestehenden Diözesen eingesetzt, wie die Glosse zum oben zitierten Gesetz mitteilt. Das vierte Würdenamt war das des Stadtpräfekten, sei er nun Präfekt der Stadt Rom oder der Stadt Konstantinopel, die alle Vorrechte der Stadt Rom genießt und zweites Rom genannt wird im Cod., *de privileg. urb. Const.*, lib. XI, l. unica; ebenso [spricht] der Text im Auth., *ut ordo prefect.*, collat. 5, von der »Stadtpräfektur der alten und der neuen Roma«, wie ich oben erwähnt habe. Die fünfte Würde ist die des Heermeisters. Denn der Stadtpräfekt, der Prätoriumspräfekt und der Heermeister [*Magister militum et peditum*] nehmen den gleichen Rang ein, und Präzedenz genießt, wer zuerst die Würde erhalten hat. (Cod., *de prefec. pretor. sive urb. et mag. milit.*, lib. XII, l. I-II.) Das sechste Würdenamt ist das des Quästors des heiligen Palastes. »Quästor« hat eine dreifache Bedeutung, wie die Glosse im Vorwort zu den Instit. in ver. ex. questore sagt. Erstens hieß Quästor der [Beamte], der auf der ganzen Welt die Tributzahlungen einzog und hütete; zweitens jener, der die Untersuchungen eines Kapitalverbrechens leitete; drittens wurde der Quästor genannt, der sich hinstellte, um [im Senat] die Anträge des Herrschers zu verlesen; er hieß »Kandidat des Princeps«. Die siebte

dicuntur agentes in rebus, scilicet vehendis, ut illi qui erant deputati ad pecuniam publicam portandam per provincias, ad conducendum naves, et ad ferendum annonam publicam. Principes autem istorum sunt in spectabili dignitate, et habent multa privilegia. Tres ultime dignitates sunt proximorum sacrorum scriniorum, qui sunt spectabiles; et dicuntur proximi, quod erant prope principem, et militabant in sacro palacio principis, et istorum triplex erat dignitas et officium. Aliqui namque deputati erant super scrinio librorum memorie principis; alii scrinio epularum; alii vero scrinio libellorum, cognicionum et sentenciarum, et isti finita administracione remanebant comites consistoriani primi vocabantur protonotarii. Fuerunt et alii deputati ad peragenda signandaque responsa principis et isti dicebantur referendarii. Ordines autem dignitatum et magistratuum erant, ut not. gl. in l. qui indignus. D. de senator. et gl. in l. quae autem ut ab illustri, que super eos sunt coll. V. Et sunt hii descensive: scilicet superillustres, illustres, spectabiles, clarissimi et infimi. Superillustris est Papa, Imperator, patricius et consul; illustres sunt senator, prefectus pretorio, Orientis et Illirici, prefectus Africe, prefectus urbis questor, comes largitionum, que fiebant in curia principis et prefectus pretorio. Spectabiles sunt magistri militum, pretor, prefectus vigilum, proconsul, prefectus Augustalis, prefectus Aegypti, comes rerum privatarum, comes Orientis, et comites provincias regentes, ut Tolosa; non tamen comites Ytalye et Alomanie computantur. Clarissimi sunt presides provincie, et rectores civitatum, et principes agentes in rebus. Infimi vero magistratus sunt defensores civitatum et locorum, et magistratus municipales, qui non cognoscunt ultra CCC aureos et judex pedaneus qui cognoscit de parvis causis, de quibus eciam omnibus tractat Specul. in Tit. de jurisdic. om. judic. § I. Hiis itaque late regebatur imperium. Et primi quidem quatuor ordines magistratuum merum et mixtum habuerunt imperium, idest, jucisdiccionem in criminalibus et penas sanguinis poterant irrogare. Infimi vero magistratus, ut sunt potestates terrarum, licet simplicem jurisdiccionem, non tamen merum et mixtum imperium exercuerunt, nec hodie possunt, nisi ex privilegio vel jure regalium, ut in extravag. De pace Constant.

Amtswürde ist die des Präfekten des Ostens und Illyriens, d.h. des slawischen Gebiets; über diesen Präfekten handelt Cod., *de Offic. prefec. Orient. et Illirici.* Die achte Würde ist die der Togati, d.h. der Finanzverwalter. Zwei Sachwalter wurden nämlich ausgewählt und abgestellt für die kaiserliche Staatskasse; ihre Amtszeit war auf zwei Jahre begrenzt. Die Vorrechte der Sachwalter der Staatskasse genießen auch die Sachwalter der Präfektur des Ostens und der urbikarischen Präfektur, d.h. der Präfektur beider Städte. Diese Sachwalter der Staatsfinanzen bleiben auch nach Niederlegung ihres Sachwalteramtes im Rang eines Hochwohlgeborenen [*clarissimus*]. Die neunte Würde steht den Vorstehern [*principes*] mit Handlungsvollmacht zu, und sie sind Hochwohlgeborene [*clarissimi*]. Sie heißen Handlungsbevollmächtige [*agentes in rebus* ergänze *vehendis*] nach dem Vorbild derer, die beauftragt waren, Staatsgelder in die Provinzen zu befördern, Schiffe anzumieten und die staatliche Getreidespende zu verteilen. Die Vorsteher dieser [Sektionen] stehen im Rang eines Hochansehnlichen [*spectabilis*] und genießen zahlreiche Privilegien. Die drei letzten Würdenämter sind die Vertrauten des heiligen Archivs [*proximi sacrorum scriniorum*]; auch sie sind Hochansehnliche. Sie heißen Vertraute, weil sie sich in der Umgebung des Herrschers aufhielten und im heiligen Palast des Herrschers dienten. Ihre Würde und Aufgabe ist dreierlei Art. Die einen waren abgeordnet für das Archiv der kaiserlichen Memorialbücher, andere für das Briefarchiv, wieder andere für das Archiv der Klageschriften, der Untersuchungen und der Urteile. Hatten diese ihre Amtszeit beendet, blieben sie Mitglieder des Konsistoriums, und die Ranghöchsten wurden Protonotare genannt. Es gab auch solche [Beamte], die damit beauftragt waren, die kaiserlichen Entscheidungen [*responsa*] auszufertigen und zu unterzeichnen, und sie hießen Berichterstatter [*referendarii*]. Die Ränge der Würdenträger und Beamten waren so, wie sie in der Glosse zu Dig., *de senator.*, l. *qui indignus*, und in der Glosse zu *autem ut ab illustri, quae super eos sunt* coll. V. verzeichnet sind. Es sind die folgenden, in absteigender Reihenfolge: der [Rang] der Durchlauchten [*superillustris*], der Exzellenzen [*illustris*], der Hochansehnlichen [*spectabilis*], der Hochwohlgeborenen [*clarissimus*] und der Unterbeamten. Der Papst, der Kaiser, der Patrizius und der Konsul sind Durchlauchten; Exzellenzen sind der Senator, der Prätoriumspräfekt, der Präfekt des Ostens und Illyriens, der Präfekt Afrikas, der Stadtpräfekt, der Quästor,

Licet plures communitates, imo castella et exigue ville terrarum, ubi per simplicissimos rusticos jus reddi consuevit, ex consuetudine merum imperium sibi hodie usurpent, per quod nembra mutilant et ad mortem condemnant, quam tamen consuetudinem seu usurpacionem potest imperator quandocunque voluerit revocare, quia contra absolutam potestatem principis non potest prescribi, et omnis consuetudo ab eo potest cassari, tanquam contra legem prohibentem introducta, ut in c. I. De constit. et Auth. navigia. C. de furt.[4] Fuerunt autem et quamplures alii officiales, per quos Imperator (sacrum) regebat (imperium).[5] Sed ne nimium ad extranea vagetur calamus, translacionem imperii factam a Grecis ad Germanos nunc demum adgrediendum esse censeo.

---

4 In L Verunklarung (Hürbin S. 84 Anm. 14).
5 Fehlt in L.

Elemosinar, [zuständig] für Schenkungen am Kaiserhof [und der Prätoriumspräfekt]. Hochansehnlich sind die Heermeister, der Prätor, der Präfekt der Wachen, der Prokonsul, der kaiserliche [*augustalis*] Präfekt, der Präfekt von Ägypten, der Beauftragte für die Privatschatulle, der Beauftragte für den Osten und die amtierenden Statthalter von Provinzen wie Toulouse. Die Beauftragten für Italien und Deutschland führen diesen Titel nicht. Hochwohlgeboren sind die Provinzvorsteher, die städtischen Rektoren und die handlungsbevollmächtigen Vorsteher. Unterbeamte sind die städtischen und lokalen Anwälte, die Munizipalrichter, die nur auf Strafen bis zu 300 Goldstücken erkennen, und der Unterrichter, der kleine Fälle verhandelt. Von ihnen allen handelt auch das »Speculum« im Titel *de jurisdic. om. jud.*, § 1. Durch diese Männer also wurde das ganze weite Reich regiert. Die obersten vier Ränge der Magistrate besaßen eine uneingeschränkte und eine vermischte Herrschergewalt, d. h. eine strafrechtliche Jurisdiktion, und sie konnten Bluturteile fällen. Die untersten Beamtenränge, wie etwa die Landrichter, übten zwar die Niedergerichtsbarkeit aus, hatten aber weder die unumschränkte noch die vermischte Befehlsgewalt, und sie sind auch heute nicht dazu befugt, es sei denn aufgrund eines Regalienprivilegs oder Regalienrechts, wie Extrav., *de pace Constant.* [zu lesen ist].

Mehrere Kommunen, ja sogar Burgen und kleine Dörfer auf dem Land, wo sich Rechtssprechung durch ganz schlichte Bauern eingebürgert hat, maßen sich heutzutage unter Berufung auf das Gewohnheitsrecht die uneingeschränkte Befehlsgewalt an, aufgrund derer sie Verstümmelungsstrafen verhängen und Todesurteile fällen. Doch kann der Kaiser diese Gewohnheit bzw. Anmaßung jederzeit widerrufen, weil es gegen die absolute Macht des Herrschers kein Einspruchsrecht gibt und weil jede Gewohnheit von ihm als eine gegen gesetzliches Verbot eingeführte [Gewohnheit] für ungültig erklärt werden kann. (Vgl. Inst., *de constit.* und Auth., *navigia*; Cod. *de furt.*[13]) Es gab aber darüber hinaus noch sehr viele andere Beamte, mit deren Hilfe der Kaiser das heilige Reich lenkte. Aber um nicht allzuweit in fremdes Gebiet abzuschweifen, sollte ich nun endlich die Übertragung des Reiches von den Griechen auf die Deutschen in Angriff nehmen.

---

13 Stelle bei Hürbin unklar.

TIT. XIII. DE ROMANI IMPERII A GRECIS IN GERMANOS TRANSLACIONE.

Meritissimam dignissimamque imperii in Germanos translacionem agressurus nonnichil timeo, ne serenissimas veterum Germanorum virtutes stilo ut par est, condecenti exequare valeam. Ita enim ubertim se undique exhibent majorum clarissima et fortissima gesta, ut longe facundiorem preconem exigere videantur. Sed meminerim narrationis me subiisse onus queso lectores non singulorum gestorum sed tantum, quibus Romanum principatum illi meruerunt narracicionis me subiisse onus.

Translato in Orientales regiones Grecorumque dicione imperialis celsitudinis solio, Romanum imperium longo post evo felici statu refloruit. Christianis namque optimis principibus respublica administrata, religio Christiana in immensum aucta et in summa tranquillitatis culmine collocata est, permansitque dominium Orientis apud Romanorum Imperatores a Constantino Magno usque ad vicesimum annum Heraclii, quo tempore omnes fere Orientales populi, videlicet Perse, Arabes, Chaldei et alie confines naciones a Romani imperii dominio recesserunt. Causam autem discessionis scribit Richardus episcopus Cremonensis fuisse tyrannicum principatum Eraclii. Is enim post magnam victoriam de Persis habitam, Persas et alias Orientales naciones nimis crudeli dominatu premebat, propter quod rebellandi occasionem concorditer assumpserunt; sed ut ab obediencia recederent, ut nunquam ad eandem revocarentur, amplius consilio Mahometi, tunc inter Persas divitis et potentis, diversum cultum assumunt, ut causa diversitatis credulitatis, et fidei sue sive secte ad pristinum dominum de cetero non redirent. A Jeroboam forsitan sumentes exemplum, qui decem tribubus ipsum sequentibus diversum cultum tradidit, ut addebitum et pristinum dominium non redirent.

TIT. XIII: Die Übertragung des Römischen Reiches von den Griechen auf die Deutschen

Wenn ich nun die hochverdiente und ganz und gar angemessene Übertragung des Reiches auf die Deutschen in Angriff nehme, habe ich ein wenig die Befürchtung, ich sei nicht imstande, den reinen Tugenden der alten Deutschen mit angemessenem und geziemendem Stil gerecht zu werden. Die hochberühmten und überaus tapferen Taten der Vorfahren bieten sich nämlich allenthalben so reichlich an, daß sie einen beredteren Herold zu fordern scheinen. Doch mögen meine Leser bitte daran denken, daß ich es nicht auf mich genommen habe, alle einzelnen Taten zu berichten, sondern nur die, durch die sie die römische Herrschaft gewonnen haben.

Nachdem der Sitz kaiserlicher Hoheit in den Osten und in das Reichsgebiet der Griechen transferiert worden war, blühte hernach das Römische Reich lange Zeit in einem glücklichen Zustand neu auf. Denn der Staat wurde von ganz vortrefflichen christlichen Kaisern verwaltet, der christliche Glaube breitete sich unermeßlich aus und erreichte den Höhepunkt ungestörten Friedens. Die Herrschaft über den Osten verblieb bei den römischen Kaisern von Konstantin dem Großen bis in das zwanzigste Jahr des Heraclius. Zu dieser Zeit entzogen sich beinahe alle östlichen Völker, nämlich die Perser, Araber, Chaldäer und andere benachbarte Völker der Herrschaft des Römischen Reiches. Der Grund für den Abfall, schreibt Richard, Bischof von Cremona, war die tyrannische Herrschaft des Heraclius. Er bedrückte nämlich nach einem großen Sieg die Perser und andere östliche Völker mit allzu grausamer Herrschaft, weswegen sie einhellig die Gelegenheit zur Rebellion ergriffen. Um sich aber in der Weise von der Obödienz zu lösen, daß sie in Zukunft niemals wieder zurückgeholt werden könnten, nahmen sie auf Anraten Mohammeds, eines damals im Perservolk reichen und mächtigen Mannes, eine andere Religion an, damit sie aufgrund der Verschiedenheit im Glauben und wegen der Treue zu ihrer Religion von da an nicht mehr zu ihrem früheren Herrn zurückkehrten. Vielleicht nahmen sie sich ein Beispiel an Jeroboam, der den zehn Stämmen, die ihm folg-

Quod consimile eciam Greci fecerunt, volentes enim ab ecclesie Romane obediencia separari, acceperunt diversum cultum sive ritum in ecclesia ministrandi, sicque in diversos errores scienter prolapsi sunt. Ut autem cronica ab Anastasio Romane ecclesie bibliothecario de Greco in latinum translata et Richardus etiam in sua cronica narrant, prefatus pseudopropheta Machometus nacione Arabs fuit, vilis genere, antique primum idolatrie cultor, sicut et alii Arabes tunc adhuc erant, ineruditus nullarum pene litterarum strenuus in secularibus, eloquens valde, ac calliditate et multa de ignobili et egeno in divitem et famosum profectus. Hic paulatim crescendo, et contiguos quosque et maxime sanguinis propinquos insidiis, rapinis, incursionibus frequenter invadendo, quos poterat furtim, quos poterat publice occidendo terrorem sui auxit, et in congressionibus factus superior ad regnum sue gentis aspirare cepit. Cumque universis pari modo resistentibus ejusque ignobilitatem contempnentibus videret se hac via non posse consequi, quod sperabat; quod vi gladii non potuit, religionis velamine et divini prophete nomine rex fieri attemptavit. Et quod inter barbaros barbarus, inter idolatras et ipse idolatra habitabat, atque inter illos, quos utpote pre cunctis gentibus tam divine quam humane legis ignaros faciles ad seducendum esse noverat, concepte iniquitati dare operam cepit. Et quoniam prophetas Dei magnos fuisse homines audierat, prophetam ejus se esse dixit, ut aliquid boni simularet, judicioque illius, qui terribilis in consiliis dicitur super filios hominum, et miseretur cui vult, et quem vult indurat, dedit Sathan successum errori et Sergium monachum heretici Nestorii sectatorem ab ecclesia expulsum ad partes illas Arabie transmisit et monachum hereticum pseudoprophete conjunxit, et quod illi deerat, Sergius supplevit, scripturasque sacras tam veteris testamenti quam novi secundum magistri sui Nestorii intellectum, (qui salvatorem nostrum Deum esse negabat) prout ei visum est, ei exponens, diversis eum fabulis et erroribus, quibus Alcoranum suum contexuit, imbuebat. Is itaque contra sceptra imperii et fidem nostram orthodoxam, permittente Deo, paulo post magni et primi Gregorii pape tempore, circa annum Domini nostri sexcentesimum, sub Heraclio Augusto progrediens sicut coluber sui perversissimi et ementiti dogmatis in omnem fere Orientem virus evomuit, et jam pene terciam humani generis partem

ten, einen anderen Kult gab, damit sie nicht unter die rechtmäßige frühere Herrschaft zurückkehrten.

Ähnlich machten es auch die Griechen. Denn als sie sich vom Gehorsam gegenüber der Römischen Kirche lösen wollten, nahmen sie einen anderen Kult oder Ritus im Gottesdienst an, und so sind sie wissentlich in verschiedene Irrtümer gefallen. Wie aber die Chronik, die von Anastasius, dem Bibliothekar der Römischen Kirche, aus dem Griechischen ins Lateinische übersetzt worden ist, und auch Sichard in seiner Chronik erzählen, war der genannte Pseudoprophet Mohammed seiner Nationalität nach ein Araber. Von niederer Herkunft und anfangs ein Verehrer des alten Götzenkultes, wie damals die anderen Araber auch, gelang ihm, der in nahezu allen Wissenschaften gebildet, in weltlichen Geschäften tüchtig, äußerst beredt und von großer Schlauheit war, aus Niedrigkeit und Armut zu Reichtum und Ruhm aufzusteigen. So wurde er nach und nach immer mächtiger, und indem er alle Nachbarn und vor allem seine Blutsverwandten mit Hinterlist, Raub und Beutezügen häufig angriff, heimlich und in aller Öffentlichkeit tötend, wie er konnte, schüchterte er die Menschen immer mehr ein, und nachdem er bei [bewaffneten] Auseinandersetzungen die Oberhand behalten hatte, begann er nach der Herrschaft über sein Volk zu trachten. Als sich dem aber alle einmütig widersetzten und ihn wegen seiner niedrigen Herkunft verachteten, sah er, daß er auf diesem Weg das erhoffte Ziel nicht erreichen würde. Nun versuchte er, weil es mit der Gewalt des Schwerts nicht möglich war, unter dem Deckmantel der Religion und unter dem Titel eines göttlichen Propheten König zu werden. Und weil er als Barbar unter Barbaren, als Götzendiener unter Götzendienern wohnte und unter solchen, von denen er wußte, daß sie, mehr als alle anderen Völker des göttlichen und menschlichen Gesetzes unkundig, leicht zu verführen waren, begann er die geplante Bosheit in die Tat umzusetzen. Weil er nun gehört hatte, daß die Propheten Gottes große Menschen gewesen seien, behauptete er, Gutes vortäuschend, ein Prophet Gottes zu sein. Und nach dem Willen dessen, von dem es heißt, er sei »schrecklich in seinen Ratschlüssen über die Söhne der Menschen« und daß er »sich erbarmt, wessen er will, und verhärtet, wen er will«, gab Satan dem Irrtum Erfolg und schickte den Mönch Sergius, der als Anhänger des häretischen Nestor aus der Kirche ausgestoßen worden war, in jenes Gebiet Arabiens und brachte den häretischen Mönch mit dem Pseudoprophe-

(nescimus quo Dei judicio) inauditis fabularum deliramentis diabolo et morti eterne contradidit. Arabes namque primum regiones imperii devastantes usque in Syriam devenerunt et Judeam, contra quos egressa est innumera milica Imperatoris Eraclii, totaque fuit per hostes occisa. Inde in audaciam elevata gens Machometi intravit Egiptum, ibique populum subvertit. Transeuntes postea in Affricam simile ibidem fecerunt. Unde in Hyspaniam eciam venientes eam in parte fidem Christianam dimittere coëgerunt. Sed cum nichil omnino temptarent bellare contra Francos, Pipinus victoriossimus Francorum et Germanie rex recuperata Hyspania circa Rhodanum flumen, et post eum in Gallia Karolus filius ejus potentissimo bello Saracenorum totaliter delevit exercitum multitudinis infinite. Terris autem imperii per Orientem et Merdiem a Saracenis ubique occupatis, invalescente nimio eorum potentatu et rebellione gencium usque adeo sacrum imperium exinanitum est, ut Constantinopolitani Imperatores tandem fere solo nomine imperare viderentur.

Unde cum annis tantum CCCCXV sacram imperii arcem tenuisset Grecorum potencia, rursus ab Oriente in Occidentem, a Grecis in potentissimos Germanos non sine superne disposicionis fato Romanum imperium translatum est. Et quoniam huius translacionis historia propter scribencium varietatem et principium ignoratum communiter est ignota, quam tamen Landulphus de Columpna satrapa Romanus studiose recollegit; idcirco sciendum et diligenter at-

ten zusammen. Sergius ergänzte, was jenem fehlte, und legte ihm die heilige Schrift des Alten und Neuen Testamentes nach dem Verständnis seines Lehrers Nestor (der die Göttlichkeit unseres Erlösers leugnete) und nach seinem eigenen Gutdünken aus und brachte ihm verschiedene Fabeln und Irrtümer bei, aus denen Mohammed dann seinen Koran zusammenschrieb. Dann zog er, weil Gott es zuließ, gegen das Szepter des Reiches und unseren rechten Glauben zu Felde, kurz nach der Zeit Papst Gregors des Großen oder Gregors I. um das Jahr des Herrn 600, unter Heraclius Augustus, und verspritzte wie eine Schlange das Gift seiner perversen und verlogenen Lehre fast im gesamten Orient, und hat nun schon beinahe ein Drittel der Menschheit (nach Gottes unergründlichem Ratschluß) durch unerhörte, wahnsinnige Lügengeschichten dem Teufel und dem ewigen Tod überliefert. Denn die Araber verwüsteten zu Beginn die Gebiete des Reiches und kamen bis nach Syrien und Judäa. Ein unübersehbar großes Heer des Kaisers Heraclius, das ihnen entgegenzog, wurde durch die Feinde vollkommen vernichtet. Hierdurch zu noch größerer Kühnheit angetrieben, fiel das Volk Mohammeds in Ägypten ein und unterwarf die dortige Bevölkerung. Sodann überschritten sie die Grenzen zu Afrika und machten dort dasselbe. Von dort kamen sie auch nach Spanien und zwangen es, [wenigstens] zum Teil, den christlichen Glauben aufzugeben. Aber obwohl sie überhaupt nicht versuchten, gegen die Franken Krieg zu führen, hat Pippin, der siegreiche König der Franken und Deutschlands, nach der Rückeroberung Spaniens am Rhôonefluß und nach ihm sein Sohn Karl in Gallien in einem gewaltigen Feldzug das unermeßlich große Heer der Sarazenen völlig vernichtet. Nachdem die Reichsprovinzen im Osten und Süden von den Sarazenen vollständig besetzt waren, nahm ihre übergroße Macht weiter an Stärke zu. Dies und die Rebellion der Völker entkräfteten schließlich das heilige Reich so sehr, daß die Kaiser von Konstantinopel zuletzt fast nur noch dem Namen nach Kaiser waren.

So wurde das Römische Reich, nachdem die Herrschaft der Griechen im heiligen Machtzentrum des Reiches nur 415 Jahre gedauert, durch göttliche Schicksalslenkung wieder von Osten nach Westen transferiert, von den Griechen auf die überaus starken Deutschen. Weil aber die Geschichte dieser Übertragung wegen der Uneinheitlichkeit der Autoren und wegen der Unsicherheit hinsichtlich der Anfänge gemeinhin unbekannt ist – Landulf Colonna, ein Partei-

tendendum, quod prima occasio hujus translacionis fuit discordia inter Imperatorem Leonem et Romanam ecclesiam circa veneracionem ecclesiasticarum imaginum. Leo enim tercius Imperator dicebat, Christi et sanctorum imagines minime venerandas, quod species idolatrie videretur. Gregorius vero tercius, qui tunc Romane presidebat ecclesie, contrarium dogmatisavit. Imperator autem in sua sentencia perseverans eousque contra Papam exasperatus est, ut Romam veniens omnes Christi et sanctorum imagines, quas Rome reperit, aufferret asportansque illas secum Constantinopolim eas per sentenciam igne damnando concremavit. Propter quod dictus Gregorius Imperatorem anathematisavit, totamque Apuliam et Ytalyam atque Hesperiam ab ejus dominio et obediencia separari suasit, tuncque translacio imperii cepit aliqualiter tractari. Leone autem Augusto in sua pertinacia mortuo successit ei in nullo imperio filius ejus Constantinus quintus ejusdem cum patre propositi, qui nullo modo Romane favebat ecclesie. Unde mortuo Gregorio Papa tercio, Stephanus secundus nacione Romanus, qui eidem in papatu successerat, imperium Romanum transferri de Grecis in Germanos aliqualiter ordinavit.

Ut autem causa hujus translacionis innotescat, hystoriam prosequor, quam recitat gl. in c. venerabilem. De elect. Sed quod festino pede hystoriam ibidem pertransit glossa, lacius pandentibus cronicis illam assumo. Astulphus rex quondam Longobardorum suo tempore ecclesiam Romanam opprimere, et tributa a Romanis vi exigere cepit. Occupavit autem totam Thusciam cum valle Spoletana, et cum nulla esset reliqua spes Romanis, beatus Stephanus Papa secundus a Constantino hujus nominis sexto et filio ejus Leone tunc Imperatoribus Romanorum auxilium petiit, et cum patrocinari nollent, Papa ad Pipinum Francie et Germanie regem utpote christianissimum principem confugit. Pipinus autem ejus adventu audito ad tercium milliare illi occurrit, et usque ad palacium suum regium eum cum honore deduxit. Tunc Papa causam sui adventus regi exposuit, illumque fide, spe et lachrymis deprecatus est, ut causam beati Petri et reipublice Romanorum fidelis assistencie presidio commendatam susciperet. Pius autem rex ex Germanis et Francis

gänger Roms, hat sie allerdings mit großem Eifer zusammengetragen –, muß man sich klarmachen und sorgfältig beachten, daß der ursprüngliche Anlaß dieser Übertragung die Zwietracht zwischen Kaiser Leo und der Römischen Kirche wegen der Verehrung der Bilder in der Kirche gewesen ist. Kaiser Leo III. sagte nämlich, man dürfe die Bilder Christi und der Heiligen keinesfalls verehren, da dies eine Form von Götzendienst sei. Gregor III., der damals die Römische Kirche leitete, lehrte das Gegenteil. Aber der Kaiser beharrte auf seiner Meinung und war so verärgert über den Papst, daß er nach Rom kam, alle Bilder Christi und der Heiligen, die er in Rom fand, wegnahm, mit sich nach Konstantinopel führte und sie, durch Gerichtsentscheid zum Scheiterhaufen verurteilt, verbrennen ließ. Deswegen bannte der genannte Gregor den Kaiser und gab ganz Apulien, Italien und Spanien den Rat, sich von seiner Herrschaft und seiner Obödienz loszusagen, und so begann damals die Übertragung des Reiches Gegenstand von Überlegungen zu werden. Nachdem dann Kaiser Leo, ohne von seiner Hartnäckigkeit zu lassen, gestorben war, folgte ihm in der Herrschaft sein Sohn Konstantin V., der dieselbe Einstellung hatte wie sein Vater und ganz und gar kein Freund der Römischen Kirche war. Daher leitete nach dem Tod Papst Gregors III. der aus Rom stammende Stephan II., der ihm in der Papstwürde gefolgt war, die Übertragung des Römischen Reichs von den Griechen auf die Deutschen in die Wege.

Um nun den Anlaß dieser Übertragung deutlich werden zu lassen, folge ich der Geschichtsdarstellung der Glosse zu *de elect., c. venerabilem*. Da die Glosse jedoch an dieser Stelle die geschichtliche Entwicklung raschen Fußes durchmißt, übernehme ich diese aus den ausführlicheren Darstellungen der Chroniken. Aistulph, einst König der Langobarden, begann in seinen Tagen die Römische Kirche zu unterdrücken und mit Gewalt Abgaben von den Römern zu fordern. Er besetzte ganz Tuszien samt dem Tal von Spoleto, und als den Römern keine Hoffnung mehr blieb, bat der selige Papst Stephan II. die Römischen Kaiser Konstantin (den sechsten seines Namens) und dessen Sohn Leo um Hilfe. Als diese ihm den Schutz verweigerten, flüchtete der Papst zu Pippin, dem König von Franken und Deutschland, da er ihn für einen durch und durch christlichen Herrscher hielt. Wie Pippin von seiner Ankunft hörte, ging er ihm drei Meilen weit entgegen und geleitete ihn ehrenvoll zu seinem königlichen Palast. Dann legte der Papst dem König den Grund für

potenti collecto exercitu cum ipso pontifice contra Astulphum Ytalyam ingreditur. Astulphus vero totis viribus contra Pipinum parat exercitum. Pugna igitur magna committitur et Astulphus cum suis superatur, ad restituendaque ecclesie Romane ablata compellitur, qui datis obsidibus quadraginta ex melioribus regni sui sub juramento illa restituere promisit. Pipinus autem rex victor in patriam cum gaudio remeavit. Cum Astulphus fidem falleret, nec servaret promissa, Pipinus iterum Ytalyam ingreditur, Astulphumque Papie obsessum urbes invasas et ea que juris S. Petri erant ecclesie Romane restituere compellit anno Domini DCCLVI. Hiis autem beneficiis Stephanus Papa predictus allectus, Romanum imperium transferri a Grecis in Germanos procuravit, sed morte preventus nondum in vita sua id fecit. Et quanquam gl. preall. in c. venerabilem innuere videatur eo tempore ob id meritum translacionem esse factam, atque quia textus in eod. c. dicit translacionem hujusmodi in persona magnifici Karoli esse factam, qui tamen adhuc puer arma contra Astulphum non moverat. Ideo predicta glossa et similes scripture intelligi debent, quod illo tempore ordinata fuit translacio, tempore vero Leonis tercii fuit illa consumata, ut ex sequentibus apparebit.

Defuncto autem Pipino Karolus filius ejus, qui ob virtutum magnitudinem dictus est Magnus, patri successit in regnis, et (ut quidem ajunt) anno etatis sue XVIII. Accidit autem iterato, ut Adrianus primus nacione Romanus de regione Via Lata, qui post Stephanum secundum tribus pontificibus intermediis apicem pastoralis regiminis tenebat a Desiderio rege Longobardorum, Astulphi successore infestaretur. Ob quam causam Papa legatum suum Petrum presbyterum cardinalem ad Karolum Pipini filium et Imperatoris Grecorum consanguineum misit deprecans, ut ecclesiam et populum Romanum de superbi regis tyrannide liberaret. At idem christianissimus

seine Ankunft dar und erbat vertrauens- und hoffnungsvoll und unter Tränen, er möge sich der Sache des heiligen Petrus und des römischen Staates annehmen, die er seinem treuen Beistand empfehle. Da stellte der fromme König gegen Aistulph ein gewaltiges Heer aus Deutschen und Franken zusammen und betrat in Begleitung des Papstes italienischen Boden. Aistulph aber stellte unter Aufbietung aller Kräfte ein Heer gegen Pippin auf. Also wurde eine große Schlacht geschlagen, in der Aistulph mit den Seinen besiegt wurde. Gezwungen, der Römischen Kirche zurückzugeben, was er ihr weggenommen hatte, versprach er eidlich die Rückgabe und stellte 40 Geiseln aus dem Adel seines Reiches. König Pippin aber kehrte als Sieger und mit großer Freude in sein Heimatland zurück. Nachdem jedoch Aistulph den Eid brach und sein Versprechen nicht einhielt, zog Pippin wiederum nach Italien und zwang im Jahr des Herrn 756 Aistulph, den er in Pavia belagerte, die usurpierten Städte und das, was rechtlich dem heiligen Petrus gehörte, der Römischen Kirche zurückzugeben. Durch diese Wohltaten gewonnen, traf der genannte Papst Stephan Vorkehrungen, das Römische Reich von den Griechen auf die Deutschen zu übertragen, führte dies aber zu seinen Lebzeiten nicht mehr aus, weil ihm der Tod zuvorkam. Und obwohl die o.g. Glosse zum c. *venerabilem* zu verstehen gibt, die Übertragung sei in ebendieser Zeit aufgrund ebendieses Verdienstes erfolgt, sagt der Text im selben Kapitel, diese Übertragung sei in der Person Karls des Großen erfolgt, der freilich, damals noch ein Kind, nicht gegen Aistulph zu Felde ziehen konnte. Daher muß man die genannte Glosse und ähnliche Zeugnisse so verstehen, daß die Übertragung zu jener Zeit in die Wege geleitet wurde; denn vollzogen wurde sie erst zur Zeit Leos III., wie aus dem Folgenden hervorgehen wird.

Nach Pippins Tod folgte dem Vater sein Sohn Karl – wegen der Größe seiner Tugenden der Große genannt – in der Herrschaft nach, u.z., wie einige sagen, im Alter von 18 Jahren.[14] Es geschah aber zu wiederholten Malen, daß Hadrian I., Römer aus dem Stadtbezirk der Via Lata, der nach Stephan II. und drei weiteren Päpsten das höchste Hirtenamt innehatte, vom Langobardenkönig Desiderius, dem Nachfolger des Aistulph, angegriffen wurde. Deswegen schickte der Papst den Kardinalpresbyter Petrus als Gesandten zu

---

14 Der wohl 742 geborene Karl wird 768 König.

princeps confestim eidem regi nuncios suos destinavit, exhortans ut civitates quas Romane ecclesie abstulerat, redderet et plenariam Romano pontifici justiciam exhiberet; sed neque precibus neque exhortacionibus ferocissimum cor ejus flecti valuit. Tunc congregans rex Karolus universam regnorum suorum multitudinem ducum, principum, marchionum, et aliorum fortissimorum militum contra Desiderium arma arripuit. Et sicut in mare omnia flure videntur flumina, sic gentes Theutonicorum, Francorum, Anglorum, ceterosque populos Ytalyam ingredi videns, Desideriumque Papie potenter obsedit. Et (ut hystoria ecclesiastica profert, et habetur in decretis in c. Adrianus. dist. LXIII.) Karolus relicto in obsidione urbis exercitu Romam causa devocionis accessit, ibique cum Adriano Papa pascha dominicum simul egit, factaque solempnitate paschali ad Papiam reversus in decimo obsidionis mense Desiderium cum uxore et cunctis principibus suis cepit. Ibique omnes advenientes Ytalyci de singulis civitatibus ambasiatores et nuncii se dominio regis Karoli subjecerunt. Quibus sic feliciter expeditis Romam accedens temporalia ecclesie Romane restituit.

Tunc dictus pontifex Adrianus beneficiis dicti principis allectus in patriarchio Lateranensi in ecclesia S. Salvatoris synodum constituit, que a CLIII episcopis et abbatibus celebrata est. Ibique cum universa synodo glorioso principi Karolo jus est potestatem tribuit sedem apostolicam ordinandi, dignitatem quoque amplissimam patriciatus eidem concessit, qui olim quasi pater principis videbatur. Insuper archiepiscopos et episcopos per singulas provincias ab eo investituram accipere definivit. Sed cum in processu temporum privilegium istud de episcoporum ordinacione Imperatoribus concessum, retorqueri videretur in dispendium ecclesiarum, salubri postea revocacione sublatum est, ut patet LXIII dist. § si verum.

Postmodum vero et non multis revolutis annis mortuo Adriano predicto Leo tercius nacione Romanus in Romanum pontificem

Karl, dem Sohn Pippins und Verwandten des griechischen Kaisers, und bat, er möge die Kirche und das römische Volk aus der Gewaltherrschaft des hochmütigen Königs befreien. Auf der Stelle schickte der allerchristlichste König seine Boten zum König und forderte ihn auf, die Städte, die er der Römischen Kirche entfremdet hatte, zurückzugeben und die Rechte des römischen Papstes in vollem Umfang anzuerkennen. Doch weder durch Bitten noch durch Ermahnungen vermochte er dessen ungestümen Sinn zu beugen. Da versammelte König Karl aus seinem Reich eine große Zahl an Herzögen, Fürsten, Markgrafen und anderen tapferen Kriegern und griff gegen Desiderius zu den Waffen. Und wie alle Flüsse dem Meer zufließen, so sah man die Stämme der Deutschen, Franken und Angeln sowie die übrigen Völkerschaften in Italien einmarschieren, und er belagerte Desiderius in Pavia mit Macht. Und, wie die Kirchengeschichte berichtet und wie im »Dekret« Dist. LXIII, c. *Adrianus*, steht, ließ Karl das Heer zur Belagerung der Stadt zurück und ging zu frommer Verehrung nach Rom. Dort feierte er mit Papst Hadrian zusammen das Osterfest. Nach den österlichen Feiertagen kehrte er nach Pavia zurück und nahm im zehnten Monat der Belagerung Desiderius mit dessen Frau und allen seinen Fürsten gefangen. Dorthin kamen aus den einzelnen Städten alle Botschafter und Gesandten Italiens und unterwarfen sich der Herrschaft König Karls. Nachdem alles ein glückliches Ende gefunden hatte, ging er nach Rom und gab der Römischen Kirche ihren weltlichen Besitz zurück.

Hierauf berief der genannte Papst Hadrian, den besagter Fürst durch seine Wohltaten für sich eingenommen hatte, in die Kirche des Heiligen Erlösers im Lateran, dem Sitz des Patriarchats, eine Synode ein, die von 153 Bischöfen und Äbten gefeiert wurde. Dort gab er mit der gesamten Synode dem ruhmreichen Fürsten Karl das Recht und die Gewalt, den Apostolischen Stuhl zu besetzen, und er gestand ihm auch die große Würde des Patricius zu, der einst gleichsam als Vater des Herrschers betrachtet wurde. Obendrein bestimmte er, daß die Erzbischöfe und Bischöfe in den einzelnen Provinzen von ihm die Investitur erhielten. Als jedoch im Verlauf der Zeit dieses den Kaisern gewährte Privileg der Bischofsernennung zum Nachteil der Kirchen ausschlug, wurde es später zum Glück widerrufen, wie aus Dist. LXIII, c. *si verum*, hervorgeht.

Wenige Jahre später starb der erwähnte Hadrian, und der Römer Leo III. wurde zum Papst erhoben. Da wiegelten die Verwandten

sublimatur. Sed cognati beate memorie Adriani Pape commoventes populum tumultuati sunt contra Leonem. Captus itaque in Roma excecatus est et lingua truncatus. Ejus tamen lumen non penitus extinguere potuerunt; qui positus in custodia nocte per murum evasit, ad predictumque Karolum tanquam ad precipuum ecclesie protectorem venit in Saxoniam et injuriam sibi illatam amare illi conquestus est. Unde eciam post mira et gloriosa ejus certamina Karolus cum dicto pontifice Romam venit, ubi Leonem sedi sue restituit, et temeratores juxta leges Romanas capitali sentencie mancipavit, sed precibus pape vita concessa in exilium perpetuum eos relegavit.

Eodem autem tempore (ut scribit Aymonius in gestis Francorum) quidam abbas, nomine Zacharias, cum duobus monachis, uno de monte oliveti, et altero de S. Saba Romam venit, quem patriarcha Jerosolymitanus transmisit, qui sepulchri dominici et terre sancte suppressionem intimarent. Rex autem ea legacione, quam eciam peticione Constantini sexti tunc Romanorum Imperatoris commotus, cum magno exercitu transfretavit, totamque terram sanctam recuperavit. Jamque per totum Orientem fama celebris gloriosi regis Karoli percurrebat, sic quod rex Persarum qui monarchiam tunc in Oriente tenebat, ejus habere benevolenciam affectaret, eidemque per solempnes legatos preciosa munera destinaret. Rex autem Karolus ubique victoriosus per Constantinopolim Romam rediit, et natalem Domini cum Leone Papa solempniter celebravit.

Tuncque Romana ecclesia matura, longa et diligenti prehabita deliberacione attendens Grecorum vires pene esse confractas, ad reique publice Christiane defensionem tardas, minusque utiles; Germanos vero, quorum eo tempore celebre nomen erat, esse viros fide firmissimos, usu promptos, robustos viribus, in hostes alacres, belloque et armis potentissimos, atque ad Christianum regendum imperium aptissimos, precipue quoque volens et ipsa ecclesia vicem Karolo tantorum recompensare meritorum. Unde Romanum imperium Grecis abstulit, et ablato patricii nomine in sua persona, in nobilissimos transtulit Germanos. Sed diu resistens magnificus princeps tandem precibus Leonis Pape et principum regni omniumque

von Papst Hadrian seligen Angedenkens das Volk auf und erregten einen Aufstand gegen Leo. Er wurde in Rom gefangen und geblendet, und die Zunge wurde ihm herausgeschnitten; doch konnten sie seine Sehkraft nicht vollkommen auslöschen. Er wurde zwar eingekerkert, floh jedoch des Nachts über die Mauer, begab sich zu Karl als dem obersten Schutzherrn der Kirche nach Sachsen und beschwerte sich vor jenem bitter über das ihm zugefügte Unrecht. Daher kam Karl nach wunderbaren und ruhmreichen Siegen mit dem genannten Papst nach Rom, wo er Leo seinen Stuhl wiedergab und die Schandbuben nach römischem Gesetz zum Tode verurteilte. Auf Bitten des Papstes gestand er ihnen das Leben zu, schickte sie aber für immer ins Exil.

Zur selben Zeit kam, wie Aimoin in den »Gesta Francorum« schreibt, ein Abt namens Zacharias nach Rom in Begleitung von zwei Mönchen – der eine war vom Ölberg[kloster], der andere von St. Saba. Sie waren vom Patriarchen von Jerusalem geschickt, damit sie von der Bedrückung des Herrengrabes und des Heiligen Landes berichteten. Der König war durch diese Gesandtschaft und zudem durch die Bitten Konstantins VI., des damaligen Römischen Kaisers, ganz erschüttert und setzte mit einem großen Heer über das Meer und gewann das ganze Heilige Land zurück. Schon durcheilte die rühmende Kunde vom glorreichen König Karl den gesamten Orient, so daß der König der Perser, der damals die Oberhoheit über den Orient innehatte, sich um Karls Wohlwollen bemühte und ihm durch eine feierliche Gesandtschaft wertvolle Geschenke zukommen ließ. Der allzeit siegreiche König Karl aber kehrte über Konstantinopel nach Rom zurück und beging feierlich mit Papst Leo das Geburtsfest des Herrn.

Da nahm die Römische Kirche nach reiflicher, langer und sorgfältiger Überlegung und in Anbetracht dessen, daß die Kräfte der Griechen fast gebrochen, zur Verteidigung des christlichen Staates saumselig und kaum mehr nützlich waren, die Deutschen aber, deren Name zu dieser Zeit berühmt war, glaubensstarke Männer waren, stets zur Hand, stark an Kraft, schnell gegen die Feinde, sehr mächtig im Krieg und in den Waffen und am besten für die Leitung des christlichen Reiches geeignet, und weil sie Karl in besonderer Weise die so großen Verdienste vergelten wollte, das Römische Reich den Griechen weg und übertrug es in seiner [Karls] Person auf die edlen Deutschen, nachdem Karl zuvor des Titels Patricius entkleidet wor-

primatum et Romanorum devictus, tam Dei quam hominum voluntati consenciens, cum magno universalis cleri plebisque tripudio ipsa celeberrima die Natalis domini nostri Jesu Christi anno incarnacionis ejusdem DCCCI. Secundum Johannem Andree autem DCCLIII; a creacione vero mundi 4765. Rome in ecclesia S. Petri Apostoli, et ibidem ante altare summum a Papa Leone consecratus est et unctus Romanorum Imperator, ipso Papa coronam auream capiti ejus imponente, in jubilo cordis et oris Romano clero et populo acclamante: »Karolo augusto, a Deo coronato, magno et pacifico Imperatori Romanorum, vita et victoria.« Is itaque primus omnium imperatorum post Christi nativitatem unctus est, et bis equidem. Primo namque in Francia cum fratre suo Karlomanno adhuc puer in regem, deinde Rome in Imperatorem. Et ex eo tempore reges et Imperatores more antiqui Dei populi inungi ceperunt.

Karolus autem Cesar omnibus bene dispositis in Germaniam remeans plurimos comites, barones, pretores et nobiles Romanos, qui ei adheserant, secum duxit; per diversasque regnorum suorum plagas dispersit, aliquos ut strenuos bellatores, aliquos vero legum imperialium scribas et doctores peritissimos, aliquos tum quoque ut sediciosos, ne de cetero sedem apostolicam molestarent, ad Alomaniam inter alios distribuit, et protper antique et innate sedicionis suspicionem, ut sagax princeps, in eodem loco eosdem non collocavit, aliquos eciam sue imperialis curie assiduos ministros habuit, et deversis ministeriis prefecit, quousque senilem etatem apprehentibus in regni et imperii sui finibus eis juxta genus et merita cujuscunque comitatus, baronias, castra, dominia et terras assignavit. Aliqui eciam ex predictis castra et domos fundantes incolas se Alomanie perpetuos fecerunt, et pauci eorundem, presertim in vita Karoli, in Ytalyam remearunt.

den war. Lange leistete der großmächtige Herrscher Widerstand. Endlich wurde er, besiegt durch die Bitten Papst Leos, der Fürsten des Reiches und aller römischen Patrizier, und dem Willen Gottes und der Menschen sich fügend, zur großen Freude des gesamten Klerus und des ganzen Volkes am festlichen Tag der Geburt unseres Herrn Jesus Christus im Jahr seiner Fleischwerdung 801[15] (nach Johannes Andreae aber im Jahr 753), im 4765. Jahr seit Erschaffung der Welt zu Rom in der Kirche des heiligen Apostels Petrus vor dem Hochaltar von Papst Leo geweiht und zum Römischen Kaiser gesalbt, wobei der Papst selbst ihm die goldene Krone aufs Haupt setzte, während der römische Klerus und das römische Volk unter frohem Jubel des Herzens und der Stimme akklamierten: »Dem erhabenen Karl, von Gott gekrönt, dem großen und friedenbringenden Kaiser der Römer Leben und Sieg!« So wurde er als erster von allen Kaisern seit Christi Geburt gesalbt, und dies sogar zweimal: Das erste Mal wurde er im Frankenland noch als Knabe, zusammen mit seinem Bruder Karlmann zum König [gesalbt], dann in Rom zum Kaiser. Seit dieser Zeit begannen die Könige und Kaiser nach der Sitte des alten Gottesvolkes die Salbung zu empfangen.

Nachdem Kaiser Karl alles vortrefflich geregelt hatte, kehrte er nach Deutschland zurück und nahm sehr viele Grafen, Barone, Prätoren und Adelige Roms mit sich, die sich ihm angeschlossen hatten; er verteilte sie auf verschiedene Gebiete innerhalb seiner Reiche, die einen als tüchtige Krieger, die anderen als Kodifikatoren und überaus erfahrene Gelehrte der kaiserlichen Gesetze; einige verteilte er schon damals, weil sie aufrührerisch waren, und um zu verhindern, daß sie den Apostolischen Stuhl weiterhin belästigten, über [ganz] Deutschland, zwischen andere hinein, und brachte sie als kluger Fürst wegen des Verdachts auf alten und eingewurzelten Widerstandsgeist nicht am selben Ort unter. Wieder andere hielt er auch als fleißige Beamte an seinem kaiserlichen Hof und stellte sie an die Spitze verschiedener Amtsbereiche, und wenn sie ans Greisenalter gelangt waren, wies er ihnen in den Grenzen seines Königs- und Kaiserreiches nach Herkunft und Verdienst Grafschaften, Baronien, Burgen, Herrschaften und Ländereien zu. Einige von den Genannten gründeten Burgen und Häuser und machten sich zu dauernden

---

15 Die Kaiserkrönung fand am 25. Dez. 800 statt.

Cum autem ipse divus Imperator in paterna regna devenisset, per omne imperium suum legatos misit, mandans omnibus judicium facere et justicam, religionem eciam Christianam summopere ampliare satagebat. Et cum ecclesiam sancte Dei genetricis Aquisgrani a fundamentis erexisset, dedicationem ejus celeberrime egit, presentibus illic beatissimo Leone papa, metropolitanis quoque et episcopis numero CCCLXV, excepta innumerabili multitudine ducum, marchionum, comitum, baronum tam Bavarie quam Alomanie et utriusque Francie. A quibus omnibus in unum congregatis christianissimus princeps ob nimiam, quam erga eundem locum gerebat devocionem, obtinere meruit, ut in eodem templo sedes unccionis regie in futurum constitueretur, locusque regalis et caput Gallie transalpine haberetur, ac in ipsa sede reges successores imperii iniciarentur, ut sic iniciati imperialem dehinc benediccionem Rome ab apostolico pontifice plenius assequerentur. Confirmatum itaque et sancitum est a domino Papa Leone et Karolo augusto, quatenus ratum hoc statutum decretumque maneat inconvulsum, et Aquisgrani sedes regni trans alpes perpetuo habeatur. Ast cum plurima bella rex et Imperator potentissimus (ut Francorum series gestorum plena est) per annos XXXXVII in diversis terrarum partibus summa prudencia atque felicitate gessisset, spiritum domino reddidit, sepultusque Aquisgrani, cujus exequiis Leo Papa cum principibus Romanis archiepiscopi et episcopi, multi duces, marchiones, comites, barones prelati et nobiles innumeri interfuerunt. Tunc quoque corpus defuncti vestibus imperialibus indutum, aureaque corona capiti imposita, et deinde super auream cathedram sedendo locatum est, ac super genua textum quatuor evangeliorum aureis literis scriptis collocantes, ita quod manus dextra textum, sinistra vero sceptrum tenebat aureum. Catenulam quoque auream diademati conjunxerunt et cathedram super quam sedebat, ne caput decideret, affixerunt. Sed et scutum aureum, quod ei Romani fecerant, ante faciem ejus statuerunt.

Bewohnern Deutschlands; einige wenige von ihnen kehrten, vor allem zu Lebzeiten Karls, nach Italien zurück.

Als aber der göttliche Kaiser in seinen angestammten Reichen angekommen war, schickte er durch sein ganzes Herrschaftsgebiet Gesandte und trug ihnen auf, allen Recht und Gerechtigkeit zuteil werden zu lassen. Auch war er eifrig bemüht, das Ansehen der christlichen Religion zu mehren. Als er die Kirche der Heiligen Mutter Gottes in Aachen von Grund auf errichtet hatte, beging er deren Weihe in feierlichster Form in Anwesenheit des heiligsten Papstes Leo und in Anwesenheit von 365 Metropoliten und Bischöfen sowie einer riesigen Anzahl von Herzögen, Markgrafen, Grafen und Baronen aus Bayern, Alemannien, West- und Ostfranken. Von ihnen allen, die hier versammelt waren, erlangte der allerchristlichste Herrscher wegen seiner gar großen Verehrung für diesen Ort die Zustimmung, daß diese Kirche auch in Zukunft als Ort für die königliche Salbung feststehe, daß sie als königliches Zentrum und Haupt Galliens nördlich der Alpen gelten solle und daß an diesem Sitz die zur Reichsnachfolge bestimmten Könige ihre erste Weihe erhielten, um sodann die Kaiserweihe in Rom vom Apostolischen Pontifex in ihrer ganzen Fülle zu erlangen. Deshalb wurde von dem Herrn Papst Leo und dem erhabenen Karl bekräftigt und bestimmt, daß dieses beschlossene Statut und Dekret unangefochten in Geltung bleibe und daß der Sitz des Reiches nördlich der Alpen für immer in Aachen sein solle. Doch nachdem der mächtigste König und Kaiser sehr viele Kriege (von denen der Text der »Gesta Francorum« voll ist) 47 Jahre lang in den verschiedensten Gegenden mit größter Klugheit und mit glücklichem Erfolg geführt hatte, starb er und wurde in Aachen begraben. An seinem Begräbnis nahmen Papst Leo, von römischen Fürsten begleitet, sowie Erzbischöfe und Bischöfe, viele Herzöge, Markgrafen, Grafen, Barone, Prälaten und unzählige Adelige teil. Man bekleidete den Leichnam mit den kaiserlichen Gewändern und setzte eine goldene Krone auf sein Haupt. Dann richtete man ihn sitzend auf einem goldenen Thron auf und legte ihm auf die Knie den in Goldbuchstaben geschriebenen Text der vier Evangelien, u.z. so, daß die rechte Hand den Text, die linke aber das goldene Szepter hielt. Am Diadem brachte man ein goldenes Kettlein an und befestigte dieses mit dem Thron, damit der Kopf nicht herunterfalle. Ferner stellte man vor ihm einen goldenen Schild auf, den die Römer für ihn angefertigt hatten.

Post hunc itaque Karolum imperium Romanum cis mare Francorum regibus, qui et Alomanie regnum gubernabant, administrandum cum Cesaris Imperatorisque Augusti nomine commissum est; unde quo deficiente in Francia et lacessente regio stemmate Romanum imperium a Theutonicis administratum est usque in hodiernum diem.

Sed posset hystoriarum imperitus in presenciarum movere questionem, cur pontifex summus Christique vicarius in persona magnifci Karoli Romanum imperium transferre voluit pocius in Germanie quam Francorum gentes, cum tamen ipse divus princeps simul et Francorum rex esset, et Germanie regni primatum teneret, et cum utriusque potencia populi rerum gestarum gloriam summa cum laude comparavit. Ad quod illi respondemus, quod etsi gloriosissimus Occidentis monarcha post mortem Pipini patris Francorum regnum esset adeptus et Galliarum, at tamen quia reges Francorum dudum ante Pipinum totam Theutonicam cum regno Francie administrabant, et multiplicata prole regia regna partiti sunt, et alii in Francia, alii in Alomania residebant, unde et hac causa Karolus in Germania et villa Ingelheim natus fuerat, ab urbe Moguntina duobus fere distante milliaribus, et a Pipino patre non solum Franco, sed et Theutonico, quem Zacharias Papa substituerat Ludovico regi Francorum, quem deposuerat, de quo legitur XV. q. VI. Alius enim prius Pipinus erat major domus regie, cujus palacium fuit in Treveri, a quo pallatio comites processerunt Palatini, indeque nomen traxerunt. Quam ob rem et ipse Karolus se intitulavit Francum, Germanicum, etc. ut in lege sua canonisata XI. q. I. hoc si quis, ibi mandando, dicit, volumus atque precipimus, ut omnes nostre dicioni subjecti tam Romani quam Franci, Alomani, Bavari, Burgundiones, Saxones, Thoringi, Frisones, Galli, Britones, Langobardi, Vascones, Beneventani, Gothi, Hispani, ceterique omnes subjecti nobis etc. Et Gotifridus in sua cronica hunc de ipso cecinit versiculum: »Romuleus matre, Teutonicus patre«. In eo enim concurrebat genus Grecorum, Romanorum et Germanorum, ideo dignissimus erat imperio. Sed quoniam Germanus natus erat, amplissimisque precipue Theutonicorum viribus et clarissimis jam rerum gestis magnificatus totum orbem suo fulgore illustraverat, ideo meritissime in sua persona in Germanos imperium translatum est. Dicit enim gl. in c. ego Ludowicus. LXIII. dist. »Theutonicos virtutibus promeruisse imperium«,

Von diesem Karl an wurde also das Römische Reich diesseits des Meeres den Königen der Franken, die auch das deutsche Königreich regierten, zur Verwaltung anvertraut und es wurden ihnen die Titel Caesar, Imperator und Augustus verliehen. Als dann im Frankenreich das Königtum in jeder Hinsicht hinfällig und schwach wurde, übernahmen die deutschen Fürsten – bis auf den heutigen Tag – die Verwaltung des Römischen Reiches.

Nun könnte der Geschichtsunkundige hier die Frage aufwerfen, warum der Pontifex Maximus und Stellvertreter Christi in der Person des großmächtigen Karl das Römische Reich lieber auf die Stämme Germaniens als auf die der Franken übertragen wollte, wo doch der göttliche Herrscher gleichzeitig König der Franken und Regent des deutschen Reiches war und obwohl die Kraft beider Völker Ruhm und höchstes Lob für ihre Taten erlangt hat. Darauf antworten wir ihm: Auch wenn der glorreiche Alleinherrscher des Westens nach dem Tod seines Vaters Pippin das Reich der Franken und beider Gallien erhalten hat, so hatten doch die fränkischen Könige schon lange vor Pippin fast ganz Deutschland zusammen mit dem fränkischen Königreich verwaltet und die Königreiche wegen der zahlreichen Nachkommenschaft aufgeteilt, so daß die einen im Frankenland, die anderen in Deutschland wohnten. Daher wurde Karl in Deutschland geboren, und zwar in dem etwa zwei Meilen von der Stadt Mainz entfernten Hof zu Ingelheim, und sein Vater Pippin war nicht nur Franke, sondern auch Deutscher, er, den Papst Zacharias an Stelle des abgesetzten fränkischen Königs Ludwig[16] eingesetzt hatte. (Vgl. dazu Causa XV, q. 6.) Ein anderer Pippin war nämlich in früherer Zeit Hausmeier gewesen, und dessen Pfalz befand sich in Trier. Aus dieser Pfalz gingen die Pfalzgrafen hervor und erhielten von dort ihren Namen. Deswegen bezeichnet Karl sich selbst als Franke und als Deutscher etc., wie z. B. in seinem ins kanonische Recht aufgenommenen Gesetz Causa XI, q. 1 *hec si quis*, wo er in Befehlsform sagt: »Wir wollen und schreiben vor, daß alle, die unserer Herrschaft unterworfen sind, Römer, Franken, Alamannen, Baiuwaren, Burgunder, Sachsen, Thüringer, Friesen, Gallier, Briten, Langobarden, Basken, Beneventaner, Goten, Spanier und alle übrigen, die unsere Untergebenen sind« etc. Und Gottfried [von Viterbo] singt in seiner »Chronik« von ihm das Verslein: »Römisch durch die

---

16 Gemeint ist der 751 auf Betreiben Karls abgesetzte Childerich III.

et idem dicit in §. ex hiis XXVIII. q. I. Non solum autem ipse Pipinus, sed et plerique alii sedem regione Germanorum habuerunt, ut Adalricus ille genitor sancte Otiliae, qui cum itidem major domus regie esset, ducatum Germanie adeptus est, habuitque sedem in villa regia Ehenheim, et in nobili castro Hohenburg.

Imo si gesta antiquissima repetamus, reges Francorum primam sedem in Germania habuerunt, et prius Theutoni quam Galli fuerunt, sed dum bello et armis Galliam subegissent, utrobique manere ceperunt.

Est et altera hujus translacionis causa, divine disposicionis fatum, ut infra titulo proximo apparebit.

TIT. XIV. QUOD DIVINO PRESAGIO ROMANUM IMPERIUM
TRANSFERENDUM FUIT NOBILISSIMOS IN GERMANOS.

Dudum autem ante hujusmodi translacionem factam Deus previsio consilio Romanum imperium gubernandum fore per Germanos definivit, cujus sane rei gracia pastoralis ille beati Petri baculus suo tempore in Germaniam destinatus est, cujus missionis hystoriam simul ac mysterium tradit gl. in c. unico de sac. uncc; sed lacius assumo.

Beatus Petrus Apostolorum apex cum ad predicandum Gallis et Germanis sancte trinitatis fidem tres viros et sanctitate vite et literarum doctrina plurimum preditos ad partes illas destinaret, videlicet Euchariam, Valerium et Maternum, et in nobilem Alsaciam (que Germanie, tunc vero Gallie Belgice provincia erat) pervenissent, ac-

Mutter, deutsch durch den Vater.« In ihm kam nämlich das Volk der Griechen, der Römer und der Germanen zusammen, weswegen er auch der Würdigste für das Kaisertum war. Aber weil er Deutscher von Geburt war und sich vor allem mit den hochangesehenen Truppen der Deutschen und deren glänzenden Taten einen Namen gemacht und die ganze Erde mit seinem Glanz erleuchtet hatte, wurde das Reich verdientermaßen in seiner Person auf die Deutschen übertragen. Entsprechend sagt die Glosse zu Dist. LXIII, c. *ego Ludowicus*: »Die Deutschen haben durch ihre Tugenden das Reich verdient.«. Dasselbe sagt sie zu Causa XXVIII, q. 1, c. *ex hiis*. Aber nicht nur Pippin selbst, sondern auch viele andere hatten ihren Wohnsitz auf deutschem Gebiet, wie z. B. Adalrich, der Vater der hl. Ottilie, der vormals königlicher Hausmeier gewesen war und dann ein deutsches Herzogtum erhielt. Er hatte seinen Wohnsitz auf dem königlichen Hofgut zu Ehenheim und auf der edlen Burg Hohenburg.

Mehr noch: Wenn wir uns die ältesten Geschichten vornehmen, dann hatten die fränkischen Könige ihren ersten Sitz in Deutschland und waren zuerst Teutonen, bevor sie Gallier wurden. Als sie aber Gallien mit Krieg und Waffengewalt unterworfen hatten, begannen sie, auf beiden Seiten zu residieren.

Es gibt noch einen anderen Grund für diese Translation: den Spruch der göttlichen Vorsehung, wie im nächsten Kapitel deutlich werden wird.

TIT. XIV: Das Römische Reich wurde durch die göttliche Vorsehung auf die edlen Deutschen übertragen

Schon lange bevor die Translatio vollzogen wurde, bestimmte Gott in seinem Vorsehungsplan, daß das Römische Reich von den Deutschen regiert werden sollte. Aus diesem Grund wurde seinerzeit der Hirtenstab des heiligen Petrus nach Deutschland gesandt. Geschichte und Geheimnis dieser Sendung überliefert die Glosse zu *de sacerdotis unctione*, c. *unico*. Aber ich hole weiter aus.

Als der heilige Petrus, der Erste der Apostel, Eucharius, Valerius und Maternus, drei durch Heiligkeit des Lebens und gelehrte Bildung ausgezeichnete Männer, ausgesandt hatte, um den Galliern und den Germanen den Glauben an die Heiligste Dreifaltigkeit zu verkünden, und diese in das edle Elsaß (jetzt eine deutsche Pro-

cidit ut beatus Maternus in villa, que Legia dicitur, nature debitum persolvens moreretur. Cujus corpus Eucharius et Valerius terre commendantes, eadem qua venerant via magna cum festinacione ad urbem Romanam sunt reversi, et dum starent in conspectu eius dicebant: »Petre sancte, ecce noster collega Maternus viam est universe carnis ingressus atque sepultus; non autem expedit absque tercio sine tuo mandato progredi; supplicamus, ut alium suo loco nobis adjungas«. Et respondit beatus Petrus: »Non ita faciendum est, fratres. Illa enim que dicitis, contigerunt, ut manifestur gloria Dei in gentibus. Accipite, inquit, hunc baculum meum, cumque ad locum veneritis sepulture, corpus extrahite, illudque contingite baculo dicentes: Imperat tibi Christus filius Dei et servus ejus Petrus, ut resurgas ac injunctum tibi officium nobiscum exequaris«. Mox igitur Eucharius et Valerius iter quo cum venerunt remeantes ad Legiam, ubi Maternum condiderant, quadragesimo sepulture ejus die pervenerunt, implentesque apostolicum preceptum coram sepulcro astiterunt, suprascripta verba pronunciantes. Illico cadaver se erexit et anima cum corpore conjuncta est, qui sanus et incolumis cum fratribus ambulavit, disseminantes verbum Dei. Quod ubi miraculum populus Alsacie vidit, glorificavit Deum, baptisataque est die illa multitudo hominum copiosa.

Unde dicimus, spiritu prophetico beatum Petrum baculum ad Germanos transmissum, ob quam causam simul et mysterium illius Romanus pontifex instar aliorum pontificum baculo pastorali hodie non utitur, ut dicit text. juncta gl. in prealleg. c. unico. De sac. uncc. et de consecr. dist. I. c. nullus dist. XLVI c. disciplina.

Est autem predicta hystoria non solum litteraliter, sed eciam per allegoriam sive typice intelligenda. Quid enim per Petrum Apostolorum principem ecclesieque fundamentum aliud quam regale sacerdocium intelligimus? Quid vero per baculum pastoralem, per quem sustentatur pastor, ovis errans ad ovile reducitur, lupusque rapax repellitur, nisi sacrum imperium designatur? Per baculum siquidem pastor apostolicus sustentatur, dum Romanorum Imperator jura

vinz, damals eine Provinz der Gallia Belgica) gelangt waren, begab es sich, daß der heilige Maternus in einem Dorf namens Ehl der Natur ihren Tribut zollte und starb. Eucharius und Valerius übergaben seinen Leib der Erde und kehrten eiligst auf demselben Weg, den sie gekommen waren, in die Stadt Rom zurück. Als sie vor Petrus standen, sprachen sie: »Heiliger Vater, sieh‹, unser Begleiter Maternus ist den Weg allen Fleisches gegangen und wurde begraben. Aber es ist nicht ratsam, ohne deinen Befehl zu zweit weiterzumachen; wir bitten dich, geselle uns einen anderen an seiner Stelle bei.« Der heilige Petrus aber antwortete: »Das ist es nicht, was zu tun ist, Brüder. Was ihr erzählt habt, ist geschehen, damit die Herrlichkeit Gottes unter den Völkern offenbar werde.« Und er sagte: »Nehmt diesen meinen Stab, und wenn ihr an die Grabstätte kommt, holt den Leichnam heraus, berührt ihn mit dem Stab und sprecht dabei: »Christus, der Sohn Gottes, und sein Diener Petrus befehlen dir: Steh auf und übe mit uns das Amt aus, das dir übertragen wurde!« Alsbald kehrten Eucharius und Valerius auf dem Weg, den sie gekommen waren, zurück nach Ehl, wo sie Maternus begraben hatten, und gelangten nach 40 Tagen an sein Grab. Dort taten sie nach der Weisung des Apostels, stellten sich vor das Grab, den Stab in der Hand, und sprachen die oben geschriebenen Worte. Sofort richtete sich der Leichnam auf, und die Seele wurde [wieder] mit dem Körper vereint. [Maternus] ging gesund und unversehrt mit seinen Brüdern umher und säte das Wort Gottes aus. Wie nun das Volk im Elsaß das Wunder sah, rühmte es allsogleich Gott, und noch am selben Tag wurde eine große Menschenmenge getauft.

Daher sagen wir, daß der heilige Petrus in prophetischem Geist den Stab zu den Deutschen geschickt hat. Aus diesem Grund, der zugleich ein Geheimnis birgt, benutzt der Römische Pontifex heutzutage nicht wie die anderen Bischöfe den Hirtenstab, wie der Text zur o. zitierten Glosse (*de sacra unctione et de consecratione*, c. unicus) sagt. (Vgl. ferner Dist. I, c. *nullus*; Dist. XLVI, c. *disciplina*.)

Die berichtete Geschichte ist aber nicht nur nach dem Wortsinn, sondern auch nach dem allegorisch-typischen Sinn zu verstehen. Was sollen wir denn unter Petrus, dem Apostelfürsten und Fundament der Kirche, anderes verstehen als das königliche Priestertum? Was bezeichnet der Hirtenstab, auf den sich der Hirte stützt und mit dem das umherirrende Schaf zur Herde zurückgeführt und der räuberische Wolf vertrieben wird, anderes als das Heilige Reich? Denn

Romane ecclesie ut advocatus tuetur et defendit, et fidem catholicam, quam Romana ecclesia firmiter tenet, Germanorum magnanimitas imperialiter conservandam esse demandat. Per baculum ovis errans ad ovile reducitur et Maternus resuscitatur, dum quicunque vel heretica labe infecti a Romane ecclesie obediencia deviantes de apostolico mandato per Imperatorem materiali gladio ad fidei unitatem revocantur. Per baculum insuper lupus rapax repellitur, dum Sarraceni et Christiani nominis inimici, Romani Imperatoris potencia comprimuntur, et ab area fidei cohercentur. Hunc itaque baculum beatus Petrus Romanus episcopus per Eucherium et Valerium transmisit in Germaniam, dum pontifex Romanus in persona magnifici Karoli Romanum imperium de Grecis transtulit in Germanos. Manifestum itaque est, non solum humana disposicione factum, verum eciam divina preordinacione presignatum esse, quod Romanum imperium in fine seculorum transferri deberet in Germanos. Unde non solum imperialem sed et divinam majestatem offendere videntur, qui jura et terras imperii sibi usurpare, et quantum in eis est, sacrum imperium opprimere conantur. Quod si in ceteris nacionibus reprehensibile est, multo quidem detestabilius Germanis principibus id esse videtur, quos ad imperii gubernaculum pre cunctis gentibus dominus elegit.

TIT. XV. DE GERMANICE NOBILITATIS EXCELLENCIA ET ANTIQUISSIMA EJUS ORIGINE.

Dignissime autem Germani ad imperialis regiminis culmen a domino sunt electi quos et antiqua nobilitas animorum magnanimitas, integraque in sanctam orthodoxam fidem sinceritas apud priora secula commendatos fecit. Nam et si eorum originariam nobilitatem repetamus, ex alto Trojanorum sanguine processerunt. Post famosum siquidem illud decennale Grecorum bellum, quo in Orientalium regionum plaga altum eversum est Ilium, totoque regno Tro-

der Apostolische Hirte stützt sich auf den Stab, während der Kaiser der Römer die Rechte der Römischen Kirche als ihr Vogt schützt und verteidigt, und die hochherzige Gesinnung der Deutschen verlangt, den katholischen Glauben, an dem die Römische Kirche unbeirrt festhält, mit kaiserlicher Autorität zu bewahren. Durch den Stab wird ein umherirrendes Schaf zur Herde zurückgeführt und Maternus wieder auferweckt; so werden alle, die den Makel der Irrlehre an sich tragen und der Römischen Kirche den Gehorsam aufgekündigt haben, in päpstlichem Auftrag durch den Kaiser mit dem weltlichen Schwert zur Einheit des Glaubens zurückgeholt. Mit dem Stab wird außerdem der räuberische Wolf vertrieben; d. h. die Sarazenen und die Feinde des christlichen Namens werden, von der Macht des Römischen Kaisers gebändigt, von der Tenne des Glaubens ferngehalten. Und wie der heilige Römische Bischof Petrus diesen Stab durch Eucharius und Valerius nach Germanien sandte, so hat der Römische Papst in der Person des großmächtigen Karl das Römische Reich von den Griechen auf die Deutschen übertragen. Es steht also fest, daß es nicht nur durch menschlichen Plan geschah, sondern auch durch göttliche Vorhersehung vorgezeichnet wurde, daß das Römische Reich am Ende der Zeiten auf die Deutschen zu übertragen war. Alle also, die versuchen, die Rechte und die Territorien des Reiches rechtswidrig zu beanspruchen und das Heilige Reich nach Kräften zu bedrängen, beleidigen nicht allein die kaiserliche, sondern auch die göttliche Majestät. Ist dies schon bei den anderen Nationen tadelnswert, so ist dies doch noch weit verabscheuungswürdiger bei den deutschen Fürsten, die der Herr vor allen Völkern zur Lenkung des Reiches auserwählt hat.

TIT. XV: Die herausragende Stellung des deutschen Adels und sein Ursprung in der Vorzeit

Verdientermaßen wurden die Deutschen vom Herrn für den Gipfel imperialer Herrschaft auserwählt, weil alter Adel, großherzige Gesinnung und unversehrte Reinheit im rechten Glauben sie vor Zeiten empfahlen. Wenn wir nochmals auf ihren edlen Ursprung zurückkommen dürfen: Sie sind aus vornehmem trojanischen Blut hervorgegangen. Denn nach dem berühmten zehnjährigen Krieg der Griechen, in dem das im Osten gelegene, hochragende Ilium zerstört und

jano igne ferroque vastato ante nativitatem Salvatoris nostri MCLX, vel circiter, omnes principes et nobiles regni Trojani, qui miseram stragem evaserant, per mundum dispersi sunt, sub quo eventu alii Ytalyam sub Enea invaserunt, ut supra retulimus, alii vero bellatorum incliti sub Priamo juniore magni Priami nepote in Germaniam venientes Rheni littoribus insederunt, ubi habitatoribus terre illius expulsis de terminis suis Orientem illos retrocedere coegerunt. Tunc eciam ibi municiones et castra instituentes urbem, quam patrio nomine Trojam apellarunt, erexerunt, fluviumque ibi defluentem Xanthum vocitarunt, que postea ab infidelibus destructa, ac rursum per fideles restaurata Xantis usque in hodiernum vocatur. Conjuges autem ex mulieribus Teutonicis, eo quod corpulente et fortes essent, ad prolem propagandam acceperunt, filiosque et filias generantes Theutonicum idioma didicerunt. Sed et cum Treverensis civitatis populo pacem firmantes amiciciam statuerunt, ibique postmodum longo tempore sedem habuerunt. Que quidem urbs tocius Europe antiquissima, octavo anno Abrahe, a Trebeta filio Nini regis Assyriorum fundata perhibetur.

Exercitus autem Enee, qui in Ytalya apud Latinos resederat, istos populos, exercitum videlicet Priami qui et Galliam et Teutonicam occupaverat, lingua latina Germanos, eo quod de eodem germine processissent, appellavit. Tandem vero cum Germani multiplicarentur, miserunt partem exercitus ad Thuringiam ultra Renum, qui ibidem regnum instituentes multo post tempore reges habuerunt Aeneadas. Et propter hanc causam tota Theutonia tanquam a digniori Germania est vocata. Postremo cum regnum Romanorum adeo dilatata foret, ut fere totus eis subderetur mundus, Germanique Romano rebellarent imperio; venit Julius Cesar cum ingenti apparatu et exercitu Romanorum, et Germaniam totamque Galliam sibi subjiciens. Ibi quam plurima castra et urbes edificans omnem Treverensem, Coloniensem ac Moguntinam provinciam Romanis habitatoribus occupavit, antiquam germanitatem inter Romanos et inter illos populos renovando. Legitur autem in Cronica Francorum, quod tempore Valentiniani Imperatoris, qui regnare ceperat a nativitate domini CCCLXVII anno, magnus exercitus nobilium Trojano san-

das ganze trojanische Reich mit Schwert und Feuer verwüstet wurde – ca. 1160 Jahre vor der Geburt unseres Erlösers –, wurden alle Fürsten und Edlen des trojanischen Reiches, die dem elenden Gemetzel entronnen waren, über die Welt hin zerstreut. Es fügte sich, daß die einen unter Aeneas in Italien landeten, wie oben berichtet; andere berühmte Krieger aber kamen unter Priamus dem Jüngeren, dem Enkel des großen Priamus, nach Germanien und ließen sich an den Ufern des Rheins nieder, nachdem sie die vorigen Bewohner aus ihrem Land vertrieben und gezwungen hatten, nach Osten hin auszuweichen. Dann errichteten sie dort Befestigungswerke und Burgen und erbauten eine Stadt, die sie nach ihrer alten Heimat Troja nannten, während sie dem vorbeifließenden Strom den Namen Xantis gaben. Diese [Stadt] wurde später von den Ungläubigen zerstört, von den Gläubigen aber wieder aufgebaut und heißt bis heute Xanten. Um Nachkommen zu haben, nahmen sie deutsche Frauen zur Ehe, weil diese kräftig gebaut und stark waren, und nachdem sie Söhne und Töchter gezeugt hatten, lernten sie auch die deutsche Sprache. Mit dem Volk der Stadt Trier unterzeichneten sie einen Friedensvertrag, schlossen Freundschaft mit ihm und siedelten anschließend dort für lange Zeit. Man liest, daß diese älteste Stadt Europas im achten Jahr Abrahams von Trebeta, dem Sohn des assyrischen Königs Ninus, gegründet wurde.

Die Truppe des Aeneas, die sich in Italien bei den Latinern niedergelassen hatte, nannte diese Völker, d. h. die Truppe des Priamus, die Gallien und Teutonien in Beschlag genommen hatte, auf lateinisch *Germani*, weil sie aus demselben Sproß [*germen*] hervorgegangen waren [wie sie selber]. Nachdem schließlich die Germanen recht zahlreich geworden waren, schickten sie einen Teil des Heeres in das jenseits des Rheins gelegene Thüringen. Als sie dort, sehr viel später, eine Königsherrschaft einrichteten, nahmen sie ihre Könige aus der Nachkommenschaft des Aeneas. Deswegen wurde ganz Teutonien, sozusagen nach dem angesehensten [Teilgebiet], Germanien genannt. Als in einer späteren Epoche, in der das Reich der Römer eine solche Ausdehnung angenommen hatte, daß ihnen fast die ganze Welt unterworfen war, die Deutschen Widerstand gegen das Römische Reich leisteten, kam Julius Caesar unter gewaltigem Aufwand mit einem riesigen Römerheer und unterwarf Germanien und ganz Gallien, errichtete sehr viele Burgen und Städte und bevölkerte die Provinzen Trier, Köln und Mainz mit römischen Bewohnern. So

guine procreatorum sub Marcomete, Sunnone et Genebando ducibus a Sicambria regione Thracie, et a Meotidis paludinibus, que sunt a tergo Pontici maris, egressi venerunt per Ungariam, et circa ripas Reni fluminis in confinio Germanie et Alomanie consederunt. Quos cum multis postmodum preliis Valentinianus attemptasset, eo quod tributa solita prestare nollent nec vincere posset, Francos id est feroces appellavit. Attica enim sive Greca lingua Francus idem est quod ferox. Porro defuncto Sunnone Franci Pharamundum ipsius filium instar aliarum gencium regem sibi creaverunt, qui primus rex Fancorum dictus est, a quo et alii reges et prinicipes et Gallie et Germanie processerunt. Tandem virtus Francorum adeo crevit, ut Romanos qui eo tempore in Gallia per suos presides et magistratus usque ad Ligerim imperaverunt, bello agressi captis urbibus totam Galliam cum Germania usque ad Pyreneos montes sibi subjugarent, et se conjunctim et divisim per omnes Gallie et Germanie fines disperserunt, et hii qui Theutonibus sunt conjuncti, Franci sunt nominati a primitivo, sed Galli qui Francis sunt copulati, Francigene usque hodiernum, tanquam derivativum a primitivo descendens, sunt appellati. Unde patet, Francorum et Germanorum gentem originaliter unam gentem fuisse et esse; licet ydiomata et moribus et vestium cultu nunc discrepare videantur. Constat itaque omnes Germanos et Theutonicos principes et nobiles ab antiqua Trojanorum et Romanorum prosapia ortu primitivo descendisse. Quapropter dicit in decretis gl. XXXIV. dist. c. l. quod Theutonici sunt verum germen, id est, veri nobiles; licet Jo. Andr. in c. venerabilem, de elecc. dicat Germanos dici a gigno, gignis et propter generativam fecunditatem; est enim (ut inquit) patria dives virum, multum generativa et amplificativa. Nec assencio Isidoro Etymol. IX. qui Germanos ideo sic dictos affirmat: »eo quod immania habeant corpora, immanesque sint naciones, sevissimis durate frigoribus, qui mores ex ipso celi rigore traxerunt, feroces animi et semper indomiti, raptu venatuque viventes«.

erneuerte er die alten Bande gemeinsamer Herkunft zwischen den Römern und jenen Völkern. Man liest aber in der »Chronica Francorum«, daß zur Zeit des Kaisers Valentinian, der im Jahre 367 n. Chr. die Regierung antrat, ein großes Heer edler trojanischer Abkömmlinge unter den Führern Markomet, Sunno und Geneband aus dem in Thrakien gelegenen Sicambria und aus dem Gebiet der mäotischen Sümpfe hinter dem Schwarzen Meer auswanderten, durch Ungarn zogen und sich an den Ufern des Rheins und im Grenzgebiet von Germanien und Alemannien niederließen. Valentinian lieferte sich mit ihnen viele Kämpfe, weil sie den üblichen Tribut nicht leisten wollten, konnte sie jedoch nicht besiegen. Deswegen nannte er sie Franken, das heißt »Wilde«. In der attischen bzw. griechischen Sprache bedeutet nämlich *francus* soviel wie »wild«. Nach Sunnos Tod gaben sich die Franken nach dem Vorbild der anderen Völker einen König in Pharamund, dem Sohn Sunnos. Er trug als erster den Titel eines Königs der Franken, und von ihm stammen die anderen Könige und Fürsten Galliens und Deutschlands ab. Schließlich wuchs die Kraft der Franken so sehr, daß sie die Römer, die damals mit ihren Statthaltern und Beamten Gallien bis zur Loire regierten, mit Waffengewalt angriffen und nach Eroberung der Städte ganz Gallien mit Germanien bis hin zu den Pyrenäen unterwarfen und sich teils in Gruppen, teils einzeln über das gesamte Gebiet Galliens und Germaniens verteilten. Diejenigen, die mit den Teutonen eine Gemeinschaft bildeten, hießen [weiterhin] nach dem ursprünglichen Namen »Franken«, die Gallier hingegen, die sich mit den Franken zusammenschlossen, werden bis heute *Francigene* [»Franzosen«, »Abkömmlinge der Franken«] genannt, wie ein Nomen derivativum, das von einem Nomen primitivum abgeleitet ist. Daraus erhellt, daß das Volk der Franken und der Deutschen nach Tüchtigkeit und Herkunft ein Volk waren und sind, mögen sie sich auch heute nach Sprache, Sitten und Tracht unterscheiden. Fest steht, daß alle germanischen und deutschen Fürsten und Adeligen ursprünglich vom alten Geschlecht der Trojaner und Römer abstammen. Deswegen sagt im »Dekret« die Glosse zu Dist. XXXIV, c. 1, daß die Teutonen der wahre Wurzelsproß sind, das heißt die wahren Adeligen, auch wenn Johannes Andreae zu *de electione*, c. *venerabilem*, sagt, *Germani* komme von *gigno*, *gignis* [»zeugen«] wegen ihrer großen Zeugungskraft. Ihr Vaterland ist nämlich, wie er sagt, reich an Kräften, überaus fruchtbar und günstig für [Bevölkerungs-]

Quamvis Isidoriane descripcionis proprietas multis hodie (quod dolenter refero) conveniat, abest tamen longe ab honestiorum Germanorum animis. Horum autem in laudem Valerius lib. II. Tit. de institut. antiq. sic. dicit: »Alacris et fortis Cimbrorum, id est Theutonum, philosophia, qui in acie gaudio exultant, letique in bello pereunt, tanquam gloriose, et feliciter vita excessuri, lamentantur autem morbo et lecto decumbentes, quasi turpiter et miserabiliter perituri. Quibus eciam amisso duce vivere videtur illicitum; quorum prudencia (inquit) laudanda est, quod et patrie incolumitatem fortiter tuentur, et fidem amicicie constantissime colunt«.

Non solum autem apud veteres hystoriarum scribas virorum Theutonie, sed et mulierum clara laus habetur. Ut enim Valerius et Eutropius, et ipse denique antiquarum literarum precipuum ornamentum Hieronymus in epist. ad Eugeniam de bello scribens Cimbrico dicit: »Gens Theutonum, que Romanum quondam imperium extinguere conspiraverat, ex ultimis Oceanis atque Germanis profecta litoribus omnes Gallias inundavit sepiusque cesis Romanis exercitibus tulit triumphum«. Tandem vero cum plana Ytalye pervasissent, Gajus Marius consul, in quem inniti omnis reipublice spes Romanorum ea tempestate videbatur, obvius missus est illis, quibus apud aquas Sextias superatis, partique fugatis mulieres eorum constanciore animo, quasi vicissent, non virorum secute sunt fugam, sed plaustris in modum castrorum dispositis, ipse desuper pugnantes diu obstitere Romanis; sed acie facta advenientibus Marianis militibus quod in vacuum conatus suos disponerent. Unde petierunt a Mario, ut si inviolata castitate eis serviendum esset, Romanis virginibus Vestalibus jungerentur. Erat enim illis infixum animo, si viros, si patriam, si substancias omnes pugna perdidissent, una saltem qua possent via, libertatem et pudiciciam servare. Sed cum petita non

wachstum. Nicht zustimmen kann ich Isidor, »Etymologien« IX, der Folgendes behauptet: Der Name »Germanen« rührt daher, »daß sie ungeheure Leiber haben und schreckliche Völker sind, hart geworden in beißender Kälte; ihre Sitten entsprechen dem rauhen Klima; sie sind von wildem Mut, niemals bezwungen, und leben von Raub und Jagd.«

Obwohl die Charakteristik der isidorischen Beschreibung heute, wie ich schmerzlich feststelle, auf viele zutrifft, entfernt sie sich dennoch weit von der Haltung der Germanen, die viel anständiger waren. Zu deren Lob schreibt Valerius im 2. Buch unter dem Titel »Von den Einrichtungen der Alten« wie folgt: »Die Maxime der Kimbern, das heißt der Teutonen, ist Schnelligkeit und Tapferkeit; im Kampf jubeln sie vor Freude und sterben heiter in der Schlacht wie solche, die ruhmvoll und glücklich aus dem Leben scheiden. Dagegen klagen sie, wenn sie krank im Bett liegen wie solche, die schändlich und elend zugrundegehen. Haben sie ihren Führer verloren, scheint es ihnen nicht erlaubt, weiterzuleben.« »Lobenswert ist ihre Weisheit«, sagt Valerius [Maximus], »insofern sie die Unversehrtheit ihrer Heimat tapfer beschützen und Freundschaftstreue bewahren, ohne zu wanken.«

Bei den alten Geschichtsschreibern findet sich jedoch nicht nur herrliches Lob für die Männer Deutschlands, sondern ebenso für die Frauen. So bei Valerius und Eutrop und sogar bei Hieronymus, der herausragenden Zierde der antiken Literatur, der im Brief an Eugenia in der Passage über den Kimbernkrieg sagt: »Der Stamm der Teutonen, der einst danach trachtete, das Römische Reich auszulöschen, brach von den entferntesten Küsten des Ozeans und Germaniens auf, überflutete ganz Gallien und triumphierte mehrmals über römische Heere, die er vernichtete.« Als sie aber schließlich die Ebenen Italiens durchzogen, schickte man ihnen den Konsul Gaius Marius entgegen, auf dem in jenen Tagen die Hoffnung der ganzen römischen Republik ruhte. Nachdem sie bei Aquae Sextiae besiegt und teilweise in die Flucht geschlagen worden waren, folgten ihre Frauen, standhafter als jene, ihren Männern nicht auf der Flucht, sondern bildeten, geradeso als wären sie die Siegerinnen, eine Wagenburg, kämpften von dort aus und leisteten den Römern ausdauernden Widerstand. Wie jedoch die Soldaten des Marius eine Schlachtreihe bildeten und gegen sie vorrückten, [erkannten sie], daß ihre Bemühungen zum Scheitern verurteilt waren und erbaten

impetrassent, parvulis suis ad saxa collisis, ut illos turpi servituti subtraherent, nocte eadem intra vallum a se confectum, ne in dedecus sue castitatis ad victorum ludibrium traherentur, laqueo se suffocarunt, maneque mortue sunt reperte mutuis amplexibus se tenentes, anno ab urbe condita DCXXXXVI; quas utique Theutonum conjuges Bocacius Florentinus in libello, quem de preclaris edidit mulieribus, ob ingens animi opus inter illustres feminas numeravit.

Ad propositum autem redeam, sub Octaviano Augusto, cum per Drusum primo et postea per Tiberium privignos suos debellaret Germaniam, qui et civitatem Augustensem Rhecie et Mogunciam (ut Suetonius refert) fundasse seu restaurasse dicitur; multi nobiles Romani in Alomania semper permanserunt. Et per Karolum Magnum tempore translacionis imperii (ut supra dictum est) necnon postmodum per Fridericum primum, et Othonem primum successis temporibus magna turba clarissimorum virorum a Roma in Germaniam deducta est; maximeque secum illos adduxerunt, qui et rebellionem et sediciones in Romano populo pre ceteris machinati sunt. Non mirum ergo, si Alomania semper fluctuet absque pace, in qua germen disidii plantatum esse perhibetur. Porro plurimi ex Romanis comitibus et baronibus titulos comitatuum et baroniarum suarum, eciam dum in Germaniam venissent, retinuerunt, quamvis ibidem non essent de aliquo comitatu vel baronia investiti; multi vero nomina et agnomina a castris et possessionibus adquisitis sibi prescripserunt. Sic vetus asserit fama de generosis et illustribus comitibus de Habspurg, de Oetingen, de Thierstein, de Zollern, et aliis quamplurimis, qui aule imperialis quondam comites fuisse dicuntur, licet enim plerique ex illis reperiantur de comitatibus investiti, tamen in hodiernum diem et nobilissimi comites sunt et habentur, quorum nati natorum et qui nascentur ab illis longo tempore utinam eo perdurent. Sic legimus illustres marchiones Badenses a Romanorum

von Marius, daß sie, wenn denn den Göttern der Dienst unversehrter Keuschheit zu leisten sei, den römischen Vestalinnen zugesellt würden. Es stand nämlich für sie unverrückt fest, Freiheit und Keuschheit auf dem einzig möglichen Weg zu bewahren, wenn sie schon ihre Männer, ihre Heimat und ihren gesamten Besitz im Krieg verloren hätten. Weil jedoch ihren Bitten nicht stattgegeben wurde, erschlugen sie ihre Kinder an den Felswänden, um ihnen schändliche Sklaverei zu ersparen, und erhängten sich noch in derselben Nacht innerhalb des von ihnen errichteten Walls, um nicht die Ehre ihrer Keuschheit zu verlieren und um nicht dem Mutwillen der Sieger ausgeliefert zu sein. Man fand sie am folgenden Morgen, wie sie sich im Tod gegenseitig umschlungen hielten. [So geschehen] im Jahre 646 a.u.c. Diese Frauen der Teutonen hat der Florentiner Boccaccio in seinem Buch »De claris mulieribus« wegen ihrer von großer Gesinnung zeugenden Tat unter die berühmten Frauen aufgenommen.

Um aber zum Thema zurückzukehren: Auch zur Zeit des Octavianus Augustus, der durch seine Stiefsöhne Drusus und Tiberius Germanien bekämpfte und nach Sueton u. a. die Stadt Augsburg in Rhätien und Mainz gegründet bzw. wiedererrichtet haben soll, blieben viele Römer dauernd in Alemannien. Ebenso wurden von Karl dem Großen, wie oben berichtet, zur Zeit der *Translatio imperii* und noch später von Friedrich I. und Otto I. im Laufe der Zeit viele Männer mit klingenden Namen von Rom nach Deutschland gebracht. Vor allem nahmen sie die mit sich, die sich durch Rebellion und die Anzettelung von Aufständen im römischen Volk hervorgetan hatten. Man braucht sich also nicht zu wundern, wenn Deutschland keinen Frieden findet und ständig in unruhiger Bewegung ist, da hier der Keim der Zwietracht eingepflanzt wurde. Sehr viele dieser römischen Grafen und Barone behielten die Titel ihrer Grafschaften und Baronien auch nach ihrer Ankunft in Deutschland bei, obwohl sie hier mit keiner Grafschaft oder Baronie bekleidet wurden. Viele legten sich Namen und Zunamen der von ihnen erworbenen Burgen und Besitztümern bei. Das behauptet jedenfalls die alte Überlieferung von den edlen und hochangesehenen Grafen von Habsburg, Öttingen, Tierstein, Zollern und sehr vielen anderen, die einst Grafen am kaiserlichen Hof gewesen sein sollen. Denn wenn auch viele von ihnen niemals mit einer Grafschaft bekleidet gewesen waren, gelten sie dennoch bis auf den heutigen Tag als hochedle Grafen und

germine, et ab Ytalya venisse in Germaniam. Nam dum Fridericus primus Imperator de domo ducum Suevie exortus per Ytalyam de urbe progrediens unum ex filiis marchionis Veronensis, de genere Ursinorum urbis Rome (Veronae) principum procreati, obsidem secum duxisset, quo magis sibi et per Ytalye terminos et vallem Tridentinam egresso per sui marchionatus municiones liber pateret regressus, ex tunc eundem marchionis filium idem Imperator speciali prosequens favore curie sue imperiali assistere voluit, cui postea dominium et castrum Hochberg assignavit, et nova arma tribuit. Cum vero idem marchio successu temporis sine liberis esse defunctus, nobiles terre illius, pro alio dicti defuncti nepote legatos ad Veronam miserunt, ut dominium Hochberg jure successionis ad ipsum devolutum possideret. Qui veniens ac dominii illius possessionem nanciscens ibidem vitam finivit, a quo et marchiones de Baden processerunt, et titulum marchionatus originaliter non a dominio Badensi, quod ab antiquo comitatus erat, sed et Verona et Romana urbe contraxerunt. Unde audivi quendam se legisse chirographum de dato a nativitate domini MCCVIII cujus sigilli epigramma hec verba fuerunt: »Johannis Marchionis Veronensis«. Idem quoque de famosis baronibus de Roppelstein legitur, quod tempore Conradi secundi Imperatoris Suevie ducis duo nobilissimi principes de Spoleto fratres Germani, per eundem Conradum, eo quod sibi rebelles existerent, de Spoletano ducatu propulsi fuerunt, quos cum Imperator secum in Germaniam duxisset, unus in Suevia prope oppidum Rottwil castrum Urslingen (quod denominari sic voluit, eo quod de genere esset Ursinorum) fundavit, qui ab eodem castro titulum contrahens a Suevorum gente primum dux de Urslingen, postea de Schiltach vero nuncupatus fuit. Alter vero frater Alsaciam intrans prope Galliam baroniam de Roppolstein solerter ac qui fuit, dimissoque ducali nomine se de sua baronia a progenie in progenies baronem deinceps nominavit. Et quamvis titulos progenitorum abdicassent, paterna tamen arma fratres illi minime variarunt.

sind es auch. Mögen ihre Enkel und deren Nachkommen lange Zeit fortdauern! So lesen wir, daß die berühmten Markgrafen von Baden aus einem römischen Geschlecht stammen und aus Italien nach Deutschland gekommen sind. Während nämlich Kaiser Friedrich I. aus dem Haus der Herzöge von Schwaben von Rom her kommend Italien durchzog, führte er einen Sohn des Markgrafen von Verona aus dem römischen Fürstengeschlecht der Orsini als Geisel mit sich, damit er, der auf dem Hinweg durch italienisches Gebiet und das Etschtal gezogen war, ungehindert an den Festungen der Markgrafschaft vorbei die Rückkehr antreten könne. Von da an dann schenkte der Kaiser dem Sohn des Markgrafen seine besondere Gunst und wünschte, daß er am kaiserlichen Hofe verbliebe. Später wies er ihm Herrschaft und Burg Hochberg zu und verlieh ihm ein neues Wappen. Die Zeit verging, und der Markgraf verstarb kinderlos. Da schickten die Edlen jenes Territoriums Gesandte nach Verona mit der Bitte um Entsendung eines Verwandten des Verstorbenen, der anstelle des Toten nach dem Sukzessionsrecht die Herrschaft Hochberg in Besitz nehmen sollte. Dieser kam, nahm von der Herrschaft Besitz [und behielt sie] bis zu seinem Tode. Von ihm stammen die Markgrafen von Baden ab; der Titel Markgraf kam ihnen jedoch ursprünglich nicht vom Badener Dominium zu, das von Haus aus eine Grafschaft war, sondern von Verona und der Stadt Rom. Dementsprechend erzählte mir jemand, er habe eine Urkunde vom 25. Dezember 1208 gesehen, deren Siegelinschrift lautete: »Johannes Markgraf von Verona«.[17] Ebenso liest man von den berühmten Freiherrn von Rappoltstein, daß zur Zeit Kaiser Konrads II., Herzogs von Schwaben, zwei hochedle Fürsten von Spoleto, die Zwillingsbrüder waren, vom Kaiser wegen Rebellion aus dem Herzogtum Spoleto vertrieben wurden. Nachdem der Kaiser sie mit sich nach Deutschland geführt hatte, errichtete der eine in Schwaben nahe der Stadt Rottweil die Burg Urslingen (die er so nennen wollte, weil er aus der Familie der Orsini war). Auf diese Burg geht sein Titel zurück, da er von den Schwaben zuerst Herzog von Urslingen, später Herzog von Schiltach genannt wurde. Der andere Bruder kam

---

17 1061 belehnt Heinrich IV. Hermann I. von Baden mit der Markgrafschaft Verona; mit zunehmender Selbständigkeit der Kommune Verona besitzt der Titel ab dem 12. Jhdt. jedoch nur noch nominelle Bedeutung; 1208 ist Hermann V. Markgraf von Baden und Verona.

Transmigravit et ab inclita Roma priori evo sub diversis principibus in Germanorum partes varia turma nobilium militarium, e quibus in nostra patria occurunt plurime notissime familie, quas a Romanorum germine descendisse famavit antiquitas, e quorum numero sunt hee preclare familie, de Andlo, de Hatstatt, de Ratsamhusen, de Hallwil, de Blumeck, et alie quamplurime. Ex quibus multe nobiles relicto paterne genealogie titulo a castellis et villis sibi ea que usque in hec tempora habent, cognomina prescipserunt. Est tamen creditum, quod dum Romani dissensionibus variis laborarent, et plerique paternis sedibus inde transmigrare cogerentur, aliquos de Andlo principibus Romanis adherentes in Germaniam commeasse, retinuisseque nomen sue stirpis, quod ab Ytalya ferebant, illudque castello ab eis in Alsacia postmodum constructo indidisse, quod quidem castrum a sacro Romano imperio jure vasallitio se hodie profitentur possidere in feudum.

Alios vero de Andlo intra Ytalyam permanentes venisse Bononiam, ubi sedem constituerint, certa res non ambigua esse videtur. Unde longo post seculo quidam Pantaleon de Andlo civis Bononiensis electus fuit in senatorem Romanorum, sub quo et muri et menia urbis Rome magnam ruinam sustinuerunt, ob quam querelam facit contra eundem Pantaleonem gl. juris canonici in c. fundamenta. De elect. lib. VI. Nam cum text. ibidem amare deploret dispendia que sub peregrino regimine diversisque rectoribus felix illa civitas Romana quondam perpessa sit; Joan. Andr. in gl. sua in hec verba desuper scribens: »Hoc maxime factum fuit (inquit) tempore Pantaleonem de Andlo, civis Bononiensis, qui civitatem Romanam multis ruinis deformavit. Hec gl.

ins Elsaß und erwarb[18] durch seine Geschicklichkeit die an der Grenze zu Gallien gelegene Baronie Rappoltstein. Er legte den Herzogtitel ab und nannte sich nach seiner Baronie von diesem Zeitpunkt an Baron; ebenso alle nachfolgenden Generationen. Aber obwohl sie die Titel der Vorfahren abgelegt hatten, änderten jene Brüder doch nicht das Wappen ihrer Väter.

Ferner siedelte in früherer Zeit unter verschiedenen Kaisern eine unterschiedliche Menge edler Ritter aus der herrlichen Roma nach Deutschland über. In unserer Heimat fallen mir da sehr viele bekannte Familien ein, die nach dem Zeugnis alter Überlieferung römischen Ursprungs sind. Zu ihnen zählen die berühmten Familien derer von Andlau, Hattstadt, Ratsamhausen, Hallweil, Blumeck und sehr viele andere. Viele dieser Adeligen haben nach Niederlegung des von den Vorfahren überkommenen Titels sich die heutigen Namen nach den Bezeichnungen ihrer Burgen und Dörfer beigelegt. Umgekehrt nimmt man an, daß einige derer von Andlau im Gefolge römischer Fürsten, die wie viele andere durch römische Zwistigkeiten zur Emigration gezwungen worden waren, nach Deutschland kamen, dort aber den Namen ihres Geschlechts, den sie von Italien mitbrachten, beibehielten und auf die später von ihnen im Elsaß errichtete Burg übertrugen. Diese Burg besitzen sie heute vom Heiligen Römischen Reich als Lehen nach Vasallenrecht.

Es scheint sicher, daß andere derer von Andlau in Italien blieben und nach Bologna kamen, wo sie sich niederließen. Daher wurde lange Zeit später ein gewisser Pantaleon von Andlau, Bürger der Stadt Bologna, zum römischen Senator gewählt. Unter ihm wurden die Häuser- und Stadtmauern Roms in katastrophaler Weise ruiniert. Daher führt die Glosse zu Liber VI, *de electione*, c. *fundamenta*, Klage gegen diesen Pantaleon. Während nämlich der Text an der angegebenen Stelle [ganz allgemein] sich bitter über die Verluste beklagt, die das glückliche Rom unter fremdem Regiment und unter verschiedenen Rektoren einst zu erdulden hatte, schreibt Johannes Andreae in

---

18 Druck: ac qui fuit zu korrigieren in: acquisiuit.

Multi tamen alii nobiles ab Ytalya migrantes in diversas Germanie provincias dispersi sunt, quorum originem et oblivio tantorum temporum et vetustas longeva abstulit, nec facile foret brevi stilo singulorum originem et hystorias perstringere primitivas.

TIT. XVI. DE PRINCIPIBUS AC PROCERIBUS, SUPER QUIBUS ROMANI IMPERII FUNDATUS EST POTENTATUS.

Quanquam imperium Romanum olim fuerit potentissimum, quia tamen et status et vires ejus paulatim labefactari ceperunt, conveniebat post sui in Germanos translacionem et in successu temporis, illud specialibus munire presidiis, principibusque firmare, quibus ut firmis columpnis et basibus innixum adverse tempestatis procellis et turbinibus valencius resistere posset, et sue potencie mucronem longe lateque vibrare. Idcirco imperium super VII gradibus nobilitatis atque eciam communitatibus opulentis provida sagacitate fundatum est, quorum quemlibet gradum quatuor illustres familie determinare videntur. Que quidem familie utpote ceteris in suo ordine prestanciores peculariter Romano imperio incorporate, et oportuno tempore ad presidium ejus obligaciores prompcioresque esse debent.

Sunt autem primo quatuor generosi principes inclite prosapie ab evo longo producti, super quibus Romanum fundatur imperium, et apud Augustos principalissimi. Primus princeps est comes Palatinus Reni de magno Palacio Treverensi; secundus est dux Brunswicensis in Saxonia; tercius dux Lotharingie in Gallia; quartus dux Suevie, cujus domus penitus defecit; domus equidem potens et gloriosa nimis, sed incusanda Suevorum nobilitas esse videtur, quod viduato ducatui alium preficere principem neglexerunt. Sunt et quatuor marchiones pre ceteris marchionibus precellenciores: primus marchio Moraviensis; secundus Misnensis; tercius Brandenburgensis

seiner Glosse zum Text zusätzlich: »Vor allem war dies der Fall zur Zeit des Pranchaleon von Andlau, eines Bologneser Bürgers, der die Stadt Rom durch viele Ruinen verunstaltete.« Soweit die Glosse.

Auch viele andere Adelige wanderten aus Italien aus und verteilten sich über verschiedene Provinzen Deutschlands, Adelige, deren Herkunft die fehlende Erinnerung an so ferne Zeiten und das hohe Alter mit sich fortgetragen hat. Auch wäre es nicht leicht, in kurzen Worten Herkunft und Ursprungsgeschichte jedes einzelnen von ihnen zu behandeln.

TIT. XVI: Die Fürsten und der Adel, auf denen die Stärke des Römischen Reiches beruht

Obwohl das Römische Reich einst sehr mächtig war, begannen doch sein Zustand und seine Kräfte nach und nach zu erschlaffen. Daher war es angezeigt, nach seiner Übertragung auf die Deutschen und im Fortgang der Zeiten dieses mit besonderen Bollwerken zu versehen und durch Fürsten zu festigen, um, auf diese wie auf starke Säulen und Basen gestützt, den Stürmen und Wirbelwinden der Unwetter besser widerstehen und das Schwert der Macht nach allen Richtungen führen zu können. Daher wurde das Reich auf die sieben Stufen des Adels und auch auf die reichen Kommunen in kluger Voraussicht gegründet, wobei jede Stufe von vier erlauchten Familien abgeschlossen wird. Natürlich sind diese Familien, da sie die anderen [Familien] ihrer Ordnung überragen, in besonderer Weise dem Römischen Reich einverleibt und müssen, wenn es die Lage erfordert, größeres Bestreben und größere Bereitschaft zeigen, dieses zu schützen.

An erster Stelle stehen vier edle Fürsten aus erlauchter und sehr alter Familie, auf denen das Römische Reich ruht und die die nächsten am Throne des Kaisers sind. Der erste Fürst ist der Pfalzgraf bei Rhein aus dem großen Trierer Palast; der zweite ist der Herzog von Braunschweig in Sachsen; der dritte der Herzog von Lothringen in Gallien; der vierte der Herzog von Schwaben, dessen Haus vollkommen untergegangen ist. Es war ein mächtiges und überaus ruhmreiches Haus, und der Adel der Schwaben erscheint mit Recht tadelnswert, daß er es unterließ, einen anderen Fürsten an die Spitze des verwitweten Herzogtums zu stellen. Es gibt auch vier Markgrafen,

quartus Badensis. Quatuor deinde procedunt illustres comites provinciales, qui vulgo Landgravii appellantur, primus langravius Thuringie; secundus langravius Hassie; tercius langravius Alsacie, cujus domus defecit, et in episcopatum Argentinensis ecclesie jura landgraviatus translata sunt; episcopus enim illic se usque modo lantgravium Alsacie in suo titulo appellare consuevit. Quartus, vero lantgravius Lichtenburgensis est. Quatuor enim generosi comites Castrenses in pagina fundacionis sacri describuntur imperii, qui vulgo burggravii dicuntur. Olim palatini dicebantur. Primus est Nurenbergensis burggravius; secundus burggravius Magdeburgensis; tercius Strauburgensis; quartus burggravius de Rineck. Sunt etiam quatuor magnifici comites sacri imperii, majores quidem in suo gradu, sed inter principes minores; primus est Clevensis, qui hodie est sublimatus in ducem, secundus Schwarzburgensis, tercius comes Cilie, cujus domus defuncta in prelustres Austrie duces de anno domini MCCCCLVI feudali jure devoluta est; et quartus comes Sabaudie, qui in Constanciensi consilio a gloriosissimo Imperatore Sigismundo ducali titulo est illustratus. Quatuor eciam nobilissimi barones predictis connumerantur; primus de Limpurg; secundus baro de Douss, dictus de Rar; tercius de Westerburg, quartas baro de Alwald.

Hos subsequuntur strenuissimi milites, ceteris ex ordine militari clariores, qui et proceres sive valvasores dicuntur, quorum primus est magnanimus miles de Andelo in Alsacia, de quo titulo proximo dictum est; secundus miles Strandeck, tercius de Meldingen, quartus miles de Frowenberg in Bavaria. Sacrum imperium insuper fundatum dicitur super quatuor civitates insignes, quarum prima est Augustensis Rhecie; secunda Maguntina, tercia urbs Aquisgranensis; quarta est Lubecensis. Quatuor deinde sunt ville magnifice, que in fundamento imperii annumerantur; prima est Babepergensis; secunda Schletstadensis, tercia Haganoensis; quarta Ulmensis. Et ut nullus gradus pretermissus videatur, accedunt premissis quatuor fa-

die Vorrang vor den übrigen Markgrafen haben. Der erste ist der Markgraf von Mähren; der zweite ist der Markgraf von Meißen; der dritte ist der von Braunschweig und der vierte der von Baden. Sodann gehen vier erlauchte Grafen einer Provinz, in der Volkssprache Landgrafen genannt, an der Spitze. Zuerst der Landgraf von Thüringen; als zweiter der Landgraf von Hessen; als dritter der Landgraf des Elsasses, dessen Haus untergegangen ist. (Die landgräflichen Rechte sind auf den Bischofssitz der Kirche von Straßburg übertragen worden; der dortige Bischof führt bis heute den Titel »Landgraf des Elsasses«.) Der vierte aber ist der Landgraf von Lichtenburg. Auch vier hochedle, über ein Castrum gesetzte Grafen, in der Volkssprache Burggrafen genannt, werden in der Gründungsschrift des Heiligen Reiches beschrieben; ehedem hießen sie Paladine. Der erste ist der Burggraf von Nürnberg; der zweite der Burggraf von Magdeburg; der dritte der von Straßburg; der vierte der von Rheineck. Es gibt auch vier großmächtige Reichsgrafen; in ihrer Ranggruppe stehen sie an der Spitze, nehmen jedoch im Fürstenstand die unterste Stufe ein. Der erste ist der von Kleve, der jetzt zum Herzog erhöht ist; der zweite ist der Reichsgraf von Schwarzburg, der dritte ist der Graf von Zilli, dessen Haus ausgestorben ist und [dessen Rechte] mit dem Jahr 1456 nach Lehensrecht auf die erlauchten Herzöge von Österreich übergegangen sind; der vierte ist der Graf von Savoyen, der im Konzil von Konstanz vom glorreichen Kaiser Sigismund mit dem Herzogstitel geehrt wurde. Es werden auch vier hochedle Freiherrn zu den Genannten gerechnet. Der erste ist der Freiherr von Limpurg; der zweite der Freiherr von Diusburg, genannt von Rahr; der dritte der von Westerburg; der vierte ist der Freiherr von Alwald.

Auf sie folgen überaus tüchtige Ritter, die an Ansehen die übrigen Mitglieder des Ritterstandes hinter sich lassen; sie werden auch als Edle oder Vasallen bezeichnet. Der erste unter ihnen ist der hochgemute Ritter von Andlau im Elsaß, der im vorigen Kapitel genannt wurde; der zweite ist der Ritter von Strandeck, der dritte der von Meldingen, der vierte der Ritter von Frauenberg in Bayern. Außerdem basiert das Heilige Reich auf vier herausragenden Städten [*civitates*], unter denen Augsburg die erste ist, die zweite Mainz, die dritte Aachen, die vierte Lübeck. Dann gibt es vier prächtige Städte [*ville*], die zu den Stützen des Reiches zählen. Die erste ist Bamberg, die zweite Schlettstadt, die dritte Hagenau, die vierte Ulm. Und da-

mosi rustici, qui et in basibus imperii describuntur; primus est rusticus Coloniensis, secundus Ratisbonensis; tercius vero rusticus Constanciensis; quartus autem Saltzburgensis diecesium.

Sunt et alii plures comites, barones et nobiles sacri Romani imperii perpetui et hereditarii officiales, qui in stirpes succedunt, quorum ministeria, si scire volueris, Karoli quarti Romanorum Imperatoris statuta per auream edita bullam perlegere licet. Quanquam autem memorati principes, comites, barones nobilesque prefati ad imperii assistenciam potissimum sunt electi; omnis tamen Germanorum potencia totis viribus ad ipsius auxilium contendere, quos pre cunctis gentibus ad regnum mundi Christi elegit vicarius, et ipsis solis regimen Romane ecelesie committere voluit, ut ait text. in c. in die. De consecr. dist. V.

Utinam ergo saperent et intelligerent, ac novissima providerent. Saperent, dico, ministerium ensis quem deferunt, intelligerent statum, in quo eos collocavit Dominus, ut justiciam et pacem providerent, quibus eget orbis Christianus. Confidenter siquidem loquor, si Germani principes Imperatori, tanquam advocato ecclesie, fideliter assisterent, prout temporibus antiquis consweverunt, omnis profecto potestas contraria videretur parva. Tunc non solum Grecia sed Egiptus et Chaldea contremiscerent, ac ultime regiones Saracenorum trepidarent. Nam ut aves inter se volantes ac cantantes ad aquile intuitum silent et fugiunt, sic omnes barbare naciones aliorum insignia vexillaque despiciunt, Romanorum vero et Germanorum aquilas timent naturaliter et abhorrent, protendente nempe aquila Romanorum ab Europa alas suas nec griffes Asie atque Africe satis tute erunt.

mit nicht der Eindruck entstehe, als sei eine Stufe übergangen worden, treten zu den oben genannten vier wohl beleumundete Bauernschaften hinzu, die gleichfalls dem Fundament des Reiches zugeschrieben werden. Die erste ist die Bauernschaft der Kölner Diözese, die zweite die der Regensburger, die dritte dann die Bauernschaft der Konstanzer und die vierte die der Salzburger Diözese.

Es gibt auch viele andere Grafen, Freiherren und Adelige des Heiligen Römischen Reiches, ewige und erbliche Beamte, die von Generation zu Generation aufeinanderfolgen. Willst du wissen, welche Ämter sie haben, dann steht [dir] frei, die Bestimmungen in der Goldenen Bulle Kaiser Karls IV. nachzulesen. Doch obschon vor allem die erwähnten Fürsten, Grafen, Freiherren und die oben genannten Adeligen dazu ausersehen sind, dem Reich beizustehen, so ist doch gleichfalls die ganze Kraft der Deutschen [dazu ausersehen], mit aller Macht dem Reich zu Hilfe zu eilen, weil der Stellvertreter Christi sie vor allen Völkern zur Weltherrschaft auserwählt hat und ihnen allein die Leitung der Römischen Kirche anvertrauen wollte, wie der Text in *De consecratione*, dist. 5, c. *in die*, sagt.

O, wollten sie doch verständig und einsichtig sein und das Ende bedenken! Ich meine, sie sollten sich auf den Dienst mit dem Schwert verstehen, das sie tragen, einsichtig sein in bezug auf den Stand, in den Gott sie gesetzt hat, damit sie für Gerechtigkeit und Frieden sorgen, deren die christliche Welt bedarf. Ich spreche es zuversichtlich aus: Wenn die deutschen Fürsten dem Kaiser als dem Vogt der Kirche treu zur Seite stünden, wie sie es vor alters taten, würde gewiß jede feindliche Macht sich als unbedeutend erweisen. Dann würden nicht nur Griechenland, sondern auch Ägypten und Chaldea zittern, und noch die fernsten Regionen der Sarazenen wären voller Furcht. Denn wie die miteinander flatternden und zwitschernden Vögel beim Anblick des Adlers verstummen und flüchten, so haben die gesamten Barbarenvölker zwar keinen Respekt vor den Standarten und Fahnen der anderen, fürchten sich aber und erschauern unwillkürlich vor den Adlern der Römer und der Deutschen. Wenn nämlich der Adler der Römer seine Flügel von Europa aus ausstreckt, werden selbst die Greifen Asiens und Afrikas sich nicht in Sicherheit wiegen können.

LIBER SECUNDUS.

TIT. I. DE SEPTEM PRINCIPUM ELECTORUM INSTITUCIONE.

Etsi utilius laborem meum consumere, et tempus fertiliori impendere studio potuissem, adeo me tamen et zelus impellit imperii, et prefulgidum Germanice nobilitatis decus invitat, ut neque calamo parcere, neque jucundissimo absistere studio, quod inchoavi, valeam. Et quidem superiori libro sacri procursum imperii, illiusque varium per tempora exaravimus statum. Deinceps ad ea, que invictissimi rectoris imperii personam et statum concernere videntur, laborem stylumque vertamus.

Translato Romano imperio in persona magnifici Karoli, per successionem tolerantibus Germanis principibus per annos centum et ultra usque ad septimam generacionem permansit. Defecit autem et genus et imperium in persona Ludowici quarti, Arnulphi filii, de anno domini DCCCCXIII. Is enim ut in Francorum chronographia legitur sine filiis obiit, relinquens duas filias, videlicet Placidam et Mathildina, quarum primogenitam, scilicet Placidam dedit uxorem Conrado comiti Alamannie principi, qui post eum imperavit, alteram vero Henrico, duci Saxonum, desponsavit, et ex ea genuit Othonem primum, postea imperatorem magnum. Legitur autem in gestis Aquitaniae, quod ex eo progenies et posteritas Karoli magni fuit reprobata, quod Dei graciam abijciens ecclesiarum et religionis cultum, quem ex paterna et avita successione susceperat, neglexit, devastatrix pocius ecclesiarum quam creatrix fuit. Mortuo itaque Ludowico quarto, ultimo ex stirpe Karoli, Romanorum Francie et Germanie rege post eum regnum Francie invasit quidam Hugo dictus Capet, comes Parisiensis, in cujus genealogia regnum Francie postea gubernandum permansit. Porro Conradus gener Ludowici, qui primogenitam ejus filiam uxorem habuit, defuncto socero Romanum imperium cum Germanie regno, quod ad imperium devolutum erat, de Alamannie principum consensu obtinuit, et sic deinceps

2. BUCH

TITEL 1: Die Einsetzung der sieben Kurfürsten

Auch wenn ich meine Arbeitskraft vorteilhafter hätte einsetzen und meine Zeit gewinnbringenderen Studien widmen können, so treibt mich doch der Eifer für das Reich so sehr und reizt mich die glänzende Zierde des deutschen Adels so unwiderstehlich, daß es mir nicht möglich war, die Feder zu schonen und von dem einmal begonnenen Werk zu lassen, das mir so viel Freude bereitet. Nachdem wir also im vorhergehenden Buch die geschichtliche Entwicklung des Heiligen Reiches und dessen von Epoche zu Epoche verschiedene Verfassung dargestellt haben, wollen wir jetzt unsere schriftstellerische Bemühung dem zuwenden, was sich auf die Person und den Stand des allzeit siegreichen Lenkers des Reiches bezieht.

Nachdem das Römische Reich in der Person des glorreichen Karl auf die Deutschen übertragen worden war, verblieb – mit Billigung der deutschen Fürsten – dessen Leitung in Erbfolge mehr als hundert Jahre lang beim Geschlecht und der Nachkommenschaft Karls bis hin zur siebten Generation. Dieses Geschlecht und seine Herrschaft erlosch mit der Person Ludwigs IV., dem Sohn Arnulfs, im Jahr 913.[19] Er hinterließ nämlich, wie man in der »Chronica Francorum« liest, keine Söhne, sondern nur zwei Töchter, Placida und Mathilde. Die erstgeborene Placida gab er einem deutschen Fürsten zur Gattin, Graf Konrad, der nach ihm regierte; die andere vermählte er mit dem Sachsenherzog Heinrich, der mit ihr Otto I., den späteren Kaiser [Otto] den Großen, zeugte. Man liest aber in den »Gesta Aquitaniae«, daß die Nachkommenschaft und Familie Karls des Großen deswegen verworfen wurde, weil sie die Gnade Gottes verschmähte und die Pflege von Kirche und Religion, die sie von seiten ihres Vaters und ihrer Ahnen überkommen hatte, vernachlässigte und eher als Verwüsterin denn als Gründerin von Kirchen in Erscheinung trat. Als daher Ludwig IV., der letzte König der Römer, Frankens und Germaniens aus dem Geschlecht Karls, gestorben

---

19 Richtig: 911.

Alamannia a regum Francorum dominio separata fuit, et dictus Hugo Francorum rex suaque posteritas de facto pocius quam de jure Romanorum regem in superiorem recognoscere recusavit; cum tamen regnum Francie per obitum Ludowici ipso jure eciam ad Romanum imperium devolutum fuerit.

Verum Conrado sine liberis defuncto Henricus prefatus Saxonie dux Romanorum adeptus est regnum, qui quam magnifice et imperiose Francorum regibus et Lombardis super Romano imperio silencium perpetuum imposuit. Qualiter ipse terram illam, que inter Mosam et Renum est, Lotharingiam appellaverit, atque terram eandem cum tota Alamannia regno Francorum eripiens Romano univerit imperio quantaque devotione et honore ecclesias Dei tam in Ytalie quam Alemannia sublimaverit, quod multis codicibus illud expressum reperitur, hic insistere supervacuum esse arbitratus sum. Sepultus autem est in Quedlinburg Halberstadiensis dioecesis, ubi ipse monasterium insigne et castrum fundavit, et predicatur in vita et morte sanctus fuisse. Reliquit autem heredem imperii Othonem primum. Hic primus post Francorum reges creatus est imperator. Conradus enim et genitor suus Henricus, quamvis essent reges Romanorum, imperiali tamen benediccione caruerunt. Nam cum vexaretur ecclesia Romana a Berengario, tyranno Ytalie, anno a nativitate Christi DCCCCXXXV, advocatus est in ecclesie subsidium Otto primus dux Saxonum, princeps magne potencie, religiosus et fide Catholicus, qui super universam dominabatur Alamanniam, ut habetur in decretis LXIII d. in synodo, qui magnum Theutonicorum parans exercitum Ytaliam ingressus est, commissoque bello cum dicto Berengario ipsum cum suo exercitu devictum occidit; de in Romam pergens a Leom octavo in imperatorem coronatus est, qui et imperium tenuit usque in terciam generacionem, quorum quilibet vocatus est Otto.

war, usurpierte ein gewisser Hugo Capet, Graf von Paris, das fränkische Königtum, und auch in der Folgezeit verblieb die Ausübung der französischen Königsherrschaft bei seinem Geschlecht. Konrad, Ludwigs Schwiegersohn, der dessen erstgeborene Tochter zur Frau hatte, erlangte nach dem Tod seines Schwiegervaters mit Zustimmung der deutschen Fürsten das Römische Reich zusammen mit dem deutschen Königtum, das Bestandteil des Reichs geworden war. Von diesem Zeitpunkt an wurden Deutschland und das Herrschaftsgebiet der französischen Könige gesondert. Ferner weigerten sich der genannte Franzosenkönig Hugo und seine Nachkommenschaft – mehr de facto als de jure –, den König der Römer als Oberhaupt anzuerkennen, obwohl doch das französische Königreich durch den Tod Ludwigs von Rechts wegen ebenfalls an das Römische Reich hätte fallen müssen.

Nachdem Konrad jedoch kinderlos gestorben war, gelangte das Römische Reich in die Hände des bereits genannten sächsischen Herzogs Heinrich. Wie großartig und gebieterisch dieser die Könige Frankreichs und die Lombardei hinsichtlich des Römischen Kaisertums für immer zum Schweigen gebracht hat, wie er ferner das Land zwischen Mosel und Rhein Lothringen nannte, dieses zusammen mit dem gesamten Deutschland vom fränkischen Königtum abtrennte und mit dem Römischen Reich vereinte, mit welcher Demut und Ehrfurcht er zudem die Kirchen Gottes in Italien und Deutschland förderte, darauf ist hier meines Erachtens nicht näher einzugehen; findet sich dieses doch in vielen Büchern dargestellt. Begraben wurde er zu Quedlinburg in der Diözese Halberstadt, wo er ein bedeutendes Kloster gestiftet und eine Burg gegründet hatte. Es heißt von ihm, er sei im Leben und im Sterben ein Heiliger gewesen. Als Erben des Reiches hinterließ er Otto I. Dieser wurde als erster nach den fränkischen Königen zum Kaiser gekrönt; denn Konrad und sein Vater Heinrich waren zwar Könige der Römer, hatten aber nicht die Weihe zum Kaiser empfangen. Als dann im Jahre 935 nach Christus[20] die römische Kirche von Berengar, dem Tyrannen Italiens, bedrängt wurde, rief man den sächsischen Otto I. zum Schutz der Kirche, einen Fürsten von großer Macht, fromm und katholischen Glaubens, der über ganz Deutschland herrschte (Dist. LXIII, c. [23] *in sinodo*). Dieser bot ein großes Heer von Deutschen auf,

---

20 Richtig: 959

Verum Ottone tercio mortuo sine filiis Gregorius quintus, nacione Teutonus, de parentela Ottonis in summum pontificem assumitur. Eius pontificis tempore regis Romanorum septem electores instituuntur, scilicet septem principes Alamannie: Quod enim predicti tres Ottones successive, quasi hereditario jure, obtinuerunt imperium, fuit pro bono statu ecclesie Dei et populi Christiani provide ac utiliter ordinatum, ut tante potestatis fastigium, quod non debetur sanguini sed virtuti, non per viam successionis sed eleccionis procederet, ut dignissimus habeatur ad dignitatem imperii gubernandam. Factum est autem decretum hujusmodi post Christi nativitatem anno MIV. Et sunt quatuor laici et tres clerici: primus est rex Bohemie, olim dux, imperatoris pincerna; secundus comes Palatinus; tercius dux Saxonie, portitor ensis; quartus marchio Brandenburgensis, marschallus; ex clericis primus est archiepiscopus Moguntinus cancellarius Germanie; secundus archiepiscopus Coloniensis, cancellarius Ytalie; tercius archiepiscopus Trevirensis, cancellarius Gallie. Hii namque septem principes electores, velut septem candelabra lucencia in unitate septiformis spiritus, sacrum debent illuminare imperium. Et de hiis septem electoribus mencionem facit gl. in c. ad Apostolice. De re judic. lib. VI. et sustinent vicem olim Romani senatus, ad quem imperatorem eligere spectavit, licet quandoque per exercitum militum, ut Vespasianus in Palestina, aliquando autem per impressionem et in sedicione militari, ut Phocas in Oriente contra Mauricium, quis, ad Cesaream assumeretur majestatem, tam in veteri Roma quam apud Argivos in Constantinopolitana civitate. Imperium namque et quodlibet regnum ab olim non ex successione, sed eleccione delatum fuit, ut not. VIII. q. I. c. Moises. Sed hodie regna ex conswetudine deferuntur ex successione, ut legitur et notatur in c. licet. de dist. fo. compet. Quid autem si desinat successio in domo regali, vide quod not. Panorm. in c. licet. De foro compet.

rückte in Italien ein, bekriegte Berengar, besiegte ihn mit dessen ganzer Streitmacht und tötete ihn. Dann zog er nach Rom und wurde von Leo VIII. zum Kaiser gekrönt.[21] Er [und seine Nachkommen] hatten die Reichsherrschaft inne bis in die dritte Generation, und jeder von ihnen trug den Namen Otto.

Als Otto III. kinderlos gestorben war, wurde Gregor V., ein Deutscher aus der Verwandtschaft Ottos, zum Papst gewählt.[22] Während seines Pontifikates wurde eingeführt, daß der König von sieben Personen, nämlich sieben deutschen Fürsten, gewählt wird. Denn weil die genannten drei Ottonen die Herrschaft durch Sukzession gewissermaßen erbrechtlich erlangt hatten, wurde um des Bestandes der Kirche Gottes und des Christenvolkes willen in [weiser] Voraussicht und zum Nutzen [aller] angeordnet, daß eine so große Machtfülle, die ja nicht dem Blut, sondern der Tüchtigkeit zukommt, nicht aus Sukzession, sondern aus Wahl hervorgehe, so daß man den Würdigsten dazu gewinne, das erhabene Reich zu lenken. Ein dahingehender Beschluß wurde 1004 nach Christus gefaßt. Es sind vier Laien und drei Geistliche. Der erste ist der König von Böhmen, früher Herzog [von Böhmen] und kaiserlicher Mundschenk; der zweite ist der Pfalzgraf, der dritte der Herzog von Sachsen, der Träger des Schwertes, der vierte der Markgraf von Brandenburg, der Marschall. Unter den Geistlichen ist der erste der Erzbischof von Mainz, Kanzler für Deutschland, der zweite der Erzbischof von Köln, Kanzler für Italien, der dritte der Erzbischof von Trier, Kanzler für Gallien. Diese sieben Kurfürsten müssen wie die sieben Leuchter, die in der Einheit des siebenförmigen Geistes erstrahlen, das Heilige Reich erleuchten. Diese sieben Elektoren erwähnt die Glosse zu Lib. VI, [II,14] *de re judicata*, c. [2] *ad apostolice*. Sie nehmen die Stelle ein, die einst der römische Senat innehatte, dem es zukam, den Kaiser zu wählen, auch wenn bisweilen, im alten Rom wie bei den Griechen in Konstantinopel, der eine oder andere [ohne Wahl] zu kaiserlicher Würde erhoben wurde, sei es durch das Heer, wie etwa Vespasian in Palästina, oder durch Zwangseinsetzung in einem Aufstand des Militärs, wie Phokas im Orient gegen Mauritius. Denn die kaiserliche und auch jede königliche Herrschaft wurden seit urdenklichen Zeiten nicht der Erbfolge, sondern einer Wahl verdankt, wie Causa VIII, q. 1, c. [6] *Moyses* bemerkt. Heute hinge-

---

21 Otto I. wurde 962 durch Johannes XII. zum Kaiser gekrönt.
22 Gregors Pontifikat war von 996-999, also noch zu Lebzeiten Ottos III.

TIT. II. DE ROMANORUM REGIS ELECCIONE.

Defuncto serenissimo Augusto sacroque imperio rectore vaccante, Maguntinus archipresul, ut presidens illustris collegii principum electorum, ceteros coelectores suos pro eleccione futuri regis Romanorum in imperatorem postmodum favente domino promovendi, literis suis patentibus evocare conswevit ad oppidum Franckfordense, Maguntine dyocesis, quondam a veris Francis et est Trojanis fundatum. Postquam autem predicti electores civitatem Franckfordensem ingressi fuerint, statim sequentis diei diluculo in ecclesia sancti Bartholomei ibidem in omni ipsorum presencia missam de Sancto Spiritu faciunt solempniter decantari. Peracta quoque missa hujusmodi omnes ecclesiastici electores coram evangelio beati Johannis evangelistae »In principio erat verbum«, quod illic ante eos poni debet, manus suas pectori cum reverencia supponunt. Seculares vero principes electores dictum ewangelium manibus corporaliter tangunt, qui omnes cum omni sua familia inermes ibidem assistere debent.

Et tunc archiepiscopus Moguntinus dat eis formam juramenti, quod vulgariter prestant in hunc modum: »*Ego Theodoricus episcopus* Moguntinus, sacri imperii per Germaniam archicancellarius et princeps elector, juro ad hec sancta Dei ewangelia hic presencialiter coram me posita, quod ego per fidem, qua Deo et sacro imperio sum adstrictus, secundum omnem discrecionem et intellectum meum cum Dei adjutorio volo eligere temporale caput populo Christiano, regem Romanorum in Cesarem promovendum, qui ad hoc existat idoneus, in quantum discrecio et sensus dirigunt me, et vocem meam dabo absque omni pacto, stipendio, precio vel promisso, quocunque modo talia appellari possunt. Sic me Deus adjuvet et omnes sancti«. Prestito itaque per omnes electores hujusmodi juramento ad eleccionem procedunt, nec de dicta civitate Franckfordensi se-

gen wird die Königswürde gewöhnlich auf Grund von Erbfolge übertragen, wie vermerkt und nachzulesen ist in *de foro competenti*, c. *licet*.[23] Was aber zu tun ist, wenn die Nachfolge in einem königlichen Haus erlischt, dazu vergl. die Anmerkung des Panormitanus zu *de foro competenti*, c. *licet*.[24]

TITEL II: Die Wahl des Römischen Königs

Wenn der allergnädigste Kaiser gestorben und das Heilige Reich ohne Lenker ist, lädt für gewöhnlich der Mainzer Erzbischof als Vorsitzender des erlauchten Kurfürstenkollegiums die übrigen Mitwähler in einem formellen Schreiben nach Frankfurt, eine Stadt der Mainzer Diözese, zur Wahl des künftigen Römischen Königs ein, der, so Gott will, zu einem späteren Zeitpunkt zum Kaiser erhoben werden wird. (Die Stadt wurde einst von den wahren Franken, d. h. den trojanischen, gegründet.) Wenn dann die genannten Wähler in die Stadt Frankfurt eingezogen sind, lassen sie unverzüglich in der Morgendämmerung des folgenden Tages, sobald alle anwesend sind, in der Kirche des heiligen Bartholomäus feierlich die Messe vom Heiligen Geist singen. Nach der Messe legen alle geistlichen Wähler ehrfürchtig die Hand aufs Herz im Angesicht des Evangeliums des heiligen Evangelisten Johannes »Im Anfang war das Wort«, das aufgeschlagen vor ihnen liegen muß. Die weltlichen Kurfürsten aber, die alle – ebenso wie ihr gesamtes Gefolge – waffenlos der [Messe] beiwohnen müssen, berühren dieses Evangelium mit ihren Händen.

Dann spricht der Mainzer Erzbischof ihnen den Eid vor, den sie in der Volkssprache ablegen wie folgt: »Ich Dietrich, Bischof von Mainz, Erzkanzler des Heiligen Reiches für Deutschland und Kurfürst, schwöre bei diesen heiligen Evangelien Gottes, die hier gegenwärtig vor mir liegen, daß ich bei dem Glauben, durch den ich Gott und dem Heiligen Reich verpflichtet bin, nach aller meiner Unterscheidungsfähigkeit und all meiner Einsicht mit der Hilfe Gottes denjenigen als zeitliches Haupt für das christliche Volk zum Römischen König und künftigen Kaiser wählen will, der hiefür geeignet ist, nach bestem Wissen und Gewissen, und ich werde meine Stimme abgeben ohne jegliche Absprache, Belohnung oder Zusage unter

23 Im Lib.VI,II,2,c.10 nicht auffindbar.
24 Ebenso nicht auffindbar.

parari debent, donec major pars temporale caput mundo elegerit populo Christiano. Quod si infra XXX dies facere distulerint, illis transactis a modo panem manducare et aquam bibere debebunt, quousque caput fidelium electum fuerit, ut prefertur. Archiepiscopus autem Maguntinus vota singulorum inquirere et scrutari habet, hoc ordine: primo quidem a Treverensi, qui primam vocem habeat, votum scrutabitur, secunda a Coloniesi, cui competit ex dignitate Romanorum regi primum dyadema regni imponere; tercio a rege Bohemie, qui inter electores laicos ex regie dignitatis fastigio primatum obtinet; quarto a comite Palatino Reni; quinto a duce Saxonie; et sexto a marchione Brandenburgensi. Quo facto dicti principes ipsum Maguntinum vice versa requirunt, et votum scrutantur ab eo, ut hec omnia in Karoli quarti constitucionibus per auream bullam declaratis lacius contineri dinoscuntur. De conswetudine tamen rex Bohemie ad eleccionem non vocatur, nisi cum vota aliorum sunt equalia numero, et sic hodie practicatur. Quod verum est, dummodo persistat in unione sancte matris ecclesie; alioquin si duo electi paria vota haberent, ad Papam recurrendum esset, qui unum ex illis, quem vellet, eligere posset, ut dicit gl. in c. apostolicae de. judic. lib. VI. quod illud jus non habuit rex Bohemie ab antiquo. Sane postquam pars eorum major numero aliquem elegerit, talis eleccio perinde habetur et reputari debebit, ac si foret ab eis omnibus nemine discrepante concorditer celebrata.

Peracta autem hujusmodi eleccione, is qui in regem Romanorum fuit electus, mox ut jura sacri imperii administrare inceperit, universis principibus electoribus ecclesiasticis et secularibus, qui velut artus et membra imperii esse dinoscuntur, omnia ipsorum privilegia, jura, libertates et consuetudines antiquas et quecumque ipsi ab imperio usque in diem eleccionis obtinuerunt, confirmare et approbare

welcher Bezeichnung auch immer. So wahr mir Gott helfe und alle Heiligen.« Wenn dann alle Wähler diesen Eid geleistet haben, schreiten sie zur Wahl, und sie dürfen sich nicht aus der genannten Stadt Frankfurt entfernen, bevor nicht eine Mehrheit das zeitliche Haupt für die Welt und die Christenheit gewählt hat. Wenn sie innerhalb von dreißig Tagen zu keinem Ergebnis gelangen, müssen sie von da an Brot essen und Wasser trinken, bis das Haupt der Gläubigen gewählt ist, wie oben dargelegt. Der Mainzer Erzbischof hat dabei die Stimme der einzelnen zu erfragen und zu erforschen, und zwar in dieser Reihenfolge: Zuerst wird er das Votum des Trierer [Erzbischofs] erfragen, der die erste Stimme hat; zweitens das des Kölners, dem auf Grund seiner Stellung das Recht zukommt, dem Römischen König die erste Reichskrone aufzusetzen; drittens das [Votum] des böhmischen Königs, der unter den weltlichen Wählern auf Grund seiner königlichen Würde den ersten Rang einnimmt; viertens das des Pfalzgrafen bei Rhein; fünftens das des Herzogs von Sachsen und sechstens das des Markgrafen von Brandenburg. Hierauf fragen umgekehrt die genannten Fürsten den Mainzer [Erzbischof] und erkundigen sich nach seinem Votum, wie das alles ausführlicher in den Satzungen Karls IV., promulgiert in der »Goldenen Bulle«, zum Ausdruck kommt. Doch wird der König von Böhmen nur dann zur Wahl geladen, wenn die Stimmen der anderen keine Mehrheit ergeben. Dies ist die heute gängige Praxis, die jedoch voraussetzt, daß [der böhmische König] in Einheit mit der Heiligen Mutter Kirche lebt. Widrigenfalls müßte man, wenn zwei Gewählte die gleiche Stimmenzahl auf sich vereinigen, zum Papst rekurrieren, der dann nach Gutdünken einen von ihnen auswählen könnte. Die Glosse zu Lib. VI, [II,14], *De re judicata*, c. [2] *ad apostolice* sagt außerdem, daß der König von Böhmen dieses Recht nicht von alters her hatte. Wenn dann freilich die Mehrheit einen gewählt hat, wird diese Wahl von diesem Zeitpunkt an so angesehen und muß so eingeschätzt werden, als wäre sie einhellig und ohne Gegenstimme erfolgt.

Ist die Wahl in dieser Weise durchgeführt, muß der zum Römischen König Gewählte sogleich nach Übernahme der Reichsgeschäfte allen geistlichen und weltlichen Kurfürsten, die wie Gelenke und Glieder des Reiches sind, alle ihre Privilegien, Rechte, Freiheiten und alten Gewohnheiten, und was immer sie bis zu dem Tag der Wahl vom Reich erhalten haben, bestätigen und billigen. Alle diese

tenetur, et ea omnia innovare, postquam fuerit imperialibus infulis coronatus.

Deinde in Romanorum regem electus solempnes nuncios cum decreto eleccionis ad summum pontificem destinare tenetur habentes speciale mandatum: pro electo devocionem ipsius et reverenciam filialem, quam erga Romanam gerit ecclesiam, coram papa exponendi, necnon petendi et impetrandi favorem et graciam consuetam, offerendi que ipsi summo pontifici et prestandi pro electo in ipsius animam debite fidelitatis et cujuslibet alterius juramentum, ac petendi per papales manus sibi impendi unccionem, consecracionem et Romani imperii dyadema. Extunc papa presentato sibi decreto eleccionis, eleccionem hujusmodi examinat, et personam electi ac ejus merita perquirit, ut de fide, probitate ac aliis que in persona imperatoris sunt merito inquirenda, ut LXXVIII dist. c. quid est. Qua canonica reperta et persona ydonea reputata papa ipsum nominat, denunciat et declarat regem Romanorum, sufficientem et habilem declarat ad suscipiendum imperialis celsitudinis dignitatem, ac decernit unccionem, consecracionem imperiique Romani coronam sibi per ipsius manus debere concedi, prout hec habentur in c. venerabilem. De elect. et in clem. I. De jurejur.

Subsequenter vero papa a prefatis nunciis sufficiens ad hoc mandatum habentibus secundum formam in decretis, que incipit: »Tibi domino« comprehensam fidelitatis recipit juramentum, sub hac forma: »Tibi domino Pape Pio N rex Fridericus promittit et jurare facit, prout nos ejus nuncii in animam juramus ipsius, per patrem et filium et spiritum sanctum, et per hoc lignum vivifice crucis, et per has reliquias sanctorum, quod si permittente Domino Romam venerit, sanctam Romanam ecclesiam et te rectorem ipsius exaltabit secundum posse suum, et nunquam vitam, aut membra, neque ipsum honorem quem habes, sua voluntate et suo consensu aut sua exhortacione perdes, et in Roma nullum placitum aut ordinacionem faciet de omnibus, que ad te pertinent aut ad Romanos sine tuo consilio. Et quicquid de terra S. Petri ad ipsum pervenerit, tibi reddet. Cuicumque regnum Ytalicum commiserit, jurare faciet illum, ut adjutor

[Zusagen] muß er erneuern, wenn er mit der Reichskrone gekrönt worden ist.

Hierauf muß der zum Römischen König Gewählte offizielle Gesandte mit dem Wahldekret an den Pontifex Maximus senden. Deren besonderer Auftrag besteht darin, an des Gewählten Statt vor dem Papst des Königs Ergebenheit und kindliche Ehrfurcht gegenüber der Römischen Kirche zum Audruck zu bringen, sodann die gewohnten Gunst- und Gnadenerweise zu erbitten und zu erlangen, in Stellvertretung des Gewählten beim Heil seiner Seele dem Pontifex Maximus den schuldigen Treueid und jeden anderen Eid anzubieten und zu leisten und für ihn die Salbung, die Weihe und die Krone des Römischen Reiches aus der Hand des Papstes zu erbitten. Sobald dann dem Papst das Wahldekret präsentiert worden ist, prüft er diese Wahl und stellt Nachforschungen an über die Person des Gewählten und seine Verdienste, ferner über seinen Glauben und seine Rechtschaffenheit und über alles andere, was von Rechts wegen in bezug auf die Person des Kaisers in Erfahrung gebracht werden muß nach Dist. LXXVIII, c. [3] *quid est*. Wenn sich [die Wahl] als kanonisch erweist und die [erwählte] Person für geeignet befunden wird, nennt, verkündet und erklärt der Papst ihn zum Römischen König, stellt fest, daß er geeignet und fähig ist, die Würde des erhabenen Kaisertums zu empfangen, und erklärt, daß ihm Salbung, Weihe und Krone des Römischen Reiches durch seine Hand gewährt werden müsse, wie in [Lib. Extra, I,6,] *De electione*, c. [34] *venerabilem* und in Clement., [II,9], *De jurejurando* festgelegt ist.

In der Folge aber nimmt der Papst von den genannten Botschaftern, die hiefür hinreichend legitimiert sind, den Treueid entgegen nach der im »Dekret« enthaltenen Formel, die mit *Tibi domino* beginnt.[25] Hier nun die Formel: »Dir, dem Herrn Papst Pius, verspricht König Friedrich und läßt bei Vater, Sohn und Heiligem Geist, beim Holz des lebensspendenden Kreuzes und bei den Reliquien der Heiligen beschwören – und wir, seine Botschafter beschwören dies auf das Heil seiner Seele –: Wenn er, so Gott will, nach Rom kommt, wird er die Heilige Römische Kirche und dich, ihren Leiter, nach Kräften unterstützen, und niemals wird er verlangen, gutheißen oder empfehlen, daß man dir an Leib oder Leben schade oder dir deine Ehre raube. Er wird auch in Rom ohne deine

---

25 Dist. LXIII, c.33.

tuus sit ad defendendam terram secundum posse suum«. Hujusmodi autem juramentum primus prestitit Otto tercius pape Iohanni, ut habetur in c. a domino dist. LXIII. Alia preterea juramenta prestare habet in imperatorem promovendus, de quibus in processu videbitur. Postquam vero electus pronunciatus est in regem Romanorum in imperatorem postmodum promovendum, ad coronam regni a Coloniensi archiepiscopo suscipiendam ad oppidum Aquisgranense Leodiensis dyocesis, quam primum poterit, properabit; prout hec pertractat rabi juristarum Ioan. Andr. in addit. Specul. in lit. de rescript. presen. § fin. vers. Item quod imperator. Sed prius quam hunc passum attingam, nonnullas questiones doctorum premittere libet.

TIT. III. AN ELECTORES IMPERII PRINCIPEM NON GERMANUM IN CESAREM ELIGERE POSSINT.

Queritur ergo primo et apud jurisperitos in dubium vertitur, utrum electores imperii aliquem principem non Germanum eligere valeant in Cesarem. Quidam tenentes partem affirmativam questionis dicunt, nullo jure probari, quod ex sola nacione Germanorum debeat eligi imperator. Et ad text. in c. venerabilem de election. qui profitetur ecclesiam Romanam imperium a Grecis transtulisse in Germanos, et ad similes respondent, quod imperium fuit translatum in eos active, quia fuit data principibus Alamannie potestas eligendi imperatorem. Unde non prohibentur, quin ipsi eligere possint de alia nacione principem, licet ab olim extra Germanicam nacionem non fuit electus aliquis in Cesarem. Et hanc opinionem sensit in d. c. venerabilem magne auctoritatis doctor, D. Cardinal. Florent; que opinio firmari potest racione. Nam electores, quibus disposicio imperii Christiani commissa est, non solum ad bonum Germanice nacionis, sed ad totam rempublicam Christianam consideracionem et respectum in eleccione habere debent. Sed posset aliquis esse princeps ex-

Empfehlung keine Ratsversammlung abhalten und keine Anweisung erteilen bezüglich all der Dinge, die sich auf dich oder auf die Römer beziehen. Und was vom Land des heiligen Petrus auf ihn gekommen ist, wird er dir zurückerstatten. Er wird jeden, dem er das Königreich Italien anvertraut, schwören lassen, dein Beistand zu sein zur Verteidigung des Landes, soweit er nur vermag.« Einen solchen Eid leistete als erster Otto III. dem Papst Johannes[26] (Dist. LXIII, c. [33] *a domino*).[27] Außerdem hat der, der zum Kaiser erhoben werden soll, noch weitere Eide zu leisten, von denen im folgenden noch zu sprechen sein wird. Nachdem aber der Gewählte zum Römischen König und künftigen Kaiser erklärt worden ist, wird er alsbaldigst in die Stadt Aachen in der Diözese Lüttich eilen, um die Krone des Königreiches aus der Hand des Kölner Erzbischofs zu empfangen, genau so wie der Rabbi der Juristen, Johannes Andreae, im Anhang zum »Speculum [iudiciale]« im Titel *de rescript. presen.* letzter §, v. *Item quod imperator* darlegt. Doch bevor ich diesen Abschnitt in Angriff nehme, möchte ich gerne ein paar Quästionen der [Rechts]lehrer vorausschicken.

TITEL III: Können die Kurfürsten einen Nicht-Deutschen zum Kaiser wählen?

Die erste von den Rechtsgelehrten kontrovers diskutierte Frage lautet: Können die Wähler des Reiches einen nicht-deutschen Fürsten zum Kaiser wählen? Einige, die diese Frage positiv beantworten, sagen, es gäbe keinerlei rechtliche Nachweise dafür, daß der Kaiser allein aus dem Volk der Deutschen gewählt werden dürfe. Hält man ihnen unter anderem den Text von [Lib. Extra, I,6,] *De electione*, c. [34] *venerabilem* vor, der aussagt, daß die Römische Kirche das Kaisertum von den Griechen auf die Deutschen übertragen hat, so antworten sie, daß das Kaisertum a k t i v auf sie übertragen wurde, weil den Fürsten Deutschlands die Macht gegeben wurde, den Kaiser zu wählen. Daher sei es ihnen nicht verboten, einen Fürsten aus einem anderen Volk zu wählen, mag auch seit alters kein anderer zum Kaiser gewählt worden sein als einer aus dem deutschen Volk. Diese Meinung vertrat zum erwähnten c. *venerabilem* der Herr Kar-

---

26 Johannes XV.
27 Richtig: *tibi domino*

tra Germanorum nacionem, tantis meritis virtutibusque refulgens, ut preferendus foret principibus Germanis: ergo videtur, quod hunc eligere possent.

Preterea isti principes electores successerunt in locum senatus populique Romani. Sed licet Romani quondam orbis imperium tenerent, nonnunquam tamen viros fide et probitate preditos extra nacionem Ytalicam ad apicem imperii assumebant, ut de Trajano, qui de Hispania, et Diocletiano, qui de Dalmacia ab opido Dyoclea oriundus fuit, hystoriis traditum est. Sic et Valentinianus, dum apud Argolicos imperium esset, a Grecis imperator creatus est, licet ipse non Grecus sed Pannonius de civitate Cybala natus esset.

Sed in contrariam sentenciam est vir excellentissime doctrine dominus Panormitan. qui dicit priorem opionem confundi per text. preall. c. venerabilem in eo quod dicit, quod imperium fuit translatum in personam magnifici Karoli, certumque est, ait, quod imperium fuit translatum in Karolum *passive* et non *active*, quod fuit ipse assumptus in imperatorem, non autem fuit sibi potestas data eligendi imperatorem: ergo eciam passive fuit imperium translatum in Germanos, quam consideracionem dicit notandam. Preterea si exposicio prioris opinionis stare deberet, non fuisset a Grecis translatum imperium, cum secundum D. Cardinalem posset Grecus hodie per electores in Cesarem promoveri. Porro non est indecens, ut de certa gente seu genere personarum debeat eligi presidens. Nam hoc videmus quandoque servari in ecclesiasticis dignitatibus tam privilegiis quam conswetudine longeve introducta, ut probatur conswe. dilectus. De verb. signif. abbate. Papa autem hoc potuit facere ex maxima et urgente causa tunc occurrente, cum idem sit Dei consistorium et pape, et plenitudo divine potestatis in Dei vicarium in terris transfusa sit. De officior. Romana. lib. VI. et not. Innoc. in c. quanto. de jurejur. Et precipue dicta sunt vera tenendo communem

dinal von Florenz[28], ein Lehrer von großem Ansehen. Diese Meinung kann durch Vernunftgründe gestützt werden, denn die Wähler, denen [die Aufgabe] übertragen ist, über die Besetzung des christlichen Kaiserreichs zu entscheiden, müssen bei der Wahl nicht nur das Gut der deutschen Nation, sondern das der ganzen Christenheit im Auge haben und bedenken. Nun könnte es auch außerhalb des deutschen Volkes einen Fürsten geben, der im Glanz so großer Verdienste und Tugenden erstrahlt, daß er den deutschen Fürsten vorgezogen werden müßte. Es scheint also, daß sie einen solchen wählen könnten.

Außerdem traten diese Kurfürsten die Nachfolge des Senats des römischen Volkes an. Aber obwohl die Römer einst die Welt beherrschten, setzten sie dennoch manchmal zuverlässige, rechtschaffene Männer von außerhalb Italiens an die Spitze des Reiches. Solches berichten die Geschichtswerke von Trajan, der aus Spanien, und von Diokletian, der aus der Stadt Dioklea in Dalmatien stammte. Ebenso wurde in der Zeit des griechischen Kaisertums Valentinian von den Griechen zum Kaiser ausgerufen, obwohl er nicht griechischer, sondern pannonischer Herkunft war, und zwar aus der Stadt Vinkovci.

Die gegenteilige Meinung verficht ein Mann von außerordentlicher Gelehrsamkeit, Panormitanus, der sagt, daß die vorgenannte Meinung durch den Text des oben zitierten c. *venerabilem* widerlegt werde, insofern dieser aussagt, das Kaisertum sei auf die Person des großmächtigen Karl übertragen worden. Nun ist aber sicher, sagt [Panormitanus], daß das Kaisertum auf Karl *passiv* und nicht aktiv übertragen wurde, weil er selbst zum Kaiser erhöht und nicht ihm die Macht gegeben wurde, einen Kaiser zu wählen. Infolgedessen wurde das Kaisertum auf die Deutschen gleichfalls passiv übertragen. Diesen Gedankengang nennt er beachtenswert. Außerdem: wenn die Argumentation der erstgenannten Meinung Bestand hätte, wäre das Reich nicht von den Griechen übertragen worden, weil nach dem Herrn Kardinal auch heute noch ein Grieche durch die Wähler zum Kaiser erhoben werden könnte. Weiterhin ist es nicht unangebracht, daß ein Vorsteher aus einem bestimmten Stamm oder einer bestimmten Persongruppe zu wählen ist. Denn wir stellen fest, daß ebendies bisweilen bei kirchlichen Würdenstellen beobachtet

---

28 Gemeint ist der Kanonist Francesco Zabarella.

opinionem Canonistarum, quod Romanum imperium dependeat immediate a papa, juxta ea, que not. in c. novit. De judic. et infra suo loco patebit. Voluit ergo papa et *active* et *passive* Romanum imperium transferre in inclitam nacionem Germanorum, que opinio non solum vera, sed eciam pro conservacione imperii maxime necessaria esse videtur.

Queritur secundo, nunquid electoribus imperii competat eligendi potestas ut singulis, vel ut collegio. Hostiens. tenuit, quod hec potestas competat eis ut singulis, sicut et patronis jus patronatus videtur omnibus et singulis competere, ita quod simul ad actum presentacionis eos convenire non sit necesse, quod an verum sit not. in c. III. De jure patron. ergo idem videtur in principibus electoribus dicendum. Sed multi tenuerunt contrarium, quos sequi videtur Io. Andr. in addit. Specul. in Tit. de rescript. princ. § ult. vers. penult. Et ista contraria opinio eciam plus placere videtur Panormitano. Nam cum electores hujusmodi in locum successerunt populi Romani, qui ut universitas elegit sibi imperatorem, debent isti censere eodem jure, cum illis ut surrogatum sapiat naturam ejus cui surrogatur. Preterea debent omnes simul convocari et simul actum expedire. Ideo dicit notabiliter text. in preall. c. venerabilem: »quod plus obest eleccioni contemptus unius principis non vocati quam contradiccio multorum. Nam contradiccio minoris partis principum electorum non impedit eleccionem partis majoris, sed contemptus unius principis non vocati potest facere totam eleccionem retractari. De elect. c. quod sicut et c. bone. Omnia enim hec sunt signa collegii. Inspectantibus enim ad singulos potest quilibet per se prestare consensum, ut L. per fundum. ff. de servit. rustic. pred. Sed in hoc actu eleccionis

wird, sei es auf Grund von Privilegien oder auf Grund von seit langer Zeit geübter Gewohnheit, wie durch die Wahl auf Grund von Gewohnheit erwiesen wird: [Lib. Extra, V,40], De verborum significatione, [c. 25] *abbate*. Der Papst aber konnte dies auf Grund des damals vorliegenden, überaus gewichtigen Grundes tun, weil Gottes Konsistorium und das Konsistorium des Papstes ein und dasselbe sind und die Fülle göttlicher Macht auf den Stellvertreter Gottes auf Erden übertragen worden ist. (Vgl. Lib. VI, [I,16], *De officio ordinarii*, c. [1] *Romana*, und die Anmerkung Innozenz'[IV.] zu *de jurejurando*, c. *quanto*.[29]) Insbesondere sind diese Aussagen richtig, wenn man an der communis opinio der Kanonisten festhält, daß das Römische Reich unmittelbar vom Papst abhängt, entsprechend der Anmerkung zu [Lib. Extra, II,1], *De judiciis*, c. [13] *novit*, und entsprechend dem, was weiter unten a.a.O. klargestellt werden wird. Der Papst wollte also das Römische Reich in aktivem wie passivem Sinne auf das berühmte Volk der Deutschen übertragen. Diese Auffassung erscheint nicht nur richtig, sondern auch für die Erhaltung des Reiches unbedingt notwendig zu sein.

Zweitens wird gefragt, ob denen, die die Wahl des Reichs[oberhauptes] durchführen, das Wahlrecht als Einzelpersonen oder als [Wahl]kollegium zukommt. Hostiensis war der Auffassung, daß dieses Recht ihnen als Einzelpersonen zukommt, so wie das Patronatsrecht allen Patronatsherren als Einzelpersonen zuzustehen scheint, so daß sie nicht zum Akt der Präsentation [eines Kandidaten] alle zusammen erscheinen müssen. (Ob dem so ist, wird behandelt in c. 3 *de jure patronatus*).[30] Folglich scheint für die Kurfürsten dasselbe zu gelten. Viele jedoch nahmen die entgegengesetzte Position ein, und ihnen scheint sich auch Johannes Andreae anzuschließen im Zusatz zum »Speculum [iudiciale]« im Titel *de rescript. princ.*, im vorletzten Vers des letzten §. Diese Gegenmeinung dünkt offenkundig auch dem Panormitanus die richtigere zu sein. Denn weil diese Wähler die Stelle des römischen Volkes eingenommen haben, das sich in seiner Gesamtheit den Kaiser wählte, müssen auch diese nach demselben Recht ihre Stimme abgeben wie jene, damit der Ersatz etwas von der Natur dessen zu erkennen gibt, was er ersetzt. Außerdem müssen alle an denselben Ort einberufen werden

---

29 Der Autor zitiert Lib.Extra, II,24,c.18, meint aber wohl Clement. II,9, *de iure iurando*, c.unic. *Romani*

30 Lib.Extra,III,38, c.3 *quoniam in quibusdam locis*.

necesse est, eos simul convenire, ut in constitucione Karolina declaratur, et supra tetigi. Concluditur ergo ad ipsos principes jus eligendi ut collegium, et non ut ad singulos spectare debere.

TIT. IV. AN PER NEGLIGENTIAM PRINCIPUM ELECTORUM REGEM
ROMANORUM ELIGERE CESSANTIUM POTESTAS PROVISIONIS
DEVOLVATUR AD PAPAM.

Questionem alteram prioribus subnectandam visum est: an videlicet electoribus imperii imperatorem eligere negligentibus potestas provisionis ad summum pontificem devolvatur ipso jure? Dd. dicunt, quod ex quo electoribus hujusmodi terminus a jure communi prefixus non est, principes primo per papam moneri debent, ut intra certum terminum ad eleccionem procedant; quod si non fecerint, tunc primo demum potestas devolvatur ad papam et non ante. De quo est optima gl. in c. ad apostolice. De re judic. lib. Vl. et facit c. venerabilem sepe alleg. Unde si electores intra terminum prefixum velint eligere, nec tamen possint, nichilominus tamen post admonicionem et expectacionem potestas provisionis devolvitur ad papam, nec sedes apostolica defensore careat sine culpa. Imperator enim est defensor et advocatus ecclesie, et tenetur eam pro posse defendere et exaltare, ut Clem. ne Romani. De jurejur. et LXIII. dist. tibi Domine. et c. ego Ludowicus. et idem in aliis principibus, de quo vide text. XXXIII. q. VI. c. principes et c. regum. Si preterea omnes electores scienter indignum eligerent, potestas eligendi devolvitur ad papam ipso jure se-

und gemeinsam den [Wahl]akt vollziehen. Deshalb sagt bemerkenswerterweise der Text im oben zitierten c. *venerabilem*: »Mehr schadet einer Wahl die Nichtanwesenheit eines einzigen als der Widerspruch vieler.« Denn der Widerspruch der Minderheit der Kurfürsten behindert nicht die Wahl der Mehrheit; wohl aber kann die Nichtanwesenheit eines einzigen nichtgeladenen Fürsten bewirken, daß die ganze Wahl wiederholt werden muß ([Lib. Extra, I,6,] *De electione*, c. [28] *quod sicut*, und [c. 36] *bone*). Dies alles aber sind Merkmale eines Kollegiums. Den Dingen, die sich auf Einzelpersonen beziehen, kann jeder für sich [allein] zustimmen (Digest., *de serv. rustic. pred.*, l. *per fundum*). Bei diesem Wahlakt hingegen ist es notwendig, daß sie gleichzeitig zusammenkommen, wie in der »Constitutio Karolina« erklärt wird und wie ich oben kurz dargelegt habe. Daher lautet die Schlußfolgerung: Das Wahlrecht kommt notwendigerweise den Fürsten als Kollegium und nicht als Einzelpersonen zu.

TITEL IV: Geht bei Untätigkeit der Kurfürsten
das Recht zur Einsetzung des Königs
auf den Papst über?

Es schien [mir] geboten, eine weitere Frage an die vorhergehenden anzuschließen, ob nämlich, wenn die Wähler des Reiches es versäumen, einen Kaiser zu wählen, das Besetzungsrecht ohne weiteres auf den Pontifex Maximus übergeht. Die Gelehrten sagen so: Weil diesen Wählern vom allgemeinen Recht keine zeitliche Grenze gesetzt ist, müssen die Fürsten zuerst vom Papst ermahnt werden, innerhalb eines bestimmten Zeitraums zur Wahl zu schreiten. Erst dann, wenn sie es [immer noch] nicht tun, geht das Recht [zur Einsetzung] auf den Papst über und nicht vorher. Davon handelt die ausgezeichnete Glosse zu Lib. VI, [XIV,] *De re judicata*, c. [2] *ad apostolice*. Hierher gehört auch der schon oft zitierte c. *venerabilem*. Wenn nun die Wähler innerhalb des gesetzten Zeitraumes wählen wollen, aber nicht können, geht dennoch nach vorausgegangener Aufforderung und Wartefrist das Besetzungsrecht auf den Papst über, damit der Apostolische Stuhl nicht ohne eigenes Verschulden ohne Verteidiger bleibe. Der Kaiser nämlich ist der Verteidiger und Vogt der Kirche, und er ist gehalten, sie zu verteidigen und zu fördern (Clement.,

cundem omnes Dd. Quia ex quo potestatem eligendi habuerunt, a papa, debet redire illa potestas ad papam, si ea abutuntur arg. c. gratum. De elect. Est tamen verum, quod papa non potest sine causa privare electores imperii potestate eligendi, vel eorum potestam impedire, quod papa in temporalibus non debet se sine maxima causa intromittere, ut in c. causam. Qui fil. sunt legit. et quod not. gl. in c. ad apostolice sup. alleg. Nam privilegium semel concessum de sui natura perpetuum, non debet revocari, ut not. Innoc. de judic. novit.

TIT. V. AN ELECTUS IN ROMANORUM REGEM ANTE PAPALEM APPROBACIONEM ET CORONACIONEM JURA IMPERII POSSIT ADMINISTRARE.

Visum est de sacratissimi rectoris imperii eleccione; nunc questio altera, que apud scholasticos moveri solet, dispicienda esse videtur: »Utrum ad apicem imperii electus ante papalem approbacionem et coronacionem jura imperii administrare possit«?

Olim inter literarum doctissimos varie in hac re opiniones fuere, et quod sola eleccio non sufficeret ad administracionem, aliqui multis nitebantur viribus et racionibus astruere, ex quibus pluribus pauca perstringamus. Nam per eleccionem electus consequitur jus in vere et potestatem administrandi [in *habitu*, sed per approbacionem datur jus in re et potestatem administrandi in *actu*][6], ut dicit gl. singularis LXIII. dist. c. V. et not. in c. transmissam. De elect. et fac. c. avaricie. eod. tit. lib. VI. Preterea nichil operatur antequam sit. L. ult. D. de collat. bonor. Sed imperator in coronacione dicitur oriri,

---

6 Fehlt in L.

[II,9], *De iureiurando*, [c. unic.] *Romani*, und Dist. LXIII, [c. 33] *tibi Domine* und c. [30] *ego Ludowicus*). Dasselbe gilt auch für die anderen Fürsten. (Vgl. den Text Causae, XXXIII, q. 6, *principes* und c. *regum*.[31] Des weiteren, wenn alle Wähler wissentlich einen Unwürdigen wählen würden, geht das Besetzungsrecht ipso jure auf den Papst über. So die Auffassung aller Gelehrten. Denn weil sie das Wahlrecht vom Papst haben, muß jenes Recht an den Papst zurückfallen, wenn sie dieses mißbrauchen, wie [Lib. Extra, I,6,] *De electione*, c. [2] *gratum*, argumentiert. Dennoch ist es richtig, daß der Papst nicht grundlos den Wählern des Reiches das Wahlrecht rauben oder ihr Recht behindern kann, weil sich der Papst nicht ohne ganz schwerwiegende Gründe in die weltlichen Dinge einmischen darf. (Vgl. [Lib. Extra, IV,17] *Qui fili sint legitimi*, c. [4] *causam*, und die Glosse zum o. zitierten c. *ad apostolice*.) Denn ein Privileg, das einmal zugestanden wurde, ist seiner Natur nach ewig und darf nicht zurückgenommen werden, wie Innozenz [IV.] zu [Lib. Extra, II,1,] *De judiciis*, c. [13] *novit*, bemerkt.

TITEL V: Kann der erwählte Römische König vor der päpstlichen Approbation und Krönung die Rechte des Reiches wahrnehmen?

Nachdem wir den Blick auf die Wahl des Herrschers des hochheiligen Reiches gelenkt haben, ist nunmehr eine andere Frage zu erörtern, die bei den Scholastikern gestellt zu werden pflegt. Kann der an die Spitze des Reiches Gewählte vor der päpstlichen Approbation und Krönung die Rechte des Reiches wahrnehmen?

Früher gab es hierüber unter den größten Gelehrten verschiedene Meinungen, und einige suchten mit großer Anstrengung und vielen Gründen nachzuweisen, daß die bloße Wahl nicht zur Führung der Geschäfte hinreiche. Von den vielen [vorgebrachten Argumenten] werden wir nur einige kurz berühren.

Durch die Wahl erlangt der Gewählte das Recht an der Sache und die Verfügungsgewalt als Innehabung des Rechtstitels; durch die Approbation wird das Recht an der Sache und die Verfügungsgewalt in Form der tatsächlichen Ausübung verliehen. (Vgl. die einzig-

---

31 Richtig: Causae, XXIII, q.5, c.20 *principes* und c.23 *regum*.

et sic incipere esse. L. omnes. D. de fer. ibi; vel ortus imperii protulerunt, ubi glo. ibidem, id est coronacio. Dicebant eciam illud persuaderi posse ex antiqua constitucione regum veteris testamenti, qui per viam eleccionis ad regimen Israelitici populi fuerunt assumpti, quorum gesta sunt nobis in accionibus speculum, tanquam ab infallibili Dei providencia preordinata, ut ait apostolus I. Corinth. c. X. Omnia illa in figura contingebant, scripta autem sunt propter nos, in quos fines seculorum devenerunt. Saul autem primus rex Israel etsi ex mandato domini fuisset per Samuelem prophetam electus inunccionem tamen et solempnitates, quas regalis exposcebat dignitas, non administravit Israeliticum regnum, ut legitur I. reg. IX. Hoc idem de David regum Israel invictissimo patet, qui post divinam eciam eleccionem longo tempore administracionem non habuit. Et cum sit eadem racio in imperatore et regibus Israeliticis, eadem eciam juris disposicio inter illos esse debere videtur arg. c. translato. De constit.

Sed contrarium tenet gl. in Clem. c. Romani. De jurejur. Que opinio recepta est ex conswetudine, ut electus in regem Romanorum ex sola eleccione adquirat potestatem administracionis. Ex quo patet, quod rex Romanorum, qui nondum est imperator vel coronatus, privilegia dare possit. de quo fac. not. in Specul. de rescript. princ. § fin. vers. neque quod est obtentum. Hocque disputavit et tenuit insignis legum doctor Iacobus de Arena, cujus questionem ad literam posuit. Cyn. in L. bene a Zenone. C. de quadr. prescript. Innoc. in c. venerabilem dicit: »Quod si imperator non possit recipere coronam in loco debito, nichilominus auctoritatem administrandi a Coloniensi episcopo, ad quem spectat, consequitur«; vel ex ipsa eleccione habet illam. Secundum eum refert Hostiens. de verb. signif. c. super quibusdam, quod vidit in Alamannia per principes judicari et teneri, quod rex Romanorum post eleccionem concordem habeat

artige Glosse zu Dist. LXIII, c. 5 [*si per ordinationem*], die Anmerkung zu [Lib. Extra, I,6], *De electione*, c. [15] *transmissam*, und zu Lib. VI, [I,6, *De electione*, c. 5] *avaricie*.) Außerdem: Nichts wirkt, bevor es ist. (Digest., *de collat. bonor.*, l. ultima.) Man sagt aber, daß der Kaiser durch die Krönung »aufsteige« und so zu sein beginne (Digest., *de fer.*, l. *omnes*). Dort, nämlich in der Krönung, setzten sie auch den Beginn der kaiserlichen Befehlsgewalt an. (Vgl. die Glosse zur genannten Stelle.) Ferner sagten sie, daß man dies auch auf Grund der alten Einsetzung von Königen im Alten Testament plausibel machen kann, die durch Wahl zur Leitung des Volkes Israel bestellt wurden und deren Taten für unser Handeln einen Spiegel abgeben, da sie ja durch die unfehlbare Vorsehung Gottes vorausgeplant sind, wie der Apostel 1. Korinther sagt: »Alles was sich sich bei ihnen ereignete, ereignete sich in der Form eines Vorverweises; aufgezeichnet aber wurde es wegen uns, die wir in der Endzeit leben.« Saul aber, der erste König Israels, war zwar auf Befehl des Herrn durch den Propheten Samuel erwählt, regierte jedoch vor der Salbung und den Feierlichkeiten, die die königliche Würde erforderte, das israelische Reich nicht, wie man 1. Könige 9 liest. Dasselbe trifft auch auf David zu, den siegreichsten der Könige Israels, der gleichfalls nach der göttlichen Wahl für lange Zeit nicht die Regierungsgeschäfte führte. Und da die Grundlage für den Kaiser und die Könige Israels die gleiche ist, muß, wie es scheint, für beide auch dieselbe Rechtsordnung gelten. (Vgl. [Lib. Extra, I,2] *De constitutione*, c. [3] *translato*.)

Die entgegengesetzte Meinung vertritt die Glosse zu Clement., [II,9] *De jurejurando*, c. *Romani*. Diese Meinung wurde durch Gewohnheit zur communis opinio, daß nämlich der erwählte Römische König allein schon auf Grund der Wahl die Regierungsgewalt erwirbt. Daraus wird deutlich, daß der Römische König, der noch nicht Kaiser oder gekrönt ist, Privilegien vergeben kann. (Darüber handelt die Anmerkung zu »Speculum [iudiciale]«, *de rescript. princ.*, letzter §, v. *neque quod est optentum*.) Dies erörterte und vertrat auch der berühmte Gesetzesgelehrte Jacobus de Arena, dessen Fragestellung bereits Cynus wörtlich formulierte (Cod., *de quadr. prescript.*, l. *bene a Zenone*). Innocentius sagt zu [Lib. Extra, I,6,] *De electione*, c. [34] *venerabilem*: »Wenn der Kaiser die Krone nicht am vorgeschriebenen Ort empfangen kann, erlangt er nichtsdestoweniger die Regierungsvollmacht durch den Kölner Bischof,

omnem potestatem quam imperator, et quod unccio nihil addit. Et fac. quod not. Io. Andr. in d. Clem. ne Romani, se vidisse formas quarundarum literarum, que de registro Innocencii tercii dicuntur extracte, que emanarunt in negocio discordis eleccionis, de qua loquitur prefata decret. venerabilem, quarum altera dirigebatur archiepiscopis, prelatis et principibus Alamannie et Slavoniae, altera specialiter Moguntino, inter alia referentes, quod inconcussa conswetudo imperii et racioni consona et jure subnixa per pacienciam sedis apostolice tolerata, et per tolleranciam approbata habet. Quod duobus in discordia electis uterque jura imperii administrat, ut rex, et omnem imperii jurisdiccionem exercet. Quod declarat ibi papa locum habere, donec per papam alterius eleccio fuerit approbata, vel reprobata, et validitas gestorum ex futuro dependet eventu, de quo in l. jure nostro § fin. D. de testam. et c. nihil De elect.

Est tamen receptum, quod electus et approbatus ad regimen Romani imperii non dicitur imperator sed rex, neque ante coronacionem utitur bulla, sed tantum sigillo, quemadmodum papa aliter utitur bulla ante coronacionem quam post, ut not. gl. pen. in Clem. ne Romani s. alle. et in fine. VI libri superdata.

TIT. VI. DE ROMANORUM REGIS UNCCIONE, ET TRIPLICI EJUSDEM CORONACIONE.

Postquam in regem electus augustalem adeptus est principatum, papalique fuerit approbacione stabilitas in regnum, ad imperialia jura suscipienda, hoc est, ad unccionem et coronacionem animum convertere debet. Sumpsit autem exordium hec inunccio regum ex ve-

dem dies zukommt, oder er hat sie auf Grund der Wahl selbst.« Ihm folgend berichtet Hostiensis zu [Lib. Extra, V,40,] De verborum significatione, [c. 26] *super quibusdam*, daß in Deutschland die Fürsten [die Rechtslage] so beurteilen und daran festhalten, daß der Römische König nach einmütiger Wahl die ganze kaiserliche Macht haben soll und daß die Weihe nichts hinzufügt. Dazu paßt, daß Johannes Andreae zu Clement., [II,9,] *De jurejurando*, c. *Romani*, anmerkt, er habe die Kopien einiger Briefe gesehen, die aus dem Register Innozenz III. ausgezogen sein sollen, Briefe, die anläßlich der zwiespältigen Wahl ausgefertigt wurden, von der der genannte Kanon *venerabilem* spricht. Der eine [Brief] richtete sich an die Erzbischöfe, Prälaten und Fürsten Deutschlands und Slawoniens, der andere speziell an den Mainzer [Erzbischof]. Sie enthielten u. a., daß die unangefochtene, vernunftkonforme und vom Recht gestützte Gewohnheit des Reiches, die von der Langmut des apostolischen Stuhls geduldet und durch die Duldung gebilligt wurde, dahin geht, daß bei zwiespältiger Wahl jeder der beiden Gewählten als König die Reichsgeschäfte führt und richterliche Rechtsgewalt ausübt. Dies, so erklärt der Papst ebenda, gelte solange, bis durch den Papst die Wahl des einen von beiden gebilligt bzw. abgelehnt sei; und so hängt die Gültigkeit der durchgeführten [Rechts]geschäfte von einem zukünftigen Ereignis ab. (Vgl. hierzu Digest., *de testam.*, l. *jure nostro*, letzter §, und [Lib. Extra, I,6,] *De electione*, c. [44] *nihil*.)

Es hat sich jedoch eingebürgert, daß der zur Lenkung des Römischen Reiches Erwählte und Approbierte nicht Kaiser, sondern König genannt wird und vor der Krönung sich nicht der Bulle, sondern nur des Siegels bedient, so wie der Papst sich vor der Krönung in anderer Weise der Bulle bedient als nachher, wie die oben zitierte und dem Ende des Lib. VI hinzugesetzte Glosse zu Clement. [II,9], *De iureiurando*, [c. unic.] *Romani* anmerkt.

TIT. VI: Die Salbung des Römischen Königs und seine
dreifache Krönung

Nachdem der erwählte König seine erhabene Herrschaftsstellung erlangt hat und durch die päpstliche Anerkennung in seinem Königtum gefestigt worden ist, muß er sein Augenmerk auf die Übernahme der kaiserlichen Rechtsgewalt, d. h. auf die Salbung und die

teri testamento, ubi non solum ungebatur sacerdos, sed eciam rex atque propheta, sicut in hoc regum dominus precipit Eliae: »Vade et revertere in domum tuam per desertum in Damascum, cumque perveneris illuc, unges Azabel in regem super Syriam, et Iehu filium Nansi unges regem super Israel; Elizeum autem filium Zaphat, qui est de Abel, unges prophetam pro te«. Et Samuel cum ex precepto domini constituisset Saul in regem super Israel, tulit cornu olei, effundensque super caput ejus dixit: »Unxit te Deus super hereditatem suam in principem, et tu liberabis populum ejus de manu inimicorum illius.« I. reg. cap. X. Quondam vero princeps in capite ungebatur, ut pontifex, nunc autem principis uncclo a capite ad brachium est translata, ut legitur in c. unico. De sacram. uncc. In brachio enim sive in humero vel in armo principatus congrue designatur, juxta quod legitur in Isaia: »factus est principatus super humerum ejus. Ad quod plane significandum Samuel fecit poni armum ante Saul, cui dederat locum in capite ante eos, qui fuerant invitati. Reffert autem inter pontificis et principis unccionem, quod caput pontificis chrismate consecratur, brachium autem principis oleo delinitur, ut ostendatur, quanta sit differencia inter auctoritatem pontificis et principis potestatem. Porro bis Romanus princeps inungitur, primo quidem Aquisgrani a Coloniensi archiepiscopo in regem, et deinde Rome in basilica S. Petri ad altare S. Mauricii per Ostiensem episcopum, cui hoc ex privilegio competit, et de mandato pape in imperatorem consecratur. Ex Romanis vero principibus primus unctus fuit magnus Karolus; prius namque imperatores, quamvis coronatos, unccione tamen delinitos fuisse hystoriis me legisse non memini.

Triplici preterea corona orbis princeps coronatur, ut habetur in pontificali; ferrea videlicet, quam a Coloniensi archipontifice accipit, secunda argentea ab archipresule Mediolanensi, et tercia aurea a summo omnium pontifice et Christi vicario coronatur. Sic olim in tribus metallis dabatur tributum Romanis, ut scribit Ioan. Andr. De

Krönung richten. Diese königliche Salbung hatte ihren Anfang im Alten Testament, wo nicht nur der Priester, sondern auch der König und Prophet gesalbt wurden, wie im Buch der Könige der Herr dem Elia gebietet: »Geh und kehre durch die Wüste nach Damaskus zurück in dein Haus, und wenn du dort angelangt bist, salbe Azabel zum König über Syrien und salbe Jehu, den Sohn des Nansus, zum König über Israel. Elias aber, den Sohn des Saphat und Enkel des Abel, salbe zum Propheten an deiner Statt.« Und nachdem Samuel nach der Vorschrift des Herrn Saul zum König über Israel eingesetzt hatte, nahm er ein Horn mit Öl, goß es über dessen Haupt und sagte: »Gott salbte dich zum Fürsten über sein Erbe, und du wirst sein Volk aus der Hand seiner Feinde befreien.« 1. Könige 10. Einst wurde das Haupt des Fürsten gesalbt, wie das des Priesters, jetzt hingegen ist die Salbung des Fürsten vom Haupt auf den Arm übertragen, wie man in De sacram. uncc., c. *unico*, liest. Durch den Unterarm oder durch die Schulter oder den Oberarm wird passend die Herrschaft bezeichnet, entsprechend der Stelle bei Jesaja: »Die Herrschaft ward auf seine Schultern gelegt.« Um diese tiefere Bedeutung sinnfällig zu machen, ließ Samuel Saul einen Oberarm vorsetzen, ihm, dem er den Sitzplatz [am Tisch] ganz vorn vor den [übrigen] Geladenen zugewiesen hatte. Der Unterschied zwischen der Salbung des Bischofs und des Fürsten, daß nämlich das Haupt des Bischofs mit Chrisam geweiht, der Arm des Fürsten dagegen mit Öl gesalbt wird, hat eine tiefere Bedeutung; soll doch dadurch deutlich werden, wie groß der Unterschied zwischen der bischöflichen Autorität und der fürstlichen Gewalt ist. Des weiteren wird der Römische Kaiser zweimal gesalbt. Zuerst wird er in Aachen vom Kölner Erzbischof zum König gesalbt und sodann in Rom in der Kirche des Hl. Petrus am Altar des Hl. Mauritius im Auftrag des Papstes zum Kaiser gesalbt, u.z. durch den Bischof von Ostia, dem dies als Vorrecht zukommt. Von den Römischen Kaisern wurde als erster Karl der Große gesalbt; denn in früherer Zeit wurden die Kaiser zwar gekrönt, doch erinnere ich mich nicht, in den Geschichtswerken gelesen zu haben, daß sie auch gesalbt wurden.

Außerdem wird der Herrscher des Erdkreises mit einer dreifachen Krone gekrönt, wie im Pontifikale festgelegt ist, nämlich mit einer eisernen, die er aus der Hand des Kölner [Erzbischofs], und einer zweiten, silbernen, die er aus der Hand des Mailänder Erzbischofs empfängt; mit der dritten, goldenen, wird er vom höchsten aller Bi-

fide instrum. c. inter dilectos super gl. judicio. et de hiis coronis ex ordine videndum erit.

Romanorum inclitus Augustus ad regales infulas procedere volens illustri atque copiosa stipatus procerum et magnatum comitiva solempniter, ut regalem decet majestatem, ad Aquisgranum nobilissimum Westphalie oppidum pergit, ubi sedes unccionis et coronacionis cis Alpes a magnifico Karolo constituta est; illucque veniens a principibus electoribus tam ecclesiasticis quam secularibus ibidem tunc ad hunc actum celebrem congregatis eo honore, quem regia meretur majestas, suscipitur, et magnifice cum ingenti cordis et oris leticia intonizatur. Die quoque statuta ad ecclesiam sancte Dei genitricis et rex et principes omnes conveniunt, ubi ante majus altare sedes regia parata est, atque decenter adornata. Archipresules vero Coloniensis, Trevirensis atque Maguntinus pontificalibus insigniis decorati; seculares autem senatoria toga et penula, id est veste longa et talari induti, hermelinoque vellere in modum almucii pectore circum amicti procedunt. Tunc quoque reverendissimus Coloniensis archipresul, cui ex officii dignitate incumbit Romanorum regem cis Alpes et inungere et coronare, divinum peragit officium, et astantibus sibi ceteris principibus coelectoribus suis inter divinum officium, brachium ejus dexterum cum exorcizato et inter scapulas perungit. Ac deinde coronam ferream capiti ejus imponit, que fortitudinem designat, qua vincere debet rebelles et infideles conculcare, ut XXXVI. q. I. c. penult. in fin. et. not. gl. in d. Clem. ne Romani. sepe alleg. Sicque rex coronatus prima corona in sede sua relocatur, peractoque divino officio dies illa a principibus et nobilibus regni lete et festive nimis agi conswevit.

schöfe und Stellvertreter Christi gekrönt. So wurde einst in diesen drei Metallen die Tributzahlung an die Römer entrichtet, wie Johannes Andreae, De fide instrum., c. *inter dilectos* über die Glosse *judicio* schreibt. Diese Kronen gilt es nun der Reihe nach zu betrachten.

Wenn der erhabene Römische Herrscher zur Königskrönung aufbricht und mit erlauchtem und zahlreichem Gefolge von Adeligen und Großen feierlich, wie es sich für die königliche Majestät ziemt, nach Aachen, der hochedlen Stadt Westfalens, zieht, die der glorreiche Karl zum Ort der Salbung und der Krönung diesseits der Alpen bestimmt hat, wird er, dort angekommen, von den geistlichen und weltlichen Kurfürsten, die sich ebendort zu diesem feierlichen Akt versammelt haben, mit der der königlichen Majestät gebührenden Ehre empfangen und in aller Pracht und mit ungeheurer Freude des Herzens und der Stimme inthronisiert. Am festgesetzten Tag kommen der König und alle Fürsten zur Kirche der Heiligen Gottesmutter, wo vor dem Hochaltar der Königsthron aufgeschlagen und schön geschmückt ist. Voraus schreiten die Erzbischöfe von Köln, Trier und Mainz im Schmuck ihrer bischöflichen Insignien und die weltlichen [Kurfürsten], angetan mit Senatorentoga und Pänula, d. h. einem langen, bis zu den Knöcheln reichenden Gewand und einem den Oberkörper bedeckenden Hermelinpelz, geschnitten wie eine Mozetta. Dann feiert der hochwürdigste Erzbischof von Köln, dem es auf Grund der Würde seines Amtes obliegt, Salbung und Krönung des Römischen Königs diesseits der Alpen vorzunehmen, den Gottesdienst. Während des Gottesdienstes salbt er, assistiert von den übrigen Kurfürsten, den rechten Arm des Königs und die Stelle zwischen den Schultern mit Öl, über das ein Exorzismus gesprochen worden ist. Dann setzt er auf dessen Haupt die eiserne Krone, die die Stärke bezeichnet, mit der er die Aufrührer zu besiegen und die Ungläubigen zu vernichten hat. (Vgl. Causa XXXVI, q. 1, vorletzter c. gegen Ende;[32] ferner die mehrfach zitierte Glosse zu Clement. [II,9], *De iureiurando*, [c. unic.] *Romani*.) So mit seiner ersten Krone gekrönt, nimmt der König wiederum auf seinem Thron Platz. Nach Ende des Gottesdienstes ist es Brauch, daß die Fürsten und Edlen des Reiches den Tag fröhlich und in großer Heiterkeit zubringen.

---

32 Richtig: Causa XXIII,q.1, c.6 *apud veros*.

Sane Romanorum princeps a Coloniensi pontifice regio dyademate coronatus, ad imperialeque fastigium ascendere volens, cum copioso et magno principum et optimatum exercitu in Ytaliam, se iterum disponit. Verum priusquam ingrediatur Ytaliam, vel ibidem jura aliqua exerceat, sub testimonio suarum patencium literarum in manibus ambassiatorum a summo pontifice ad eum specialiter ad hoc missorum promittere, et tactis sacrosanctis evangeliis juramento firmare conswevit, ut legitur in d. Clem. ne Romani:

»*Quod* ecclesiam Romanam et fidem Catholicam pura fide totisque viribus conservare reverenter et defensare velit, omnem heresin et schisma, et hereticos et quoslibet fautores, receptatores et defensores ipsorum exterminare pro posse suo; ac nunquam cum saraceno, pagano, schismatico, seu alio quolibet communionem Catholice fidei non habente, aut cum aliquo alio prefato ecclesie inimico, rebelli vel eidem manifeste suspecto unionem quamlibet, parentelem aut confederacionem inire velit, sed tam pape quam suorum successorum personas, honorem et statum manutenere, defendere et conservare contra omnes homines, cujuscunque existant preeminencie, dignitatis aut status«. Eidem adjiciens juramento: »quod manuteneat semper atque servet privilegia omnia per predecessores suos reges ac imperatores Romanos prefate Romane ac aliis quibuslibet ecclesiis quocunque concessa tempore ac continencie cujuscunque, ipsaque omnia et specialiter ac precipue per preclare memorie Constantinum, Karolum, Heinricum, Ottonem quartum, Fridericum II. ac Rudolphum predecessores ipsius super concessione, recognicione, quittitatione ac libera divisione terrarum et provinciarum Romane ecclesie, ubilibet positarum, sedi apostolice Romanisque pontificibus sub quocunque tenore concessa recognoscat, confirmet, et ex certa sciencia innovare velit, et de novo concedat, et terras ipsas atque provincias recognoscat ad jus et proprietatem ipsius ecclesie plenissime pertinere«. Sub predicto se obligans juramento: »quod nullo unquam tempore occupet, seu quantum in eo sit, ab alio permittat occupari; nec in eis aut aliqua parte ipsarum, jura aliqua, possessiones seu et tenutas habere, quomodolibet possidere, nec in eis eciam potestatis seu cujusvis capitanie, officium aut jurisdiccionem quamcunque per se vel per alium exercere velit. Quodque ut princeps Catholicus, et sepedicte ecclesie advocatus atque defensor, ipsam juvare velit, et consiliis atque et auxiliis ipsi assistere oportunis contra quoslibet rebelles et inobedientes eidem, et precipue contra

Wenn dann der vom Kölner Bischof mit dem königlichen Diadem gekrönte Römische König beabsichtigt, die höchste Würde des Kaisertums anzustreben, trifft er Vorkehrungen, mit einem zahlreichen und bedeutenden Heer von Fürsten und Adeligen nach Italien zu ziehen. Bevor er jedoch den Boden Italiens betritt und bevor er dort irgendwelche Herrschaftsrechte ausübt, verlangt der Brauch, daß er – unter Beglaubigung durch ein offizielles Schreiben – in die Hände von Botschaftern, die eigens deswegen vom Pontifex Maximus zu ihm gesandt wurden, verspricht und unter Berührung der Heiligen Evangelien eidlich bekräftigt (wie Clement., [II,9, *jurejur.*, c. unic.] *Romani* nachzulesen), »daß er die Römische Kirche und den katholischen Glauben in ungeheuchelter Treue und mit allen Kräften ehrfürchtig bewahren und verteidigen, jede Häresie und jedes Schisma und alle Häretiker, so gut er kann, vernichten will und mit ihnen alle, die solche begünstigen, aufnehmen und verteidigen; ferner, daß er niemals mit einem Sarazenen, Heiden und Schismatiker oder einem anderen Menschen, der außerhalb der Gemeinschaft des katholischen Glaubens steht, sowie irgendeinem, der dieser Kirche feindlich gesonnen ist, ihr widerstrebt oder ihr eindeutig verdächtig erscheint, Gemeinschaft halten, ein Verwandtschaftsverhältnis begründen oder ein Bündnis schließen wird, daß er vielmehr entschlossen ist, die Person, die Ehre und die Stellung des Papstes und seiner Nachfolger zu schützen, zu verteidigen und zu bewahren gegen alle Menschen gleich welcher hohen Stellung, Würde und Ranges.« Diesem Eid fügt er hinzu, »daß er jederzeit alle Vorrechte garantiert und respektiert, die durch seine Vorgänger, die Römischen Könige und Kaiser, der genannten Römischen und allen anderen Kirchen wann auch immer und welchen Inhalts auch immer zugestanden worden sind, und daß er bereit ist, all dies und insbesondere und vorrangig die durch Konstantin, Karl, Heinrich, Otto IV., Friedrich II. und Rudolf, seine Vorgänger erhabenen Gedenkens, dem Apostolischen Stuhl und den Römischen Päpsten in welcher Form auch immer gemachten Zugeständnisse hinsichtlich der Übereignung, Bestätigung, Überlassung und freien Verfügungsgewalt über Länder und Provinzen der Römischen Kirche, gleich wo gelegen, anzuerkennen, zu bestätigen und nach sicherer Kenntnis zu erneuern, wiederum zuzugestehen und anzuerkennen, daß diese Länder und Provinzen in vollem Umfang zum Rechtsbereich und zum Besitztum ebendieser Kirche gehören.« Unter dem genannten Eid verpflichtet er sich, »daß er

occupantes seu turbantes terras predictas, seu provincias, seu partem quamlibet earundem«. Sub eodem eciam juramento promittit: »quod tam ipsam Romanam ecclesiam, quam alias ecclesias libertatem ecclesiasticam, bona, jura, prelatos et ministros ecclesiarum ipsarum manuteneat, conservet ac defendat pro posse suo. Et quod ecclesie Romane vasallos contra justiciam nullatenus offensuros devotos atque fideles ecclesie eciam imperio constitutos benigne tractare, nec eos opprimere contra justiciam, aut quantum in eo sit, per alium opprimi sustineat, sed in suis pocius juribus et justiciis conservare velit«.

Hoc itaque prestito juramento rex magnificus in regali magnificencia in Ytaliam ingreditur, primoque ingressu ad villam Mediolanensis dioeceseos et prope Mediolanum sitam, que Modicia dicitur, contendere debet, ubi quondam sepultura regum Langobardorum fuit, quorum colla confregit primus imperator Germanus Karolus magnus, sueque gentis tyrannidem bello perdomuit. Illuc namque Romanorum rex secundam ibi regni sui coronam, scilicet argenteam, recepturus venit, quam sibi reverendissimus Mediolanensis archipontifex ex officii sui dignitate prestare consweveit. Refert tamen gl. in preall. Clem. ne Romani, Henricum imperatorem, de quo ibi textus mencionem facit, coronam argenteam recepisse in basilica S. Ambrosii. Suscipit ergo gloriosus Augustus in Lombardia alterum et secundum dyadema regni, quod argenteum esse debet. Argentum namque designans mundiciam et claritatem significat ipsum principem talem esse debere. Tum inde progrediens regum omnium princeps Romam pergit imperiale ibidem dyadema suscepturus. Et (ut in

nie und zu keiner Zeit [diese Länder] besetzen werde und daß er, soweit es an ihm liegt, nicht zulassen werde, daß ein anderer sie besetzt. Ferner [erklärt er], daß er nicht die Absicht habe, in diesen [Ländern] oder einem Teil von ihnen irgendwelche Rechte, Grundstücke und Landgüter zu beanspruchen oder auf irgendeine Weise zu besitzen und auf diesen [Territorien] auch nicht das Amt eines Podestàs oder eines Kapitans oder sonst irgendeine Form von Rechtssprechung weder persönlich noch durch einen anderen auszuüben. Und daß er als katholischer Fürst und Vogt und Verteidiger der genannten Kirche diese unterstützen und mit Rat und hilfreicher Tat ihr beistehen wolle gegen alle, die sich ihr widersetzen und ihr den Gehorsam verweigern, insbesondere gegen jene, die die vorgenannten Ländereien und Provinzen oder einen Teil derselben besetzen oder beunruhigen.« Unter demselben Eid verspricht er auch, »daß er die Römische Kirche selbst ebenso wie die anderen Kirchen, die Freiheit, die Güter, Rechte, Prälaten und Diener der Kirchen nach Kräften erhalten, bewahren und verteidigen werde. Und daß er bereit ist, die Vasallen der Römischen Kirche, die nicht gegen die Gerechtigkeit verstoßen, [sondern] hingebungsvoll dienen und sowohl der Kirche als auch dem Reich treu ergeben sind, liebevoll zu behandeln, sie nicht ungerecht zu unterdrücken und, soweit es an ihm liegt, von anderen unterdrücken zu lassen, sondern sie in ihren Rechten und Gerechtsamen zu schützen.«

Hat er diesen Eid geleistet, betritt der glorreiche König unter königlicher Prachtentfaltung den Boden Italiens. Die erste Etappe seiner Fahrt muß eine in der Mailänder Diözese und nahe bei Mailand gelegene Stadt namens Monza zum Ziel haben, wo ehedem die Grablege der langobardischen Könige war. Der deutsche Kaiser Karl der Große hat als erster deren Nacken gebeugt und die Aggressivität ihres Volkes im Krieg bezwungen. Dorthin also geht der Römische König, um die zweite, die silberne Krone seines Königtums in Empfang zu nehmen, die der Gewohnheit entsprechend der hochwürdigste Erzbischof von Mailand kraft der Würde seines Amtes übergibt. (Die Glosse zur o. zitierten Stelle Clement., *Romani* berichtet allerdings, daß Kaiser Heinrich, von dem dort im Text die Rede ist, die silberne Krone in der Basilika des Hl. Ambrosius empfangen hat.) So empfängt also der glorreiche König in der Lombardei das andere und zweite königliche Diadem des Königreiches, das aus Silber sein muß. Das Silber nämlich, das Reinheit und Klarheit

libro pontificali habetur, qui authenticus est, ut not. Host. de servis c. non orbi consulit) cum Romam venerit rex Romanorum, ad suscipiendam ibidem coronam imperialem, quam primum descenderit de monte gaudii et pervenerit ad ponticellum, ibi conswevit libro evangeliorum coram se posito hoc juramentum prestare Romanis: »*Ego Fridericus* Romanorum rex annuente domino futurus imperator, juro etc.«. Sane quando coronari debet, cum pervenerit ad portam Collinam, que est juxta castellum Crescentii sive S. Angelii, recipitur honorifice ibi a clero urbis cum crucibus et thuribulis ibidem congregato, et processionaliter deducitur usque ad gradus S. Petri, cantantibus universis ante eum: »Ecce ego mitto angelum meum qui preparabit viam ante faciem tuam etc.«. Responsa sub dominica adventus feria quarta. Camerariis seu dispensatoribus ipsius missilia seu pecunias in vulgo longe ad turbam arcendam spargentibus ante ipsum, et prefecto urbis gladium anteferente. Cum autem pervenit ad plateam, que Cortina vocatur, que est ante basilicam S. Petri, tunc textrandum est a senatoribus usque ad gradus predictos, et eo ibi descendente equus quo insidet, dandus et tradendus est illis. Eo igitur ibi expectante summus pontifex cum omnibus ordinibus suis preperatus in secreta tanquam missam celebraturus venit processionaliter usque ad suggestum aree, que est in capite graduum, ubi super fronthisterium resideat; a sinistra vero diaconus cardinalibus, primicerio et cantoribus circa illos, et magnatibus, et nobilibus et aliis officialibus et ministerialibus aule papalis. Tunc rex cum archiepiscopis et episcopis, principibus, magnatibus et optimatibus suis ascendens ad summum pontificem reverenter osculatur flexis genibus pedem ipsius, offerens ei aurum pro suo velle, et mox benigne salutatur et recipitur a domino papa ad osculum. Et summo pontifice surgente rex ipse a parte dextra et prior diaconus a sinistra deducunt eum usque ad ecclesiam sancte Marie in Turribus, ubi subdyacono ewangelii textum ante altare tenente rex ipse prestat super illum hujusmodi juramentum:

»*Ego Fridericus* rex Romanorum, annuente domino futurus imperator, promitto, spondeo et polliceor atque juro coram Deo et beato Petro, me de cetero protectorem, procuratorem et defensorem fore summi pontificis et hujus sancte Romane ecclesie in omnibus necessitatibus et utilitatibus suis, custodiendo et conservando possessiones, honores et jura ejus, quantum divino fultus adjutorio fuero, secundum scire et posse meum, recta et pura fide. Sic me Deus adjuvet

bezeichnet, gibt an, daß der Fürst von dieser Art zu sein hat. Von dort zieht der Fürst aller Könige weiter nach Rom, um ebenda die kaiserliche Krone zu erhalten. Hat der Römische König Rom erreicht, um dort die Kaiserkrone zu empfangen, pflegt er nach Auskunft des authentischen »Liber Pontificalis« (wie Hostiensis, De servis, c. *non orbi consulit* bemerkt) gleich nach dem Abstieg vom Monte della gioia und nach seiner Ankunft am Brücklein den Römern auf die ihm vorgelegte Bibel folgenden Eid zu leisten: »Ich, Friedrich, Römischer König und, so Gott will, zukünftiger Kaiser, schwöre ...« usw. Ist der Zeitpunkt der Krönung gekommen, zieht er zur Porta Collina neben der Burg der Crescentier oder Engelsburg und wird dort vom Klerus der Stadt, der sich ebenda mit Kreuzen und Rauchfässern versammelt hat, ehrenvoll empfangen und in einer Prozession bis zu den Stufen von St. Peter geleitet, wobei alle, die vor ihm hergehen, singen: »Siehe, ich sende meinen Engel, der dir den Weg bereiten wird vor deinem Angesicht« (Responsorium am Mittwoch nach dem Adventssonntag.) Währenddessen werfen vor ihm seine Kämmerer und Almoseniere Gaben und Geld in weitem Bogen unter das Volk, um die Menge fernzuhalten, und der Stadtpräfekt trägt das Schwert voran. Ist er auf dem Platz angekommen, den man Cortina nennt und der vor der Petersbasilika liegt, müssen die Senatoren zu Pferd das Geleit geben bis zu den genannten Stufen, und wenn er dort absteigt, ist ihnen das Pferd, auf dem er gesessen hatte, auszuhändigen und zu übergeben. Während der Kaiser dort wartet, legt der Pontifex Maximus mit all den Geistlichen der verschiedenen Ränge in der Sakristei die Meßgewänder an. Dann kommt er in Prozession zu der vom obersten Treppenabsatz gebildeten Fläche und nimmt dort auf dem Faldistorium Platz. Auf die erste Stufe rechts setzen sich die Kardinalbischöfe und Kardinalpriester, links die Kardinaldiakone, umgeben vom Primicerius und den Kantoren, Großen, Adeligen und anderen Amtsträgern und Dienern des päpstlichen Hofes. Jetzt steigt der König mit den Erzbischöfen und Bischöfen, Fürsten, Großen und mit seinen Edlen zum Papst hinauf und küßt ehrerbietig mit gebeugtem Knie dessen Fuß, gibt ihm ein Goldgeschenk in beliebiger Höhe. Sodann wird er vom Herrn Papst freundlich begrüßt und zum Empfangskuß zugelassen. Hat sich der Papst erhoben, geleiten ihn der König auf der rechten und der ranghöchste [Kardinal-]Diakon auf der linken Seite zur Kirche Sancta Maria in Turribus. Dort hält ein Subdiakon vor dem Altar den

et hec sancta Dei ewangelia«. Quod quidem juramentum in d. Clem. »ne Romani« eciam insertum reperitur. Deinde summus pontifex cum ordinibus suis ad altare beati Petri processionaliter procedit, et facta ibidem oracione ad sedem ascendit; rege cum suis, et tribus episcopis videlicet Hostiensi, Portuensi, et Albanensi in prefata S. Marie in Turribus ecclesia permanentibus; ubi a canonicis S. Petri receptus in fratrem imperialibus inducitur insigniis dato pallio camerario domini pape. Quo facto precedentibus canonicis et cantoribus concinunt antiphonam: »Petre amas me. Tu scis, Domine, quod amo te etc.« Responsa in natali S. Petri. Cum ad hostium basilice principis apostolorum pervenerit, que porta argentea nuncupatur, deducentibus eum hinc inde comite Lateranensis palacii, et primicerio judicum Romanorum, Albanensis episcopus ante ipsam portam argenteam hanc super eo oracionem effundit: »Deus, in cujus manu sunt corda regum, inclina« etc. Cum autem intra ecclesiam ad medium rote pervenerit, Portuensis episcopus hanc oracionem dicit: »Deus, inenarabiliter author mundi, cognitor generis humani«, etc. Post hoc procedunt, cumque ad confessionem beati Petri pervenerit, prosternunt se in terram, et prior dyaconorum super eum dicit letaniam, qua finita episcopus Hostiensis pronunciat: »Pater noster; et ne nos. Salvum fac servum tuum, Domine; esto Domine. Nichil proficiat inimicus in eo. Domine exaudi. Dominus vobiscum. Oremus. Pretende, Domine, quesumus, famulo tuo dextram«. Alia oracio: »Acciones quesumus, Domine, aspirando preveni etc.« Quo dicto procedunt ad altare S. Mauricii, ubi Hostiensis episcopus consecrat et ungit in modum crucis cum oleo exorcisato brachium ejus dextrum et inter spatulas, hanc oracionem dicendo: »Domine Deus omnipotens, cujus est omnis potestas«. Alia oracio: »Deus Dei filius Iesus Christus dominus noster« etc. Attamen per hujusmodi consecracionen aut inunccionem non dicitur habere sacrum ordinem, sed sacram majestatem. Et dicit gl. in c. Valentinianus LXIII dist. quod imperator recipit ordinem militarem, non autem non sacrum, licet pape et episcopo ministret in missa in apparatu subdyaconali. Et olim imperatores vocabantur pontifices: Instit. de rer. divis. § sacre. X. distinct. de capitulis; de quo eciam lacius not. Specul. in Tit. de legat. §. nunc ostendum vers. XXXIX. Hiis peractis ascendit rex ad altare beati Petri, ubi summus pontifex recipit eum ad osculum pacis, sicut unum de dyaconis, et mox ipse procedit ad pulpitum seu ambonem, ubi thalamus constructus cum ligno et ordinatis de paliis de-

Evangelientext und der König leistet auf ihn folgenden Eid: »Ich, Friedrich, Römischer König und, so Gott will, künftiger Kaiser, verspreche, gelobe, sage zu und schwöre vor Gott und dem hl. Petrus, daß ich für alle Zeit Schützer, Prokurator und Verteidiger des Pontifex Maximus und dieser heiligen Römischen Kirche sein werde in allem, was sie benötigt und was ihr nützt, indem ich ihren Besitz, ihre Ehre und ihre Rechte behüte und bewahre, soweit mir Gott seinen Beistand leiht, nach bestem Wissen und Vermögen, in aufrichtiger und reiner Treue. So wahr mir Gott helfe und diese heiligen Evangelien Gottes.« (Dieser Eid findet sich auch in Clement. [II,9], *De iureiurando*, [c. unic.] *Romani* inseriert.) Dann geht der Papst mit seinen Klerikern der verschiedenen Rangstufen in Prozession zum Altar des hl. Petrus, spricht dort ein Gebet und besteigt seinen Thron, während der König mit den Seinen und drei Bischöfen, nämlich dem von Ostia, Porto und Alba, in der genannten Kirche St. Maria in Turribus zurückbleibt, wo er von den Kanonikern von St. Peter als Bruder aufgenommen wird[33] – und man ihn mit den kaiserlichen Insignien bekleidet. (Seinen Mantel erhält der Kämmerer des Herrn Papstes.) Danach gehen die Kanoniker und Kantoren vor [dem König] her und singen die Antiphon »Petrus, liebst du mich? Du weißt, Herr, daß ich dich liebe« usw. (Responsorium zum Fest des hl. Petrus.) Ist man an der Tür zur Basilika des Apostelfürsten angelangt, die die »Silberne Pforte« heißt, geleiten ihn zur Rechten und zur Linken der Graf des Lateranpalastes und der Oberste der römischen Richter, während der Bischof von Alba vor der Silbernen Pforte folgendes Gebet über ihn spricht: »Gott, in dessen Hand die Herzen der Könige sind, beuge …« usf. Wenn er aber im Innern der Kirche bis zur Mitte der Rota gelangt ist, spricht der Bischof von Porto folgendes Gebet: »Gott, unaussprechlich erhabener Schöpfer der Welt, du Kenner des Menschengeschlechts …« usw. Danach gehen sie weiter, und wenn sie an der Confessio des Hl. Petrus angelangt sind, werfen sie sich auf die Erde, und der ranghöchste Diakon spricht über sie die Litanei, nach deren Beendigung der Bischof von Ostia betet: »Vater unser … und führe uns nicht … Schaff Heil, Herr, Deinem Knecht … Sei, o Herr, … Nicht soll der Feind über ihn triumphieren …« »Erhöre, Herr … Der Herr sei mit euch … Lasset uns beten: Strecke aus, o Herr, wir bitten dich, deine Rechte

---

33 D.h. der Kaiser wird Kanoniker von St.Peter.

bet esse paratus, ibique cum suis archiepiscopis, episcopis, principibus et magnatibus secundum loci capacitatem consistit. Primicerius autem et cantores in choro ante altare decantant introitum et alia. Sane hymno angelico decantato papa primam collectam dicit competentem illi diei, et secundo pro ipso imperatore hanc collectam: »Deus regnorum omnium et Christiani etc.«. Deinde responsa et aliis decantatis imperator ascendit processionaliter ad altare, et ibi papa tradit ei gladium ewaginatum de altare sumptum; in tradicione gladii curam tocius imperii sibi intelligens, et tradendo dicit: »Accingere gladio tuo super femur tuum potentissime«. Et mox cum accinctus fuit ipse imperator eximit ensem de wagina et ewaginatum ter viriliter vibrat in manu, et continuo illum ad manicam extersum in waginam reponit. Eo igitur sic accincto, et milite beati Petri facto, subsequenter apostolicus ibidem primo mitram pontificalem in caput ejus ponit, ac super mitra imperiale dyadema, quod sumit de altare dicens: »Accipe signum glorie, dyadema regni, coronam imperii«. Deinde papa dat ei mantum, et postea tradit ei sceptrum et pomum aureum, et imperatore genua flectente dicit super eum: »Dominus vobiscum. Benediccio: »Prospice, quesumus, omnipotens Deus serenis obtutibus hunc gloriosum famulum tuum etc.«. Alia oracio: »Deus, pater eterne, glorie sit adjutor tuus etc.«.

über deinen Diener …« usw. Ein anderes Gebet: »Unseren Handlungen, o Herr, komme mit deiner Eingebung zuvor …« usw. Danach schreiten sie zu dem Altar des Hl. Mauritius, wo der Bischof von Ostia seinen rechten Arm und die Stelle zwischen den Schulterblättern in Kreuzesform mit exorzisiertem Öl weiht und salbt. Dabei spricht er folgendes Gebet: »Herr, allmächtiger Gott, in dessen Hand alle Gewalt liegt, …« Ein weiteres Gebet: »Gott, Sohn Gottes, unser Herr Jesus Christus …« usw. Durch diese Weihe und Salbung wird er jedoch nicht zu einem ordinierten Geistlichen, sondern zu einer geweihten Majestät. So sagt die Glosse zu Dist. LXIII, c. [3] *Valentinianus*, daß der Kaiser eine ritterliche und nicht eine geistliche Weihe empfängt, obwohl er dem Papst und dem Bischof bei der Messe im Gewand eines Subdiakons dient und obwohl ehedem die Kaiser Pontifices genannt wurden. (Vgl. Instit., *de rer. divis.*, § *sacre*, dist. X, *de capitulis*; ausführlicher hierzu die Anmerkung zu »Speculum [iudiciale]«, Tit. *de legatione*, § *nunc ostend.*, v. 39.) Hierauf steigt der König zum Altar des hl. Petrus hinauf, wo der Papst ihn zum Friedenskuß empfängt wie einen von den Diakonen. Dann geht er zur Kanzel (auch Ambo genannt), wo ein mit Tüchern geschmücktes Throngemach aus Holz errichtet sein muß. Dort nimmt er mit seinen Erzbischöfen, Bischöfen, Fürsten und Großen Platz, soviel [von ihnen] der Ort eben fassen kann. Der Chorleiter und die Kantoren singen im Chor vor dem Altar den Introitus und das Übrige. Nach dem Absingen des Gloria spricht der Papst zuerst die Tagesoration, sodann als zweite Oration für den Kaiser die folgende: »Gott, aller Reiche und des christlichen [Reiches Schirmherr] …« usw.[34] Sind dann die Responsorien und das Alleluja gesungen, begibt sich der Kaiser prozessionsweise zum Altar. Dort nimmt der Papst ein blankes Schwert vom Altar und übergibt es dem Kaiser, wobei er mit der Übergabe des Schwertes zu verstehen gibt, daß ihm nunmehr die Sorge für das ganze Reich [anvertraut ist]. Bei der Übergabe sagt er: »Umgürte kraftvoll deine Lenden mit dem Schwert …« Sobald der Kaiser sich das Schwert umgegürtet hat, nimmt er es aus der Scheide, führt mit dem blanken Schwert drei kraftvolle Streiche, streift es an seinem Ärmel ab und steckt es dann in die Scheide zurück. Nachdem er so umgürtet und zum Ritter des hl. Petrus geworden ist, setzt ihm der Papst ebendort die bischöfliche Inful aufs Haupt und

---

[34] Vgl. Missale Romanum, Gebete zu verschiedenen Anlässen; 5. für den römischen Kaiser.

Est autem sciendum, quod hec tercia corona, qua coronatur per papam, de puro auro esse debet; et designat aurum, quod omnibus metallis est excellencius, ipsum imperatorem aliis regibus et principibus in potencia et justicia excellenciorem esse debere. Et quondam solvebatur tributum ad aurum coronarium, et ad coronacionem principis, et postea corone pendebantur in templo ad rei memoriam perpetuam; quod quidem tributum tanquam superfluum per Titum et Vespasianum sublatum fuit, et nemo hodie ad hujusmodi collacionem cogendus est, nisi conswetudo loci hoc habeat, ut L. unica C. de auro coron. lib. X. Iudei tamen hujusmodi consweverunt prestare tributum, ut dicit L. Iudeorum. C. de Judeis. Oracionibus autem supermemoratis completis imperator flexis genibus osculatur apostolicum pedem, quibus omnibus gloriosissime gestis papa ad eminenciam redit specule papalis tribunalis, et imperator scandit ad fandisterium supra in amplo gradu sub apostolici dextra paratum. Deinde coronatus incedens pomum aureum in dextra manu, in sinistra vero sceptrum portans ad thalamum redit. Eo itaque ibi cum suis prelatis et principibus assistente prior subdyaconorum cum aliis subdyaconis Romane ecclesie et capellanis aule papalis ad pectorale dextrum ante crucifixum argenteum laudes imperatoris alta voce decantant hoc modo: »Exaudi Christe, etc.«. Scriniarii vero urbis sericis capuciis induti ante pectorale in choro assistentes respondent: »Domino nostro Friderico invictissimo Romanorum imperatori et semper augusto salus et victoria«; et repetitur ter. Qua laude tercio repetita prior subdyaconorum cum suis dicit tribus vicibus: »Salvator mundi«. Scriniarii vicissim respondent: »Tu illum adjuva«. Deinde prior subdyaconorum cum suis duabus vicibus dicit: »Sancta Maria«. Et illi vicissim respondent: »Tu illum adjuva«. »Sancte Michael. Tu illum adjuva«; et sic de sequentibus Sanctis in pontificali ordinatis. Post hoc prior subdyaconorum cum suis bis

über die Inful das kaiserliche Diadem, das er von dem Altar genommen hat. Dazu spricht er: »Nimm das Zeichen des Ruhmes, das Diadem des Königreiches, die Krone des Reiches.« Dann gibt ihm der Papst den [Reichs-]Mantel und hierauf das Szepter und den goldenen Apfel. Und während der Kaiser vor ihm kniet, spricht er über ihn: »Der Herr sei mit euch ...« usw. Segensgebet: »Wir bitten dich, allmächtiger Herr, sieh mit gnädigem Blick herab auf diesen deinen ruhmreichen Diener ...« usw. Ein weiteres Gebet: »Gott, der Vater ewiger Herrlichkeit, sei dein Beschützer ...« usw.

Man muß aber wissen, daß die dritte Krone, mit der er vom Papst gekrönt wird, aus purem Gold sein muß. Das Gold aber, das edelste aller Metalle, bedeutet, daß der Kaiser die anderen Könige und Fürsten an Macht und Gerechtigkeit überragen muß. In früheren Zeiten wurde eine Abgabe für das Krönungsgold gezahlt, das heißt für die Krone des Fürsten, und hernach wurden die Kronen in der Kirche zu ewigem Gedenken [an das Ereignis] aufgehängt. Diese Abgabe wurde von Titus und Vespasian als überflüssig abgeschafft, und so ist heutzutage keiner zu dieser Spende zu zwingen, es sei denn, es handle sich um eine örtliche Gewohnheit. (Vgl. Cod., X, *de auro coron.*, l. *unica*.) Die Juden jedoch pflegen eine solche Abgabe zu leisten, wie Cod., *de Iudeis*, l. *Iudeorum*, sagt. Sind die oben genannten Gebete beendet, küßt der Kaiser mit gebeugtem Knie den Fuß des Papstes. Ist dies alles aufs glorreichste vollzogen, kehrt der Papst zur hochragenden Warte des päpstlichen Herrschersitzes zurück, während der Kaiser zum Faldistorium emporsteigt, das man auf einem weiten Treppenabsatz zur Rechten des Papstes aufgestellt hat. Dann kehrt [der Kaiser] zum Throngemach zurück, feierlich einherschreitend, auf dem Haupt die Krone, in der Rechten den goldenen Apfel und in der Linken das Szepter. Während er dort mit seinen Prälaten und Fürsten verharrt, singt der ranghöchste Subdiakon zusammen mit den anderen Subdiakonen der Römischen Kirche und zusammen mit den päpstlichen Hofkaplänen zum rechtsseitigen Pektorale vor dem silbernen Kruzifix mit lauter Stimme die Lobgesänge auf den Kaiser wie folgt: »Erhöre, Christus ...« usw. Die mit seidenen Kapuzenmantillen über dem Pektorale gekleideten Archivare der Stadt, die im Chor Platz genommen haben, antworten: »Unserem Herrn Friedrich, dem allzeit siegreichen und erhabenen Kaiser der Römer Heil und Sieg!« Dies wird dreimal wiederholt. Nach der dreimaligen Wiederholung des Lobpreises spricht der ranghöchste Subdiakon mit den Seinen

cantat: »Kyrie eleyson«. Premissis laudibus expletis legitur ewangelium; lecto ewangelio imperator corona et manto depositis accedit ad papam offerens ad pedes ejus aurum quantum sibi placuerit. Oblacione predicta facta papa descendit ad altare pro perficiendis missarum solempniis, et imperator more subdyaconi offert calicem et ampullam, et stat ibi donec pontifex ad sedem reversus communicet, ubi ipse depositis imperialibus insigniis sacram communionem de manu ejus suscipit cum osculo pacis. Quo facto resumit pomum, sceptrum pariter et coronam, et redit ad thalamum. Missa finita pontificalem benediccionem accipit, et statim procedit ad locum, ubi debet summus pontifex equitare, et cum ipse pontifex equum ascenderit, teneat sceptrum satelles ejus, et arrepto freno aliquantulum ipsum adextret, moxque suum equum ascendens equitet a sinistra parte juxta apostolicum usque ad ecclesiam S. Marie in Transpadana, ubi dato sibi osculo ad invicem non corde sed corpore separantur. Conswevit autem imperator larga prebitoria omnibus illis ordinibus exhibere, quibus ea cum coronatur summus pontifex equum elargiatur videlicet episcopis, presbyteris, dyaconibus, cardinalibus et omnibus prelatis, et primicerio, et cantoribus, subdyaconis, basilicariis, et ceteris officialibus et ministerialibus: curie prefecto, senatoribus, judicibus et advocatis, scriniariis ac prefectis monialium. Assoluit preterea imperator, cum venit super pontem Tiberis juxta castellum S. Angeli, creare milites. Dehincque erecto ante eum imperii vexillo cum aquila ad S. Iohannem Lateranensem equitare ubi manere conswevit.

dreimal: »Erlöser der Welt.« Die Archivare antworten darauf: »Sei sein Helfer!« Dann singt der ranghöchste Subdiakon mit den Seinen zweimal: »Heilige Maria.« Jene antworten darauf mit: »Sei sein Helfer!« »Heiliger Michael.« »Sei sein Helfer«, und so [weiter] mit den folgenden Heiligen, wie sie im Pontifikale aufgezählt sind. Danach singt der ranghöchste Subdiakon mit den Seinen zweimal: »Kyrie eleyson«. Sind die Laudes beendet, wird das Evangelium gelesen. Nach Lesung des Evangeliums legt der Kaiser Krone und Mantel ab, tritt vor den Papst hin und legt Gold als Gabe zu dessen Füßen nieder, soviel er eben geben will. Ist die Schenkung vollzogen, steigt der Papst [vom Thron] herab [und begibt] sich zum Altar, um die Meßfeier zu vollenden. Der Kaiser bringt wie [sonst] der Subdiakon den Kelch und das [Wasser]gefäß und verharrt dort, bis der Pontifex zu seinem Thron zurückgekehrt ist, um die Kommunion zu empfangen, wo er selbst nach Ablegung aller kaiserlichen Insignien die heilige Kommunion aus dessen Hand und den Friedenskuß erhält. Hernach nimmt er wieder den Apfel und das Szepter in die Hand, setzt von neuem die Krone auf und kehrt zum Throngemach zurück. Nach beendeter Messe empfängt er den päpstlichen Segen und geht unmittelbar anschließend zu dem Platz, wo der Papst das Pferd zu besteigen hat. Hat der Papst das Pferd bestiegen, kommt einem Gefolgsmann die Aufgabe zu, das Szepter zu halten, während [der Kaiser] den Zügel [des päpstlichen Pferdes] ergreift und das Pferd ein Stück weit führt. Sodann besteigt er sein eigenes Pferd und reitet neben dem Papst auf dessen linker Seite bis zur Kirche der Hl. Maria in Transpadia,[35] wo sie nach ausgetauschtem Kuß sich nicht dem Herzen, sondern nur dem Leibe nach trennen. Es pflegt aber der Kaiser für alle Ränge reichliche Geschenke zur Verfügung zu stellen, die bei der Krönung vom Papst an diese ausgeteilt werden, d. h. an die Kardinalbischöfe, -presbyter und -diakone, sowie an alle Prälaten, den Primicerus, die Kantoren, Subdiakone, Chorherren der Basilika, an die übrigen Offizialen und Diener, den Kurienpräfekten, die Senatoren, die Richter und Advokaten, die Archivare und Oberen der Nonnen. Außerdem pflegt der Kaiser, wenn er über die Tiberbrücke zum Castel S. Angelo kommt, den Ritterschlag zu erteilen und hierauf hinter hoch aufgerichteter Reichsfahne und aufgerecktem [Reichs]adler nach St. Johannes im Lateran zu reiten, wo er Quartier nimmt.

---

35 Gemeint ist wohl »in Trastevere«.

TIT. VII. DE BENEDICCIONE REGINE ET EJUSDEM IN IMPERATRICEM CORONACIONE.

Si vero regina in imperatricem benedicenda et coronanda sit, ipsa post regis ingressum a duobus cardinalibus deducta ingreditur ecclesiam, et episcopus Hostiensis in medio rote dicit super ipsam hanc oracionem: »Omnipotens, sempiterne Deus, fons et origo tocius bonitatis etc.«. Qua facta ducitur ad altare beati Petri et facta oracione ducitur ad osculum pedis domini pape, qui eam hilariter recipit et salutat. Ducitur autem postea ad eminentem thalamum ligneum palliis ornatum, qui ex opposito thalami regii sibi debet esse paratus, ubi cum duabus puellis ad minus et aliquibus ex principibus imperii tam ecclesiasticis quam mundanis stare debet. Demum postquam rex inunctus ad altare beati Petri ascendit, tunc ipsa deducitur a predictis cardinalibus ad dictum altare S. Mauricii, ubi ungitur similiter ab episcopo Hostiensi et de eodem oleo, et in eisdem locis, de quo et in quibus rex fuit unctus, dicente oracionem: »Sancti Spiritus gracia nostre humilitatis officio etc.«. Quo expleto ducitur ad aliquem honestum locum, ubi regiis vestibus adornatur, et ornata ad thalamum deducitur, et immediate post coronacionem imperatoris deducitur ad altare, ubi summus pontifex dat super eam hanc benediccionem: »Deus qui solus habes immortalitatem etc.«. Deinde in capite ejus mitram pontificalem imponit, ita quod cornua mitre sint a dextris et a sinistris, et super mitram coronam imperialem imponit, dicendo: »Officio nostre dignitatis imperatricem.«. Coronata itaque regina deducitur ad thalamum, et dicto ewangelio postquam imperator obtulit, ducitur ad oblacionem summo pontifici exhibendam statque in gradibus juxta absidem versus altare S. Leonis, donec de manu summi pontificis post imperatorem sacram communionem accipiat, et tunc ad thalamum reducta ibi permanebit usque ad finem misse.

Sic nuper de anno Domini MCCCCLII dominica Laetare in medio Quadragesimae, gloriosissimus et invictissimus imperator noster

TIT. VII: Die Weihe der Königin und
ihre Krönung zur Kaïserin

Wenn aber die Königin zur Kaiserin geweiht und gekrönt werden soll, tritt sie nach dem Einzug des Königs, von zwei Kardinälen geführt, in die Kirche, und der Bischof von Ostia spricht in der Mitte der Rota folgendes Gebet über sie: »Allmächtiger, ewiger Gott, Quelle und Ursprung alles Guten …« usw. Danach wird sie zum Altar des hl. Petrus geführt, und nach einem Gebet geleitet man sie zum Fußkuß des Herrn Papstes, der sie freudig aufnimmt und begrüßt. Hierauf wird sie zu dem hochragenden, mit Tüchern geschmückten hölzernen Throngemach geführt, das gegenüber dem Gemach des Königs für sie zu errichten ist. Dort hat sie mit mindestens zwei Dienerinnen und einigen geistlichen und weltlichen Reichsfürsten zu verharren. Wenn dann der König nach der Salbung zum Altar des Hl. Petrus hinaufgestiegen ist, wird sie von den genannten Kardinälen zum oben erwähnten Altar des Hl. Mauritius geführt, wo sie in gleicher Weise vom Bischof von Ostia mit demselben Öl und an derselben Stelle gesalbt wird wie der König. Dabei spricht [der Bischof] das folgende Gebet: »Die Gnade des Hl. Geistes möge unserem demütigen Dienst …« usw. Dann wird sie an einen dezenten Ort geführt, wo sie mit der königlichen Kleidung geschmückt wird. So geschmückt, geleitet man sie zum Throngemach und dann unmittelbar nach der Krönung des Kaisers zum Altar, wo der Papst ihr folgenden Segen erteilt: »Gott, der du allein Unsterblichkeit besitzst …« usw. Dann setzt er ihr die bischöfliche Inful aufs Haupt, u.z. so daß die Spitzen der Inful rechts und links sind. Über die Inful setzt er die Kaiserkrone, wobei er sagt: »Kraft der Würde unseres Amtes [übergeben wir] der Kaiserin …« usw. Wenn die Königin so gekrönt ist, wird sie zu ihrem Throngemach geführt, und wenn nach dem Absingen des Evangeliums der Kaiser seine Opfergabe dargebracht hat, wird auch sie zum Pontifex Maximus geleitet, um ihre Gabe darzubringen. Dann verbleibt sie auf den Stufen bei der Apsis gegenüber dem Altar des hl. Leo, bis sie nach dem Kaiser aus der Hand des Papstes die Heilige Kommunion empfängt. Dann wird sie zum Throngemach zurückgeführt und sie verbleibt dort bis zum Ende der Messe.

So wurde jüngst im Jahr 1452 am Sonntag Lätare, das ist an Mittfasten, unser ruhmreichster und siegreichster Kaiser Friedrich III.

Fridericus III. ab illustrissima Austrie domo exortus, cum desponsata sibi conjuge, domina Leonora, serenissimi regis Portugalliae filia, utrisque prius per papam Nicolaum quintum ad invicem matrimoniali jure desponsatis, ipse vero in Augustum, ipsa in Augustam coronati sunt, recepitque uterque a papa nupciarum et imperii coronas, et uno eodemque die simul et imperator et sponsus ostenditur, quod soli Friderico post Heraclium Augustum contigisse legitur, qui eciam simul cum sponsa sua Eudocia a Sergio patriarcha in Constantinopoli et imperiale et nupciarum dyadema suscepit. Qui quidem Fridericus preclare ac felicissime memorie Ladislao ejus nepote Bohemie et Ungarie rege adhuc admodum adolescente absque liberis defuncto, in regem postmodum eciam Ungarie a proceribus regni est electus, ipsa quoque eleccione sibi presentata nuper de anno preterito, videlicet MCCCCLIX. dominica Letare, coram decem pontificibus pontificalibus decoratis insignis, principumque multitudine copiosa, in ecclesia Dei genetricis nove civitatis Austrie, curam et gubernaculum regni suscepit; regnicolis Bohemie quendam magnatem Gersing nuncupatum, Bohemico regno preficientibus; quo proh dolor tristi casu sceptrum Bohemicum ab inclita domo Austrie sublatum est.

TIT. VIII. DE ROMANORUM IMPERATORIBUS, QUOMODO SUPRA ALIOS REGES EXCELLENTIAM HABEANT ET AUCTORITATEM.

Majestatis imperialis excellenciam descripturus vereor, ne temeritatis arguar, quod in tam limpidissimum alte excellencie speculum intuitum figere coner. Scio equidem me haud digne satis ejus alta et magnifica extollere preconia posse, idque supra vires meas existere. Nec enimvero in id opus calamum impingere in presenciarum michi animus est, sed solum pauca superioritatis illius super alios reges insignia succinctus sermo percurrat.

aus dem erlauchten Hause Österreich und die ihm angetraute Gemahlin, die Herrin Leonora, Tochter des durchleuchtigsten Königs von Portugal, zum Kaiser und zur Kaiserin gekrönt, nachdem beide zuvor von Papst Nikolaus V. in rechtmäßiger Ehe miteinander vermählt worden waren. Beide empfingen vom Papst die Hochzeits- und die Reichskrone, und an ein und demselben Tag präsentierte er sich als Kaiser und als Bräutigam. Außer Friedrich gelang solches, wie man liest, allein Kaiser Heraklius, der ebenfalls mit seiner Braut Eudokia aus der Hand des Patriarchen Sergius von Konstantinopel gleichzeitig die Kaiser- und die Brautkrone entgegennahm. Dieser Friedrich wurde schließlich, nachdem sein Neffe Ladislaus ruhmreichen und seligen Angedenkens, König von Böhmen und Ungarn, in jungen Jahren und kinderlos gestorben war, von den Edlen des ungarischen Reiches auch zum König von Ungarn erwählt. Nachdem ihm das Anerbieten dieser Wahl gemacht worden war, übernahm er jüngst, [nämlich] im vergangenen Jahr 1459, am Sonntag Lätare, vor zehn mit den bischöflichen Insignien geschmückten Bischöfen und einer großen Anzahl von Fürsten in der Kirche der Gottesmutter zu Neuburg in Österreich die Verantwortung für das Königreich [Ungarn] und dessen Leitung. Die Einwohner Böhmens jedoch beriefen einen Magnaten namens Gersing[36] an die Spitze des böhmischen Königreiches. So wurde leider durch ein trauriges Geschick das böhmische Szepter dem erlauchten Hause Österreich entrissen.

TIT. VIII: Die Vorrangstellung und die Autorität des Römischen Kaisers über die anderen Könige

Wenn ich nun darangehe, die Vorrangstellung der kaiserlichen Majestät zu beschreiben, so fürchte ich, man könnte mich der Vermessenheit zeihen, weil ich den Versuch wage, meinen Blick auf einen so überaus hell strahlenden Spiegel überragender Erhabenheit zu werfen. Ich weiß ja, daß ich nicht in der Lage bin, in angemessen würdiger Weise deren hohes und herrliches Lob zu mehren, weiß, daß dies meine Kräfte übersteigt. Freilich habe ich zum gegenwärtigen Zeitpunkt nicht die Absicht, meine Feder zu solchem Werk einzusetzen,

---

36 Gemeint ist Georg (Jerzy/Jiri) von Podiebrad.

Imperialis siquidem majestas omnes alios reges in *tribus* potissimum excellit, videlicet *dignitate, auctoritate,* et *insigniis* imperialem gloriam decorantibus.

Primo enim *dignitate* et *honore* cunctos reges antecedit imperator, quod non solum terrenus, sed et divinus sibi honor exhibitus ceteros principes merito facit anteire. Multifarie namque multisque modis Christus dominus diebus sue carnis imperium honorare dignatus est, dando in semetipso exemplum, tanquam dominus et magister, Romanum imperium ab omnibus fore honorandum. Honoravit quidem ipsum ingrediens; in ipso progrediens et ipsum egrediens. Mundum istum secundum carnem ingrediens duobus modis honoravit imperium Romanum. Primo quidem in tempore sui adventus per Cesarem Augustum totum mundum pacificavit, ut per ipsius domini adventum pax esset in universa terra ad designandum, quod ipse erit pax nostra faciens utraque unum, et per eum (ut dicit apostolus ad Colossens.) reconcilianda erunt omnia, que sunt in celo et in terra. Unde prophetarum eximius et rex invictus David canit in psalmo: »Posuit prodigia et judicia future reconciliacionis super terram, auferens bella usque ad finem terre«; et alibi: »Orietur in diebus domini abundantia pacis«. Secundo suo ingressu honorasse et approbasse videtur Romanum imperium, mox ut natus est, censui Cesaris se subdendo, quando edictum ab Augusto exiit, ut describeretur universus orbis, et singuli ibant in suas civitates, unde oriundi erant, ut confiterentur tribum suam. Unde Augustinus in gl. super ewang. Luce dicit: »Humilitas Christi commendatur, quod non solum incarnari voluit, sed in illo tempore nasci, in quo mox censui Cesaris subderetur. Deinde Christus progrediens in hoc mundo Romanum imperium dupliciter honoravit, primo quod dedit ei tributum pro se et Petro ut legitur Mathei XVII, et habetur in decretis XXIII. q. I. eciam nunc; secundo quod non solum tributum dedit, sed eciam Cesari dari precepit, dicens: »Reddite Cesari, que sunt Cesaris«. Preterea Christus egressurus mundum bis honoravit Romanum imperium. Primo dum dicentibus apostolis: »Ecce duo gladii hic«, qui duas potestates designant in presenti seculo, Christus respondit: »Satis est«. Et quid est dicere »Satis est« nisi sufficit et nihil deest. Protestatur ergo dominus, esse de sua voluntate potestatem sacerdotalem et potestatem imperialem. Unde Gelasius papa

vielmehr will ich nur mit knappen Worten einige herausragende Kennzeichen seiner Erhöhung über die anderen Könige skizzieren.

Die kaiserliche Majestät überragt vor allem in drei Dingen alle anderen Könige, nämlich im Ansehen, in der Autorität und in den Hoheitszeichen, die der kaiserlichen Herrlichkeit Glanz verleihen.

Zuerst also überragt der Kaiser alle Könige an Ansehen und Ehre, weil diese, ihm nicht nur von Menschen, sondern auch von Gott erwiesene Ehre ihn mit Recht über die übrigen Fürsten stellt. Denn verschiedentlich und mannigfaltig wollte Christus der Herr in den Tagen seines irdischen Daseins das Kaisertum ehren, und er gab selbst als Herr und Lehrer ein Beispiel dafür, daß das Römische Reich von allen zu ehren sei. Er ehrte es, als er in die Welt eintrat, als er in ihr heranwuchs und als er sie verließ. Als er dem Fleische nach in diese Welt kam, ehrte er das Römische Reich auf zweifache Weise. Zum einen befriedete er zur Zeit seiner Ankunft durch Kaiser Augustus die ganze Welt, so daß bei der Ankunft des Herrn auf der ganzen Welt Friede herrschte – zum Zeichen dafür, daß er selber unser Friede war, »der beides zur Einheit verband«, und [zum Zeichen dafür], daß (wie der Apostel im Brief an die Kolosser sagt) »alles wieder versöhnt werden sollte, was im Himmel und auf Erden ist.« Daher singt David, der hervorragende Prophet und siegreiche König im Psalm: »Er schuf Wunderzeichen und setzte Rechtserweise zukünftiger Versöhnung auf Erden, indem er die Kriege verbannte bis an die äußersten Enden der Erde.« Und an einer anderen Stelle: »Aufgehen wird in den Tagen des Herrn die Fülle des Friedens.« Zum anderen ehrt und billigt er das Römische Reich bei seinem Eintritt in die Welt dadurch, daß er sich gleich nach seiner Geburt der Volkszählung des Kaisers unterwirft, als von Augustus der Befehl ausging, daß die ganze Welt in [Steuer-]listen einzutragen sei, und als jeder in seine Stadt ging, wo er geboren worden war, um seine Stammeszugehörigkeit anzugeben. Daher sagt Augustinus in der Glosse zum Lukasevangelium: »[Damit] wird uns Christi Demut nahegebracht, daß er nicht nur im Fleisch geboren werden wollte, sondern eben in jener Zeit geboren werden wollte, in der er sich sogleich der steuerlichen Erfassung durch den Kaiser zu unterwerfen hatte.« Als dann Christus in dieser Welt heranwuchs, ehrte er das Römische Reich auf zweifache Weise. Erstens, weil er für sich und für Petrus die Steuer zahlte, wie man Matthäus 17 lesen kann, und wie heute noch im »Decretum«, Causa XXIII, q. 1, [c. 5 *militare*] nachzulesen ist.

»Duo sunt, inquit, quibus hic mundus principaliter regitur, scilicet pontificalis auctoritas et regalis potestas«, ut LXXXXVI. dist. duo sunt. de. major. et obed solite. Hee sunt due potestates principales, per quas Deus decrevit et voluit, ut mutuo sibi honorem debitum impenderent, et per eos genus humanum per juris regulas ad vitanda mala, et faciendum bonum salubriter informaretur. Secundo dominus instante mortis hora honoravit imperium, quando Pilato dixit: »Non haberes in me potestatem ullam, nisi tibi datum esset desuper«. Quod secundum gl. duobus modis exponitur, uno modo sic: »Desuper«, id est, a Deo, quia non est potestas, inquit apostolus, nisi a Deo. Alio modo exponitur, »Desuper«, id est a Cesare, qui Pilatum fecit presidem Palestine. Deus enim fuit auctor potestatis Pilati primarius, Cesar autem secundarius. Secundum hunc posteriorem intellectum dominus multum commendat Romanum imperium; ostendit enim potestatem Cesaris aliis potestatibus mundanis preeminere, et ipsas sub eo contineri. Quid enim est, potestatem dari desuper, nisi dari ab eo, cujus potestas supereminet alias potestates mundanas tanquam inferiores et minores sub se contineat et includat, unde omnes alie potestates a Romano imperio subalterna quadam emanacione defluere dicuntur.

Secundo principaliter ipsa majestas imperialis excellit omnes alios reges et principes *auctoritate* et *potestate*. Ipse enim totum suis submittit legibus orbem, quarum ipse solus generalis conditor est, que et ab omnibus sunt observande, ut L. leges C. de legib. et constit.

Zweitens, weil er die Abgaben nicht nur entrichtete, sondern auch befahl, sie dem Kaiser zu entrichten, u.z. mit folgenden Worten: »Gebt dem Kaiser, was des Kaisers ist.« Als Christus dann die Welt verließ, ehrte er das Römische Reich [wiederum] zweifach. Erstens, weil Christus mit »Es ist genug« antwortete, als die Apostel sagten: »Siehe, hier sind zwei Schwerter.« Diese [zwei Schwerter] bezeichnen symbolisch die beiden Mächte in dieser Welt. Die Worte »Es ist genug« können nichts anderes bedeuten als: »Dies ist ausreichend«. Damit brachte der Herr öffentlich zum Ausdruck, daß die priesterliche und kaiserliche Macht seinem Willen entsprechen. Daher sagt Papst Gelasius: »Zwei Dinge sind es vor allen anderen, durch die diese Welt regiert wird: die Autorität des Papstes und die Macht des Königs.« (Vgl. Dist. LXXXXVI, [c. 10] *duo sunt*, und [Lib. Extra, I,33] *De maioritate et obedientia*, [c. 6 solite].) Dies sind die beiden führenden Mächte, die Gott eingesetzt hat, und er wollte, daß sie sich gegenseitig die schuldige Ehre erweisen und daß durch sie das Menschengeschlecht mit Hilfe von Rechtsnormen heilsam angeleitet werde, das Böse zu meiden und das Gute zu tun. Zweitens ehrte der Herr das Reich, da seine Todesstunde nahte, als er zu Pilatus sagte: »Du hättest keine Macht über mich, wäre sie dir nicht von oben gegeben.« Dies wird nach der Glosse in zweifacher Weise ausgelegt. Einmal so: »von oben« bedeutet »von Gott«, weil es, wie der Apostel sagt, keine Macht gibt außer von Gott. Die andere Auslegungsweise faßt »von oben« als »vom Kaiser«, der Pilatus zum Statthalter von Palästina ernannt hat. Gott nämlich war Erstursache der Macht des Pilatus, der Kaiser aber Zweitursache. Nach letzterem Verständnis würde der Herr das Römische Reich nachdrücklich empfehlen; es zeigte nämlich, daß die Macht des Kaisers die anderen weltlichen Mächte übertrifft und daß diese sich unter ihr befinden. Was könnte nämlich »die Macht ist von oben gegeben« anderes bedeuten, als daß sie von dem gegeben wird, dessen Macht die anderen irdischen Mächte überragt, und daß dessen Macht die übrigen als niedrigere und geringere, ihr nachgeordnete [Mächte] umfaßt und einschließt. Daher heißt es von allen anderen Gewalten, daß sie in einer Art sekundärer Vermittlung vom Römischen Reich ausgehen.

Zweiter Hauptpunkt: Die kaiserliche Majestät überragt alle anderen Fürsten an Autorität und Macht. [Der Kaiser] nämlich unterwirft die ganze Welt seinen Gesetzen; er allein ist der Urheber allgemeiner Gesetze, die von allen eingehalten werden müssen. (Vgl.

L. constituciones. C. de jur. et fac. ignor. Ipse autem solus imperator legibus non constringitur L. princeps. D. de legib. IX. q. III. cuncta per mundum. licet se velle legibus vivere profiteatur. L. digna vox. C. de legib. Et premissa sunt vera quoad seculares. Ecclesiastici namque non modo humano sed et divino jure ab imperatoris jurisdiccione sunt exempti LXXXXVI. dist. bene quidem. et c. II. De judic. Ipse denique Augustus habet solus pre ceteris regibus regimen Romane ecclesie. De consecr. dist. V. in die. et est ipse super omnes reges VII. q. I. c. in apibus et omnes naciones sub eo sunt XI. q. I. § si quis vers. volumus. Ipse enim est princeps mundi et dominus. L. deprecacio. D. ad leg. Rhod. de jact. et eciam Iudei sub eo sunt. L. Iudei. C. de Iudeis. Tum eciam omnes provincie sue majestati de jure subduntur. LXIII. dist. Adrianus, et omnia sunt in potestate imperatoris. VIII. dist. quo jure. Tolle enim jura imperatoris (inquit ibi text.) et quis potest dicere, »Hec domus est mea, hec villa est mea«, et XXIII. q. VIII. convenior et L. bene a Zenone. C. de quadrien. prescript. Sibi denique in signum universalis imperii et subjeccionis omnes homines profiteri debent per tributum, et eciam propter impensas publicas fiendas. L. omnes pensitare. C. de annon. et tribut. lib. X. c. omnis anima. De censib. nec currit contra solucionem imperialis tributi prescripcio quantocunque eciam temporis spacio introducta XVI. q. 3. § potest. Et ut predixi, omnes potestates regum de jure communi fluxerunt ab imperio, tanquam rivuli a flumine; et hanc materiam lacius pertractat Bart. in l. I. Quis dicat. dux. com. coll. X. Hodie tamen plurimi reges plus de facto quam de jure imperatorem in superiorem non recognoscunt, et suprema jura imperii, que sibi Imperator in signum universalis dominii et potestatis reservavit, usurpant; que an prescribi possint, not in c. venerabilem. Qui fil. sint legit. et in c. super quibusdam. De verb. signif. vide eciam gl. notab. 63. dist. Adrianus pre alle. que dicit, quod reges Hispanie non recognoscunt imperatorem in superiorem, ex eo quod de faucibus infidelium regnum illud eruerunt. De rege vero Francie dicit text. in d. c. per venerabilem, quod ille in temporalibus superiorem non recognoscat; quod gl. dicit esse de facto, sed de jure nullo modo possibile, ymo de jure rex Francie subsit Romano imperio. Innocent. ibidem dicit, quod subest Pape. Hostiensis dicit, quod in temporalibus debet recognoscere imperatorem in dominum; ille enim est Dei vicarius, ut not. in c. 2. Qui fil. sint legit. Subest tamen imperator Pape, ut ibi not. et hoc respectu (dicit Hostiens.) rex Francie

Cod., *de legibus et const.*, l. *leges*, und Cod., *de jur. et fac. ignor.*, l. *constituciones*.) Der Kaiser ist der einzige, der nicht an die Gesetze gebunden ist (Digest., *de legib*. IX, q. 3 *cuncta per mundum*, l. *princeps*), selbst wenn er erklärt, nach den Gesetzen leben zu wollen (Cod., *de legibus*, l. *digna vox*). Das oben Ausgeführte trifft zu in bezug auf die Laien; die Kleriker nämlich sind nicht nur durch menschliches, sondern auch durch göttliches Recht von der Jurisdiktion des Kaisers ausgenommen (Dist. LXXXXVI, [c. 1] *bene quidem*, und [Lib. Extra, II,1] *De iudiciis*, c. 2 [*decernimus*]). Ferner obliegt – im Gegensatz zu den übrigen Königen – allein dem Kaiser die Leitung der Römischen Kirche (De consecr. V, [c. 15] *in die*); er steht über allen Königen (Causae, VII, q. 1, [c.41] *in apibus*), und alle Nationen unterstehen ihm (Causae, XI, q. 1, [c. 37] *si quis vers. volumus*). Er nämlich ist Fürst und Herr über die Welt (Digest., *ad leg. Rhod. de jact.*, l. *deprecatio*), auch über die Juden (Cod., *de Iudeis*, l. *Iudei*). Ferner unterstehen seiner Majestät de jure auch alle Provinzen (Dist. LXIII, [c. 2] *Adrianus*), und überhaupt ist alles Teil des kaiserlichen Machtbereichs (Dist. VIII, [c. 1] *quo jure*). »Beseitige die Rechte des Kaisers« (sagt dort der Text) – »wer kann dann noch sagen: ›Dieses Haus gehört mir‹, ›dieses Landgut gehört mir?‹« (Vgl. auch Causae XXIII, q. 8, [c. 21] *convenior*, und Cod., *de quadrien. prescript.*, l. *bene a Zenone*.) Schließlich müssen zum Zeichen der universellen Herrschaft und Untertänigkeit ihn alle Menschen durch Abgaben anerkennen, und auch wegen der öffentlichen Ausgaben (Cod., *de annon. et tribut.*, l. *omnes pensitare*; Lib. Extra, [III,39] *De censibus* [c. 2] *omnis anima*). Gegen die Entrichtung der Reichsabgabe gibt es auch keine Verfallsfrist, und sei der Einspruch vor noch so langer Zeit eingelegt worden (Causae, XVI, q. 3, [c. 7] § *potest*). Und, wie ich schon sagte, alle Gewalt der Könige ist nach allgemeinem Recht von der kaiserlichen Gewalt abgeleitet wie die Bäche von einem Fluß. Diesen Gegenstand behandelt ausführlich Bartolus im Kommentar zu den Institutionen, *quis dicatur dux, comes etc.*, coll. 10. Heutzutage erkennen jedoch die meisten Könige – weniger de jure als de facto – den Kaiser nicht als ihr Oberhaupt an und usurpieren selbst die höchsten Rechte des Reiches, die sich der Kaiser zum Zeichen universaler Herrschaft und Macht vorbehalten hat. Ob gegen diese Widerspruch geltend gemacht werden kann, dazu vgl. die Anmerkung zu [Lib. Extra, IV,17] *Qui fili sint legitimi*, c. [13] [*per*] *venerabilem* und [Lib. Extra, V,40], De verborum significatione, [c.

subest Pape, quod subest illi qui subest Pape, de quo eciam per Bart. in l. hostes. D. de capt., ubi eciam tractat, quomodo Veneti fuerint exempti ab imperio. An autem peccent rex Francie, Hispanie et Anglie hanc subjeccionem non recognoscentes, videtur quod sic XI. q. 3. qui resistit. Sed dicunt doctores, quod forte quandiu non exigatur obediencia, possunt excusari, sicut notatur in jure decimarum, in c. cum homines in fine. De decim. secund. Hostiens. An autem hec non subjeccio et libertas prescribi possit, respondent doctores, quod non est prescriptibilis, ut in c. cum ex officii. De prescript. Gladius enim temporalis, qui unicus est, frangi vel dividi non potest, sicut nec gladius spiritualis, alias Christi gladius non esset. Quanquam autem predixi, quod imperator sit dominus et princeps mundi, non tam potest tollere ea, que sunt de jure gencium, sine causa, et sic non potest tollere alicui rem suam sine causa. Quia imperator licet habeat de jure jurisdiccionem in universo, non tamen habet dominium rerum privatarum, que olim fuerunt concesse occupantibus, ut Instit. de rer. divis. per tot. et quae not. per legist. in l. item si verberatus D. de rei vendic. Non potest eciam ad libitum alienare jura imperii, precipue in grave prejudicium imperii, ut not. in c. intellecto. De jurejur.; licet posset moderate donare, proprium namque est regum et principum donare. c. I. De dona.

26] *super quibusdam*. Siehe auch die bemerkenswerte Glosse zu Dist. LXIII, [c. 2] *Adrianus* (wie o. zitiert), die sagt, daß die Könige von Spanien den Kaiser nicht als Oberhaupt anerkennen, weil sie ihr Reich [selber] dem Rachen der Ungläubigen entrissen haben. Vom französischen König sagt der Text im zitierten Canon *venerabilem*, daß dieser in weltlichen Dingen niemand über sich anerkennt. Dies, so die Glosse, sei de facto möglich, aber keinesfalls de jure, vielmehr sei der König von Frankreich dem Römischen Reich unterstellt. Innozenz sagt ebendort, daß er dem Papst untersteht, Hostiensis, daß er in weltlichen Dingen den Kaiser als Herrn anzuerkennen habe (c. *Adrianus*, wie mehrfach zitiert). Er nämlich ist der Stellvertreter Gottes nach der Anmerkung zu [Lib. Extra, IV,17] *Qui fili sint legitimi*, c. [2] *quum inter*. Allerdings untersteht der Kaiser dem Papst, wie dort bemerkt, und insofern, sagt Hostiensis, untersteht der König von Frankreich dem Papst, weil er jenem untersteht, der dem Papst untersteht. Darüber ist auch von Bartolo gehandelt worden im Kommentar zu Digest., *de capt.*, l. *hostes*. Dieser erörtert dort auch die Frage, wie die Venezianer die Exemption vom Reich erlangten. Die Frage aber, ob die Könige von Frankreich, Spanien und England sündigen, wenn sie diese Unterwerfung nicht anerkennen, scheint mit Ja zu beantworten zu sein (Causae, XI, q. 3, [c. 97] *qui resistit*). Doch sagen die [Rechts]lehrer, daß sie möglicherweise entschuldigt sind, so lange der Gehorsam nicht eingefordert wird, wie im Anschluß an Hostiensis die Anmerkung zum Zehntrecht, [Lib. Extra, III,30 *De decimis*] c. [7] *cum homines* gegen Ende, sagt. Die Frage aber, ob diese Nichtunterwerfung und Freiheit als Einrede geltend gemacht werden können, beantworten die [Rechts]lehrer [in dem Sinne], daß es keine Einrede gebe. So [Lib. Extra, II,26] *De prescriptionibus*, c. [16] *cum ex officii*. Das weltliche Schwert nämlich, das einzigartig ist, kann nicht zerbrochen oder geteilt werden, wie auch das geistliche Schwert nicht; sonst wäre es nicht das Schwert Christi. Obwohl ich oben sagte, daß der Kaiser Herr und Fürst der Welt ist, kann er doch nicht ohne Grund das aufheben, was Bestandteil des Völkerrechts ist, und daher kann er niemandem ohne Grund wegnehmen, was diesem gehört. Denn auch wenn der Kaiser von Rechts wegen eine universale Jurisdiktion besitzt, so hat er dennoch kein Herrschaftsrecht über Privateigentum, das vor langer Zeit denen zugesprochen wurde, die davon Besitz ergriffen hatten. (Vgl. Instit., *de rer. divis.* insgesamt, und den Kommentar zu Di-

Tercio principaliter Romanorum imperator excellit omnes alios reges in *insigniis* imperialem gloriam decorantibus, et sunt quatuor: imperiale dyadema, gladius, sceptrum et pomum aureum seu globus. De primo supra ad longum dictum est triplice nempe corona nullus alius preter Cesarem coronatur, in signum excellencie et potencie sue. Secundum insigne est gladius, qui licet et aliis regibus et principibus anteferatur, proprie tamen regis seu imperatoris Romanorum insigne est, quod duo tantum (ut supra mencionatus sum) gladii sunt, unus imperatori, alter vero Pape commissus. Tercium insigne Cesaree majestatis est sceptrum, et quanquam alii reges hoc itidem sibi insigne vendicent, Cesaris tamen principaliter est proprium, qui in temporalibus gerit vicem ejus, de quo in Daniele dicitur: »Qui sedes super sceptrum divinitatis tue«, et in psalmo 44: »virga direccionis, virga regni tui«. Est enim duplex hec virga sive sceptrum, scilicet juste severitatis et clemencie ut 46. dist. sunt namque. De prima dicitur in psalmo: »Reges eos in virga ferrea«, et hoc quod legis transgressores. Virga clemencie significatur per virgam auream, quam extendit Assuerus ad Hester in signum pacis et clemencie. Insignium quartum est pomum aureum, seu globus aureus et rotundus, significans mundum et terrarum orbem, qui rotundus et sphaericus est designatque ipsum Cesarem mundi esse dominum. Quod quidem insigne alii reges sibi non usurpant, quod nullus alius preter Cesarem orbis terrarum dominus est. Pertinet autem ad Comitem Palatinum pomum aureum ferre ante regem seculi, ad ducem Saxonie gladium, et ad marchionem Brandeburgensem sceptrifere dignitatis honor spectare consuevit.

gest., *de rei vendic.*, l. *item si verberatus*.) Er kann auch nicht nach Belieben Reichsrechte veräußern, vor allem [nicht], wenn dem Reich dadurch große Nachteile entstehen würden, wie die Anmerkung zum bekannten Canon Clement. [II,9], *De iureiurando*, [c. unic.] *Romani* sagt; doch kann er in bescheidenem Umfang schenken. Zu schenken nämlich kommt Königen und Fürsten zu ([Lib. Extra, III,24] *De donationibus*, c. 1 [*prudentes*]).

Der dritte Hauptpunkt: Der Römische König überragt alle anderen Könige durch die Herrschaftszeichen, die die kaiserliche Majestät zieren. Es sind deren vier: das kaiserliche Diadem, das Schwert, das Szepter und der goldene Apfel bzw. die Erdkugel. Von ersterem war oben bereits ausführlich die Rede; denn mit der dreifachen Krone wird ausschließlich der Kaiser gekrönt, zum Zeichen seiner herausragenden Stellung und Macht. Das zweite Herrschaftszeichen ist das Schwert. Obwohl ein solches auch den anderen Königen und Fürsten vorangetragen wird, ist es doch im eigentlichen Sinn ein Herrschaftszeichen des Römischen Königs oder Kaisers, weil es, wie ich oben dargelegt habe, nur zwei Schwerter gibt, von denen eines dem Kaiser, das andere aber dem Papst anvertraut ist. Das dritte Zeichen kaiserlicher Hoheit ist das Szepter, und obwohl auch andere Könige diese Auszeichnung für sich in Anspruch nehmen, kommt diese dennoch vornehmlich und eigentlich dem Kaiser zu, der in weltlichen Dingen der Stellvertreter dessen ist, von dem es im Buch Daniel heißt: »Der du über dem Szepter deiner Göttlichkeit sitzt«, und im Psalm 44: »Eine Rute der rechten Weisung ist die Rute deiner Herrschaft.« Diese Szepter-Rute hat nämlich eine zweifache [Bedeutung]; sie steht sowohl für gerechtes Recht als auch für milde Nachsicht. (So Dist. XLVI, [c. 2] *sunt namque*.)[37] In bezug auf ersteres heißt es im Psalm: »Du wirst sie mit eiserner Rute regieren«, nämlich die Gesetzesbrecher. Die Rute der Milde wird durch die goldene Rute bezeichnet, die Assuerus Esther entgegenstreckte zum Zeichen des Friedens und der Nachsicht. Das vierte Herrschaftszeichen ist der goldene Apfel oder die goldene, runde Kugel. Sie symbolisiert die Welt und die runde und kugelförmige Erde und bezeichnet den Kaiser als den Herrn der Welt. Dieses Ehrenzeichen nehmen die anderen Könige für sich nicht in Anspruch, weil niemand außer dem Kaiser Herr des Erdkreises ist. Es ist Sache des Pfalzgrafen, den gol-

---

37 Richtig: *sunt nonnulli*.

TIT. IX: AN MAJESTATIS IMPERIALIS AUCTORITAS DERIVETUR IN CESAREM IMMEDIATE A DEO, VEL ILLAM ACCIPIAT AB EJUS VICARIO SUMMO.

Auctoritatem et excellenciam imperiatorie potestatis inter principes seculi maximam fore supra ostendimus. Sed solet a scholasticis et doctissimis viris nonnunquam in concertacionem venire, an hec secularis potestas gladiique temporalis exercicium derivetur in Cesarem immediate a Deo, vel per subalternam emanacionem a vicario Iesu Christi illam accipiat.

Et licet non intendam hanc questionem in dubium revocare, quod non longe foret ab heresi pertinaciter negare temporalem Cesaris jurisdiccionem a summo pontifice derivare, in quem haud cunctanter jura celestis et terreni imperii a Christo plenissime sunt translata. Nam sicut ponere duo principia hereticum est, ut de sum. trinit. et fide cathol. c. I., sic eciam ponere duos vicarios equales in terris hereticum esse videtur, fac. gl. notab. in c. non autem 6. q. I.

Nichilominus tamen quod scripturarum solacio insistere libuit, pauca motiva precipue quorundam legistarum in oppositum adducere mens est. Quod enim imperium Romanum immediate a Deo sit, et non a Papa, arguitur sic: »Nullum id quod prius est, dependet ab eo quod posterius est, ut ait sapiens. XIII. lib. de animal. Sed Romanum imperium fuit prius quam papale, ut XCIII dist. legimus. Ergo ab eo non dependet. Preterea dominium temporale summi Pontificis videtur expresse fuisse collatum Sylvestro a Constantino, ut XCVI. dist. c. coronam et c. Constantinus. Per quod manifeste videtur, quod ecclesia ab imperio jurisdiccionem habet temporalem, et non e converso. Tercio, nam sacerdocium et imperium fluxerunt ab eodem principio, scilicet a Deo, in Auth. quom. oport. episc. in princ. XXIII. q. 4. c. quesitum et c. solite. De major. et obed. Fecit Deus duo

denen Apfel vor dem Herrscher der Welt herzutragen; das Schwert zu tragen, kommt dem Herzog von Sachsen zu, und das Ehrenamt des Szepterträgers bekleidet nach der Gewohnheit der Markgraf von Brandenburg.

TIT. IX: Fließt die Autorität der kaiserlichen Majestät direkt von Gott auf den Kaiser, oder empfängt er jene von dessen höchstem Stellvertreter?

Wir zeigten oben, daß unter den weltlichen Fürsten der kaiserlichen Gewalt größte Autorität und absoluter Vorrang zukommt. Doch pflegen die größten Universitätsgelehrten bisweilen darüber zu streiten, ob diese weltliche Macht und die Führung des weltlichen Schwertes direkt von Gott auf den Kaiser übergeht, oder ob er diese durch sekundäre Vermittlung vom Stellvertreter Jesu Christi erhält.

Ich habe nun nicht die Absicht, in dieser Frage Zweifel zu äußern. Käme es doch einer Häresie nahe, hartnäckig zu leugnen, daß die weltliche Jurisdiktion des Kaisers sich vom Papst herleitet, dem ohne jeden Zweifel von Christus die himmlischen wie die irdischen Herrschaftsrechte in vollem Umfang übergeben worden sind. Denn wie es häretisch ist, zwei Prinzipien anzunehmen ([Lib. Extra, I,1] *De summa trinitate et fide catholica*, c. 1 [*firmiter*]), so scheint es auch häretisch zu sein, zwei gleichrangige Stellvertreter auf Erden anzunehmen. (Vgl. die bemerkenswerte Glosse zu Causae, VII, q. 1, c. [12] *non autem*.)

Desungeachtet habe ich, gestützt auf und unterstützt durch die Hl. Schrift, die Absicht, einige Gegengründe ins Feld zu führen, wie sie vor allem von einigen Legisten geltend gemacht wurden. Daß nämlich das Römische Reich direkt von Gott und nicht von dem Papst sei, wird wie folgt begründet: Nichts, was früher ist, hängt von etwas ab, was später ist, wie der Philosoph [Aristoteles] im 13. Buch der »Historia animalium« sagt. Das Römische Reich war aber früher als das päpstliche, wie wir in Dist. XCIII lesen. Also hängt es nicht von ihm ab. Außerdem scheint die weltliche Herrschaft des Pontifex Maximus ausdrücklich übertragen worden zu sein, u.z. von Konstantin an Silvester (Dist. XCVI, c. [13 *Constantinus imperator*] *coronam* und c. [14] *Constantinus*). Hieraus scheint deutlich hervorzugehen, daß die Kirche die weltliche Jurisdiktion vom Reich

luminaria magna, per que iste due supreme dignitates, sacerdocium et imperium intelliguntur. Et c. cum ad verum. 96. dist. ubi dicit Canon: »Nec imperator jura pontificatus arripiat, nec Pontifex jura Imperatoris usurpet.« Ergo potestas Imperialis non fluxit a Papa.

Sed pulcerrimis racionibus contrarium astruit ecclesia. Quod enim utraque potestas et spiritualis et temporalis sit penes Papam, spiritualis quidem habitu et actu, temporalis vero habitu, probatur sic secund. Ioh. de Ligna. Quod in habentibus ordinem in universo impossibile est esse duo eque perfecta. Sed imperator non est major, ergo non erit equalis, et per consequens solum erit unum caput principale in terris, quod perfectissimum est, a quo cetera moventur et dependent, quod est Papa. Preterea militans ecclesia divinitus est exemplata ab ecclesia triumphante dicente Iohan. in Apocal. XII: »Vidi sanctam Ierusalem novam descendentem de celo etc.«; et Moysi dictum est Exod. XXV: »Quod omnia faceret secundum exemplum sibi monstratum«. Cum igitur in ecclesia triumphante sit princeps unus summus, cujus obediencie tota ipsa ecclesia perfectissime est subjecta, necessario sequitur, quod et ecclesie militanti unus summus princeps presideat. Sed imperator ille esse non potest, cum non valeat preesse in spiritualibus. Ergo est Papa, qui et in spiritualibus preesse potest, et per alios ministros seculi vindictam sanguinis exercere. Nam et patriarche et sacerdotes veteris testamenti utramque potestatem habuerunt et exercuerunt XI. q. I. relatum. et not. Innoc. in c. licet ex suspecto. De foro compet. Item ipse Christus utramque potestatem in hoc seculo exercuit; ipse enim flagello facto de funiculo ejecit ementes et vendentes de templo, ut Math. XI. et I. q. 3. ex multis. Unde in psalmo: »Deus judicium tuum regi da«; et hanc potestatem simpliciter transtulit in Petrum dicendo: »Pasce oves meas«, non distinguens in modo pascendi. Ymo cum Petrus diceret: »Ecce duo gladii hic«, Christus respondit: »Satis est«, non dixit: »Nimis est«. Sed cum gladio vellet uti, Christus prohibuit dicens: »Mitte gladium tuum in waginam«, non dixit: »Abijce gladium«. Unde tantum prohibuit exercicium et execucionem gladii ra-

hat, und nicht umgekehrt. Drittens: Priestertum und Reichsgewalt leiten sich von demselben Prinzip her, nämlich von Gott (Authent., *quom. oport. episc. in princ.*; Causae, XXIII, q. 4, c. [45] *quesitum*, und [Lib. Extra, I,33] *De maioritate et obedientia*, [c. 6] *solite*). Gott schuf zwei große Leuchten; darunter sind diese zwei höchsten Würden, die priesterliche und die kaiserliche, zu verstehen. Siehe auch Dist. XCVI, c. [6] *cum ad verum*. Der Kanon sagt dort: »Weder soll der Kaiser sich die Rechte des Papstes anmaßen, noch soll der Pontifex die Rechte des Kaisers usurpieren«. Also geht die kaiserliche Macht nicht vom Papst aus.

Die Kirche jedoch behauptet mit glänzenden Argumenten das Gegenteil. Daß beide Gewalten, die geistliche und die weltliche, in der Hand des Papstes liegen, die geistliche in der Innehabung als Rechtstitel und tatsächlich, die weltliche hingegen [nur] als Rechtstitel, wird nach Johannes de Lignano so bewiesen: Bei den Dingen, die in der Welt einen bestimmten Rang einnehmen, können unmöglich zwei gleich vollkommen sein. Aber der Kaiser ist nicht höher; also kann er nicht gleichrangig sein. Folglich kann es auf Erden nur ein Oberhaupt geben, das ganz vollkommen ist, von dem alles übrige bewegt wird und abhängt, und das ist der Papst. Außerdem ist die streitende Kirche ein von Gott geschaffenes Abbild der triumphierenden Kirche, wie Johannes Apokalypse 12 sagt: »Ich sah das heilige, neue Jerusalem vom Himmel herabsteigen« usf., und Mose wurde Exodus 25 aufgetragen, alles nach dem Vorbild auszuführen, das ihm gezeigt worden war. Wenn es also in der triumphierenden Kirche nur einen einzigen höchsten Herrscher gibt, dessen Obödienz die ganze Kirche in vollkommener Weise untertan ist, folgt notwendigerweise, daß auch an der Spitze der streitenden Kirche ein einziger höchster Herrscher stehen muß. Dies kann jedoch nicht der Kaiser sein, weil der in geistlichen Dingen nicht die Leitung innehaben kann. Also ist dies der Papst, weil der imstande ist, sowohl im geistlichen Bereich zu leiten als auch – durch andere, weltliche Diener – die Todesstrafe zu vollziehen. Denn auch die Patriarchen und die Priester des Alten Testamentes besaßen beide Gewalten und übten sie auch aus (Causae, XI, q. 1, [c.14] *relatum* und Innozenz' Anmerkung zu [Lib. Extra, II,2] *De foro competenti* c. [10] *licet ex suscepto*). Ferner übte Christus selbst während seiner irdischen Zeit beide Gewalten aus. Er selbst vertrieb mit einer aus Stricken geflochtenen Geißel die Käufer und Verkäufer aus dem Tempel (Matthäus

cione supradicta. Omnia enim verba hec ponderanda sunt, cum Christus semper fere figurative locutus sit. Preterea Christi vicarius imperium transfert de certo genere personarum ad aliud genus: imperatorem inungit, approbat et coronat, ac causis exigentibus reprobat et deponit, ut in c. venerabilem de elecc. et in c. ad apostolice. De re judic. lib. VI.

Et hec omnium Canonistarum indubita sentencia est, quod in Christi vicarium utraque potestas translata sit, apud quem sunt jura celestis et terreni imperii, ut dicit text. in c. omnis 22. dist; et habeat in spiritualibus jurisdiccionem habitu et actu, in temporalibus vero tantum habitu; execucionem gladii temporalis ecclesia commisit imperatoribus tanquam suis ministris. Hinc est quod in ejus coronacione sumit Papa gladium de altari, datque illum in manu Cesaris, ut supra visum est.

Ad contraria vero in oppositum allata respondeo, et ad objeccionem *primam* »Quod imperium fuit ante Papatum« dicitur, quod etsi *permissive* precesserit imperium, *approbative* tamen secutum est. Ante Constantinum enim imperium Romanum non fuit approbatum a Deo, ymo violentum et per tyrannidem sumpsit exordium. Narratur enim in chronicis, quod ipse Constantinus beato Silvestro gladium tradidit et insignia regalia, in signum, quod usque ad eum nullus fuit legitimus imperator, ut narrat Archidiac. 10. dist. quoniam idem. Ipse enim Constantinus fuit primus, qui sacra fide Christianorum munivit imperium, ut ait L. Divi. C. de natur. lib. Et quanquam ante Petrum esset imperium, non tamen erat ante sacer-

11 und Causae, I, q. 3, [c. 9] *ex multis*). Daher heißt es im Psalm: »Gott, gib dem König dein Gericht«. Und diese Macht übertrug er einfach auf Petrus mit den Worten: »Hüte meine Schafe«, und er machte keinen Unterschied in der Art des Weidens. Mehr noch: als Petrus sagte: »Siehe, hier sind zwei Schwerter«, antwortete Christus: »Es ist genug« – er sagte nicht: »Es ist zuviel«. Aber als er das Schwert benützen wollte, verhinderte Christus dies mit folgenden Worten: »Stecke dein Schwert in die Scheide«, nicht: »Wirf das Schwert weg«. Er verbot also nur den Gebrauch und die Anwendung des Schwertes aus dem obengenannten Grund. Alle diese Worte nämlich müssen sorgfältig gewichtet werden, weil Christus fast immer bildhaft gesprochen hat. Außerdem überträgt der Stellvertreter Christi das Reich von einer bestimmten Art von Personen auf eine andere: er salbt den Kaiser, bestätigt und krönt ihn und, wenn zwingende Gründe vorliegen, verwirft ihn und setzt ihn ab ([Lib. Extra, I,6], *De electione*, c. [34] *venerabilem*; Lib. VI, [II,14] *De re judicata*, c. [2] *ad apostolice*).

Es ist die unbezweifelte Meinung aller Kanonisten, daß beide Gewalten auf den Stellvertreter Christi übertragen wurden, bei dem die Rechte des himmlischen und des irdischen Reiches liegen, wie der Text von Dist. XXII, c. [1] *omnes* sagt; ferner, daß er in geistlichen Dingen die Jurisdiktion nicht nur nach dem Titel, sondern auch nach tatsächlicher Ausübung innehat, in weltlichen Dingen nur dem Titel nach; außerdem, daß die Kirche den Gebrauch des weltlichen Schwertes den Kaisern als ihren Dienern anvertraut hat. Daher kommt es, daß der Papst bei der Kaiserkrönung das Schwert vom Altar nimmt und in die Hände des Kaisers legt, wie wir oben gesehen haben.

Ich will aber auch auf die Punkte eingehen, die zur Unterstützung der Gegenposition angeführt wurden. Bezüglich des ersten Einwandes – »Das Reich war vor dem Papsttum« – ist zu sagen, daß das Reich der Duldung nach vorausging, der Bestätigung nach aber nachfolgte. Vor Konstantin fand nämlich das Römische Reich nicht Gottes Billigung, vielmehr nahm es seinen Anfang in Gewalttat und Tyrannei. Die Chroniken berichten nämlich, Konstantin selbst habe dem heiligen Silvester das Schwert und die königlichen Insignien übergeben zum Zeichen dafür, daß es bis auf ihn keinen rechtmäßigen Kaiser gegeben habe. Dies erzählt der Archidiakon Dist. X, [c. 8] *quoniam idem*. Konstantin nämlich war der erste, der das Reich

docium. Unde sacerdocium Melchisedech precessit legem scriptam, de quo in c. translato. De constit., et sic eciam longe antecessit imperium. Et cum natus erat Christus, rex et sacerdos in eternum, utramque potestatem in se transtulit, eo quod ipse esset verus et naturalis Dominus mundi. Ob quam causam Octavianus Augustus mox nato Domino divino agitatus spiritu edicto prohibuit se deinceps dominum nominari. Christus autem in suum vicarium plenitudinem terrene et celestis potestatis transfudit; alias enim quomodo vicariatus suus sufficiens foret, si imperio non preesset.

Ad *secundum* respondetur, quod donacio facta per Constantinum Silvestro non habuit vim collacionis sed cessionis. Silvestro enim, ut vicario veri et naturalis Domini debebatur, et res de facili redit ad sui naturam. L. si unus. D. de pact. 35. dist. ab exordio. Nec obstat, quod ad tempus vicarii Christi se de temporali jurisdiccione non intromiserunt, quoad oportuno tempore sedata persecucione martirum Deus voluit suum ewangelium publice et sine metu predicari, et tunc virtus Christi principem mundi sollicitavit, percuciens eum lepra, ac ipsum curans supra humanam virtutem; qua probata inspiratus divinitus cessit vicario Christi, sedem suam Byzantium transferens, ut in I. libro supra memoratum est.

[Ad *tertium*, quod utraque potestas fluxerit a Deo,][7] certe hoc non abnuitur, ymo fatendum est cum Apostolo ad Romanos scribente: »Non est potestas nisi a Deo«; et quod imperium sicut et sacerdocium processit a Deo, et nedum summum imperium, sed et quelibet inferior potestas. Veruntamen hec potestas non derivatur in principem seculi immediate a Deo, sed per subalternam emanacionem, ut predixi.

7 Fehlt in L.

mit dem Schutzwall des heiligen Christenglaubens umgab, wie der Cod., *de nat. lib.*, l. *divi* aussagt. Und obwohl das Reich vor Petrus existierte, existierte es doch nicht vor dem Priesteramt. Denn das Priesteramt des Melchisedech ging dem geschriebenen Gesetz voraus (s. [Lib. Extra, I,2] *De constitutionibus*, c. [3] *translato*), und so ging es auch dem [Römischen] Reich lange Zeit voraus. Als dann Christus, König und Priester in Ewigkeit, geboren war, übertrug er beide Gewalten auf sich selbst, weil er der wahre und natürliche Herr der Welt ist. Aus diesem Grund verbot Octavianus Augustus gleich nach der Geburt des Herrn, vom Geist Gottes getrieben, durch Edikt, daß man ihn fürderhin »Herr« nenne. Christus aber gab die Fülle irdischer und himmlischer Macht an seinen Stellvertreter weiter. Wie sollte auch anders sein Stellvertreteramt hinreichend ausgestattet sein, wenn es nicht auch über dem Reich stand?

Zu Punkt zwei lautet die Antwort, daß die Schenkung Konstantins an Silvester nicht den Charakter einer Gabe, sondern einer Abtretung hatte. Als dem Stellvertreter des wahren und natürlichen Herrn war sie Silvester geschuldet, und eine Sache kehrt leicht zu ihrer Natur zurück (Digest., *de pact.*, l. *si unus*; Dist., XXXV, am Anfang). Dem steht auch nicht entgegen, daß sich die Stellvertreter Christi zeitweise nicht in die weltliche Herrschaftsausübung einschalteten, u.z. bis zu dem Augenblick, als zur rechten Zeit die Verfolgung der Märtyrer beendet war und Gott wollte, daß seine Frohbotschaft öffentlich und ohne Furcht gepredigt würde. Damals bedrängte die Kraft Christi den Herrscher der Welt, schlug ihn mit Aussatz und heilte ihn, was menschliche Kunst nicht vermocht hatte. Nachdem er die [Kraft Christi] erfahren hatte, überließ er, von Gott inspiriert, seinen Sitz dem Stellvertreter Christi und verlegte seinen Sitz nach Byzanz, wie oben im ersten Buch ausgeführt wurde.

Zu Punkt drei – »Beide Gewalten stammen von Gott« –: dies ist unbestreitbar, muß man doch mit dem Apostel im Brief an die Römer bekennen: »Es gibt keine Macht außer von Gott«; auch daß die kaiserliche Herrschaft ebenso wie das Priesteramt von Gott stammt, und nicht nur die höchste Herrschaft, sondern auch jede untergeordnete Gewalt. Diese Gewalt geht aber nicht direkt von Gott auf den Herrscher der Welt über, sondern in vermittelter Weitergabe, wie oben ausgeführt.

Est tamen verum, quod sine magna et urgente causa Papa se de imperio intromittere non debet, ut not. in c. licet ex suscepto. De foro compet. et in c. novit. De judic.

TIT. X. AD QUEM ROMANO IMPERIO VACANTE JURIUM RERUMQUE IMPERII ADMINISTRACIO SPECTARE DICATUR.

Nunc videndum est, ad quem imperio Romano vacante administracio jurium et rerum imperii spectare dicatur.

Et quidem de jure communi Papa in administracione hujusmodi succedere debet, secundum doctores qui hoc not. in c. licet ex suscepto. De foro compet. fac. c. alius XV. q. VI. et c. cum inter universas in fin. De elecc. Quia ut jam visum est, imperium immediate ab ecclesia dependet, quare si vacat, ad ejus jurisdiccionem redire debet. Idque vult Innoc. in quolibet principe superiorem in temporalibus non recognoscente.

Veruntamen Karolus IIII. in sua constitucione. Tit. de jur. Com. Palat. et Duc. Saxon. determinat, quod vacante imperio comes Palatinus Reni in partibus Reni, Suevie et in jure Franconio ex comitatus sui privilegio provisor debeat imperii, cum potestate judicia exercendi, et beneficia ecclesiastica prestandi, de feudisque investiendi, principum feudis et illis que *Vanlehen* vulgariter nuncupantur, dumtaxat exceptis, ita tamen quod ad alienacionem sive obligacionem rerum imperialium manum non extendat. Sic quoque in locis, ubi jura Saxonica servantur, in duce Saxonie idem dispositum reperitur. Habet quoque illud insigne privilegium comes Palatinus, ut imperator coram eo conveniri et de justicia respondere teneatur. Illud tamen judicium non alibi quam in imperiali curia, ubi imperator presens extiterit, ut in eadem constitucione declaratur, poterit exercere.

Richtig ist aber auch, daß der Papst sich nicht ohne bedeutenden und zwingenden Grund in die Reichsgeschäfte einmischen darf, wie die Anmerkung zu [Lib. Extra, II,2] *De foro competenti* c. [10] *licet ex suscepto*, und zu [Lib. Extra, II,1], *De judiciis*, c. [13] *novit* sagt.

TIT. X: Wem obliegt bei einer Vakanz des Römischen Reichs die Wahrnehmung der Rechte und die Verwaltung des Reichs?

Nun ist zu betrachten, wem bei einer Vakanz des Römischen Reiches die Wahrnehmung der Rechte und die Verwaltung des Reiches zukommt.

Nach gemeinem Recht müßte der Papst in dessen Verwaltung eintreten nach Auffassung der [Rechts]lehrer, die dies anmerken zu *De foro competenti*, c. *licet ex suscepto*, sowie zu Causae, XV, q. 6, c. [3] *alius*, und [Lib. Extra, I,6], *De electione*, c. [18] *cum inter universas*, gegen Schluß, weil, wie bereits dargelegt, das Reich direkt von der Kirche abhängt. Aus diesem Grund muß es im Falle einer Vakanz in die Jurisdiktion des Papstes zurückkehren. Dasselbe gilt nach Innozenz für jeden Fürsten, der in weltlichen Dingen kein Oberhaupt über sich anerkennt.

Nun hat jedoch Karl IV. in seiner Konstitution[38] – im Titel *de jur. Com. Palat. et Duc. Saxon.* – festgelegt, daß bei Vakanz des Reiches der Pfalzgraf bei Rhein im Rheinland, in Schwaben und im Gebiet fränkischen Rechts auf Grund des Vorrechtes seines Grafenamtes Reichsverweser sein soll mit richterlicher Gewalt und mit der Fähigkeit, kirchliche Pfründen zu vergeben und die Lehensinvestitur vorzunehmen, ausgenommen lediglich die Fürstenlehen und die sogenannten Fahnenlehen, doch so, daß er nicht dazu übergehe, Reichsgut zu veräußern oder zu verpfänden. Ein gleiches ist vorgesehen für den Herzog von Sachsen hinsichtlich der Gebiete sächsischen Rechts. Der Pfalzgraf hat überdies auch das einzigartige Vorrecht, daß der Kaiser gehalten ist, geladen vor ihm zu erscheinen und sich rechtlich zu verantworten. Dieses Richteramt darf er jedoch, wie in derselben Konstitution festgelegt, nirgendwo anders als am kaiserlichen Hof und in Gegenwart des Kaiser ausüben.

---

38 Goldene Bulle.

TIT. XI. DE NOBILITATE, ET QUIBUS CAUSIS NOBILITATIS JURA NASCANTUR.

Cesaree gubernator monarchie diversis nobilitatis ordinibus adornatur, a quo ut ex fonte tocius nobilitatis jura descendunt. Ideo de nobilitate paulisper disserere statui.

Aristoteles autem philosophorum omnium prestantissimus in V. Politic. describens nobilitatem ait: »Illam esse virtutes et antiquas divicias«; et alio in loco: »Nobiles videri dixit, quibus extiterint virtutes et divicie progenitorum«. Sed cum hec descripcio non in virtutibus solum, sed et in adjunctis fortune bonis nobilitatem ponat, sequeretur absurditas, ut cum divicie sint bona fortuita, que dari et aufferri possunt, esset in fortune arbitrio sita nobilitas, ut abeuntibus copiis simul et nobilitas abiret. Unde Aristotelem arbitror non ex animi judicio, sed ex vulgi et communi opinione locutum. Nam in Ethicis, ubi ex veritate quod sentit exprimit, illum appellat generosum, cui ex natura inest, ut discernat que vera sunt, et appetat verum bonum, hacque natura aliquem natum verum et perfectum nobilem appellat.

Cui applaudit Stoicorum sentencia, qui bonorum finem in honesto et virtute posuerunt, et nobilitatem ex sola nasci virtute voluerunt. Et Seneca ex Stoicorum secta philosophus excellens ad Lucillium epist. 44. idem senciens ait: »Non facit nobilem atrium famosis imaginibus plenum, sed animus«. Nam Socrates patricius non fuit, Platonem non suscepit philosophia nobilem, sed fecit. Nichil enim secundum illos est nobilitas, nisi excellencia quedam qua digniora indignioribus prestant. Ut igitur homo animi prestancia nobilior est omnibus animantibus, ita quadam claritate tantum animi homo hominem antecellit. Nam cum in optimis artibus diu exercitatus animus justitia, pietate, constancia, magnanimitate, moderacione ac prudencia claruit, cum bene de Deo immortali, de parentibus, de amicis, de cognatis ac de republica meruit, et in sanctissimis literarum studiis educatus fuerit, tum profecto preter ceteros nobiles pollens, illustris et clarus habebitur. Contra vero cum de pessimis artibus corruptus ad nequiciam et crudelitatem et ignaviam ac secor-

TIT. XI: Der Adel und aus welchen Gründen die Rechte des Adels entstanden sind

Den kaiserlichen Monarchen zieren die verschiedenen Ränge des Adels; aus ihm entspringen wie aus einer Quelle die Rechte des gesamten Adels. Deswegen habe ich beschlossen, kurz vom Adel zu handeln.

Aristoteles, der hervorragendste aller Philosophen, beschreibt den Adel im 5. Buch der »Politica«. Er sagt, Adel sei »Tüchtigkeit, und alter Reichtum«. Und an anderer Stelle: »Als adelig erscheinen uns solche, denen Tüchtigkeit und ererbter Reichtum eignet.« Weil jedoch nach dieser Definition Adel nicht allein in der Tüchtigkeit, sondern auch in den beigegebenen Glücksgütern begründet liegt, ergibt sich hieraus eine absurde Folgerung: Da Reichtum ein Gut der Fortuna ist, das gegeben und genommen werden kann, läge Adel in der Willkür der Fortuna, dergestalt, daß bei Verlust des Besitzes auch [die Zugehörigkeit zum] Adel verloren ginge. Daher glaube ich, Aristoteles sagte hier nicht, was er wirklich meinte, sondern gab die allgemeine Auffassung wieder. In den »Ethica« nämlich, wo er seine Auffassung wahrheitsgemäß zum Ausdruck bringt, nennt er den edel, in dessen Natur es liegt, das Wahre zu erkennen und das wahrhaft Gute zu erstreben, und einen, der mit dieser Anlage geboren wurde, nennt er einen wahren und vollkommenen Adeligen.

Ihm pflichtet die Lehre der Stoiker bei, die das Sittlich-Gute und die Tugend für das höchste Gut hielten und die Ansicht vertraten, daß Adel allein aus der Tugend entstehe. Seneca, ein herausragender Philosoph der stoischen Schule, vertrat dieselbe Ansicht, wenn er im 44. Brief an Lucilius sagt: »Nicht die Halle, die voll ist von berühmten Ahnenbildern, macht den Adeligen, sondern die Gesinnung.« »Sokrates war kein Patrizier« und »Platon hat nicht als Adeliger mit der Philosophie begonnen, sondern ist durch sie zum Adeligen geworden.« Nach jenen ist nämlich Adel nichts anderes als eine Art Vortrefflichkeit, durch die sich das Wertvollere vom weniger Wertvollen abhebt. Wie der Mensch durch den Vorrang des Geistes edler ist als alle Tiere, so übertrifft ein Mensch den anderen nur durch den Adel seiner Gesinnung. Denn wenn ein in den besten Künsten lange bewährter Geist sich durch Gerechtigkeit, Güte, Beständigkeit, Großherzigkeit, Mäßigung und Klugheit auszeichnete, wenn er sich um den unsterblichen Gott, die Eltern, die Freunde, die Verwandten

diam, ad intemperanciam et impudiciam se tradidit, cum nulla fuit ei rerum divinarum cura, ac parentum pietas aut amicorum benevolencia, utique apud omnes recta racione judicantes miser, ignobilis, turpis abjectusque judicandus erit.

Est itaque juxta Stoicos propria sedes nobilitatis animus, cum enim nobilitas sit accidens quoddam, aut inheret corpori aut anime. Corpori quidem inherere non potest. Tolle enim jactanciam, inquit in V. De civit. Dei Augustin. et omnis caro quid est nisi caro. Ergo est accidens anime, quod per generacionem non transfunditur. Doctores in jure nostro scribentes in c. I. de donat. duplicem ponunt nobilitatem, unam generis, quam Greci eugeniam, id est, generositatem appellant, alteram vero virtutis. Et utraque nobilitas ab ecclesia honoratur, ut not in c. de multa. de prebend. Dicit enim Cynus legum monarcha preclarus in l. providendum. C. de postul.: nobilem moribus atque virtutibus preferendum esse nobili genere tantum: quod primus per se suam adipiscitur nobilitatem, quod in eo proprium decus refulget, alter vero pollet tantum nobilitate majorum, que est aliena.

Ad quod optime facit text. in c. nunquam LVI. dist. unde dixit quidam: »Si nobilis es, lauda parentes«. Et Cicero contra Sallustium: »Sanccius est meis me fulgere moribus quam majorum opinione niti, ut sim posteris meis nobilitatis inicium et virtutis exemplum«. Sed sacre leges tractantes de nobilitate sumunt illam in toto corpore juris civilis pro nobilitate generis sive politica, prout nobilis differt a plebeio, ut not. in l. I. C. de dignitate. lib. XII. propter vicia tamen et delicta hujusmodi nobilis eciam perdit dignitatem et nobilitatem, ut l. judices. C. eod. Et ex hoc infertur, quod secundum jus civile quis pro tempore potest esse nobilis, et pro alio tempore ignobilis. Nam

und den Staat verdient gemacht und sich in den ehrwürdigsten Wissenschaften gebildet hat, dann gilt er für kraftvoll, ausgezeichnet und berühmt – mehr als die übrigen Adeligen. Wenn dagegen einer, durch üble Künste verdorben, sich der Bosheit, der Grausamkeit, der Faulheit und Sorglosigkeit, der Maßlosigkeit und Schamlosigkeit ausgeliefert hat, wenn ihn die Dinge Gottes nicht interessieren, wenn er keine Liebe zu den Eltern und kein Wohlwollen gegenüber den Freunden kennt, wird ein solcher von allen Menschen mit gesundem Urteil für erbärmlich, unedel, schändlich und verworfen angesehen werden.

Deshalb ist nach den Stoikern der eigentliche Sitz des Adels die Gesinnung. Weil nämlich Adel eine Eigenschaft ist, gehört er entweder dem Körper oder der Seele zu. Nun kann er nicht dem Körper inhärieren; denn Augustinus sagt im 5. Buch von »De civitate Dei«: »Nimm die Großsprecherei weg, was ist das Fleisch dann anderes als Fleisch?« Mithin ist der Adel ein Accidens der Seele, [ein Accidens,] das nicht vererbt wird. Die Gelehrten, die sich zu unserem Recht schriftlich äußern, setzen ([Lib. Extra, III,24] *De donationibus*, c. 1 [*prudentes*]) einen zweifachen Adel an, einen des Geschlechts, den die Griechen »Eugenie«, d. h. Edelbürtigkeit, nennen, und einen anderen, den sie Tugendadel [heißen]. Beide Arten von Adel werden von der Kirche anerkannt. (Vgl. die Anmerkung zu [Lib. Extra, III,5] *de prebendis*, c. [28] *de multa*.) Cynus, der berühmte König der Leges, bemerkt zu Cod., *De postul.*, l. *providendum*, ein an Charakter und Tugend edler Mensch sei dem vorzuziehen, der nur auf Grund seiner Abkunft adelig ist. Ersterer nämlich erringt seinen Adel aus eigener Kraft – erstrahlt doch an ihm seine eigene Ehre –, während der andere nichts als den Adel der Vorfahren besitzt, d. h. einen fremden [Adel].

Hierzu paßt hervorragend der Text von Dist. LVI, c. [4] *nunquam*, wo einer sagt: »Wenn du adelig bist, lobe deine Eltern.« Und Cicero gegen Sallust: »Mir liegt mehr daran, durch mein eigenes Verhalten mich auszuzeichnen, als mich auf das Ansehen meiner Vorfahren zu stützen, so daß ich für meine Nachkommen zum Urheber ihres Adels und zum Vorbild der Rechtschaffenheit werde.« Freilich, wo die geheiligten Gesetze vom Adel handeln, fassen sie diesen im gesamten Bereich des »Corpus juris civilis« als Geschlechtsadel oder gesellschaftlichen Adel, bezogen auf den Unterschied von Adeligem und Plebejer, wie in der Anmerkung zu Cod., *de dignitate*, XII, l.

et mulier nobilis nupta plebeio desinit esse nobilis, ut habetur in d. l. I. in fin. et e. converso plebeia nupta nobili efficitur nobilis, ut l. mulieres. eod. et l. femine. D. de senator ubi dicit text.: Femine nupte clarissimis personis clarissimarum personarum appellacione continentur; mulier tamen illustris etsi nubat nobili inferioris dignitatis, nichilominus tamen illustratur et coruscat nobilitate suorum progenitorum, ut l. sepe alleg. et l. liberos. D. de senator. Preterea plebeius factus miles nobilitatur, ut d. l. I. C. de dignitate, sed Florencie remanet popularis. In hoc enim attentenda est conswetudo. Quamvis autem in premissis sapientissimorum virorum stat de nobilitate sentencia, attamen nobilitatis opinio secundum diversitatem morum et provinciarum variatur. Ut enim inquit Hieronymus: »Unaqueque provincia in suo sensu habundat.« c. certificari. De sepultur.

Verum quantum ad *nostrates* pertinet, quibus in rebus nobilitatis ponant condicionem, videndum est. Nostrates contradicentes omnino Stoicorum sentencie in sola generis claritate nobilitatem sitam esse volunt: ita ut quantumcunque doctissimus, et in republica exercitatissimus, aut virtutum laude insignitus quisquam fuerit, nisi illi a progenitoribus generis adsit claritas, ignobilis apud omnes reputetur. At vero si quispiam a rurali vel montano tugurio, vel luporum (ut ita dixerim) cubiculo progrediens, quamvis nulla preditus virtute, nulla sapiencia, nulla doctrina redimitus, imo nonnunquam raptu et viciis vivens dummodo aliqua quantumcunque modica majorum et parentum suorum nobilitatis specie illustretur, perfectus nobilis judicatur et pre aliis honoratur. Si qui autem reperiantur, qui animi nobilitatem extollant, illam magis ad avium aucupio et venatui quam virtuti et sapiencie deditum retorquere solent. Quinimo id moris apud eos irrepsit, ut dedecori habendum sit nobilium filios scientia et virtutum exercicio imbui, maluntque illos sompno, quieti, ocio, vino, epulis, libidini atque impudiciciis vacare, et mox

prima. Trotzdem kann auch ein Adeliger dieser Art auf Grund von Lastern und Verbrechen seine Adelswürde verlieren, wie Cod., ebd., l. *judices*, zeigt. Man schließt daraus, daß nach weltlichem Recht jemand zu einer Zeit adelig und zu einer anderen Zeit nichtadelig sein kann. Denn auch die adelige Frau, die mit einem Plebejer verheiratet ist, verliert ihren Adel, wie aus der erwähnten l. prima gegen Ende zu ersehen ist. Umgekehrt wird eine Plebejerin adelig, wenn sie mit einem Adeligen verheiratet ist. Vgl. ebd., l. *mulieres* und Digesten, *de senator.*, l. *femine*, wo der Text sagt: »Frauen, die mit hochwohlgeborenen [*clarissimis*] Personen verheiratet sind, partizipieren am Titel »hochwohlgeboren«). Eine hochadelige [*illustris*] Frau hingegen bleibt auch dann hochadelig, wenn sie einen Adeligen von geringerem Rang heiratet; sie glänzt durch den Adel ihrer Ahnen, wie die mehrfach zitierte Lex sagt und Digest., *de senator.*, l. *liberos*. Außerdem wird ein zum Ritter geschlagener Plebejer adelig nach Cod., *de dignitate*, l. *prima*. In Florenz bleibt er jedoch ein Gemeiner. In diesen Dingen hat man die Gewohnheit zu berücksichtigen. Obwohl nämlich im Vorhergehenden die Auffassung der klügsten Männer bezüglich des Adels enthalten ist, so ist doch die Meinung von dem, was Adel ist, je nach Gebräuchen und Provinzen verschieden, wie Hieronymus sagt: »Jede Provinz erzeugt eine Fülle [verschiedener] Meinungen.« ([Lib. Extra, III,28] *De sepultura*, c. [9] *certificari*).

Was nun unsere Landsleute betrifft, so wollen wir betrachten, was sie als Grundvoraussetzung für Adel ansehen. Unsere Landsleute vertreten – ganz im Widerspruch zur Lehre der Stoiker – die Auffassung, Adel beruhe einzig und allein auf dem glänzenden Ansehen des Geschlechts, dergestalt daß jemand ohne berühmte Vorfahren von allen für nichtadelig angesehen wird und sei er noch so gelehrt, in Staatsgeschäften erfahren und wegen seiner Tugenden hoch gepriesen. Umgekehrt wird einer, der aus einer Feld- oder Berghütte oder – mit Verlaub – aus einer Wolfshöhle hervorkommt, allsogleich als adelig bezeichnet und mit besonderem Respekt behandelt, falls ihn eine noch so bescheidene Form von Geschlechts- und Ahnenadel auszeichnet, und dies selbst dann, wenn er jeglicher Tugend entbehrt, wenn ihn weder Weisheit noch Bildung ziert und er sogar bisweilen von Raub und Schlechtigkeit lebt. Wenn sich aber einige finden, die den Seelenadel preisen, so finden sie diesen gewöhnlich mehr bei einem verwirklicht, der sich der Vogelbeize und der Jagd hingibt, als bei einem, der sich der Tugend und der Weisheit

postquam literarum apices vix ruditer depingere sciant, illico puerulos ad canes et equos alendum applicare solent, quasi si diucius literarum insisterent studio, aliquam turpem inde notam contraherent, nescientes miseri, quid imperatoria lex profiteatur in Auth. habita. C. ne fil. pro patre; que dicit: »Orbem terrarum sine literatis et viris virtuosis regi non posse«; et alibi: »Quod per literarum scienciam mundus illuminatur«.

Ymo secundum leges quilibet doctor dicitur nobilis, et gaudet privilegio nobilium, ut vult Bart. in l. medicos, C. de dignit. lib. XII., et si viginti annis in cathedra legerit, comitis privilegio gaudere debet, ut ibi notatur.

Sed ut ad nostros redeam, sunt nonnulli fastuosi, plebei tamen, qui cum nobilitatem summo conatu adipisci desiderent, nec aliam viam sibi ad illam assequendam apertam vident, ad equestrem ordinem se conferunt, itineribus et stratis publicis insidiari moliuntur. Hoc enim exercicio gradum nobilitatis se assecuturos arbitrantur, et quo quisque eorum animo audacior et ad invadendum rempublicam prompcior est, tanto se magis existimat nobilitari; ymo quod risu dignissimum est, plerique ex stultorum numero hiis quasi ob virtutum meritum ascribentes, propter hujusmodi invasionis exercicium bene meritos illos appellare non verentur. Nobiles autem modeste et pacifice viventes tanquam degeneres despiciunt, cives eos appellantes, quod nomen longe a nobilitate remotum, esse volunt quasi in equestri exercicio, cui nulla virtus admixta sit, nobilitas sita esse videatur.

Inter Romanos *equestris ordo in minima parte nobilitatis* ponebatur, ut in l. unica. C. de equest. dignit. lib. XII., sed dicebantur

widmet. Mehr noch: Es hat sich bei ihnen die Denkweise breit gemacht, es sei rufschädigend, wenn man die Söhne von Adeligen Wissenschaft und Tugendübung lehrt. Sie sehen es lieber, wenn die [Söhne] sich dem Schlaf, dem Faulenzen, dem Nichtstun, dem Wein, festlichen Gelagen, der Geschlechtslust und der Unzucht hingeben. Kaum haben die Knäblein gelernt, wie ungelenk auch immer, die Buchstaben zu malen, werden sie gewöhnlich sofort dazu angehalten, die Hunde und die Pferde zu füttern, gerade als bedeutete es für sie einen schändlichen Makel, weiterhin Zeit auf das Studium von Wissenschaft und Literatur zu verwenden. Die armen Tröpfe wissen nicht, was das kaiserliche Gesetz im Authent. (Cod., *ne fil. pro patre*) aussagt: »Die Welt kann ohne gebildete und tugendstarke Männer nicht regiert werden.« Und an anderer Stelle: »Durch die Kenntnis der Wissenschaften wird die Welt erleuchtet.«

Nach den Leges freilich heißt jeder Gelehrte adelig und erfreut sich jeder des Adelsprivilegs. So Bartolus zu Cod., *de dignit.*, XII, l. *medicos*. Und wenn einer zwanzig Jahre als Universitätslehrer gewirkt hat, stehen ihm die Privilegien eines Grafen zu, wie ebd. vermerkt.

Doch ich kehre zu unseren Landsleuten zurück. Da gibt es einige, die hoch hinauswollen, obwohl sie Plebejer sind. Da sie mit aller Macht adelig werden wollen und dahin keinen anderen gangbaren Weg sehen, schließen sie sich dem Ritterstand an und geben sich alle Mühe, Wege und Staatsstraßen zu verunsichern. Glauben sie doch, durch dieses Gewerbe Adelsrang zu gewinnen, und je kecker einer ist und je schneller einer bereit ist, das Gemeinwesen anzugreifen, desto höheren Adel glaubt er zu erwerben. Noch mehr – und damit ist die Grenze der Lächerlichkeit erreicht: viele Dummköpfe zollen solchen Menschen Anerkennung, als handelte es sich um ein Heldenstück, und scheuen sich nicht, sie wegen solcher Übergriffe ehrenwert zu nennen. Vor denjenigen Adeligen hingegen, die ein anständiges und friedliches Leben führen, haben sie keinen Respekt, denken, diese seien aus der Art geschlagen, nennen sie »Bürgerliche« und bringen mit dieser Bezeichnung die große Distanz zum Adel zum Ausdruck, gerade als beruhe Adel allein auf dem Reiterhandwerk, für das ein Hinzutreten von moralischer Vortrefflichkeit belanglos ist.

Bei den Römern galt der Ritterstand als unterste Stufe des Adels (Cod., XII, *de equest. dignit.*, l. unica). Adelig hießen die Patrizier-

nobiles patriciorum familie, et qui ex *triumphalibus, consularibus senatoriisque* viris longa stirpe originem trahebant. Et admodum miror nos tantum ab eorum opinione differre.

Soleo sepe ad me ipsum stimulari doloribus, cum *Poggii Florentini* poete et oratoris hac nostra etate clarissimi libellum legere cepero, quem »*De nobilitate*« edidit. Qui cum mores condicionesque nobilitatis diversarum provinciarum descripserit, hanc laudem Germanice nobilitati tribuit. Ait enim ut suis verbis utar: »Germani atque Alamanni, quibus census patrimonii ad victum suppetit, et hos qui procul urbibus, aut qui castellis et oppidulis dominantur, quorum magna pars latrocinio deditur, nobiles censent. Et quibus humanius ingenium natura dedit, herent principibus, quorum in aula asswescunt culciori vite, rudes tamen et moribus asperi«. Hec Poggius.

Verum quanquam apud insipienciores vulgaresque homines hec opinio nobilitatis exorta sit, apud tamen viros graviores flocci penditur despicatuique habetur, nec atria principum ingreditur semper, qui solos illos nobiles existimant, quorum nobilitas cum virtute semper floruit et honore. Illorum profecto quorum adhuc ingens occurrit numerus, magnopere commendanda nobilitas est et pre ceteris honoranda, qui acceptam a progenitoribus claritatem ob res vel bello vel pace egregie gestas virtutum exercicio nutrire satagunt et conservare, quique non ad inferendam sed propulsandam patrie injuriam arma capessere student, ac in omnem casum in rempublicam fidelissimos se patronos ostendunt. Hac enimvero nobilitate preditos antiqui Romani colebant, quam et nostri principes diligere debent, et inferiores admodum venerari.

Est preterea et altera nobilitas, que creata dicitur. Apud principes enim id moris inolevit, ut imperator et reges privilegio et literis faciant nobiles, nulla habita virtutis racione. Ita illi, quod risu dignum est, usu et obsequio, isti scriptura et cera [ut Poggius ait] nobilitatem adipiscuntur. Et hoc quidem absurdum secundum eos, qui in virtute

familien und die, die in langer Ahnenreihe von Triumphatoren, ehemaligen Konsuln und Senatoren abstammten, und ich wundere mich sehr, daß unsere Auffassung sich so weit von der ihrigen entfernt.

Immer wieder bin ich innerlich zutiefst getroffen, wenn ich das Büchlein »Vom Adel« zur Hand nehme, das der Florentiner Poggio veröffenlicht hat, einer der angesehensten Dichter und Redner unserer Tage. Wo er die Sitten und den Zustand des Adels in den verschiedenen Provinzen beschreibt, spendet er dem deutschen Adel folgendes »Lob« – ich zitiere wörtlich –: »Als adelig gelten diejenigen Germanen und Deutsche, denen für ihren Lebensunterhalt Einkünfte aus dem väterlichen Erbe zur Verfügung stehen, und diejenigen, die als Burg- und Dorfherren auf dem Land leben, wobei ein Großteil von ihnen sich dem Rauben und Beutemachen widmet. Diejenigen, denen die Natur eine menschlichere Veranlagung gab, halten sich in der Umgebung der Fürsten auf; aber obwohl sie sich an deren Hof an einen verfeinerten Lebensstil gewöhnen, bleiben sie doch ungehobelt und grobschlächtig.« Soweit Poggio.

Aber obwohl sich bei den Ungebildeten und beim gemeinen Volk eine solche Vorstellung von Adel ausgebildet hat, wird diese von Menschen, deren Urteil etwas gilt, nicht ernst genommen und mit Verachtung gestraft, und niemals findet sie Zugang in die Hallen jener Fürsten, die allein solche für adelig ansehen, deren Adel allezeit in Verbindung mit Tugend und Ehre blühte. In der Tat, überaus lobwürdig und aller Ehren wert ist der Adel derer – und ihre Zahl ist immer noch riesig –, die sich bemühen, das von den Vorfahren durch deren Ruhmestaten in Krieg und Frieden erworbene Ansehen durch eigene Tüchtigkeit und Leistung zu erhalten und zu mehren, die nicht zu den Waffen greifen, um dem Vaterland Unrecht anzutun, sondern um Unrecht von ihm abzuwehren, und die sich in jeder Notlage als zuverlässige Schützer des Gemeinwesens erweisen. Die in diesem Sinne adelig waren, fanden bei den alten Römern Anerkennung, und sie sollten auch von unseren Fürsten geliebt und, obwohl sie rangniedriger sind, mit Respekt behandelt werden.

Es gibt noch eine andere Form von Adel, den »verliehenen Adel«. Bei den Fürsten, beim Kaiser ebenso wie bei den Königen, hat sich nämlich die Sitte eingebürgert, Adelige durch Privileg und (Adels-)Brief zu kreieren, und dies ohne Rücksicht auf moralische Vortrefflichkeit. So erlangen diese, was lachhaft ist, das Adelsprädikat

nobilitatem ponunt. Illa enim extrinsecus non provenit, sed a propria descendit virtute, que inter principum munera non admiscetur.

At si aliunde nobilitatem eruimus, non dubium quin imperator nobiles creare possit, qui et principes creat, et nobilitatis conditor jure censeri potest: a quo terrene dignitates ut ex abysso defluere dinoscuntur. Sacrilegii enim instar obtinet dubitare, an is sit dignus, quem princeps elegit, ut inquit L. II. C. de crim. sacrileg. et XVIII. q. IV. §. qui autem. Princeps eciam inferior imperatore, qui prescripsit jura regalia, secundum jus civile nobiles creare potest. arg. L. I. D. de emancip. liber. et L. I. D. de mun. et honor. Sic et civitas et populus habens facultatem concessa est potestas condendi leges statuarias, ut L. omnes populi. D. de just. et jure. Nam potest hujusmodi civitas per statutum aliquos facere nobiles, non tamen puto quod tales extra civitatem statuentem debeant reputari nobiles. arg. c. fin. De constit. lib. VI. in fine.

Mercatores tamen, quamdiu mercimoniis insistunt, nobilitari non debent. L. milites D. de re milit. lib. XII. facit eciam L. nobiliores. C. de commerc. que dicit, nobiliores natalibus et honorum luce conspicuos, patrimonioque clariores perniciosum urbibus mercimonium exercere prohibemus. Et theologorum decus Hieronymus vix arbitratur pestem esse majorem, quam plebejum nobilem creatum. Clericum enim, inquit, negociatorem, ex inope divitem et ignobili gloriosum, quasi quasdam pestes fuge. LXXXVIII dist. c. negociatorem.

durch Schrift und (Siegel-)Wachs, wie Poggio sagt, weil sie sich als nützlich und dienstwillig erwiesen haben. Für alle, die in moralischer Vortrefflichkeit das Wesen des Adels sehen, ist dies in der Tat absurd. Adel kommt nämlich nicht von außen, sondern ist das Ergebnis persönlicher Vortrefflichkeit – und diese ist keine Fürstengabe.

Leiten wir aber den Adel anderweitig ab, dann kann der Kaiser zweifellos Adelige kreieren; kreiert er doch auch Fürsten. Und mit Recht kann er, aus dem wie aus einem Quellgrund die weltlichen Würden fließen, als Schöpfer des Adels betrachtet werden. Wie ein Sakrileg zu beurteilen ist nämlich der Zweifel, ob einer, den der Herrscher erwählte, auch würdig sei (Cod., *de crim. sacrileg.*, l. 2, und Causae, XVIII, q. 4, § *qui autem*). Auch ein unter dem Kaiser stehender Fürst, der den Anspruch auf königliche Rechte geltend gemacht hat, kann nach dem »Corpus iuris civilis« Personen in den Adelsstand erheben (Digest., *de emancip. liber.*, l. 1, arg., und Digest., *de mun. et honor.*, l. 1.). Ebenso eine Stadt und ein Volk, denen die Gewalt verliehen wurde, verfassungsmäßige Gesetze zu erlassen. (Vgl. Digest., *de just. et jure*, l. *omnes populis*.) Eine solche Stadt kann durch Verordnung Personen in den Adelsstand erheben, doch glaube ich nicht, daß sie außerhalb [des Gebiets] der verordnenden Stadt als Adelige betrachtet werden müssen (Lib. VI, [I,2] *De constitutionibus*, [c. 1] gegen Ende).

Kaufleute aber dürfen, solange sie noch Handel treiben, nicht geadelt werden (Digest., *de re milit.*, XII, l. *milites*). Hierher gehört auch Cod., *de commerc.*, l. *nobiliores*: »Wir verbieten, daß Adelige, die durch Geburt und den Glanz von Ehrenstellen die Blicke auf sich lenken und auf Grund ihres Vermögens angesehener sind, Handel treiben, der den Städten zum Schaden gereicht.« Und Hieronymus, diese Zierde der Gottesgelehrten, meint, es gebe kaum ein größeres Verderben als die Erhebung eines Plebejers in den Adel. Er sagt nämlich: »Einen Handel treibenden Kleriker, einen reich gewordenen Armen und einen aus Bedeutungslosigkeit zu Ruhm und Ehre Aufgestiegenen fliehe wie die Pest« (Dist. LXXXVIII, c. [9] *negociatorem*).

TIT. XII. DE SEPTEM NOBILITATIS GRADIBUS QUIBUS TERRENA REGITUR MONARCHIA.

Diversis nobilitatis ordinibus velut membris a Cesarea potencia dependentibus terrena regitur monarchia. Qui quidem ordines etsi secundum regionum diversitatem varientur, ex libro tamen feudorum Friderici I. Augusti septem principaliter gradibus continentur. Primus et supremus post Cesareum gradus primus est *regum*, secundus ducum, tercius marchionum, quartus comitum, quintus capitaneorum, qui proprie valvasores olim appellabantur, sextus Vasallorum et septimus valvasinorum, prout illi enumerantur per text. in c. quis dicatur dux, marchio. et gl. in c. fundamenta. De elect. lib. VI. Nos vero tres inferiores gradus aliis nominibus designamus, videlicet barones, ministeriales et clientulos.

Rex dicitur qui de aliquo regno per imperatorem est investitus, ut in lib. feudor. Tit. de feudo march. ducat. et dicitur a regendo.

Dux solito more vocatur, qui a principe de ducatu aliquo investitus est; et dicti sunt primo duces a ductu populi, sed precipue in castris. Est enim ipsorum officium exercitum dirigere et ipsum in pugna preire et ideo in lingwa Teutonica dicitur HERTZOG, quasi ZOGHEER. Unde cum filii Israel impugnarentur a Cananeis quesiverunt ad invicem (ut scribitur in lib. Iudicum): »Quis ascendit ante nos contra Chananeum et quis erit dux belli?« Et hoc nomen tali rectori proprie convenit, propter difficultatem regendi populum, quando est in pugna, ab excellencia regiminis, qua utique racione et Iesus Nava, qui feliciter pugnavit bella Domini, dux appellatus est. Et Scipio Affricanus, Attilius Regulus, Magnus Pompeius, et alii plerique consulares viri, qui exercitibus ducendis et gubernandis prefecti erant, a Romanis duces appellati sunt. Dignitatis autem hodie plusquam officii nomen est.

TIT. XII: Von den sieben Stufen des Adels, durch die die irdische Monarchie gelenkt wird

Die irdische Monarchie wird durch die verschiedenen Adelsränge gelenkt, die von der kaiserlichen Macht abhängen wie die Glieder [vom Haupte]. Auch wenn diese Ränge entsprechend der Verschiedenheit der Regionen variieren, so umfassen sie doch nach dem »Liber feodorum« Kaiser Friedrichs I. im wesentlichen sieben Stufen. Die erste und höchste Stufe nach dem Kaiser ist die der Könige, die zweite die der Herzöge, die dritte die der Markgrafen, die vierte die der Grafen, die fünfte die der Kapitane (die früher die Vasallen im eigentlichen Sinne waren), die sechste die der Vasallen und die siebte die der Kleinvasallen [valvasores]. So nach der Aufzählung im Text von [Instit.], *quis dicatur dux, marchio*, [coll. 10] und in der Glosse zu Lib. VI, [I,6] *de electione*, c. [17] *fundamenta*. Wir hingegen haben für die untersten drei Ränge andere Bezeichnungen, nämlich: Barone, Ministerialen und zum Klientel gehörige Gefolgsmänner.

König heißt der, der durch den Kaiser in ein Königreich eingesetzt wurde (vgl. »Liber feodorum«, Tit. *de feudo march. ducat.*), wobei sich die Bezeichnung *rex* von »regieren« herleitet.

Herzog heißt nach Gewohnheit und Sitte der, der vom Herrscher in ein Herzogtum eingesetzt wurde. Die Bezeichnung »Herzöge« leitet sich ursprünglich davon ab, daß sie vor dem Heer einherzogen, vor allem im Krieg. Ist es doch ihre Aufgabe, das Heer zu führen und an dessen Spitze in die Schlacht zu ziehen. Deshalb bedeutet im Deutschen Herzog so viel wie »Zogheer« [Heerzieher]. So beratschlagten denn die Söhne Israels, von den Kanaanitern bedrängt, miteinander: »Wer wird vor uns einhergehen gegen den Kanaanäer und wer wird der Führer im Kampf sein« (Buch der Richter). Diese Bezeichnung kommt einem solchen Führer recht eigentlich zu auf Grund der eminenten Führungsverantwortung; ist es doch ein schwieriges Unterfangen, in einer Schlacht das Heervolk zu lenken und zu leiten. Aus eben diesem Grunde erhielt Jesus Nave die Bezeichnung »Führer« [*dux*], weil er erfolgreich die Schlachten des Herrn schlug. Auch Scipio Africanus, Attilius Regulus, Pompeius der Große und sehr viele andere im Konsulsrang wurden von den Römern »Führer« [*duces*] genannt, weil sie an die Spitze des Heeres gesetzt wurden, um es zu führen und zu leiten. Heutzutage ist dage-

Aliud autem nomen dignitatis deserviens imperatoribus et regibus dicitur *marchio*, et est ille qui a principe de marchia investitus est. Dicitur autem *marchia*, quia cara, id est collecta et juxta mare plerumque sit posita. Alii dicunt quod dicitur a *marcha*, quod est singulare divitum pondus, per illud significatur recta et rigida justicia, qua quidem justicia illustres *marchiones Badenses* plurimum commendantur, quod non solum nomine, sed et reipsa se marchiones ostendunt. Et plerunque hujusmodi principes marchionali titulo illustrati in locis asperis demorari consweverunt, ob quam causam confinia regionum que quidem sunt loca montuosa rigidaque, apud nonnullos marchie appellantur, et interdum provincie lascivum gignentes populum, quorum utrumque genus rigore justicie conservari necesse est. Marchiones autem et comites proprie regum capitanei majores dicuntur, ut in lib. feudor. in princ.

Hunc gradum sequitur generosum *comitum* nomen. Dicitur vero proprie *comes*, qui de aliquo comitatu investitus est a principe. Sunt autem hujusmodi comites multiplici differencia distincti. Alii enim sunt comites provincias regentes, qui *Landgravii* dicuntur; alii *comites castrenses*, qui castrum a principe feudi titulo possident, ut ejus guardiam seu gastaldiam, id est, custodiam gerere debeant, et dicuntur *Burggrafii*. Fuit vero nomen comitum primo post exactos reges a populo Romano assumptum, ut dicit Ysidorus XI. ethymol., eligebantur tunc singulis annis duo consules, quorum unus rem militarem, alius autem rem administrabat civilem, et isti duo consules vocati sunt comites a commeando simul per veram concordiam, qua sola aucta fuit respublica, ut tradit Sallustius de bell. Iugurth. Processu vero temporis nomen istud a Romano abolitum est regimine, in statumque dignitatis translatum, tunc a concomitando dicti sunt. Ipsorum enim precipuum tunc erat officium imperatorem comitari et sequi tum in rebus bellicis, tum aliis domesticis forensibusque negociis pro imperii utilitate gerendis. Hi autem et nomine et officio distincti erant, ut ex corpore legum sub diversis titulis traditum est, quorum hodie nomina partim abolevit antiquitas. Alii enim erant

gen [»Herzog«] eher die Bezeichnung für eine Würde als die Bezeichnung für eine Tätigkeit.

Eine weitere Bezeichnung für einen Würdenträger, der Kaisern und Königen dient, ist »Markgraf«. [Markgraf] ist einer, der vom Herrscher in eine Markgrafschaft eingesetzt wurde. »Markgrafschaft« heißt sie, weil sie wertvoll, d. h. [unter Anstrengung] erworben, und meistens am Meer gelegen ist. Andere behaupten, sie habe ihren Namen von der »Mark«, einem für reiche Leute charakteristischen Münzgewicht. Es symbolisiert die unbeirrte und strenge Gerechtigkeit, eine Gerechtigkeit, durch die sich die erlauchten badischen Markgrafen aufs beste empfehlen, sie, die sich nicht nur dem Namen nach, sondern auch der Sache nach als Markgrafen erweisen. Fürsten, die mit dem Titel »Markgraf« ausgezeichnet sind, residieren sehr oft in rauhen Gegenden; aus diesem Grund nennen manche die Grenzgebiete, die bergig und kalt sind, Marken, und manchmal werden auch Provinzen, die eine ausgelassene Bevölkerung hervorbringen, so genannt. In beiden Fällen ist es notwendig, die Bevölkerung durch strenge Gerechtigkeit im Zaum zu halten. Markgrafen und Grafen werden im eigentlichen Sinne die Großkapitane der Könige genannt. (Vgl. »Liber feodorum«, Anfang.)

Auf die genannte Stufe folgt der edle Grafenname [*comites*]. Im strengen Sinn wird derjenige »Graf« genannt, der vom Herrscher mit einer Grafschaft belehnt worden ist. Die Grafen unterscheiden sich untereinander auf vielfältige Weise. Einige regieren eine Provinz; sie heißen Landgrafen. Andere sind Grafen auf Burgen; diese erhalten vom Herrscher eine Burg zu Lehen mit dem Auftrag, für deren Hut [*gardia*] und Schutz [*gastaldia*], d. h. für deren Beschirmung [*custodia*] zu sorgen; sie heißen »Burggrafen«. Der Name *comites* wurde zum ersten Mal vom römischen Volk nach der Vertreibung der Könige verwendet, wie Isidor im 11. Buch seiner »Etymologiae« schreibt. Damals wurden zwei Konsuln jeweils für ein Jahr gewählt, von denen der eine das Militärwesen, der andere die Zivilverwaltung unter sich hatte. Diese beiden Konsuln wurden *comites* genannt nach dem von wahrer Eintracht bestimmten Umgang miteinander [*commeare*], [einer Eintracht], die allein die Republik groß gemacht hat, wie Sallust im »Bellum Iugurthinum« sagt. Im Lauf der Zeit wurde jedoch diese Bezeichnung aus der Liste der römischen Regierungsämter gestrichen und auf eine Ehrenstellung übertragen, und der Name [*comites*] vom »Begleiten« [*concomitari*] abgeleitet.

comites rei militaris, quibus regende milicie cura commissa erat; alius autem comes erat *palatinus*, qui in palacio imperatoris continuus erat, gerebat curam tributorum provincialium, et judicis et notariorum negligenciam arguebat. Erat et *comes Orientis*, qui procurator fuit Cesaris earum rerum, quas in Oriente habebat; comites eciam fuerunt, qui comites rerum privatarum dicebantur, qui procuracionem gerrebant rerum Cesaris private racionis seu rerum fiscalium, et illi erant illustres. Fuerunt et *comites sacrarum largicionum*, per quos princeps sua stipendia militibus et aliis largitus est. *Comes* deinde erat *sacri* patrimonii, qui Imperatoris patrimonium, immobilia bona procurabat. Alii tamen erant *comites consistoriani*, qui consistorio principis assistebant et spectabilibus consulibus equiparati sunt, ut C. de comit. consist. lib. XII. Et quia plures comites Alamannia habet, qui comitatu quopiam non sunt investiti, sed a castellis privatis que possident titulos sue denominacionis contraxerunt, quorum majores arbitror Rome hujusmodi comites extitisse, nomenque dignitatis, et dum exteras naciones peterent, retinuisse. Hos nobilissimum capitaneatus nomen, quod nos barionatum vocamus, subsequitur.

Est autem *capitaneus* sive *baro* is qui a principe vel potestate aliqua de plebe vel plebis parte per feudum fuit investitus; et valvasores vasallos habet, qui proprie *valvasor major* olim appellabatur, et baro a labore, quasi fortis in labore secundum Ysidorum. Barys enim grece gravis sive fortis latine vocatu, quod debet esse in continuis gymnasiis id est virium et virtutum exerciciis, ut in partibus Germanies atque Gallie solitum est fieri. Nam [ut Vegecius dicit de re milit.] decet illos primos esse in acie ad bellandum pro subditis;

Deren vornehmste Pflicht bestand nämlich darin, den Kaiser zu begleiten und sein Gefolge zu bilden sowohl bei Kriegszügen als auch bei allen Geschäften der inneren Verwaltung und der Rechtsprechung, die zum Wohle des Staates zu erledigen waren. Die [*comites*] unterschieden sich nach Titulatur und Aufgabenbereich, wie man verschiedenen Titeln des »Corpus iuris civilis« entnehmen kann. Deren Bezeichnungen sind im Laufe der langen Zeit zum Teil untergegangen und heute verschwunden. Da gab es »Militärgrafen« [*comites rei militaris*], denen die militärische Führung anvertraut war. Ein weiterer Graf war der »Pfalzgraf« [*comes palatinus*], der sich dauernd in der Residenz des Kaisers aufhielt; er trug Sorge für die Tributzahlungen der Provinzen und verfolgte die Nachlässigkeit von Richtern und Notaren. Es gab einen »Grafen für den Osten« [*comes orientis*]; dieser verwaltete den kaiserlichen Besitz im Osten. Wieder andere hießen »Grafen der Privatschatulle« [*comites rerum privatarum*]; sie trugen Sorge für den Privatbesitz des Kaisers bzw. für den Fiskus. Sie [trugen den Titel] »Exzellenzen«. Es gab die »Grafen für die kaiserlichen Gaben« [*comites sacrarum largicionum*]; durch sie ließ der Herrscher Soldaten und anderen die Besoldung zukommen. Weiterhin gab es einen »Grafen des heiligen Patrimoniums« [*comes sacri patrimonii*]; er trug Sorge für den kaiserlichen Erbbesitz und für seine liegenden Güter. Wieder andere waren »Konsistorialgrafen« [*comites consistoriani*]; sie assistierten im Rat des Herrschers und waren ranggleich mit den durchlauchtigen Konsuln (Cod., *de comit. consist.*, XII). Deutschland kennt mehrere Grafen, die mit keiner Grafschaft belehnt sind, die vielmehr die Titel, nach denen sie sich nennen, von privaten Burgen abgeleitet haben, die sich in ihrem Besitz befinden. Deren Vorfahren waren, wie ich glaube, in Rom Grafen der oben genannten Art gewesen, und [ich glaube], daß sie nach ihrer Auswanderung die Bezeichnungen ihrer Würde beibehalten haben.

Kapitan oder Baron ist der, der vom Herrscher oder sonst einem Souverän ein Kirchspiel oder den Teil eines solchen zu Lehen erhalten hat. Er, dem früher die Bezeichnung Obervasall [*valvasor major*] zu eigen war, hat Kleinvasallen [*valvasores*] als Lehensleute. »Baron« heißt er nach Isidor auf Grund seiner mühevollen Arbeit, wie einer, der stark ist im Ertragen von Strapazen. Griechisch *barys* bedeutet nämlich im Lateinischen »schwer« bzw. »stark«. Muß [ein Baron] doch fortwährend in Übung bleiben, d. h. in der Erprobung

idcirco assiduitate exercicii audaces efficiuntur et prompti. Nullus enim [ut idem Vegecius inquit] attemptare dubitat, quod se bene didicisse confidit.

Sunt autem *barones* in Alamannia in duplici differencia: alii quidem dicuntur simpliciter *barones*, alii *semperbarones*. Semper-baro is esse fertur, qui a nullo horum feudum habet, sed alii ab ipso, adeoque liber est, ut nulli ad fidelitatis adstringatur juramentum, ut proprie barones de Limpurg esse dicuntur.

Est autem Alamannis inveteratus usus et longe retro observata conswetudo, non magna (quantum conijecere possum) racione suffulta, ut baro copulando sibi militaris et inferioris generis conjugem prolem suam inde creatam degeneret atque debaronizet, filiique de cetero barones minime vocitentur. Comites vero per connubium cum simplicis militaris generis femina natos filios non decomitant; sed si eorum filii itidem in militarium genus nubant, extunc illorum demum proles decomitatur, militariumque generis ordini deinceps connumeratur, que profecto observancia haud satis honesta esse videtur.

Post baronum ordinem *valvasores*, id est, minores capitanei, qui et proceres sive ministerarii dicuntur, locum sibi vendicant, simplicem miliciam transcendentes; et sunt illi, qui a majoribus valvasoribus et capitaneis feudum tenent, et ipsi eciam alios vasallos habent, ut dicit text. in d. Tit. quis dux, march., comes etc., ut sunt proprie *domini mei de Andelo*, de Hohenstein, de Landsperg, Treger et hiis similes. Ille enim quatuor familie sunt valvasores sive vicedomini hereditarii illustris Argentinensis ecclesie, ex quibus unam personam ad vicedominatus dignitatis regimen assumere tenetur, qui eciam plurimos minoris milicie nobiles feudali jure vasallos habent, jureque proprio in preliis suo panderio possunt.

seiner Kräfte und seiner Fähigkeiten, wie dies in deutschen und gallischen Landen üblich ist. Denn sie müssen, wie Vegetius in »De re militari« schreibt, die vorderste Schlachtreihe bilden, um für ihre Untertanen zu streiten; durch ständige Übung werden sie aber kampfbereit und entschlossen. Keiner nämlich, sagt der nämliche Vegetius, wird zögern etwas zu wagen, der weiß, daß er gut geschult ist. Es gibt aber in Deutschland zwei verschiedene Arten von Baronen. Die einen werden einfach »Barone« genannt, die anderen hingegen »Ewigbarone« [*semperbarones*]. »Ewigbaron« nennt man den, der von niemandem ein Lehen trägt, während andere von ihm [Lehen tragen], und der frei ist bis zu dem Grade, daß er an niemanden durch Treueid gebunden ist. Barone dieses Typs sind, wie man sagt, die Barone von Limburg.

Es ist aber bei den Deutschen alter Brauch und seit urdenklichen Zeiten beobachtete, m.E. wenig vernünftige Gewohnheit, daß ein Baron, der eine Frau ritterlichen und also niedrigeren Standes heiratet, seine aus dieser Verbindung hervorgehenden Sprößlinge hierdurch mindert und um den freiherrlichen Rang bringt, so daß die Nachkommen von da an nicht mehr »Barone« heißen. Wenn hingegen Grafen aus der Verbindung mit einer Frau aus einfachem Rittergeschlecht Söhne haben, bringen sie diese nicht um den Grafentitel. Erst wenn diese Söhne wiederum in den Ritterstand einheiraten, verlieren deren Kinder die Zugehörigkeit zum Grafenstand und zählen dann zum Ritterstand. Diese Praxis scheint mir in der Tat vom moralischen Standpunkt aus unbefriedigend.

Den nächsten Rang nach dem Stand der Barone beanspruchen die Vasallen, das heißt die niederen Kapitane, die auch Edle oder Ministerialen genannt werden, [einen Rang], der den Stand des einfachen Ritters überragt. Sie halten Lehen von den Großvasallen oder Großkapitanen, haben aber selbst Lehensträger unter sich, wie im Text des zitierten Titels [Instit.], *quis dux, marchio, comes* usf. [coll. 10] ausgeführt ist. [Vasallen] dieser Art sind meine Herren von Andlau, die [Herren] von Hohenstein, von Landsberg, von Treger und weitere mit ihnen vergleichbare. Jene vier Familien sind nämlich Vasallen bzw. Erbvitztümer der hochangesehenen Kirche von Straßburg, die gehalten ist, einen von ihnen als Inhaber der Vitztumswürde zu akzeptieren. Sie haben viele Adelige des niederen Ritterstandes als [Unter-]Vasallen nach dem Lehnrecht. Ihnen steht das persönliche Recht zu, in der Schlacht ihr eigenes Banner mitzuführen.

Hunc valvasorum ordinem sequitur infimus nobilitatis gradus, qui ex libro feudorum *valvasini* denominantur, id est, *minimi valvasores*, et sunt illi qui a superioribus, et nullus ab eis feuda tenent, quos et clientulos more nostro appellamus. Plurima tamen eciam sunt nomina principibus et nobilibus secundum diversas regiones assignata, et a predictis differencia, que brevitatis gracia in presenciarum succindo.

Omnes autem predicti principes nobilesque in auxilium ministeriumque sacri imperii sunt instituti, ex quibus terrena perfectissime constituitur monarchia. Quorum proprium est officium rempublicam in terris sibi commissis tum regere, tum eciam ab oppressione defensare, invigilare commodis subjectorum, pacem diligere, justiciam colere, neque unquam nisi ad injuriam propulsandam bellum aliis inferre, ut legibus sacris et canonibus sancitum est, in Auth. de pace tenen. in rubro et in nigro coll. X. 33. q. I. c. noli de treuga et pace per tot. Illi enim (ut et Platoni et Tullio in I. Offic. placet) non solum sibi, sed et patrie nati sunt, in qua sancte, pie et juste versari, nec nisi ut in pace sine injuria vivatur, arma capessere debent. Quod quidem onus etsi cunctis temporalem gerrentibus gladium incumbat, *septem tamen principum electorum humeris precipue incumbere debet, qui in partem sollicitudinis Cesaris vocati sunt, et pars corporis ejus esse censentur.*

Et notandum, quod legum disposicione solus princeps inter predictos gradus uti debet vestibus holosericis, id est textis de optimo auro, quod in vulgari Ytalyco dicitur aurum foliatum, nec eciam tinctum murice, id est, sanguine muricis illius piscis, qui color preciosus est ut aurum, et hec omnia habentur in C. de vestib. oloser. et de auro etc. lib. XI. Solus denique princeps in frenis et sellis equestribus, in baltheisque et zonis suorum vestimentorum pro ornatu suo potest uti hiis tribus gemmarum generibus, scilicet margaritis, smaragdis et hyacinthis. Sunt enim ille et propter virtutes, et eciam signi-

Auf den Stand der Vasallen folgt der niedrigste adelige Rang, der nach dem »Liber feodorum« der [Stand der] *Valvasini*, d. h. der Kleinvasallen [*minimi valvasores*], genannt wird. Sie tragen von den Höheren ein Lehen, während keiner [ein Lehen] von ihnen trägt. In unserem Sprachgebrauch nennen wir sie auch *clientuli* [»Gefolgsmänner«].[39] Außerdem sind den Fürsten und Adeligen sehr viele Bezeichnungen beigegeben worden, die regionalen Gepflogenheiten folgen und sich von den oben genannten unterscheiden; doch will ich für den Augenblick um der gebotenen Kürze willen hier abbrechen.

All die genannten Fürsten und Adeligen wurden eingesetzt zur Unterstützung und zum Dienst am Heiligen Reich, so daß durch sie die weltliche Monarchie in der vollkommensten Weise eingerichtet erscheint. Ihnen kommt die Pflicht zu, das Gemeinwesen in den ihnen anvertrauten Territorien zu lenken, gegen Unterdrücker zu verteidigen, über das Gedeihen ihrer Untertanen zu wachen, den Frieden zu lieben, Gerechtigkeit zu üben und niemals, es sei denn zur Abwehr von Unrecht, andere zu befehden. Dies bestimmen die heiligen [Reichs]gesetze und das kanonische Recht, u.z. das Authent., *de pace tenenda*, coll. X, Text und Rubrik; Causae, XXIII, q. 1, c. [3] *noli*, und [Lib. Extra, I,34] *De treuga et pace*, gesamter Titel. Sie nämlich sind, wie auch Platon und Cicero im 1. Buch von »De Officiis« lehren, nicht für sich allein, sondern ebenso für das Vaterland geboren, in dem sie einen frommen, ehrenhaften und gerechten Lebenswandel führen und nur zu dem Zweck zu den Waffen greifen sollen, um ein friedliches, unbedrohtes Leben zu ermöglichen. Diese Bürde ruht zwar als Aufgabe auf allen, die das weltliche Schwert führen, doch muß sie vornehmlich auf den Schultern der sieben Kurfürsten ruhen, die berufen sind, die Bemühungen des Kaisers zu unterstützen, und die als Teil seines Körpers gelten.

Es bleibt anzumerken, daß nach Weisung der Leges keiner der genannten Ränge, sondern allein der Kaiser *holoserica*-Gewänder tragen darf,[40] d.h. Gewänder, die aus feinstem Gold gewebt sind, das man auf italienisch »Blattgold« nennt. Dasselbe gilt für Gewänder, die mit Purpur, d.h. mit dem Blut der Purpurschnecke gefärbt sind, einer Farbe, die ebenso wertvoll ist wie Gold. Dies alles wird behan-

---

39 Vgl. Mlat.Wb.II 723. Gemeint sind die Einschildritter.
40 Wörtlich »reinseidene«. Der Autor versteht darunter jedoch anscheinend Goldbrokat.

ficatum ceteris preciosiores. Convenit enim principem privatis hominibus ornatu prepollere. Militibus tamen fibulis et baltheis suarum chlamydum de auratis et arte preciosa factis uti permittitur, dummodo in illis non sit ulla gemma intexta, exceptis ornamentis mulierum et annulis aureis, in quibus tam maribus quam feminis usus gemmarum permissus est; alias hujusmodi ornamenta deferentes legibus puniuntur, ut C. nulli licere in fren. et equest. sell. l. unica libro XI.

TIT. XIII. DE MILITIBUS ET VETERI JURE MILITARI.

Venio nunc ad precipuum decus et stabilimentum Romani imperii rem videlicet militarem disciplinam, cujus tenacisimum vinculum apud Romanos milites syncerum semper et incolume servatum fuit, Valerio teste II. Tit. De discipl. milit., in cujus sinu ac tutela serenus tranquillusque beate pacis status requievit. Fortissimi etenim milites et ad augmentum et custodiam Romani principatus reique publice tuicionem ab olim potissime sunt instituti. Unde Vegecius, qui et ipse Romanus fuit, lib. I. de re milit. »*Nulla* alia re, inquit, videmus Romanum populum orbem subegisse terrarum, nisi armorum exercicio, disciplina castrensi, usuque milicie. Quid enim adversus Gallorum multitudinem paucitas Romana potuisset? Quid adversus Germanorum severitatem temporis brevitas valuisset? Afrorum dolis atque diviciis impares fuimus; Grecorum artibus atque sapiencia nos vinci nemo dubitavit. Sed adversus hec omnia profuit militem solertem eligere, vim armorum cotidiano docere exercicio, et regulam discipline semper in castris inviolatam *servare*«.

delt in Cod., XI, *de vestib. oloser. et de auro* usf. Ferner darf allein der Kaiser zum Schmuck von Zaumzeug und Sattel, Wehrgehenk und Gewandgürtel die folgenden drei Edelsteine verwenden: Perlen, Smaragde und Hyazinthe. Diese sind nämlich wegen der ihnen innewohnenden Kräfte und auch wegen ihrer Symbolik wertvoller als die übrigen [Edelsteine]. Auch ziemt es sich, daß der Kaiser den Privatmann an Pracht übertreffe. Den Rittern ist es gestattet, vergoldete und kunstvoll gestaltete Gewandspangen und Waffengürtel zu verwenden, solange in diese keine Edelsteine eingearbeitet sind. Dies gilt nicht für den weiblichen Schmuck und auch nicht für goldene Fingerringe, bei denen Männern und Frauen gleichermaßen die Verwendung von Edelsteinen gestattet ist. Wer dergleichen Zierrat anderweitig benutzt, wird nach den Leges bestraft: Cod., XI, *nulli licere in fren. et equest. sell.*, l. *unica*.

TIT. XIII: Die Soldaten und das alte Militärrecht

Ich komme nun zur vornehmlichen Zierde und Stütze des Römischen Reiches, nämlich zum Kriegswesen und zur militärischen Disziplin. Diese wurde als überaus festes Band von den römischen Soldaten allzeit makellos und unversehrt bewahrt, wie Valerius [Maximus, »Facta et dicta memorabilia«] im Titel »De disciplina militari« bezeugt. In ihrem Schoß und unter ihrem Schutz ruhte der ungetrübte und unerschütterte Zustand eines glücklichen Friedens. Denn von Urzeiten an wurden die tapfersten Männer als Krieger eingesetzt und vornehmlich dazu bestimmt, die römische Herrschaft zu mehren, zu hüten und den Staat zu schützen. Aus diesem Grund sagt Vegetius, der selbst Römer war, im 1. Buch von »De re militari«: »Wir sehen, daß das römische Volk sich die Welt durch nichts anderes unterworfen hat als durch Waffenübung, Kriegsdisziplin, Kampferfahrung. Was hätte sonst die geringe Zahl der Römer gegen die Übermacht der Gallier ausrichten können? Was hätte gegen die Unerbittlichkeit der Germanen die knappe [zur Verfügung stehende] Zeit vermocht? Wir waren der Verschlagenheit und dem Reichtum der Afrikaner nicht gewachsen. Es gab keinen Zweifel, daß wir den Künsten und der Klugheit der Griechen unterlegen waren. Und trotzdem waren wir gegen sie alle erfolgreich, weil wir tüchtige Krieger auswählten, sie durch tägliches Exerzieren den Ge-

Dictus autem est miles a milicia, vel est duricia quam pro nobis sustinere consweverunt, vel a mille eo quod antiquitus ex mille forte unus precipuus strenuus eligebatur in militem, quasi milesimus dictus. L. I. § miles. D. de testam. milit. *Eutropius* autem in historiis Romanorum tradit, milites ex eo nomen traxisse, quod Romulus condita urbe centum elegit senatores, quorum consilio omnia ageret, et mille pugnatores, quibus deliberata execucioni mandaret: ideoque a millenario numero appellatos fore. Secundum tradicionem autem legum veteremque Romanorum observanciam non illico is in numerum militum referebatur, qui adhuc tyro in expedicione aliqua et stipendiis publicis militabat, sed solum qui habebant omnia conrequisita ad miliciam L. penult. D. de testam. milit. Requirebantur autem s e x ut militari gaudere privilegio posset, ut refert gl. pulcherrima in l. penult. D. ex quibus caus. major.

Primum est quod sit de genere militarium et non sit negociator. Negociator enim quantumcunque ditissimus propter sui ignobilitatem ad miliciam aspirare non debet, ut C. ne negociat. milit. L. unica. lib. XII. et § si qui rusticus. De pace tenen.

Secundum conrequisitum, quod examinabantur an, ad militare exercicium esset idoneus. L. I. C. qui milit. non poss.

Tercium quod per Deum omnipotentem solempne prestabat juramentum, mortem se reipublice causa non evitare, sed velle militare fideliter, et ante finitum assumpte milicie tempus nullo eventu miliciam esse deserturum, nec quocunque inminente periculo a signis et vexillo discedere, ut Vegecius lib. II. cap. V scribit.

brauch der Waffen lehrten und im Feld allezeit die Disziplin unverletzt aufrecht hielten.«

Die Bezeichnung »Krieger« [*miles*][41] hängt zusammen mit »Kriegsdienst« [*militia*], d.h. mit »hartem Leben« [*duritia*], das sie für uns häufig zu erdulden haben. Vielleicht kommt *miles* auch von *mille* [»tausend«], weil im Altertum aus tausend Männern vielleicht einer, der sich durch besondere Tüchtigkeit auszeichnete, zum Krieger auserwählt wurde; *miles* demnach gleich *milesimus* [»der tausendste«]. (Vgl. Digest., *de testam. milit.*, l. 1, § *miles.*) Dagegen schreibt Eutrop in seiner römischen Geschichte, die Bezeichnung *milites* rühre daher, daß Romulus nach der Gründung Roms hundert Senatoren auswählte, nach deren Rat er handelte, und tausend Kämpfer, die er anwies, die Beschlüsse durchzuführen, und so wären sie nach der Zahl Tausend benannt worden. Nach der Lehre der Leges aber und nach der alten römischen Tradition galt einer nicht automatisch als »Krieger«, der als Rekrut bei einem Feldzug im Solde des Staats Kriegsdienst geleistet hatte, sondern nur der, der alle Erfordnisse für den Militärdienst erfüllte (Digest., *de testam. milit.*, l. *ultima*). Erforderlich aber waren sechs Dinge, um sich des Privilegs eines Kriegers erfreuen zu können, wie die schöne Glosse zu Digest., *ex quibus caus. major.*, l. *paenultima* zu verstehen gibt.

Erstens, daß der Betreffende aus einer Militärfamilie stammt und kein Kaufmann ist. Denn sei ein Kaufmann noch so reich, er darf trotzdem wegen seines gemeinen Standes nicht den Dienst mit der Waffe [*militia*] anstreben. (So Cod., XII, *ne negociat. milit.*, l. unica, und [Digest.], coll. X, *de pace tenen.*, § *si quis rusticus.*)

Zweitens war eine Prüfung erforderlich, ob er zum Kriegsdienst taugt (Cod., *qui milit. non poss.*, l. 1).

Zum dritten, daß er beim allmächtigen Gott einen feierlichen Eid leistete, er werde im Dienste des Staates den Tod nicht scheuen, sondern bereit sein, treu zu kämpfen; er werde nicht vor Ablauf der gesetzten Militärzeit aus irgendeinem Anlaß den Kriegsdienst aufge-

---

41 Die Übersetzung ist hier wie im folgenden unbefriedigend. Die Schwierigkeiten ergeben sich daraus, daß das Kapitel zwar den mittelalterlichen *miles* [»Ritter«] im Auge hat, diesen aber – als Militär des Römischen Reiches – zum römischen und byzantinischen Heerwesen in Beziehung setzt, u.z. weitgehend nach dem »Corpus iuris civilis«. Erschwerend kommt hinzu, daß sich das System und die Begriffe bereits in der Antike stark gewandelt hatten. So bedeutet in der Kaiserzeit *militia* nicht nur »Kriegsdienst«, sondern auch »Hofdienst«.

Quarto accingebatur per principem ense, ut L. filius familias. D. de testam. milit.

Quinto stigma, id est nota publica, seu character nomen imperatoris continens brachio ejus dextro imprimebatur L. 4. C. de fabricens.

Sexto quod inscribebatur in matricula militum, ubi nomina aliorum militum inscribi consweverunt. Unde versus:

»*In brachiis stigma, jurant, examen et ensis,
Matricula faciunt militem absque negociatore*«.

Et hujusmodi milites multa habent privilegia in corpore legum eis concessa, dummodo tamen sint in expedicione sive in castris. Milites vero *nostri temporis* ex quo auctoritate superioris potestatem habentis creantur et professionem faciunt, sunt veri milites. Sed licet eorum milicia ense cingatur, non est privilegiata, cum in eorum creacione ea que promissa est solempnitas non servetur; sed uti debent communi jure, secund. Bald. in l. penult. D. ex quibus caus. major. et Specul. Tit. de procur. § I. vers. Item quod est miles. Dicut autem Cyn. in l. I. C. de. jur. et fac. ignor.: »milites nostri temporis nullum aliud habere privilegium, nisi quod in ingressu et potu aliis preferuntur«. At plurimi ex militum grege reperiuntur hodie, nullo armorum exercicio vel stirpis eciam genere nobilitati sed ocio pocius et inercia torpentes ita se agunt, ut respublica in suis commodis eos nondum natos esse persenserit; eoque solum quod a principe in camera forte ense succincti sunt, honore gaudere militari volunt, quos ego non aliter tanti pendo, quam idiotam aliquem per Papalem bullam doctoratum.

ben, noch bei drohender Gefahr von den Feldzeichen und der Fahne weichen. So Vegetius, [De re militari], Buch 2, Kapitel 5.

Viertens wurde er vom Kaiser mit dem Schwert umgürtet (Digest., *de testam. milit.*, l. *filius familias*).

Fünftens wurde ihm auf den rechten Arm ein Stigma, d. h. ein öffentlich sichtbares Mal oder Kennzeichen, das den Namen des Kaisers enthielt, eingepreßt (Cod., *de fabricens.*, l. 3).

Sechstens war erforderlich, daß er in die Militärliste eingetragen wurde, in die auch die Namen der anderen Militärs eingetragen waren. Daher die Verse:

»Das Zeichen auf dem Arm, der Eid, die Prüfung und das Schwert sowie die Matrikel machen den Militär – unter Ausschluß des Kaufmanns.«

Krieger dieser Art genießen viele Vorrechte, die ihnen im »Corpus iuris civilis« zugestanden werden, vorausgesetzt sie befinden sich auf einem Feldzug oder im Feldlager. Die Krieger unserer Zeit [die Ritter] sind von dem Augenblick an, da sie durch die Autorität eines mit entsprechender Gewalt ausgestatteten Oberen aufgenommen werden und das Gelöbnis ablegen, wahre Krieger, doch ist ihr Waffendienst, obwohl sie mit dem Schwert umgürtet sind, nicht privilegiert, da bei ihrer Aufnahme die oben geschilderten Förmlichkeiten nicht beobachtet werden. Vielmehr unterliegen sie dem allgemeinen Recht nach Baldus, zu Digest., *ex quibus caus. major.*, l. *paenultima*, und zu »Speculum [iudiciale]«, Tit. *de procur.*, § 1, v. *Item quod est miles*. Es sagt aber Cynus zu Cod., *de jur. et fac. ignor.*, l. 1: »Die Soldaten unserer Zeit haben kein anderes Vorrecht, als daß sie den Vortritt haben und beim Trinken zuerst bedient werden.« Unter der Schar der Ritter finden sich heutzutage sehr viele, die weder Waffendienst noch vornehmes Geschlecht adelt, die vielmehr in Müßiggang und Trägheit erschlafft sind und die sich so aufführen, daß das Gemeinwesen hinsichtlich des von ihnen zu erwartenden Nutzens das Gefühl hat, sie seien noch gar nicht auf der Welt. Diejenigen, die nur aus dem Grund ritterliche Ehren genießen wollen, weil sie vom Fürsten in der Kammer zufällig mit dem Schwert umgürtet wurden, schätze ich nicht anders ein als einen Ungebildeten, der durch eine päpstliche Bulle zum Doktor gemacht wurde.

Traditum est eciam, longo esse tempore observatum a tempore quo gentes fluxerunt ad Christum, militarium enses esse priusquam accingerentur tironibus, solempni benediccione esse consecrandos, qua quidem benediccione contra hostes imprecabatur fortitudo, defensio religionis orphanorum et viduarum indefessa tutela. Sed ne utinam hodie gladius militaris eorum quos premisimus esset exterminator devastans. Meminerint tamen hujusmodi milites, qui ex professionis debito reipublice saluti et tuicioni intendere debent, se actibus se implicant illicitis, militari dignitate se reddere indignos, neque inter claros milites locum sibi vendicare: deperditur enim *propter demeritum*, quod *ob meritum* militi est concessum. L. testamenta eorum. D. de testam. milit. de quo late 23. q. I. per tot. Adeo autem strenue apud Romanos quondam servabatur militaris censura, ut nullus infamis, nullus foedifragus, aut ullo crimine irretitus permitteretur in exercitu et expedicione militari, sed statim a milicia remissus milicie cingulo solvebatur, ut habetur in L. II. D. de hiis qui not. infam. Nam in castris sive expedicione militantes ex *triplici* causa remittebantur a milicia: una fuit honesta missio, utpote quod finita fuit milicia vel tempus ad quod assumptus erat; altera fuit causaria que ante finitum tempus ex causa racionabili vel ob necessitatem, aut infirmitatem vel etatem fiebat; etas autem sexaginta annorum fuit justa causa remissionis, quod post illud tempus dicuntur minui vires, nec amplius sufficere possunt ad bellandum. Pauperes autem remissi, qui amplius belligerare non poterant, Rome in tabernam meritoriam recipiebantur, ubi milites ob meritum vite stipendium a re publica recipiebant, in qua et tempore natalis Christi fons olei largissimo rivo per totam diem manare cepit in loco, ubi nunc templum S. Marie trans Tiberim situm est. Tercia fuit ignominiosa missio, que fiebat ob crimen aliquod commissum, vel quod alienavit arma contra preceptum ducis belli, vel fidem rupit vel prodidit, vel hiis similia perpetravit; et tunc imperator solvebat eum a juramento et clipeo perforato retro ad dorsum pendente in signum infamie a milicia dimittebat. Nonnunquam eciam ob enormia crimina vel desertam miliciam illos exauctorabat, id est, militaribus insigniis ad instar clericalis degradacionis denudabat. Induebatur enim miles omnibus suis insigniis et armis, publiceque illi unum post reliquum detrahebat imperator, sicque milicia solutus castrisque rejectus privatus erat et consorcio et privilegio militari ut in c. degradacio. De pen. lib. VI. et probatur in l. II. §. miles. D. de infam. Nec talis

Der Überlieferung zufolge war es nach der Bekehrung der Völker zu Christus lange Zeit Gewohnheit, daß die ritterlichen Schwerter feierlich gesegnet wurden, bevor man die Knappen mit ihnen umgürtete. In diesem Segen wurde Tapferkeit gegen die Feinde, Verteidigung der Religion und unermüdlicher Schutz von Witwen und Waisen angemahnt. Ach, wäre doch nicht heutzutage das ritterliche Schwert derer, von denen oben die Rede war, ein verheerender Würgengel! Ritter von dieser Sorte sollten sich darüber im klaren sein, daß sie, die von Berufs wegen auf Heil und Schutz des Staates zu achten hätten, sich der Ritterwürde unwert zeigen und keinen Platz unter den ruhmreichen Rittern beanspruchen können, wenn sie sich in unerlaubte Handlungen verstricken. Schuld bewirkt, daß der Soldat verliert, was ihm wegen seiner Verdienste zugestanden worden war (Digest., *de testam. milit.*, l. *testamenta eorum*; dazu ausführlich Causae, XXIII, q. 1, durchgehend). So streng wurde aber einst bei den Römern die Militärgerichtsbarkeit gehandhabt, daß keinem übel Beleumundeten, keinem Wortbrüchigen oder sonst in eine Straftat Verwickelten der weitere Verbleib im Heere oder die Teilnahme an einem Feldzug gestattet wurde, vielmehr wurde er sofort aus dem Kriegsdienst entlassen, des Waffengürtels entkleidet, wie zu lesen in Digest., *de hiis qui not. infam.*, l. 2. Denn wer im Lager oder bei einem Feldzug diente, wurde aus drei Gründen aus dem Militärdienst entlassen. Der erste Grund war ehrenvolle Entlassung wegen Beendigung des Militärdienstes oder Ablauf der vereinbarten Dienstzeit. Ein zweiter Grund war die umständebedingte Entlassung; sie erfolgte vor der vereinbarten Zeit aus einem vernünftigen Grund, sei es auf Grund einer Notlage, wegen Krankheit oder wegen Alters. Ein gerechter Entlassungsgrund war ein Alter von sechzig Jahren, weil man annimmt, daß von diesem Zeitpunkt an die Kräfte nachlassen und nicht mehr für Kampf und Krieg ausreichen. Besitzlose entlassene Soldaten, die nicht mehr kämpfen konnten, wurden in Rom in das »Gasthaus der Verdienste« aufgenommen, wo diesen Soldaten auf Grund ihrer Verdienste lebenslanger Unterhalt vom Staat gewährt wurde. Zur Zeit der Geburt Christi entsprang dort eine Ölquelle und sprudelte den ganzen Tag in reichem Strom; heute befindet sich an der Stelle die Kirche Santa Maria in Trastevere. Der dritte Grund war die unehrenhafte Entlassung. Sie erfolgte, wenn man ein Verbrechen begangen oder gegen den Befehl des Feldherrn die Waffen gestreckt hatte; ebenso bei Treuebruch,

ignominiose dimissus audebat postea morari in urbe vel alibi, ubi erat imperator ut d. L. II. Multis autem privilegiis hujusmodi milites gaudebant, precipue quoque in testamenti faccione, que adeo libera eis fuit, ut dum alii nisi cum legali et magna solempnitate testamenti faccionem haberent, milites tamen in conflictu et prelio, eo tempore quo vite sortem dubiam habebant, testari quocunque modo potuerunt. Proinde si quis in wagina mucronis aut clipeo literis sanguine rutilantibus annotaverit, aut eciam in pulvere scripserit gladio supremam voluntatem suam, stabilis permanebat. L. milites. C. de testamen. milit.

Sane miles postquam longo tempore militaverat, efficiebatur veteranus. Dicuntur autem veterani emeriti milites qui viginti annis ad minus in legione vel in vexillacione militaverunt, ut d. § ignominie. et not. in rubr. C. de veteran. lib. XII. Et illi majora privilegia precedentibus a legibus concessa habent, dum tamen honeste vivant. Nam (inquit L. veterani) qui ex negligencia vite neque rus colunt, neque honestatem peragunt, sed latrociniis sese dediderunt, omnibus veteranorum privilegiis exuti penis competentibus a provinciarum rectoribus subijciantur, ut ibi.

Est eciam preter armatam miliciam juxta sacratissimarum legum tradicionem et altera milicia inermis, celestis videlicet, que est sacerdotum, et literata qua sacri consistorii advocati militare dicuntur. Dicit enim Imp. in L. advocati. C. de advoc. divers. judic. Advocati

Verrat und ähnlichem. In diesem Falle löste der Feldherr den Soldaten vom Fahneneid und entließ ihn aus dem Kriegsdienst mit dem durchbohrten Schild auf dem Rücken zum Zeichen der Schande. Bei besonders großen Verbrechen oder bei Desertion wurden Soldaten bisweilen auch vom Feldherrn degradiert und ausgestoßen, d. h. – ähnlich wie bei der Degradierung eines Klerikers – aller militärischen Abzeichen entkleidet. Zuerst nämlich wurden diesem Soldaten alle seine Abzeichen und Waffen angelegt; dann nahm ihm der Kaiser öffentlich eines nach dem anderen bis zum letzten weg. So verlor er die Gemeinschaft und die Privilegien der Soldaten, wie Lib. VI, [V,9] *De penis*, c. [2] *degradacio*, sagt und Digest., *de infam.*, l. 2, § *miles* beweist. Wer so mit Schimpf und Schande entlassen worden war, wagte später nicht, sich in Rom oder an einer anderen Residenz des Kaisers aufzuhalten. (So die zitierte l. 2.) Die Soldaten erfreuten sich vieler Vorrechte, nicht zuletzt bei der Abfassung ihres Testaments. Während alle anderen nur in gesetzlich geregelter, großer Förmlichkeit ein Testament errichten konnten, genossen Soldaten diesbezüglich solche Freiheit, daß sie, wenn im Kampf und in der Schlacht lebensgefährlich verwundet, auf jede beliebige Art und Weise ihr Testament machen konnten. Wenn dann einer seinen letzten Willen mit blutigen Buchstaben auf die Scheide seines Dolches oder auf den Schild schrieb oder mit dem Schwert in den Sand zeichnete, war dies rechtskräftig (Vgl. den Text von Cod., *de testam. milit.*, l. *milites*).

Nachdem ein Soldat lange Zeit gedient hatte, wurde er Veteran. Veteranen nennt man ausgediente Soldaten, die zumindest zwanzig Jahre in einer Legion oder in einem Fähnlein gedient hatten. (Vgl. den § *ignominie* und die Rubrik zu Cod., XII, *de veteran.*) Ihnen wurden von den Leges noch größere Privilegien als den Vorgenannten zugestanden, vorausgesetzt ihr Leben war tadelsfrei. Denn (so die l. *veterani*) diejenigen, die in liederlicher Lebensweise weder das Land bebauen noch eine ehrbare Tätigkeit ausführen, sondern sich der Wegelagerei hingeben, gehen aller Veteranenprivilegien verlustig und sollen von den Provinzstatthaltern mit den hierfür vorgesehenen Strafen belegt werden, wie oben angeführt.

Nach der Tradition der hochheiligen Gesetze gibt es neben dem bewaffneten Kriegsdienst auch einen anderen, unbewaffneten Kriegsdienst, nämlich einen himmlischen, d. h. den Kriegsdienst der Priester, und einen schriftmäßigen, d. h. den der Advokaten des Hei-

qui ambigua dirimunt facta causarum sueque defensionis juribus in rebus sepe publicis ac privatis lapsa erigunt, fatigata reparant, non minus provident humano generi quam si preliis atque vulneribus patriam parentesque salvarent. Nec enim solos militare credimus nostro imperio illos, qui gladiis, clypeis, et thoracibus utuntur, sed eciam advocatos, qui gloriose vocis confisi munimine laborancium spem, vitam et posteros defendunt.

Porro cum milicia in armatam et literatam partita sit, solet autem multis a nonnullis legum doctoribus in medium questio afferri, utrum doctor militi, vel e contrario miles doctori sit preferendus? Et quidem ad utramque partem auctoritates legum et raciones adducere conantur; tandem vero ab eis hec conflatur conclusio: Quod in actibus militaribus miles doctori, in doctoreis vero doctor militi sit preferendus, sicut et Papam in spiritualibus Imperatori, et in temporibus Imperatorem Pape, ut in c. cum ad verum II. q. 6. In actibus vero indifferentibus secundum communem majorum nostrorum doctorem preferimus militi, prout not. Io. de Plat. Instit. de milit. testam. §. II. Magis enim reipublice utiles videntur leges quam arma, cum leges tanquam digniora disponant, arma autem disposita exequantur, ut in prooem Instit. notari conswevit.

Et est singulariter notandum, quo extra Romanum imperium milicia de jure non est dignitas, sed solum milites imperii dicuntur in dignitate constituti ut l. I. Co. de equestri dignit. lib. XII § licet aliter de consuetudine servetur.

ligen Konsistoriums, von denen ebenfalls gesagt wird, daß sie Kriegdienst leisten. Es spricht nämlich der Kaiser in Cod., *de advoc. divers. judic.*, l. *advocati*: »Die Advokaten, die in Prozessen unklare Fälle zu einer Lösung bringen und kraft ihrer Verteidigung im öffentlichen wie im privaten Bereich häufig wieder aufrichten, was zu Fall gekommen, und wiederherstellen, was brüchig geworden ist, leisten dem Menschengeschlecht keine geringeren Dienste, als wenn sie durch Kampf und Verwundung das Vaterland und ihre Lieben retteten. Wir glauben nämlich nicht, daß allein jene in unserem Reich Kriegsdienst leisten, die Schwerter, Schilde und Harnische benutzen, sondern auch die Advokaten, die im Vertrauen auf den Schutzwall ihrer herrlichen Redegabe Hoffnung, Leben und Nachkommen der Bedrängten verteidigen.«

Da nun der Kriegsdienst in einen bewaffneten und einen schriftmäßigen zerfällt, pflegen einige Lehrer des weltlichen Rechts die Frage aufzuwerfen, ob der [Rechts]lehrer dem Ritter vorzuziehen sei oder umgekehrt der Ritter dem [Rechts]lehrer. Für beides suchen sie Autoritäten der Leges und Vernunftgründe ins Feld zu führen. Schließlich aber wird von ihnen [das Für und Wider] in folgende Schlußfolgerung zusammengeschmolzen: In militärischen Belangen habe der Ritter Vorrang vor dem Lehrer, in wissenschaftlichen dagegen der Lehrer vor dem Ritter, so wie im geistlichen Bereich der Papst vor dem Kaiser und im weltlichen Bereich der Kaiser vor dem Papst gemäß Causae, XI, q. 6, c. *cum ad verum*.[42] In Dingen, die indifferent sind [weder dem einen noch dem anderen Bereich zuzuordnen], ziehen wir nach allgemeinem [Urteil] unserer Vorfahren den Lehrer dem Ritter vor, wie Johannes de Placentia zu Inst., *de milit. testam.*, § 2, bemerkt. Gesetze nämlich dürften dem Staat mehr nützen als Waffen, weil die Gesetze als die ranghöheren [Instrumente] Anordnungen treffen, die Waffen dagegen nur die getroffenen Anordnungen durchführen, wie im Proömium zu den Institutionen vermerkt ist.

Besonders ist festzuhalten, daß außerhalb des Römischen Reiches der Kriegsdienst de jure keine Würde darstellt; vielmehr wird nur von den Soldaten des Reiches ausgesagt, daß sie einen Würderang innehaben (Cod., XII, *de equestri dignitate*, l. 1, §), obwohl man es auf Grund von Gewohnheit damit anders hält.

---

42 Richtig: Dist. XCVI, c.6.

Et nunc de militibus pauca dixisse sat est. De aquila et armorum insigniis subsequenter videndum erit.

TIT. XIV. DE AQUILA ET ARMORUM INSIGNIIS.

Imperii nobilissimum armorum insigne aquila semper fuit, eaque causa a Romanis antiquitus in vexilli signum assumpta, tradente Valerio lib. I. quod Remo et Romulo in sacro Aventino monte observantibus auspicia, aquilas ibidem viderunt: quod quidem auspicium eo quod aquila omnium sit regina avium prosperrimi imperii signum esse voluerunt. Non tamen ipse Romulus Romani parens imperii, illico ab exordio ducebat aquilam in vexillo, sed et fasciculos feni pro vexillis milites habuerunt. Verum crebescentibus bellis duces legionum in vexillo signum aquile signum primo detulerunt, unde Lucanus ait: »*Ut note fulsere aquile Romanaque signa*«.

[Civitas vero Romana non aquile figuram, sed rubente campo transversaliter quatuor aureas descriptas literas defert in armis, videlicet *SPQR*, designantes senatum populumque Romanum.][8] Ysidorus autem lib. 18. ethymol. dicit, aquile signum ideo legionum Romanarum fuisse vexillum, quod eadem avis, dum Iuppiter adversus Titanos proficisceretur in bellum, ejus in auspicio feratur apparuisse, quam ille pro judicio victorie acceptam tutelamque suam auspicatus eam legioni signum dedit, quo factum est, ut deinceps militum signis committeretur. Precipue quoque ea causa quod in ordinando bello legio acies faciebat alares, et quelibet legio habebat unum aquiliferum, id est, unum precipuum militem qui ferebat panderium cum signo aquile. Et est in hodiernum aquila coronata imperatorum armis inviolatum insigne consecratum, designans preeminenciam quam habet in mundo Cesarea sublimitas. Unde et in Ezechiele loquens propheta de Nabuchodonosor Orientis monarcha: »Aquila, inquit, grandis magnarum alarum, longo membrorum ductu, plena plumis venit ad Libanum, et tulit medullam cedri etc.«. Principalia autem signa legionum in bellis antiquitus fuerunt aquile,

---

8 Fehlt in L.

Diese knappen Ausführungen über die Soldaten mögen genügen. Im folgenden wird vom Adler und den Wappen zu sprechen sein.

TIT. XIV: Der Adler und die Wappen

Das edelste Wappen eines Großreiches war immer der Adler, und aus diesem Grund wurde er schon in alten Zeiten von den Römern als Feldzeichen übernommen. Valerius erzählt in Buch 1 Folgendes: Als Romulus und Remus auf dem heiligen Berg Aventin Auspizien durchführten, erblickten sie dort Adler; weil aber der Adler der König der Vögel ist, deuteten sie dieses Auspizium als zeichenhaften Hinweis auf ein blühendes Reich. Trotzdem führte Romulus, der Vater des Römischen Reiches, nicht gleich von Anfang an den Adler in seinem Banner; vielmehr trugen die Soldaten Heubündel als Feldzeichen. Erst als dann die Kriege immer häufiger wurden, ließen die Führer der Legionen das Bild des Adlers als Zeichen auf den Fahnen anbringen. Daher heißt es bei Lukan: »Sobald die bekannten Adler erstrahlten und die römischen Feldzeichen.«

Die Stadt Rom hingegen hat in ihrem Wappen nicht das Bild des Adlers, sondern vier goldene Buchstaben quer auf rotem Feld, nämlich SPQR; sie bezeichnen den Senat und das römische Volk. Doch schreibt Isidor im 18. Buch der »Etymologiae«, der Adler sei deshalb das Feldzeichen der römischen Legionen gewesen, weil dieser Vogel bei Jupiters Vogelschau [auspicium] erschienen sei, als dieser sich zum Kampf gegen die Titanen rüstete. Weil er nun den Adler als Vorverweis auf seinen Sieg nahm und ihn als seinen Beschützer deutete, gab er ihn seinem Heer als Feldzeichen. So kam es, daß er von da auf den Feldzeichen der Soldaten angebracht wurde. Der entscheidende Grund liegt aber darin, daß bei der Aufstellung zur Schlacht eine Legion Flügel bildete und jede Legion einen Adlerträger hatte, das heißt, einen besonders tüchtigen Soldaten, der das Banner mit dem Adlersymbol trug. Bis heute ist der gekrönte Adler das unverletzliche und heilige Symbol im Wappen der Kaiser, das die herausragende Stellung der kaiserlichen Majestät in der Welt bezeichnet. Daher sagt der Prophet im Buch Ezechiel von Nabuchodonosor, dem Herrscher des Orients: »Ein Adler mit großen Flügeln, langgestreckten Gliedern und zahlreichen Federn zog zum Libanon und nahm das Mark der Zeder mit sich fort« usw. Die vor-

dracones et pile, cujus meminit Lucanus dicens: »Signa pares aquilas et pila minancia«.

Draconum signa ab Appolline morte Pythonis serpentis inchoata sunt. Dehinc a Grecis et Romanis in bello gestari ceperunt. Pilam insigne constituisse fertur Augustus propter naciones sibi in cuncto orbe subjectas, ut exinde figuram ostenderet. Porro armorum usus ex eo primum adinventus est, ut illis imperium et quodlibet regnum, provincie, principatus, civitates et familie terrarum cognoscerentur.

Queritur autem, an cuilibet sua auctoritate sibi arma et insignia assumere liceat? Bart. de Saxo in tract. de insign. et arm. putat, quod liceat. Sicut enim nomina adinventa sunt ad cognoscendum homines, ut C. de ingen. et manumiss. L. ad recognoscendum: ita eciam ista insignia inventa sunt, L. statuimus. D. de re divi. Sed talia nomina cuilibet licet imponere sibi ad placitum d. L. ad recogn., ergo idem videtur dicendum de armis. Posset autem suscitari aliquid quod tunc revelaret hujusmodi arma habere ex concessione principis, ut vult idem Bart. *primo militem* propter majorem nobilitatem, ut dicimus in testamento facto coram principe, ut L. omnium C. de testamen. *Secundo* quod non potest aliquis ab alio prohiberi illa arma deferre. L. II. de jurisd. et l. minor. in princ. D. de minor. *Tercio* si duo assumerent eadem arma et insignia, nec de prioritate nec posterioritate appareret, prefertur is qui a principe habuit, ut L. si duos. D. de excus. tutor. *Quarto*, quia si essent in exercitu vel alio loco, debent precedere arma que a principe sunt concessa. L. fin. D. de albo scrib. et c. per tuas. Ex de major. et obed. Et predicta vera ceteris paribus, ita quod illi eadem deferentes arma sint equales dignitate.

Sed emergit questio: Unus portat insignia seu certa arma, alius vult portare eadem, an ei hoc liceat, vel aliter prohiberi possit? Ad

nehmsten Feldzeichen der Legionen waren denn seit alter Zeit Adler, Drachen und Kugeln. Dies erwähnt Lukan mit den Worten: »Die Feldzeichen halte in Bereitschaft, die Adler und die dräuenden Wurfspieße.«

Die Drachenzeichen nahmen ihren Anfang mit Apollo und dem Tod der Pythonschlange. In der Folgezeit begannen Griechen und Römer sie im Krieg mitzuführen. Augustus soll die Kugel als Feldzeichen eingeführt haben wegen der Völker, die ihm auf der ganzen Welt untertan waren; deren Abbild wollte er vor Augen stellen. Der Gebrauch von Wappen wurde allererst zu dem Zweck erfunden, damit man an ihnen das Kaiserreich, jedes Königreich, alle Provinzen, Fürstentümer, Städte und Familien auf Erden erkenne.

Es stellt sich jedoch die Frage, ob es jedem erlaubt ist, sich aus eigener Autorität Wappen und Abzeichen zuzulegen. Bartolus von Sassoferrato vertritt in seinem Traktat »De insignibus et armis« die Ansicht, daß dies erlaubt sei. Wie nämlich Namen erfunden wurden, um Menschen zu erkennen (Cod., *de ingen. et manumiss.*, l. *ad recognoscendum*), so wurden auch diese Kennzeichen erfunden (Digest., *de re divi.*, l. *statuimus*). Sich Namen nach Belieben beizulegen ist jedem erlaubt (l. *ad recognoscendum*). Folglich müßte dasselbe auch für die Wappen gelten. Nun könnte aber einer fragen, was die Verleihung eines Wappens durch den Herrscher zum Ausdruck bringe. Bartolus antwortet darauf: Erstens den Ritter, wegen des größeren Ansehens, vergleichbar mit der Errichtung eines Testamentes in Gegenwart des Fürsten (Cod., *de testamen.*, l. *omnium*). Zweitens, daß einer nicht von einem anderen daran gehindert werde, jenes Wappen zu tragen (Digest., *de minor.*, *de jurisd.* l. 2, und l. *minor in princ.*). Drittens, wenn zwei dieselben Wappen und Abzeichen sich zulegten und die Frage der Priorität unklar bliebe, so erhielte der den Vorzug, der Wappen und Abzeichen vom Herrscher hat (Digest., *de excus. tutor.*, l. *si duos*). Viertens, sollten [die Wappen] im Heer oder an einem anderen Ort aufeinander treffen, muß das vom Herrscher verliehene Wappen den Vorrang haben (Digest., *de albo scrib.*, l. *fin.*, und Lib. Extra, [I, 33] *De maioritate et obedientia*, [c. 7] *per tuas*). Diese Darlegungen sind richtig, wenn die Voraussetzungen gleich sind, will sagen, daß diejenigen, die dieselben Wappen tragen, auch ranggleich sind.

Es erhebt sich aber eine Frage: Einer trägt bestimmte Abzeichen oder ein bestimmtes Wappen, aber ein anderer will dasselbe tragen.

quod respondendum cum distinccione: Si unus assumit arma que alius portavit ab antiquo, et illius non interest, nec ex hoc aliquo modo leditur verisimiliter. Exempli gracia, quidam Teutonicus tempore indulgenciarum venit Romam, et ibi reperit Italicum deferentem arma et insignia suorum antiquorum, certe de hoc conqueri non poterit; propter distanciam enim locorum alter alterius armis gravari vel ledi non potest. Quando autem alterius multum interest, ut si homo odio plenus, cujus vite insidiantur multi, vult assumere arma hominis pacifici, et tunc non dubium est, quin prohiberi possit; idem si ex hoc honor et pudor primi aliquo modo lederetur: arg. L. judices. C. de judic.

Inter otiosos et de nobilitate disputantes eciam quandoque dubitatur, quis color in armis sit honorabilior aut nobilior altero. Et quamvis vulgarium secundum diversas consideraciones varia in hoc sit sentencia, dicit tamen Bart. quod considerato colore in se racione sue proprietatis, color aureus dicitur nobilium, quod per eum representatur lux. Constat autem nil luce esse nobilius l. inter claras, ibi nec est enim quicquam lumine clarius et in sacra scriptura pro excellenciori decore designatur sol, ut ibi: »Fulgebunt sicut sol justi.« Math. 18. et alibi: »Resplenduit facies ejus sicut sol«; per quod nobilitas illius coloris apparet. Secundus post eum nobilior est purpureus sive rubeus, qui figurat ignem, qui est super cetera elementa nobilius elementum, et est corpus post solem secundo luminosum. Post hunc colorem est azureus sive albus, per eum enim significatur aër, qui est corpus transparens et diaphonum et maxime receptivum lucis, et est sequens elementum post ignem, et est nobilior aliis. Unde predicti colores per id quod representant, dicuntur nobiliores, et cum lux sit nobilissima, ideo contrarium sunt tenebre, et ergo in coloribus, secundum se saltem, color niger est infimus. Colores autem medii nobiliores sunt, vel minus nobiles, secundum quod appropinquant plus albedini vel nigredini, et istud videtur esse de mente Aristotelis in lib. de sensu et sensato. In figuris autem animalium et aliarum rerum, cum ars imitatur naturam, illa insignia nobiliora sunt, que ma-

Frage: Darf er dies, oder kann man es ihm untersagen? Der Antwort liegt eine Unterscheidung zugrunde: Wenn einer sich ein Wappen zulegt, das ein anderer seit urdenklicher Zeit trägt, jedoch die Interessen des letzteren nicht tangiert sind und er in keiner Weise geschädigt wird, so ist er wahrscheinlich [dazu berechtigt]. Ein Beispiel: Ein Deutscher, der zur Zeit der Ablässe nach Rom kommt und dort auf einen Italiener trifft, der Wappen und Abzeichen seiner Ahnen trägt, kann gewiß deswegen keine Klage führen. Wegen der räumlichen Entfernung kann nämlich keiner durch das Wappen des anderen Nachteile oder Schädigung erfahren. Dagegen kann [Gebrauch desselben Wappens] zweifellos verboten werden, wenn die Interessen des anderen entscheidend tangiert sind, etwa wenn ein haßerfüllter Mensch, dem viele nach dem Leben trachten, sich das Wappen eines friedfertigen Menschen zulegen will. Dasselbe gilt, wenn infolge [des Gebrauchs desselben Wappens] in irgendeiner Form Ansehen und Ehrgefühl des Erst[besitzers] leiden müßten (Cod., *de judic.*, l. *judices.*).

Müßiggänger und Leute, die über den Adel diskutieren, befassen sich bisweilen mit der Streitfrage, welche Wappenfarbe ausgezeichneter oder edler sei als die andere. Unter den [nicht juristisch gebildeten] Laien gehen – je nach Auffassung – die Meinungen darüber weit auseinander. Dagegen Bartolus: Betrachtet man die Farbe an sich, unter dem Aspekt der ihr eigenen Natur, so ist die Farbe Gold die edelste, weil sie das Licht abbildet. Es steht aber fest, daß nichts edler ist als das Licht (Cod., *de sum. Trinit.*, *inter claras*, l. 1) und daß es nichts Strahlenderes gibt als das Licht. Auch in der Hl. Schrift wird der Vergleich mit der Sonne gebraucht, um höchsten Glanz auszudrücken, wie etwa an der Stelle: »Die Gerechten werden leuchten wie die Sonne« (Matthäus 18) und an anderer Stelle: »Sein Antlitz erstrahlte wie die Sonne«. Hieraus geht die edle Art dieser Farbe hervor. Die nächstedlere ist die Purpurfarbe oder rote Farbe; sie ist Abbild des Feuers, das edler ist als die übrigen Elemente und nach der Sonne der zweithellste Körper. Nach ihr kommt die Azurfarbe oder weiße Farbe; sie nämlich bezeichnet die Luft, die ein durchsichtiger und durchscheinender Körper ist und die größte Lichtaufnahmefähigkeit besitzt; sie ist das Element, das unmittelbar auf das Feuer folgt, und sie ist edler als die restlichen [Elemente]. So heißen die genannten Farben edler um der Dinge willen, die sie repräsentieren. Weil nun das Licht das Edelste ist, der Gegensatz von

gis appropinquant nature, et proprietate rei quam designant, arg. L. si pater et D. de oper. libert.

TIT. XV. DE IMPERIALIS CURIE CELEBRACIONE, ET CESAREE MAJESTATIS SOLEMPNITATE.

Imperatoria majestas in ostensionem alte sue magnificencie nonnunquam cum principibus ac proceribus imperii sui solempnem conswevit celebrare curiam, que quidem magnifica curia prima vice in nobili Nurenbergensi oppido Babenpurgensis dieceseos, juxta Karoli quarti constitucionem celebranda est.

Die autem qua solempnis hujusmodi imperialis curia fuerit peragenda, venire debent circa horam primam principes electores ecclesiastici et seculares ad palacium imperiale sive regale, et Imperator ipse vel Rex omnibus insigniis imperialibus induetur, et ascensis equis omnes comitantur Imperatorem ad locum sessionis aptate, et ibi quilibet eorum in ordine et modo suo astabit. Archicancellarius autem, in cujus archicancellariatu curia celebratur, super baculo argenteo omnia sigilla et typaria imperialia defert. Seculares vero principes electores sceptrum, pomum et ensem, secundum quod infra exprimetur, portabunt. Imperatrix eciam vel regina cum suis augustalibus amicta insigniis post Imperatorem Romanum atque eciam post regem Bohemie, qui Imperatorem immediate subsequitur, competentis spacii intervallo suis associata proceribus suisque comitata virginibus ad locum sessionis procedit. Imperatore autem ipso in solio imperiali sedente dux Saxonie officium suum agit hoc modo: Ponetur enim ante edificium sessionis imperialis acervus avene tante altitudinis, quod pertingat ad pectus vel antilenam equi, super quo sedebit ipse dux, et habebit in manu baculum argenteum mensuramque argenteam, que simul faciant 12 marchas argenti, et sedens super equo primo mensuram eandem de avena plenam acci-

Licht aber die Finsternis, darum ist unter den Farben die Farbe Schwarz, absolut betrachtet, die niedrigste. Aber die Farben aus dem mittleren Bereich sind mehr oder weniger edel, je nachdem, ob sie sich mehr dem Weißen oder dem Schwarzen nähern, und diese Meinung scheint auch Aristoteles in »De sensu et sensato« zu vertreten. Was die Abbildungen der Tiere und sonstiger Dinge betrifft, so gilt: Die Kunst ahmt die Natur nach. Daher sind jene Wappenbilder edler, die der Natur näher sind und näher der Eigenart des Dinges, das sie abbilden, wie Digest., *de oper. libert.*, l. *si pater et eis*, argumentiert.

TIT. XV: Die Feier des Reichstags und der feierliche Auftritt der kaiserlichen Majestät

Bisweilen feiert die kaiserliche Majestät zum Erweis ihrer großen Erhabenheit zusammen mit den Fürsten und den Großen des Reiches einen feierlichen Reichstag. Dieser prächtige Hoftag ist nach der Konstitution Karls IV. zuvörderst in der edlen Stadt Nürnberg, einer Stadt der Bamberger Diözese, zu feiern.

An dem Tag aber, an dem ein solcher feierlicher Reichstag abgehalten werden soll, kommen zur ersten Stunde [des Tages] die geistlichen und die weltlichen Kurfürsten zum kaiserlichen bzw. königlichen Palast. Nachdem der Kaiser bzw. König alle Reichsinsignien angelegt hat, besteigt man die Pferde und geleitet den Kaiser zum Tagungsort, allwo ein jeder von ihnen [den Kurfürsten] in seiner Gruppe und in seinem Ornat dasteht. Der Erzkanzler, in dessen Gebiet der Tag gefeiert wird, trägt an einem silbernen Stab alle kaiserlichen Siegel und Petschaften. Die weltlichen Kurfürsten tragen das Szepter, den Reichsapfel und das Schwert, wie weiter unten ausgeführt. Auch die Kaiserin bzw. Königin schreitet, angetan mit ihren kaiserlichen Insignien und begleitet von ihren Großen und umgeben von ihren Hofdamen, zum Tagungsort, u.z. in angemessenem Abstand hinter dem Römischen Kaiser und hinter dem König von Böhmen, der unmittelbar hinter dem Kaiser geht. Sitzt dann der Kaiser auf dem kaiserlichen Thron, waltet der Herzog von Sachsen seines Amtes. Dies geschieht wie folgt: Vor dem Tagungsgebäude wird ein Haufen Hafer aufgeschüttet, u.z. so hoch, daß er bis zur Brust bzw. zum Brustriemen des Pferdes geht, auf dem der Herzog sitzt. Dieser hält in der einen Hand einen silbernen Stab und in der anderen ein

piet et famulo primitus venienti ministrabit eandem; quo facto figendo baculum in avenam recedit, et vicemarchalcus puta de Bappenheim accedens, vel eo absente marchalcus curie alterius avenam ipsam distribuet. Ingresso vero Imperatore ad mensam principes electores ecclesiastici videlicet archiepiscopi stantes ante mensam cum ceteris prelatis benedicent eandem, et benediccione completa iidem archiepiscopi omnes, si adsunt, alioquin duo vel unus sigilla vel typaria imperialia a cancellario curie recipient, eoque in cujus archicancellariatu curiam ipsam celebrari contigerit, in medio procedente et aliis duobus ex alterutro latere sibi junctis, sigilla et typaria ipsa omnes quidem baculum in quo suspensa fuerint, manibus contingentes ea portabunt, et ante Imperatorem reverenter in mensam deponent, Imperator vero eadem ipsis statim restituet, et in cujus archicancellariatu hoc fuerit, (ut prefertur) is majus sigillum collo appensum usque in finem mense portabit, et deinceps, donec ad hospicium perveniat ab imperiali curia equitando. Baculus vero de quo premittitur esse debet argenteus, 12 marcas argenti habens in pondere, cujus tam precii quam argenti partem terciam unusquisque archiepiscoporum solvet; et baculus ipse protinus una cum sigillis et cypariis debet cancellario imperialis curie assignari in usus suos beneplacitos convertendus.

Deinde marchio Brandenburgensis archicamerarius accedit super equo habens argenteas pelues cum aqua in manibus ponderis 12 marcarum, et pulchrum manitergium, et descendens ab equo dabit aquam domino Imperatori manibus abluendis. Comes Palatinus Rheni similiter super equo habens in manibus quatuor scutellas argenteas cibis impletas, quarum quelibet debet habere tres marchas, in statera, et decedes de equo portabit et ponet ante Imperatorem in mensa. Post hoc rex Bohemie archipincerna venire debet sedens similiter in equo portans in manibus cupam sive syphum argenteum ponderis 12 marcarum coopertum, vino et aqua permixtum impletum, et descendens ab equo cyphum ipsum Imperatori porriget ad bibendum.

silbernes Maß, beide zusammen im Wert von zwölf Silbermark. Auf dem Pferd sitzend füllt er zuerst dieses Maß mit Hafer und reicht es demjenigen Diener, der zuerst herbeikommt. Darauf stößt er den Stab in den Hafer und geht dann weg. Sein Vizemarschall, nämlich der von Pappenheim oder – in dessen Abwesenheit – ein anderer Hofmarschall, tritt hinzu und verteilt den Hafer. Geht der Kaiser zu Tische, stehen die geistlichen Kurfürsten, die ja Erzbischöfe sind, vor dem Tisch und segnen zusammen mit den übrigen Prälaten die Speisen. Nach dem Tischsegen nehmen diese Erzbischöfe aus der Hand des Hofkanzlers die kaiserlichen Siegel und Petschaften entgegen, u.z. alle [drei], wenn [alle drei] gegenwärtig sind; sonst zwei oder auch einer [von ihnen]. Der [Erzkanzler], in dessen Amtsbereich der Reichstag gefeiert wird, geht in der Mitte, die anderen beiden begleiten ihn, der eine zur Rechten, der andere zur Linken. Alle zusammen tragen die Siegel und Petschaften, indem sie mit den Händen den Stab berühren, an dem diese hängen. Dann legen sie diese ehrfürchtig vor den Kaiser auf den Tisch; der Kaiser aber gibt sie ihnen sofort zurück. Der Erzkanzler, in dessen Amtsbereich dies geschieht, hängt sich das große Siegel um den Hals und trägt es bis zum Ende des Mahles und darüber hinaus, bis er vom Hoftag zu seiner Unterkunft geritten ist. Der vorgenannte Stab aber muß aus Silber sein und das Gewicht von zwölf Silbermark aufweisen, wobei jeder der Erzbischöfe sich mit einem Drittel an den [Herstellungs-]kosten und am Silber beteiligt. Der Stab selbst muß zusammen mit den Siegeln und Petschaften unverzüglich dem Kanzler des kaiserlichen Hofes ausgehändigt werden, der nach Belieben darüber verfügen kann.

Sodann nähert sich der Erzkämmerer, der Markgraf von Brandenburg, zu Pferd; in seinen Händen hält er zwölf Mark schwere silberne Schalen mit Wasser und ein schönes Handtuch. Nachdem er abgestiegen ist, reicht er das Wasser dem Herrn Kaiser zur Handwaschung. Ähnlich hält der Pfalzgraf bei Rhein, auf dem Pferd [sitzend] vier silberne, mit Speisen gefüllte Schüsseln in Händen, von denen jede ein Wägegewicht von drei Mark haben muß. Nachdem er abgestiegen ist, trägt er diese zum Tisch des Kaisers und setzt sie ihm vor. Hierauf muß der König von Böhmen, der Erzmundschenk, kommen, ebenfalls zu Pferd. In Händen trägt er einen silbernen Kelch oder einen silbernen Becher, 12 Mark schwer und gefüllt mit einem Gemisch aus Wein und Wasser. Nachdem er abgestiegen ist, reicht er dem Kaiser den Becher zum Trinken.

Peractis autem hujusmodi officiis ille de Falkenstein subcamerarius equum et pelues marchionis Brandenburgensis accipiat; post eum se magister coquine de Nortenberg equum et scutellas comitis Palatini; vicepincerna de Limpurg equum et cyphum regis Bohemie; vicemarscalcus de Bappenheim equum, baculum et mensuram predictam ducis Saxonie.

Imperialis insuper mensa sic debet aptari, ut ultra alias aule tabulas seu mensas in altitudine sex pedem sit alcius elevata, in qua preter Imperatorem Romanorum, dumtaxat die solempnis curie nemo penitus collocetur. Sedes vero et mensa imperatricis parabitur a latere in aula, ita quod mensa ipsa tribus pedibus imperiali mensa sit bassior, et totidem pedibus eminencior supra sedes principum electorum, qui principes inter se in una eademque altitudine sedes habebunt et mensas infra sessionem imperialem mense septem principibus electoribus ecclesiasticis et secularibus preparentur, tres videlicet a dextris, et tres a sinistris, et septima directe versus faciem Imperatoris, ita quod nullus alius, cujuscunque dignitatis vel status existat, sedeat inter ipsos ad mensas eorundem.

Est eciam sciendum, quod quotiescunque congregacio Imperatoris et principum electorum predictorum fit, Imperatore deambulante insignia ante faciem ejus portari contingit, archiepiscopus Trevirensis in directa diametrali linea ante Imperatorem transibit, illicque soli medii inter eos ambulent, quos imperialia contigerit insignia deportare. Dux autem Saxonie imperialem ensem deferens Imperatorem immediate precedat, et inter illum et archiepiscopum Treverensem medius habeatur. Comes vero Palatinus pomum imperiale portans a latere dextro, et marchio Brandenburgensis sceptrum deferens a latere sinistro ipsius ducis Saxonie linealiter gradiantur. Rex autem Bohemie Imperatorem ipsum immediate nullo interveniente sequatur, prout hec in Karoli quarti Augusti aurea bulla lacius declarata reperiuntur.

Haben sie ihren Dienst verrichtet, erhält der von Falkenstein als der Unterkämmerer Pferd und Becken des Markgrafen von Brandenburg, der von Nortenberg als der Küchenmeister Pferd und Schüsseln des Pfalzgrafen, der von Limburg als der Vizemundschenk Pferd und Becher des böhmischen Königs, der von Pappenheim als der Vizemarschall Pferd, Stab und das oben genannte Maß des Herzogs von Sachsen.

Der Tisch des Kaisers muß aber so aufgebaut sein, daß er sich sechs Fuß über die anderen Tafeln oder Tische in der Halle erhebt. Zur Zeit der Feier des Reichstags nimmt dort niemand Platz außer allein der Römische Kaiser. Sitz und Tisch der Kaiserin werden an der Seite der Halle hergerichtet, wobei der Tisch drei Fuß tiefer zu stehen kommt als der Tisch des Kaisers und ebensoviel Fuß höher als die Sitze der Kurfürsten. Diese haben miteinander Sitze und Tische auf gleicher Höhe, aber unterhalb des kaiserlichen Sitzes. Für die geistlichen und weltlichen Kurfürsten sollen sieben Tische aufgestellt werden, drei zur Rechten und drei zur Linken, der siebte dem Kaiser direkt gegenüber, dergestalt daß niemand sonst, welchen Standes oder welcher Würde auch immer, zwischen ihnen Platz nehmend, an ihren Tischen sitzen soll.

Auch Folgendes ist zu beachten: Immer wenn der Kaiser und die genannten Kurfürsten sich versammeln und dem Kaiser, sofern er zu Fuß geht, die Reichsinsignien vorauszutragen sind, geht der Erzbischof von Trier in gerader Linie direkt vor dem Kaiser einher, und zwischen ihm [und dem Kaiser] nur die, denen es zukommt, die kaiserlichen Insignien zu tragen. Der Herzog von Sachsen aber, der das kaiserliche Schwert trägt, geht unmittelbar vor dem Kaiser und hält sich in der Mitte zwischen diesem und dem Erzbischof von Trier, während der Pfalzgraf, der den Reichsapfel, und der Markgraf von Brandenburg, der das Szepter trägt, auf einer Linie mit dem Herzog von Sachsen einhergehen, der eine zu seiner Rechten, der andere zu seiner Linken. Der König von Böhmen aber folgt dem Kaiser unmittelbar mit niemandem zwischen ihm und dem Kaiser, wie dies in der »Goldenen Bulle« Kaiser Karls IV. in aller Ausführlichkeit dargelegt ist.

TIT. XVI. DE HIIS, QUE AD IMPERATORIS SPECTANT OFFICIUM; ET DEFECTUS IMPERII CAUSIS.

Imperialis celsitudinis solercia etsi curie tocius reipublice ex officii debito intendere debeat, potissimum tamen ad colendam justiciam, tuendam relligionem et pacem ubicunque per latissimos imperii terminos nutriendam die noctuque debet invigilare. Ad hoc enim solium occupat terrenae dignitatis, hac racione temporalem gerit gladium, ad ipsum a summo optimoque Deo et ejus vicario tocius militantis ecclesie et advocatus et protector constitutus. Hinc illa gloriosissima et digna principe Iustiniani vox insonuit in Auth. ut judic. sive quoque suffrag. Collat. 4. sic ibi exordiens: »*Omnes* nobis dies ac noctes contigit cum omni lucubratione et cogitacione degere, semper volentibus, ut aliquid utile et placens Deo a nobis prebeatur, et non in vano vigilias ducimus, sed in hujusmodi causis expendimus consilia pernoctantes, et noctibus sub equalitate dierum utentes, ut nostri subjecti sub omni quiete *consistant* etc«. Principes enim, ut Isaias exclamat, ea que sunt digna principe cogitare debet.

At de *prima parte*, videlicet justicia colenda, parumper dicendum est. Ad Imperatorem et alium quemcunque principem seculi spectat facere judicium et justiciam, pauperemque de manu calumpniantis redimere, impios de terra perdere, homicidas et raptores dampnare, remque publicam perturbantes non sinere vivere, ut 33. q. V. c. regum et c. sunt quidam. Idque non solum divini et humani juris, sed et gentilium libri continuo boatu perclangunt. Remota namque justicia, quid sunt regna nisi magna latrocinia? ut Augustinus IV. de civitate Dei inquit. Gentilis denique philosophus Aristoteles V. Ethicorum preclarissimam virtutum illam esse affirmat, ita ut neque lucifer, neque vesperus adeo sit admirabilis.

Que utique si culta foret et coleretur primum jam et angustum imperium adhuc latum et potens haberemus; sed quoniam cecidit virtus, et imperii vires corruerunt. Hujus ego rei nullam aliam caussam

TIT. XVI: Die Amtspflichten des Kaisers und die Gründe
für den Verfall des Reiches

Auch wenn der Eifer der kaiserlichen Majestät sich von Amts wegen auf die Angelegenheiten des gesamten Staates zu richten hat, so muß er doch vor allem Tag und Nacht für die Rechtspflege, den Schutz der Religion und die Friedenswahrung im weiten Reichsgebiet Sorge tragen. Zu diesem Zweck nämlich hat er den Thron der weltlichen Majestät inne, aus diesem Grund führt er das weltliche Schwert, ebendazu wurde er vom höchsten und gütigsten Gott und seinem Stellvertreter als Vogt und Schirmherr der ganzen streitenden Kirche eingesetzt. In diesem Sinne läßt sich die ruhmreiche und eines Herrschers würdige Stimme Justinians vernehmen, u.z. in Authent., *ut judic. sive quoque suffrag.* coll. 4, wo er folgendermaßen beginnt: »Es ergibt sich, daß wir alle Tage und Nächte mit unablässigem Arbeiten und Nachdenken hinbringen, da wir allzeit bestrebt sind, Nützliches und Gott Wohlgefälliges zu leisten. Und wir bleiben nicht vergeblich wach; nein, wenn wir aufbleiben und die Nächte in gleicher Weise nützen wie die Tage, dann beziehen sich unsere Planungen darauf, wie unsere Untergebenen in Ruhe und Frieden leben können« usf. Fürsten nämlich müssen, wie Jesaia sagt, das denken, was eines Fürsten würdig ist.

Bezüglich des ersten Teils, Wahrung der Gerechtigkeit, ist einiges zu sagen. Es ist die Aufgabe eines Kaisers und eines jeden weltlichen Fürsten, Urteile zu fällen und Gerechtigkeit zu schaffen, den Armen aus der Hand des Verleumders zu erretten, die Ruchlosen zu vernichten, die Mörder und Räuber zu verurteilen und Revolutionäre nicht am Leben zu lassen, nach Causae, [XXIII], q. 5, c. [23] *regum* und [Causae, XXV, q. 1], c. [6] *sunt quidam*. Davon ertönen mit ständigen Rufen nicht nur die Bücher des göttlichen und weltlichen Rechts, sondern auch die [Rechts]bücher der Heiden. Denn gibt es keine Gerechtigkeit mehr, was sind dann die Königreiche anderes als große Räuberbanden? So Augustin im 4. Buch von »De civitate Dei«. Und der heidnische Philosoph Aristoteles behauptet im 5. Buch der »Ethica«, sie [die Gerechtigkeit] sei die herrlichste aller Tugenden, wunderbarer als der Morgenstern und der Abendstern.

Wäre sie geübt worden und würde sie weiterhin geübt, wäre unser jetzt klein und eng gewordenes Reich immer noch groß und mächtig. Weil aber die Tugend fiel, brach auch die Kraft des Reiches zu-

arbitror, quam quod Platonis sentencia contempnitur, qua philosophiam Boëcius alloquitur I. De consolat. dicens: »*Beatas fore respublicas, si eas vel studiosi sapiencie regerent, vel earum rectores studere sapiencie contigisset.*« Nunc autem equestre indoctumque consilium, pacis raro amicum, senatur principum regit: (doctissimorum autem virorum sentencia reipublice salutaris, si quando limen concionis ingreditur, aut omnino contempnitur, aut stolida irridetur. Obijcitur namque illi, non codicibus sed asseribus hauriri oportere prudenciam. Sed vae terre, ubi asseres et private cujusvis opiniones sanctissimis et equissimis majorum prevalent institutis. Est enim verax judicium dissoluti incompositique regiminis, quod vix aut nunquam stabile est, aut optata pace gaudere potest). Quid dicam de legum equissimarum jurisque scripti observacione, que fere nulla est; sed jure incerto vivitur, et in multitudine illiterata, quod unicuique sui arbitrii discrecione visum est, id in judiciis vim legum obtinere volunt. Quod quam periculosum inconstansque sit judicium, vel ex Ovidii auctoritate dinosci poterit dicentis: »*Pectoribus mores tot sunt, quot in orbe figure*«. Quot enim sunt capita, tot sentencie esse putantur. de consecr. dist. IV. sicut in sacramentis. L. item si unus. § principaliter. D. de arbitr. Hinc eximius Ambrosius vir divina pariter et humana sapiencia precipue pollens, supra psalm.: *Beati immaculati*, et transsumptive in c. judices 3. q. VII. ait: »*Bonus judex* nichil ex arbitrio suo facit, et domestice proprie voluntatis, sed juxta jura et leges pronunciat, nichil paratum et meditatum de domo defert, sed sicut audit et judicat, et sicut se habet natura decenter, obsequitur legibus, non adversatur, examinat cause merita, *non mutat*«. Et post pauca: »*Qui judicat*, non voluntati sue obtemperare debet, sed tenere quod *legum est*«. Hec Ambrosius. Et sapientissimus Salomon: »*Fili*, ait, *ne innitaris prudencie tue.*« c. ne innitaris. De constit.

sammen. Meines Erachtens gibt es hierfür keinen anderen Grund als den, daß man die Lehre Platons geringschätzt, die Boethius in seinem Gespräch mit Philosophia zitiert (»De consolatione philosophiae«, Buch 1): »Glücklich wären die Staaten, wenn sie von Jüngern der Weisheit [Philosophen] geleitet würden, oder wenn ihre Herrscher sich zu Jüngern der Weisheit machten.« Jetzt aber herrscht im Senat der Fürsten der Rat ungebildeter und kaum je friedlich gesonnener Ritter; dagegen bleibt das dem Staatswohl förderliche Urteil der größten Gelehrten, wenn sie doch einmal über die Schwelle der Ratsversammlung treten, entweder gänzlich unbeachtet oder es wird als töricht verlacht. Es wird ihnen entgegengehalten, man lerne Klugheit nicht aus Büchern, sondern aus Buchdeckeln. Doch wehe Dir, Erde, wenn Buchdeckel und jedermanns Privatmeinung mehr gelten als die hochheiligen und überaus gerechten Einrichtungen der Vorfahren. Das wahre Urteil über ein liederliches und schlampiges Regiment besteht darin, daß dieses kaum je oder niemals beständig ist, noch sich des ersehnten Friedens erfreuen kann. Was soll ich von der Beobachtung der wahrhaft gerechten Gesetze und des gesatzten Rechtes sagen? Sie ist so gut wie nicht vorhanden, vielmehr lebt man nach unsicherem Recht, und im Haufen der Ungebildeten herrscht die Tendenz, das vor Gericht als Norm gelten zu lassen, was einem jeden nach Willkürentscheidung gut dünkt. Wie gefährlich und unzuverlässig ein solches Urteil ist, kann uns die Autorität Ovids lehren, der sagte: »Verhaltensweisen der Herzen gibt es so viele, wie es Menschen auf Erden gibt«. Man glaubt nämlich: »So viel Köpfe, so viel Sinn.« (De consecr., IV, [c. 151] *sicut in sacramentis*, Digest., *de arbitr.*, l. *item si unus*, § *principaliter*.) Daher erklärt der große Ambrosius, eine durch Weisheit in göttlichen wie in menschlichen Dingen gleichermaßen beeindruckende Persönlichkeit, im Kommentar zum Psalm »Selig die Schuldlosen« (wieder in Causae, III, q. 7, c. [4] *judicet*): »Ein guter Richter handelt nicht nach Willkür und nicht nach der Entscheidung seines eigenen, privaten Willens, sondern urteilt nach Recht und Gesetz; er bringt kein vorgefertigtes und zurechtgelegtes Urteil von zu Hause mit, sondern er urteilt nach dem, was er hört, und entscheidet, wie es dem Sachverhalt entspricht; wie er seiner Natur gemäß zurückhaltend auftritt, so beachtet er die Gesetze, arbeitet ihnen nicht entgegen, untersucht die Sache nach ihrem Verdienst und verdreht sie nicht.« Und kurz danach: »Wer richtet, darf nicht seinem Eigenwil-

Neque ulla major michi abusio esse videtur, quam exteras naciones sacratissimas leges colere, nosque qui nostris in laribus legum conditorem fovemus, illa minus curare, et per eos qui rus colunt, jus in provinciis dictari, qui ob ignaviam a juris noticia legibus excusantur. Procul dubio non sine magna racione ille triumphantissimus imperator Iustinianus non minus legibus quam armis gloriatus est, dum in prooemio institutorum sic dicit: »*Imperatoriam majestatem non solum armis decoratam, sed eciam legibus opportet esse armatam, ut utrumque tempus et bellorum et pacis recte possit gubernari*«. Que duo, videlicet leges et arma Romanos tocius orbis dominos effecerunt, ut idem Imp. C. de novo Cod. compon. attestatur. Unum enim alterius auxilio semper eguit, in omnique regno bene instituto necesse est arma per leges dirigi, leges per arma tueri; quod ubi non fit, impossibile est rempublicam diu posse subsistere quod melius experimento didicimus, quam codicibus legamus. Imo ut Ciceroni I. de offic. placet, plerumque magis leges quam arma sunt reipublice necessaria. Pausanias enim et Lysander Lacedemoniorum principes, quamvis rebus bello gestis imperium eorum dilatasse putentur, minima tamen parte Lycurgi legibus sunt comparandi; neque Q. Catulus vir senatorius Cn. Pompeio duci bellicis laudibus habundanti, neque Publ. Nasica Africano bellicosissimo viro in commoditatibus reipublice cedere videbantur. Utque in lib. de senectute, ejusdem Ciceronis preclara extat sentencia: »*Non viribus*, aut velocitate, aut celeritate corporum res magne geruntur, sed consilio, auctoritate, sententia; malleque se, inquit, habere vires ingenii Pithagore, quam corporis Milonis. Cedant ergo arma toge, *concedant laurea linguae*«.

len gehorchen, sondern muß sich an das halten, was Gesetz ist.« Soweit Ambrosius. Und der weise Salomon spricht: »Sohn, verlasse dich nicht auf deine Klugheit« ([Lib. Extra, I,2] *De constitutionibus*, c. [5] *ne innitaris*).

Meines Erachtens gibt es keinen größeren Mißstand, als wenn die auswärtigen Nationen die hochheiligen [Reichs]gesetze achten, während wir, die wir doch im eigenen Hause den Gesetzgeber haben, uns nicht um sie kümmern, und daß in den Provinzen von Bauern Recht gesprochen wird, deren mangelnde Tüchtigkeit selbst von den Leges als Entschuldigungsgrund dafür anerkannt wird, daß sie das Recht nicht kennen. Der siegreiche Kaiser Justinian hatte zweifellos sehr gute Gründe, sich seiner Gesetzgebung ebenso zu rühmen wie seiner Waffentaten, wenn er im Proömium zu den »Institutiones« sagt: »Die kaiserliche Majestät muß sich nicht nur mit Waffen schmücken, sondern auch mit Gesetzen waffnen, so daß beide Zeiten, die Zeit des Kriegs und die Zeit des Friedens, die ihnen gemäße Form von Leitung erhalten.« Diese zwei Dinge, Gesetze und Waffen, haben die Römer zu Herren der ganzen Welt gemacht, wie derselbe Kaiser bezeugt (Cod., *de novo cod. compon.*). Immer nämlich bedurfte das eine der Hilfe des anderen, und in jedem gut eingerichteten Staat müssen die Waffen durch die Gesetze gelenkt und die Gesetze durch die Waffen geschützt werden. Wo dies nicht geschieht, kann ein Staat nicht lange Bestand haben – uns selbst hat die Erfahrung dies besser gelehrt als die Lektüre von Büchern. Mehr noch: Zumeist sind, wie Cicero im 1. Buch von »De officiis« lehrt, Gesetze für einen Staat wichtiger als Waffen. Denn obwohl man zugesteht, daß Pausanias und Lysander, Könige der Spartaner, durch ihre Kriegstaten deren Reich vergrößert haben, so sind diese doch nicht im mindesten mit den Gesetzen Lykurgs zu vergleichen. Ebenso standen weder der Senator Quintus Catulus dem mit Ruhm überhäuften Heerführer Gnäus Pompeius nach, noch Publius Nasica dem kriegserfahrenen [Scipio] Africanus, wenn es darum geht, wer dem Staat [mehr] genützt hat. So steht in Ciceros Buch »De senectute« der herrliche Satz: »Nicht durch Leibeskraft, Schnelligkeit oder körperliche Beweglichkeit werden große Dinge vollbracht, sondern durch Überlegung, Persönlichkeit und Entschlußkraft.« Weiterhin sagt er, er hätte lieber die Geisteskraft eines Pythagoras als die Leibeskräfte eines Milo. Die Waffen mögen der Toga Platz machen; den Lorbeer mögen sie der Redekunst [*lingua*] gewähren.

Quam autem maxime nunc arma jura defensent, quam eciam obedienter legibus arma obsequantur, non solum viduarum puppillorumque lamentum, sed et gravissimorum virorum ingens et antiqua demonstrat querela. Eo quippe res (proh dolor) redacta est, ut non modo vi oppressus vix judicem, ad quem recurrat, inveniat; sed et dum post longos laborum circuitus vix tandem judicatum obtinere contigerit, desint tamen plerunque, qui res judicatas execucioni demandare aut velint aut possint.

Hinc jam patria continuis diffidacionibus exagitatur: hinc jam tela volant, furibunde sparguntur faces, hinc arcuum sonat fragor, et injuriosus mucro omnia et omnia prosternit.

Cujus sane perniciei illos solum culpam esse dixerimus, quibus ad vindictam malorum, laudem vero bonorum ensem deferre concessum est, vel verius forsitan nostris culpis demeritisque exigentibus fortis et justus Deus illa permittit, et principes juxta mores nostros nobis concedit. Ut enim, inquit Hieronymus in c. audacter. 8. q. I. non semper princeps populi et judex ecclesie per Dei arbitrium datur, sed prout merita nostra deposcunt. Si mali sunt actus nostri, et operamur maligna in conspectu Dei, dantur principes nobis secundum cor nostrum. Dicit namque Dominus in scripturis: »*Fecerunt sibi regem, et non per me principem*«. Et hoc dictum videtur de Saule illo, quem etsi Dominus elegerit et regem fieri jusserit, non tamen secundum Dei voluntatem, sed populi petentis meritum fuit electus.

TIT. XVII. QUOD CESAREUS ANIMUS AD DIVINI CULTUS AUGMENTUM SEMPER DEBET ESSE INTENTUS.

Ad divinum cultum imperator, reges et principes toto conatu et sollicitudine tanquam ad finem debitum studere debent. Ob quod ille magnificus Salomon ait: »*Deum time et mandata ejus observa*, hoc

In welch hervorragender Weise heute die Waffen das Recht verteidigen und wie gehorsam die Waffen den Gesetzen Folge leisten, zeigt nicht nur der Jammer der Witwen und Waisen, sondern belegt auch die heftige und schon seit langem erhobene Klage hochangesehener Männer. Leider ist es nämlich so weit gekommen, daß nicht nur der gewaltsam Unterdrückte kaum einen Richter findet, an den er sich wenden kann, und wenn er dann nach langem, mühsamem Hin und Her schließlich doch noch einen Urteilsspruch erlangt hat, fehlt es meistens an Leuten, die den Spruch vollstrecken wollen oder können.

Daher wird in unseren Tagen das Vaterland von ununterbrochenen Fehden gequält, daher fliegen die Geschosse, werden rasende Fackeln geschleudert, daher ertönt allenthalben Waffengeklirr und streckt ein frevelhaftes Schwert alle und alles nieder.

Wir neigen dazu zu sagen, daß die Schuld an diesem verderblichen Zustand allein denen zukommt, denen das Schwert zur Bestrafung der Schlechten und zur Belohnung der Guten anvertraut wurde, aber vielleicht ist es richtiger [zu sagen], daß der starke und gerechte Gott dies zuläßt, weil unsere Sünden und Vergehen dies fordern, und daß er uns die Fürsten entsprechend unserem Verhalten zuteilt. Wie nämlich Hieronymus in Causae, VIII, q. 1, c. [18] *audacter*, sagt, wird der Fürst des Volkes und der kirchliche Richter nicht immer nach Gottes freiem Willensentscheid zugewiesen, sondern so, wie wir es verdient haben. Ist unser Tun schlecht und handeln wir böse vor Gottes Angesicht, werden uns Fürsten gegeben, die unserer Neigung entsprechen. Es spricht nämlich der Herr in der Bibel: »Sie haben sich einen König gegeben und einen Fürsten, aber nicht durch mich.« Dieser Ausspruch bezieht sich offenkundig auf Saul. Zwar hatte der Herr ihn erwählt und seine Einsetzung zum König befohlen, aber die Wahl geschah nicht nach dem Willen Gottes, sondern durch die Schuld des Volkes, das [einen König] forderte.

TIT. XVII: Der Sinn des Kaisers muß allezeit auf die Förderung der Gottesverehrung bedacht sein

Der Kaiser, die Könige und die Fürsten müssen mit aller Kraft und allem Eifer auf die Verehrung Gottes hinarbeiten als auf ein Ziel, auf das sie verpflichtet sind. Daher spricht der glorreiche Salomon:

est, *omnis homo*«. Qamvis autem iste finis omnibus sit necessarius, regi tamen potissimum propter *tria*, ut *quod homo, quod dominus*, et *quod rex*.

Primo ut *homo*, quod ille singulariter pre ceteris creaturis factus est ad imaginem et similitudinem Dei. Hinc Apostolus in actis Apost. dictum Arati poëte introducens ait: »*Nos genus Dei sumus*«. Ex hac itaque racione debitores sumus omnes, precipue tamen principes, in quantum plus participant de nobilitate humane nature racione sui generis, ut probat philosophus in sua Rhetorica. Qua profecto racione motus est Cesar Augustus, qui divinos sibi honores a populo Romano exhiberi passus non est; sed a Sibylla Tiburtina edoctus illos ad suum referri voluit creatorem.

Secundo competit Imperatori et cuicunque regi divinum tueri cultum, ut *domino*, quod non est potestas nisi a Deo, ut Apostolus scribit ad Rom., et quia vices ejus gerit in terris, totaque virtus imperii a Deo dependet, influitque in regem ut ministrum. Unde quod Nabuchodonosor magnus ille Orientis monarcha suum dominium a Deo non recognovit defluere, secundum imaginativam anime sue potenciam in bestiam translatus est, ut scribitur 4. c. »*Septem enim*, ait Daniel, tempora mutabuntur super te, donec scias, quod dominetur excelsus in regno hominum, et cuicunque voluerit, *det illud*«. Quam vero devocionem gloriosus ille legum restaurator Iustinianus imperator habuerit ad Deum, hiis verbis declaratur. Ait enim in L.I.C. de vet. jur. enucl.: »*Deo auctore* nostrum gubernante imperium, quod nobis a celesti est majestate traditum, et bella feliciter peragimus, et pacem decoramus, statumque reipublice sustinemus [et ita nostros animos ad Dei omnipotentis erigimus adjutorium][9]; neque armis confidimus, necque nostris militibus, neque bellorum ducibus, vel nostro ingenio, sed omnem spem ad solam referamus summe providenciam Trinitatis, unde et mundi tocius elementa processerunt, et eorum disposicio in orbem terrarum *producta est*«. Et

9 Fehlt in L.

»Fürchte Gott und halte seine Gebote«; das betrifft jeden. Obwohl jenes Ziel für alle notwendig ist, so doch am meisten für den König, u.z. aus drei Gründen: weil er ein Mensch, weil er ein Herr und weil er König ist.

Erstens insofern er Mensch ist, weil der Mensch in einmaliger Weise – anders als die übrigen Lebewesen – nach dem Bild und Gleichnis Gottes geschaffen ist. Daher sagte Paulus in der Apostelgeschichte, einen Ausspruch des Dichter Arat einführend: »Wir sind von Gottes Geschlecht.« Aus diesem Grunde sind wir alle generell Gottes Schuldner und sind wir alle dazu verpflichtet, Gott die Ehre zu erweisen, vornehmlich aber die Fürsten, insofern sie auf Grund ihrer Abkunft in höherem Maße am Adel der menschlichen Natur teilhaben, wie der Philosoph (Aristoteles) in seiner »Rhetorica« feststellt. Caesar Augustus ließ sich in der Tat von solcher Denkweise leiten, als er dem römischen Volke nicht erlaubte, ihm göttliche Ehren zu erweisen; vielmehr wollte er, von der tiburtinischen Sibylle belehrt, daß der Mensch solche [Ehren] seinem Schöpfer entgegenbringe.

Zweitens kommt dem Kaiser und jedem König der Schutz der Gottesverehrung zu, insofern er Herr ist, weil er seine Macht allein von Gott hat, wie der Apostel [im Brief] an die Römer schreibt, und weil er sein Stellvertreter auf Erden ist und die ganze Stärke des Reiches von Gott abhängt und in den König wie in einen Diener einfließt. Beweis: Weil Nabuchodonosor, jener mächtige Alleinherrscher des Morgenlandes, nicht anerkennen wollte, daß seine Herrschaft von Gott herkommt, verwandelte er sich – in seiner imaginativen Seelenpotenz – in ein Tier, wie in Daniel 4 geschrieben steht: »Sieben Zeiten werden im Wechsel über dich hingehen, bis du erkennst, daß der Erhabene die Macht über menschliche Herrschaft hat und sie verleihen kann, wem er will.« Welche Ehrfurcht vor Gott aber der ruhmreiche Erneuerer der Gesetze, Kaiser Justinian, gehabt hat, geht deutlich aus folgenden Worten hervor. Er sagt nämlich Cod., *de vet. jur. enucl.*, l. 1: »Mit der Hilfe Gottes, der unser, uns von der himmlischen Majestät überantwortetes Reich regiert, führen wir erfolgreich Krieg, gestalten wir den Frieden glänzend und sichern dem Staat Beständigkeit, und deshalb richten wir unsere Herzen empor zum allmächtigen Gott, unserem Helfer. Wir vertrauen nicht auf Waffen, nicht auf unsere Soldaten, nicht auf die Kriegsführer oder auf unser Talent, sondern setzen jegliche Hoffnung allein

alibi ait: »*Cura nobis* diligens est per omnia superni numinis religionem tueri«. L. unica. C. nem. lic. sign. Salvat et in L. Manicheos C. de heret. Quod in religionem divinam conmittitur, in omnium fertur injuriam.

Tercio imperator non modo ut *homo*, aut *dominus*, sed eciam ut *rex* ad divinum astringitur cultum, quod oleo sacro iungitur; unde et reges Israhelitici populi, *Christi domini*, propter excellenciam virtutis vocabantur, et quod per hanc iunctionem, ut tangit Augustin. de civit. Dei, figurabatur futurus rex et sacerdos, juxta Danielis propheciam: »*Cum venerit*, inquit, sanctus sanctorum cessabit unccio vestra.« In quantum ergo reges figuram gerunt unccione sua illius, qui est rex regum et dominus dominancium, debitores sunt reges ad imitandum ipsum, ut sit debita proporcio figure ad figuratum. Necesse itaque est regi, et omni principi revereri Deum suosque sacerdotes propter sui regiminis conservacionem. Romani namque rerum domini non alia racione suum imperium prosperatum esse arbitrati sunt, quam quod deorum suorum culturam tenerrime observabant, ut multis exemplis recitat Valer. lib. I. cap. de relig. neglec. Ob quam causam Romulus primus urbis conditor in primordio sui dominii fabricavit asylum, quod templum Pacis nominabat, multis amplificans graciis pro cujus numinis reverencia omnem sceleratum ad ipsum confugientem reddebat inmunem. Si denique veteris et novi testamenti revolvimus codicem, reperiemus omnes reges ad divinam intentos reverenciam, felici cursu consummasse dominium, et in contrarium agentes miserum exitum consecutos, ut nempe antiquis historiis traditum est.

In qualibet monarchia ab exordio seculi tria se invicem concomitata sunt, divinus cultus, sapiencia scholastica, et potencia secularis. Que quidem omnia in rege Salomone suis ex meritis sunt consummata. Per divinam enim reverenciam cum descendisset in Ebron

auf die Vorhersehung der heiligsten Trinität, aus der die Elemente der ganzen Welt hervorgingen und durch die deren Zusammenordnung zum Bau des Erdkreises geleistet wurde.« Und an anderer Stelle sagt er: »Wir achten sorgfältig darauf, in allem die Verehrung der höchsten Gottheit zu schützen« (Cod., *nem. lic. sign. Salvat.*, l. unica, und Cod., *de heret.*, l. *Manicheos*). Das Vergehen gegen den göttlichen Glauben stellt ein Unrecht gegen alle dar.

Drittens ist ein Kaiser nicht nur als Mensch oder Herr, sondern auch als König zur Verehrung Gottes verpflichtet, weil er mit dem geweihten Öl gesalbt ist. So wurden auch die Könige des Volkes Israel wegen der hervorragenden Kraft [des Öls] »Gesalbte des Herrn« genannt. Wird doch durch diese Salbung, wie Augustin in »De civitate Dei« anklingen läßt, der zukünftige König und Priester vorgebildet, entsprechend der Weissagung Daniels, der sagte: »Wenn der Heilige der Heiligen kommen wird, wird eure Salbung ein Ende haben.« Insofern also die Könige mit ihrer Salbung den abbilden, der der König der Könige und der Herr der Herren ist, haben die Könige die Pflicht, diesen nachzuahmen, damit zwischen Vorbild und Abbild die zu erwartende Entsprechung herrsche. Deshalb besteht für den König und für jeden Fürsten die Notwendigkeit, Gott und seine Priester zu ehren, soll ihre Herrschaft von Dauer sein. Denn die Römer, Herren der Welt, glaubten, daß ihr Reich nur deshalb so gewachsen sei, weil sie ihre Götter mit zärtlicher Hingabe verehrten, wofür Valerius, [»Facta et dicta mirabilia«], Buch 1, *de religionis neglectu*, viele Beispiele anführt. Aus diesem Grund hat der Gründer Roms, Romulus, zu Beginn seiner Herrschaft eine Zufluchtsstätte geschaffen, die er »Friedenstempel« nannte, und indem er sie mit vielen Sonderrechten ausstattete, machte er aus Respekt vor der Heiligkeit dieses [Tempels] jeden Verbrecher, der zu ihm flüchtete, unangreifbar. Wenn wir schließlich die Bücher des Alten und Neuen Testaments aufschlagen, entdecken wir, daß alle Könige, die darauf bedacht waren, Gott die Ehre zu erweisen, bis zu ihrem Ende glücklich regierten, während umgekehrt diejenigen, die das Gegenteil taten, ein übles Ende nahmen; so steht es nämlich in den Büchern der alten Geschichte.

Von Anfang der Welt an gingen in jeder Monarchie drei Dinge miteinander einher: Verehrung Gottes, Weisheitslehre und weltliche Macht. Alle [drei] fanden sich bei König Salomon auf Grund seiner persönlichen Leistung in vollkommener Weise verwirklicht. Als Kö-

oracionis locum, assumptus in regem, consecutus est sapienciam, et ex utroque super universos reges sui temporis magnificatus est. Postquam vero ab optimi Dei cultu recessit, felicitas omnis que se prius in eum commiserat, ablata, gloriaque ejus regalis misere prostrata.

TIT. XVIII. QUOD IMPERATORIS MAXIME EST IN ORBE TERRARUM CONSERVARE PACEM, ET STRATAS PUBLICAS TENERE SECURAS.

Decorare pacem, remque publicam perturbantes compescere imperatoris et cujuscunque principis maxime proprium esse debet; idque magnopere curare, ut stratas viatores habeant securas. Vie namque publice communes sunt omnibus non modo legibus gencium, sed et jure quodam nature, propter quod prohibentur a nemine occupari, nec ullo temporis cursu prescribi possunt. Unde et in lib. Numer. via publica, *Regia via*, apellatur. [Qua ex re princeps et quivis alius dominus territorium habens tenetur de robaria et depredacione viatorum intra suum territorium facta, si fuit sciens et potuit prohibere, secundum omnes utriusque juris doctores. Non enim debet pati, ut maleficium committatur super suo, ut not. in l. I. C. de fal. mone. et in c. I. de restit. spol. Secus si prohibere non potuit, l. I. § is autem. D. si famil. furt. fecis. dic. et idem S. Thomas. II. 2. q. 62. artic. 7. Principes enim tenentur custodire justiciam in terra, unde si per eorum defectus latrones increscant, ad restitucionem tenentur, quod reditus quos habent, sunt quasi stipendia ad hoc instituta, ut justiciam et pacem conservent in terra]. Et quo magis principes ad hanc securitatem promovendam prompciores existerent, legibus permissum est eis, imperatoris tamen auctoritate, a transeuntibus pedagia et telonia exigere. Cedit preterea non modo in laudem principis, sed in utilitatem quoque maximam ipsius redundat vias publicas tenere securas, propter confluxum hominum ac mercimoniorum, per quae dominia plurimum ditari solent. Potissimum namque in urbe aucta fuit respublica propter vias quas tenebant expeditas, et quo magis id fieri posset, sub simulacione callida nominibus Kalendarii permutatis nundinas in urbe celebrarunt, quatenus latrones ignorarent, ut

nig eingesetzt, nachdem er in frommer Ehrfurcht zum Gebet nach Hebron hinabgestiegen war, erlangte er Weisheit, und auf Grund dieser beiden [Voraussetzungen] fand er sich über alle Könige seiner Zeit erhöht. Nachdem er aber von der Verehrung des höchsten Gottes abgefallen war, wurde ihm alles Glück genommen, mit dem er zuvor überhäuft worden war, und sein königlicher Ruhm ging kläglich unter.

TIT. XVIII: Die Wahrung des Friedens auf Erden und
die Sicherung der öffentlichen Verkehrswege
ist in erster Linie Aufgabe des Kaisers

Herrlichen Frieden zu schaffen und Aufruhr im Staat zu unterdrükken, muß das ureigenste Anliegen des Kaisers und jedes Fürsten sein; außerdem hat er mit Nachdruck dafür zu sorgen, daß die Reisenden sichere Straßen vorfinden. Denn die öffentlichen Wege sind nicht nur völkerrechtlich, sondern geradezu naturrechtlich gemeinsamer Besitz aller. Aus diesem Grund ist es niemandem erlaubt, sie in Beschlag zu nehmen, noch kann dagegen ein Einspruchsrecht geltend gemacht werden, gleichgültig wieviel Zeit verflossen ist. Daher nennt das Buch Numeri einen öffentlichen Weg »Königsweg«. Aus diesem Grund trägt nach Meinung aller Legisten und Kanonisten ein Fürst und jeder andere Territorialherr Schuld an dem in seinem Gebiet begangenen Straßenraub, wenn er [von der Sache] wußte und sie hätte verhindern können. Er darf nämlich nicht dulden, daß auf seinem [Territorium] ein Kapitalverbrechen begangen wird. (Vgl. die Anmerkung zu Cod., *de fal. mone.*, l. 1, und zu [Lib. Extra, II,13] *De restitutione spoliatorum*, c. 1 [*licet multum*].) Anders verhält es sich, wenn er das Verbrechen nicht verhindern konnte (Digest., *si famil. furt. fecis.*, l. 1, § *is autem*; dasselbe sagt der hl. Thomas in II^a II^{ae}, q. 62, art. 7). Sind doch die Fürsten gehalten, auf Erden die Gerechtigkeit zu wahren. Wenn nun durch ihre Nachlässigkeit die Zahl der Räuber anwächst, sind sie zur Restitution verpflichtet, da ihre Einkünfte gewissermaßen ihren Sold darstellen, der seine Begründung darin findet, daß sie Gerechtigkeit und Frieden auf Erden wahren. Und damit die Fürsten größere Bereitwilligkeit an den Tag legen, diese Sicherheit zu fördern, wurde ihnen gesetzlich gestattet, von den Reisenden Weg- und Fahrzölle zu erhe-

Computiste scribunt. Rursus ex hoc divinus frequencius augetur cultus: quanto enim liberior est aditus viarum ad limina sanctorum, tanto sunt prompciores homines ad reverenciam divinam. Unde et precipua fuit cura Romanis stratas faciendi securas ob idolorum cultum, quem Roma [ut in preced. cap. dixi] integerrima veneracione zelabat, neque alia racione tam severe grassabantur in Christianos primitivos, quam quod diis eorum maximoque Iovi obsequium se prestare putabant. Et divina scriptura in Esdra commemorat frequenciam templi impeditam fuisse propter hostiles incursus.

Principes quoque etiam maxime tum tenentur ad pacem servandam, ut utriusque juris pagina clara voce proclamat 23. q. I. c. noli. De treuga et pace, per tot. Item Authent. de pace tenen. Christus enim in monte ait: »*Pacem meam do vobis*«. Math. 10. c. nisi bella 23. q. I. Non est ergo heres Christi, qui pacem ejus testamento relictam non habet. Et qui contra pacem ecclesie faciunt, si dignitatem aut cingulum habent, nudentur eis dicit text. 24 q. I. qui contra pacem.

Solent autem per gl. in c. ad apostilice. De re judic. lib. VI. sex cause in medium afferri, propter quas non est pax inter homines. *Prima*, quia non puniantur maleficia. Eccles. 4. De offic. leg. c. I. lib. VI. 23. q. II. dominus. *Secunda* abundancia temporalium. Genes. 13. facta est rixa inter pastores Abraham et Loth. *Tercia*, quia non occupantur homines in contrariis contra demones, ad Ephes. V. non est colluctacio adversus carnem. *Quarta*, quia non consideramus dampna guerrae, in qua divicias, corpus et animas perdimus.

ben. Die Sicherung der öffentlichen Verkehrswege verschafft aber dem Fürsten nicht nur Lob, sondern gereicht ihm darüber hinaus auch zu großem Nutzen auf Grund des Menschen- und Warenverkehrs, der wichtigsten Quelle für den Reichtum eines Landes. Wurde doch die Republik mit ihrer [Haupt]stadt Rom hauptsächlich deswegen reich, weil man die Straßen frei hielt, und um dies noch zu steigern, änderten sie listigerweise die Namen der Kalendertage, bevor sie in der Stadt Markt abhielten, damit die Räuber im unklaren blieben. Das jedenfalls schreiben die Komputisten. Des weiteren gewinnt hierdurch nicht selten auch der Gottesdienst; je freier nämlich die Straßen sind, die zu den Kirchen der Heiligen führen, desto eher sind die Menschen bereit, Gott die Ehre zu erweisen. Daher hatten die Römer bei der Sicherung der Straßen in erster Linie die Verehrung der Götter im Auge, für die Rom (wie ich im vorherigen Kapitel darlegte) mit ganzer Inbrunst eiferte, und aus keinem anderen Grund wüteten sie so erbittert gegen die ersten Christen als dem, weil sie glaubten, ihren Göttern und vor allem dem Jupiter Maximus einen Dienst zu erweisen. Auch die Hl. Schrift erwähnt im Buch Esra, daß der Tempelbesuch durch feindliche Angriffe verhindert wurde.

Die Fürsten sind ebenfalls nachhaltigst verpflichtet, den Frieden zu wahren, wie der Tenor beider Rechte mit klarer Stimme verkündet: Causae, XXIII, q. 1, c. [3] *noli*, über Waffenruhe und Frieden, ganzer Kanon; Authent., coll. X, *de pace tenenda*, Text und Rubrik. Christus sagte nämlich auf dem Berg: »Meinen Frieden gebe ich euch« (Matthäus 10;[43] Causae, XXIII, q. 1, c. [1] *nisi bella*). Wer also den Frieden, den er uns als Vermächtnis hinterlassen hat, nicht besitzt, ist kein Erbe Christi. Und wenn die, welche den Frieden der Kirche stören, eine Würde bekleiden oder den [Militär]gürtel tragen, sollen sie dessen verlustig gehen, sagt der Text in Causae, XXIV, q. 1, [c. 32] *qui contra pacem*.

In der Glosse zu Lib. VI, [II,14] *De re judicata*, c. [2] *ad apostolice* werden die sechs häufigsten Gründe aufgeführt, die zu Unfrieden unter den Menschen führen. Der erste Grund: weil Kapitalverbrechen nicht bestraft werden (Eccles. 4; Lib. VI, [I,15] *De officio legati*, c. 1 [officii nostri]; Causae, XXIII, q. 2, [c. 2] *dominus*). Zweiter Grund: Überfluß an irdischen Gütern; [hieraus] entstand Streit zwi-

---

43 Richtig: Johannes 14,27.

Quinta quia non premeditamur dubium eventum belli. *Sexta* causa, quia non servamus precepta Dei, nec decimas solvimus, que debentur Deo et ejus ministris in signum universalis dominii, sicut et tributum Cesari. 16. q. I. c. revertim. Et ergo, *quod non capit Christus, rapit fiscus.* 16. q. 7. majores.

Sed audiant principes terre horrendum dictum Ysidori lib. III. de sum. bono. et habetur 33. q. V. c. principes, ubi dicit: »*Cognoscant principes seculi, se debere reddituros racionem propter ecclesiam, quam Christo tuendam suscipiunt*«. Nam sive augeatur pax et disciplina ecclesie propter fideles principes, sive solvatur; ille racionem ab eis exiget, qui eorum potestati suam ecclesiam credidit committendam. Sane gloriosus Deus [testante in 18. de Civit. Dei, Aur. Augustino] hac precipue causa Romanis deferebat imperium, ut per eos qui virtutibus et justicie cultu ceteras gentes anteibant, humanum genus in unam societatem reipublice legumque perductum longe lateque pacaret. Minime profecto mirandum, si illud potentissimum quondam et invictum imperium, exiguum hodie et pene contritum videamus. Virtute enim prudencia, justicia, moribus, disciplina, et rerum omnium moderacione, tum rebus bello et pace egregie gestis felix illud et regium imperium a principio adquisitum et amplificatum est. Quod quidem solum hiis artibus retineri potest, quibus ab inicio partum est, testante in prologo Catilinarii Salustio; deserente imperio justiciam, jura, leges, sapienciam, ceterasque virtutes deseruerunt latissimi terrarum et maris termini spreverunt id gentes, pedetentim jugum collo solventes. Adeoque in angustum redacti sunt imperii fines, ut cum olim totum terrarum orbem, preter modicas Orientis partes, possideret alma corona, nunc cunctas maris terreque oras preter paucas regiones Occidentis amisisse cernatur, vixque, proh dolor, prioris imperii umbra nobis figuraque relicta sit.

schen den Hirten Abrahams und Loths (Genesis 13). Dritter Grund: weil die Menschen nicht energisch den Kampf gegen die Dämonen führen (Epheser 5 »wir kämpfen nicht gegen das Fleisch«). Vierter Grund: weil wir nicht bedenken, wieviel Schaden der Krieg anrichtet, in dem wir Besitz, Leib und Seele verlieren. Fünfter Grund: weil wir uns nicht darauf einstellen, daß das Kriegsglück schwankt. Sechster Grund: weil wir Gottes Gebote nicht befolgen und nicht den Zehnt entrichten, der zum Zeichen von dessen universeller Herrschaft Gott und seinen Dienern ebenso geschuldet wird wie die Steuern dem Kaiser (Causae, XVI, q. 1, c. [65] *revertimini*). Deshalb nimmt häufig der Fiskus weg, was Christus vorenthalten wird (Causae, XVI, q. 7, [c. 8] *majores*).

Doch sollen die Fürsten der Erde das erschreckende Wort Isidors im 3. Buch von »De summo bono«[44] (wieder in Causae, XVI, q. 7, [c. 8] *majores*) hören, wo er sagt: »Die weltlichen Fürsten mögen erkennen, daß sie Rechenschaft ablegen müssen für die Kirche, die ihnen von Christus übergeben wurde, damit sie sie schützen.« Denn sei es, daß der Friede und die Ordnung der Kirche durch christliche Fürsten gefördert oder gestört wird: er, der seine Kirche ihrer Macht anvertraut hat, wird von ihnen Rechenschaft fordern. Hat der erhabene Gott doch nach dem Zeugnis Augustins im 18. Buch von »De civitate Dei« vor allem aus dem Grund den Römern die Herrschaft übergeben, damit durch sie, die die anderen Völker an Tugend und Gerechtigkeitssinn übertrafen, das Menschengeschlecht zu einer Staats- und Rechtsgemeinschaft hingeführt und allenthalben befriedet werde. Es ist in der Tat nicht verwunderlich, wenn wir dieses einst so mächtige und nie besiegte Reich heute klein und fast zermalmt sehen. Denn durch Tüchtigkeit, Klugheit, Gerechtigkeit, Charakterstärke, Disziplin und Maßhalten in allen Dingen wie auch durch hervorragende Taten in Krieg und Frieden wurde zu Beginn jenes glückliche und königliche Reich erworben und erweitert, und es kann allein durch ebendiese Eigenschaften erhalten werden, durch die es anfangs erworben wurde, wie Sallust im Prolog zum »Catilina« bezeugt. Als aber das Reich sich von Gerechtigkeit, Recht, Gesetzen, Weisheit und den übrigen Tugenden distanzierte, distanzierten sich von ihm auch weite Gebiete, Meere und Länder; die Völker verloren die Achtung vor ihm und schüttelten nach und

---

44 Richtig: Ps. Augustinus, sermo 86,3: Migne PL 39,1912.

At illustres Germanie principes vos mea oracione alloquor. Me etenim nimio in rempublicam imperii affectu impellente me cohibere non possum. Ingenti accuracione, magno certe et preclaro laudis cumulo exercicioque virtutum regnum mundi majores vestri meruerunt. Illud adhuc late patens et amplissimum quidem in vestram dederunt fidem, sed vestra negligencia, vestra desidia, et (si dicere licet) discordia vestra in eum statum, quem hodie madentibus cernimus oculis redactum est. Quam dabitis racionem altissimo? Nunquam hac dissimulacione, o Imperator, vere te Augustum denominabis. Omnes enim in te oculi respiciunt: inferiores per te se excusant, ad quem precipue hanc rem pertinere existimant, qui caput es in orbe Christiano constitutus. Exurge igitur jam tandem, qui dormis. Memento sub tua fide inclitum imperium, Germanie decus, mundique coronam subsistere. Leva in circuitu oculos tuos, et pulcherrimo optimoque imperio variis jamdudum attrito languoribus pia ope subveni. Accendant te exempla majorum tuorum. Germanie in te laus antiqua refloreat. Erige ergo, o erige in potencia, quam adhuc certe maximam habes, brachium virtutis tue, ac ensem a celesti tibi majestate traditum longe lateque vibrare, ut Virgilianum illud denuo in te impleri speremus: »*Super Garamantas et Iudos proferet imperium*«. et quod in Iulii quoque Cesaris laudem editum est: »*Imperium Oceano, famam qui terminat astris*«.

nach das Joch von ihrem Nacken. So sehr wurde das Reichsgebiet verkleinert, daß, obwohl einst die erhabene Krone den gesamten Erdkreis besaß – unbedeutende Teile des Ostens ausgenommen –, sie jetzt offenkundig alle Meeresküsten und Landstriche außer ein paar Gebieten im Westen verloren hat, und uns – eine schmerzliche Tatsache – kaum der Schatten und das Abbild des früheren Reichs übrig blieb.

Nunmehr richtet sich meine Rede an Euch, Ihr erlauchten Fürsten Deutschlands. Denn getrieben von übergroßer Liebe zum Gemeinwesen des Reichs ist es mir unmöglich, mich zurückzuhalten. Durch ungeheure Anstrengung, durch eine unbestreitbar große und herrliche Summe von Ruhmes[taten] und durch gelebte Tugend haben sich Eure Vorfahren die Weltherrschaft verdient. Sie haben Euch ein riesiges Reich anvertraut, dessen Macht weithin reichte; durch Eure Nachlässigkeit, Eure Trägheit und Eure Zwietracht ist es damit so weit gekommen, daß wir seinen gegenwärtigen Zustand nur mit Tränen in den Augen betrachten können. Wie wollt Ihr Euch dafür vor dem Allerhöchsten verantworten? Wenn Du diesen Zustand duldest, Kaiser, wirst Du Dich niemals zurecht Augustus [»Mehrer«] nennen können. Denn aller Augen schauen auf Dich: die unter Dir sind, reden sich auf Dich hinaus, weil sie der Meinung sind, daß dies in erster Linie Dich angehe, der Du der christlichen Welt zum Oberhaupt gesetzt wurdest. Die Dir mit dem Ring der Treue vermählte ruhmreiche Braut [steht] nun mit zerrissenem und zerschlissenem Gewand [da]; des Auges der Gerechtigkeit beraubt, mit verletzter Hand [unfähig], sich zu verteidigen, [zeigt] sie sich Dir tränenüberströmt und fleht Dich an, Du mögest das ihr zugefügte Unrecht rächen. Erhebe Dich nun endlich, der Du schläfst! Erinnere Dich daran, daß das ruhmvolle Reich, die Zierde Deutschlands und die Krone der Welt, Dir zu treuen Händen anvertraut wurde. Erhebe Deine Augen ringsum und laß dem schönsten und besten Reich, das nun schon so lange Zeit in vielfältiger Krankheit dahinsiecht, deine liebevolle Hilfe zuteil werden. Das Vorbild Deiner Ahnen möge Dich begeistern; das Lob, das man in alten Zeiten den Deutschen zollte, möge in Dir neu erblühen. Erhebe Dich also, ja, erhebe mit Macht – denn immer noch ist Deine Macht gewaltig und stark – Deinen kraftvollen Arm und schwinge weit ausholend das Schwert, das Dir von der himmlischen Majestät übergeben wurde, damit wir hoffen können, es werde sich von neuem in Dir das Wort Vergils er-

Diceres forte, princeps serenissime, superioribus Augustis potentissimum erat imperium, suffragabatur eis erarium opulentissimum, quo id facilius, quod hortaris, perficere potuerunt. Nunc vero imperii partes michi omnes in circuitu diripuerunt, aquilam meam pennis deplumarunt, diminuta est potencia, virtus exhausta, exiguum est erarium.

At ne, maxime regum pater, hec te frangat sentencia, precor. Ideo enim illi et latissimum et auro refertum imperium habuerunt, quod accuratam hiis deligenciam impenderunt, noctes nonnunquam transibant insompnes, ut subjectorum commodo promoverent. Quod hiis cessatum est, felicis simul prosperitatis deficit augmentum. Salomon regum Israel gloriosissimus non opulenciam, non potenciam, sed solum, ut digne subjectos regere posset, optavit sapienciam; qua adepta cetera omnia felici accessione in eum congesta sunt, ita ut regum omnium, qui ante ipsum fuerant in Israël, magnificentissimus diceretur et esset. Cato denique Romane prudencie clarissimum lumen, augustum senatum hiis verbis quondam alloquens: »*Nolite*, inquit, patres existimare, majores nostros armis rempublicam ex parva magnam fecisse, sed quia eis fuit domi industria, foris justum imperium, in consulendo animus liber, nec delicto nec libidini *obnoxius*«.

Hanc tu, optime Princeps, sentenciam crebrius rimari velis, virtuteque duce omnia aggredi, qua (Plauto teste ut in Amphitruone canit) salus, vita resque et patria tutantur. Virtus enim omnia in se habet, omnia bona assunt illi, quem penes est virtus. Quod si feceris Aeneadum illud Virgiliano carmine tibi polliceri poteris: »In freta dum fluvii current, dum montibus umbre Sylvasque fere lustrabunt, connex polus a dum sidera pingent; Semper honos nomenque tuum laudesque manebunt«.

füllen: »Über [das Land der] Garamanten und Juden hinaus wird er das Reich erweitern«, und auch das, was zum Lob Julius Caesars gesagt wurde: »Sein Reich reicht bis zum Ozean, sein Ruhm bis zu den Sternen.«

Du könntest vielleicht einwenden, erlauchter Kaiser: »Das Reich war unter früheren Kaisern überaus stark, und es stand ihnen eine wohlgefüllte Staatskasse zur Verfügung, so daß sie leicht das vollbringen konnten, was Du forderst. Jetzt aber haben mir alle ringsum das geraubt, was des Reiches war, meinem Adler haben sie die Federn ausgerissen, meine Macht ist reduziert, meine Kräfte erschöpft, die Staatskasse ist leer.«

Ich bitte Dich, größter Vater der Könige, laß Dich nicht durch solche Gedanken entmutigen. Jene besaßen ein großes und von Gold strotzendes Reich, weil sie – bisweilen sogar ihre Nachtruhe opfernd – sorgsam darauf bedacht waren, das Wohlergehen ihrer Untertanen zu fördern. Weil man damit aufgehört hat, fehlt es auch am Wachstum glücklichen Wohlstands. Salomon, der Strahlendste unter den Königen Israels, wünschte sich weder Reichtum noch Macht, sondern allein Weisheit, um seine Untertanen in der rechten Weise regieren zu können. Nachdem er diese erhalten hatte, wurde in glücklicher Dreingabe auch alles übrige auf ihn gehäuft, so daß er der Prächtigste aller Herrscher, die vor ihm in Israel waren, genannt wurde und war. Und Cato, das weithin strahlende Licht römischer Klugheit, richtete einst an den erhabenen Senat die folgenden Worte: »Glaubt nicht, Senatoren, daß unsere Vorfahren durch Waffengewalt aus einem kleinen einen großen Staat gemacht haben, sondern dadurch, daß sie zu Hause fleißig waren, draußen gerecht herrschten, in der Ratsversammlung frei ihre Meinung sagten und sich weder verbrecherischem Tun noch der Wollust hingaben.«

Mögest Du, bester Herrscher, diese Ausführungen immer wieder überdenken und dann, von der Tugend geleitet, kraftvoll alles in Angriff nehmen, wodurch (wie Plautus im »Amphitrion« besingt) Wohlergehen, Leben, Besitz und Vaterland geschützt werden. Tugend nämlich schließt alles ein; wer Tugend besitzt, bei dem stellen sich alle Güter ein. Handelst Du so, kannst Du jene Verheißung in Vergils »Aeneis« auf Dich beziehen: »So lange die Flüsse sich ins Meer ergießen, solange die Berge Schatten [werfen], Wild durch die Wälder streift und Sterne den Himmel zieren, wird Dein Ruhm, Dein Name und Dein Lob nimmer vergehen.«

TIT. XIX. DE FORMA ROM. IMPERATOREM SUSCIPIENDI, CUM URBEM ALIQUAM DUXERIT INGREDIENDAM.

Cum Romanorum rex vel imperator urbem aliquam ingressurus est, totus clerus processionaliter sibi occurrere debet, quod etiam universitas doctorum et scholarium, si aliqua ibidem fuerit, similiter facere non omittat. Omnes campane pulsari debent, et cantabitur introitus misse de epiphania: »*Ecce adveniet* dominator dominus, et regnum in manu ejus, et potestas et *imperium*«, cum versu: »*Deus* judicium tuum regi da, et justiciam tuam filio regis. Gloria patri, sicut erat in *principio*«. Et repetitur introitus, quo finito cantabitur responsorium: »*Ecce mitto* angelum meum, qui precedat te, et custodiat semper. Observavi et audivi vocem tuam; et inimicus ero inimicis tuis, et affligentes te affligam et precedet te angelus [meus][10]«. Subjungendus est versus cum repeticione.

Cum autem ventum fuerit ad ecclesiam, sit sedes parata ante majus altare pro rege orante, et dicatur: *Kyrie* eleyson, Christe eleyson, Kyrie eleyson. Pater noster. Et ne nos inducas. etc.«. Versus: »*Domine* salvum fac regem«. Vers.: »*Mitte* ei, Domine, auxilium de sancto«. Vers.: »Esto ei Domine turris *fortitudinis*«. Vers.: »*Nichil* proficiat inimicus in eo. Domine exaudi oracionem meam. Dominus vobiscum. Oremus: Deus qui ad predicandum eterni regis evangelium Christianum imperium preparasti, pretende famulo tuo imperatori nostro, *Friderico*, arma celestia, ut pax ecclesiarum nulla turbetur tempestate bellorum, per *dominum nostrum etc.*«; vel alia aliqua collecta legetur, multe namque pro rege et imperatore reperiuntur descripte.

---

10 Fehlt in L.

TIT. XIX: Das Empfangszeremoniell für einen Kaiser, wenn er eine Stadt betreten will

Wenn der Römische König oder Kaiser sich anschickt, eine Stadt zu betreten, muß der gesamte Klerus ihm in Prozession entgegenziehen; die Universität mit ihren Lehrern und Scholaren, sofern es dort eine [Universität] gibt, soll nicht säumen, deren Beispiel zu folgen. Alle Glocken müssen läuten, und es wird der Introitus zur Messe der Epiphanie gesungen »Seht, kommen wird der Herrscher, der Herr; in seiner Hand ruht die Herrschaft und die Macht und das Reich« und der Psalm »Gott, gib dein Gericht dem König und die Rechtsprechung dem Königssohn. Ehre sei dem Vater. Wie es war im Anfang.« Dann wird der Introitus wiederholt und hierauf das Responsorium gesungen: »Siehe, ich sende meinen Engel, der vor dir hergehen und Dich allezeit behüten soll. Ich habe auf dich geschaut und deine Stimme gehört; ich werde ein Feind Deiner Feinde sein und bedrängen, die dich bedrängen, und mein Engel wird vor dir hergehen.« Daran schließt sich ein Psalm mit Wiederholung.

Ist man bei der Kirche angekommen, richte man vor dem Hochaltar einen Sitz her, damit der König dort beten kann. Dann spreche man: »Kyrie eleison. Vater unser. Und führe uns nicht in Versuchung« usf. Versikel: »Schaff Heil, Herr, dem König.« Versikel: »Sende ihm Hilfe, Herr, vom Heiligtum.« Versikel: »Sei ihm, Herr, ein Turm der Stärke«. Versikel: »Nichts soll der Feind wider ihn vermögen. Herr, erhöre mein Gebet. Der Herr sei mit Euch. Lasset uns beten: Gott, der Du das christliche Reich eingerichtet hast, damit die Frohbotschaft des ewigen Königs verkündet werde, halte [deine] himmlischen Waffen [schützend] vor unseren Kaiser Friedrich, damit der Friede der Kirchen von keinem Kriegsgewitter gestört werde. Durch unsern Herrn.« usw. Es kann auch eine andere Oration gebetet werden; denn für den König und Kaiser finden sich viele [Orationen] verzeichnet.

TIT. XX. DE ROMANI IMPERII EXITU, ET EJUS FINALI
CONSUMMACIONE.

Ad hujus nunc opusculi finem festinandum est, scripturisque prodentibus imperii exitus describendus, ne longo sermone sim legentibus fastidiosus.

Romanum imperium, quod generis humani gubernaculum a summo rerum conditore provisum est, quodque a sui exordio duorum millium annorum spacio centum et quadraginta quinque in *presentem* usque ad *annum* steterat, a nativitate Christi Dei nostri videlicet, *millesimum, quadringentesimum et sexagesimum, quo presenti pagine inicium dedi et finem*; quamvis per varias fortunas currendo, successivo tempore viribus et augmento decreverit, tendatque in occasum, invictum tamen semper permansit, durabitque in finem mundi. Neque auferetur sceptrum a Christiano imperio, donec venturus sit acerrimus hostis fidei nostre Antichristus. Ait enim Apostolus 2. ad Thess.: »*Nisi venerit* discessio primum, non revelabitur ille filius *perdicionis*«.

Hanc discessionem S. Methodius, martyr et episcopus in libro, quem edidit »*De consummacione seculi*«, de fine exponit imperii. Omnes quippe gentes subtrahent se in fine temporum ab obediencia Romani imperii. Inquit enim gl. Daniel. 2: »*Sicut* a principio nichil forcius fuit Romano imperio, sic in fine nil debilius invenietur. Nam quamdiu ei auscultabunt gentes, Antichristus non veniet. Esset enim tunc qui resisteret illi, ne confluxus ad eum fieret *populorum*[11]«.

Quam autem prope sit finis mundi et imperii, ex hodierna obediencia provinciarum dinosci poterit.

Memoratus quoque gloriosus Apostolus, qui arcana Dei manifestissime novit, Thessalonicensibus in eadem 2. epistula scribit: »*Qui tenet*, teneat, donec de medio fiat, et tunc revelabitur ille iniquus, quem Dominus interficiet spiritu *oris sui*«. Super verbis istis dicit gl. quod apostolus in hiis verbis »*Qui tenet, teneat*«, Romanum imperium designat, quo destructo veniet Antichristus. Unde Romanus

---

[11] in L illarum.

TIT. XX: Der Untergang des römischen Reiches und seine endgültige Vollendung

Es ist nun an der Zeit, dieses bescheidene Werk rasch abzuschließen und das Ende des Reiches zu beschreiben, wie die Schriften es uns kundtun, damit ich den Lesern nicht mit einer langen Darlegung lästig falle.

Das Römische Reich, das vom höchsten Schöpfer der Welt zur Leitung des Menschengeschlechts ausersehen war, existiert nun seit 2145 Jahren, [gerechnet] von seinem Anfang bis zum gegenwärtigen Jahr, dem Jahr 1460 nach der Geburt Christi, unseres Gottes, [dem Jahr,] in dem ich das vorliegende Buch begann und beendete. Es hat zwar eine wechselvolle Geschichte durchgemacht, im Verlauf der Zeit an Stärke und Ausdehnung eingebüßt, und es geht seinem Untergang entgegen, blieb aber trotzdem immer unbesiegt und wird bis zum Ende der Welt bestehen bleiben. Das Szepter wird dem christlichen Imperium nicht entrissen werden, bevor der Antichrist kommt, der erbittertste Feind unseres Glaubens. Der Apostel sagt nämlich im 2. Thessalonicherbrief: »Bevor nicht die Trennung kommt, wird der Sohn des Verderbens sich nicht offenbaren.«

Diese Trennung deutet der hl. Märtyrerbischof Methodius in seinem Buch über das Weltende auf das Ende des Reiches. Und zwar sagen am Ende der Tage alle Völker dem Römischen Reich den Gehorsam auf. In der Glosse zu Daniel 2 heißt es: »Wie zu Beginn nichts stärker war als das Römische Reich, so wird es am Ende nichts Schwächeres geben. Denn solange die Völker ihm gehorchen, wird der Antichrist nicht kommen. Dann gäbe es ja jemanden, der ihm [dem Antichrist] widerstehen würde und [verhinderte], daß die Völker zu ihm strömten.« Wie nahe aber das Ende der Welt und des Reiches ist, kann man wohl aus dem heutigen Gehorsam der Provinzen schließen.

Der genannte, glorreiche Apostel, dem die Geheimnisse Gottes offenbar waren, schreibt wiederum im 2. Brief an die Thessalonicher: »Wer es hält, möge es halten, bis er beseitigt wird; dann wird jener Ruchlose sich offenbaren, den der Herr mit dem Hauch seines Mundes töten wird.« Zu diesen Worten sagt die Glosse, daß der Apostel mit den Worten »Wer es hält, möge es halten« das Römische Reich bezeichnet, nach dessen Zerstörung der Antichrist kommen wird. Daher wird der Römische Kaiser, der die Welt

imperator, qui mundum tenet de rege ad regem, successive imperabit, donec Romanum imperium auferatur de medio. »*[De medio]*[12] namque *aufferi*«, est a communi hominum contactu sustolli. Unde Augustin. in 20. de civit. Dei, super eisdem verbis Apostoli: *Qui modo tenet, teneat, Non absurde*, inquit, *de Romano* imperio creditur dictum, tanquam sit dictum: Qui modo imperat, imperet, donec de medio tollatur, et tunc revelabitur ille iniquus, quem Antichristum *significari nemo ambigit*«.

Ut autem S. Methodius in libro preallegato dicit, ultimus Romanorum Augustus cum instabit mundi et imperii finis, divino agitatus spiritu veniet in Ierusalem, ponetque sanctam crucem ad eum quo steterat locum, quando in ea vita mundi, Rex regum et Dominus dominancium pependit, et procedet imperialibus ornatus insigniis, ponetque coronam de capite suo super sanctam crucem, tradens Deo regnum et imperium; levabiturque et tunc crux cum corona in celum, et inclitus Imperator ibidem expirabit. Scriptum namque est: «*Hoc signum crucis erit in celo, cum Dominus ad judicandum venerit*«. Postquam vero crux cum corona hoc modo in astra est recepta, Romanumque sepultum imperium, revelabitur iniquus ille, perdicionis filius. Tantaque tunc erit humane miserie calamitas, tantaque in universo mundo persecucionis procella sevitura est, quod nisi dies hujusmodi tribulacionis, Marco teste et Matheo, fuissent abbreviati, non fieret salva omnis caro. Omnia namque priora tempora, aurea secula temporaque pacis fuisse mortale hominum genus estimaturum est, cantante in psalmo regio propheta: »*Orietur in diebus domini justicia et abundancia pacis, donec auferatur luna*«, id est, Romanum imperium, quod per lunam congrue designatur. Hoc itaque turbulento tempore consummabitur terrena monarchia gencium, emigrabit gloria, et maximum triumphantissimumque imperium, quod tot mira terra marique gesta per sui decursus tempora consummavit, finem tante diuturnitatis accipiet.

---

[12] Fehlt in L.

hält – ein König nach dem anderen in [ununterbrochener] Reihenfolge –, an der Macht bleiben, bis das Römische Reich beseitigt sein wird. Denn »beseitigt werden« [*de medio auferri*] bedeutet, daß es aus der Gemeinsamkeit, die die Menschen verbindet, herausgelöst wird. Daher bemerkt Augustinus im 20. Buch von »De civitate Dei« zu den Worten des Apostels »Wer jetzt hält, möge halten«: »Für nicht abwegig halte ich die Meinung, dies sei vom Römischen Reich ausgesagt und würde soviel bedeuten wie: wer jetzt herrscht, soll herrschen, bis er beseitigt wird, und dann wird jener Ruchlose sich offenbaren, unter dem nun zweifellos der Antichrist zu verstehen ist.«

Wie aber der hl. Methodius im genannten Buch sagt, wird der letzte Kaiser der Römer, wenn das Ende der Welt und des Reiches bevorsteht, vom göttlichen Geist getrieben nach Jerusalem gehen, das heilige Kreuz an dem Ort aufrichten, wo es gestanden hatte, als das Leben der Welt, der König der Könige und der Herr der Herren an ihm hing. Dann wird er, mit den kaiserlichen Insignien geschmückt, hinzutreten, die Krone von seinem Haupt [nehmen] und auf das heilige Kreuz setzen und so Herrschaft und Reich an Gott zurückgeben. Dann wird das Kreuz mitsamt der Krone in den Himmel entrückt, und der erlauchte Kaiser wird dort sein Leben aushauchen. Denn es steht geschrieben: »Dieses Zeichen des Kreuzes wird am Himmel sein, wenn der Herr kommen wird, um Gericht zu halten.« Nachdem aber das Kreuz mit der Krone so zum Himmel emporgeholt worden und das Römische Reich begraben ist, wird sich jener Ruchlose, der Sohn der Bosheit, offenbaren. Dann wird so viel Unglück kommen und menschliches Leid, und es wird auf der ganzen Welt ein solcher Sturm der Verfolgung wüten, daß kein Fleisch gerettet würde, würden nicht nach dem Zeugnis des Markus und Matthäus die Tage abgekürzt werden. Dann wird das sterbliche Menschengeschlecht die gesamte frühere Zeit für das Goldene Zeitalter und eine Zeit des Friedens halten, wie der königliche Prophet im Psalm singt: »An den Tagen des Herrn wird Gerechtigkeit emporsteigen und Überfluß des Friedens, bis der Mond vergeht«, d. h. das Römische Reich, das treffend durch den Mond bezeichnet wird. Deshalb wird in dieser stürmischen Zeit irdische Herrschaft über die Völker ein Ende finden, Ruhm und Ehre werden vergehen, und das Reich mit der größten Ausdehnung und den meisten Triumphen, [ein Reich,] das in seinem zeitlichen Verlauf so viele wunderbare Ta-

Quod quidem nostro sub periodo, invictissime Romanorum princeps, prospere conservare, fausteque feliciter et longeve tua manu dirigere dignetur, stelliferi conditor orbis, qui perpetua mundum semper racione gubernat, in secula benedictus. Amen.

ten zu Wasser und zu Land vollbracht hat, wird das Ende seiner so langen Dauer erfahren.

Möge, unbesiegter Kaiser der Römer, [Gott] dieses [Reich] in unserer Zeit in gedeihlichem Zustand erhalten und durch Deine Hand segensreich und glücklich und für lange Zeit leiten, er, der Schöpfer des sternetragenden Himmelsgewölbes, der allzeit die Welt nach unwandelbarem Plane regiert in alle Ewigkeit. Amen.

ZU PETER VON ANDLAU UND SEINER SCHRIFT
»DE CESAREA MONARCHIA«

I.

Peter von Andlau entstammte einem elsässischen Reichsrittergeschlecht, dessen Hauptsitz Burg Andlau am Oberrhein war.[1] Spätere, gesicherte biographische Daten indizieren 1420 als Geburtsjahr, verbergen jedoch so gut wie immer den *defectus natalium* des illegitim geborenen Sprosses einer Familie, die gewohnt war, höhere und höchste politische und kirchliche Ämter in der Region zu besetzen. Daß Peter sich selbst im Zenit seiner Karriere mit finanziell und gesellschaftlich vergleichsweise wenig einträglichen Pfründen zufrieden gab, während die Übernahme eines Kanonikates im Basler Domkapitel ihm bei Ebenbürtigkeit der Eltern als angemessen erschienen wäre, mochte in der *irregularitas* der Geburt und – damit einhergehend – dem fehlenden Adelsrang begründet liegen.[2]

Peter von Andlau wählte die wissenschaftliche Laufbahn. 1438/39 trug er sich in die Matrikel der Universität Heidelberg ein, und vieles spricht dafür, daß er sogleich mit dem Studium des kanonischen Rechts begann.[3] Wo des jungen Studenten schulische Ausbildung ihren Anfang genommen, bei wem und wann er die zur Aufnahme an einer höheren Fakultät notwendigen Lateinkenntnisse erworben, ja ob er überhaupt ein Artes-Studium durchlaufen hatte, entzieht sich unserer Kenntnis. 1443 jedenfalls wechselte er an die Universität in Pavia über und erlangte dort ein Jahr später das Lizentiat im kanonischen Recht.[4]

---

[1] Zur Biographie vgl. J. Hürbin, Peter von Andlau, der Verfasser des ersten deutschen Reichsstaatsrechts. Ein Beitrag zur Geschichte des Humanismus am Oberrhein im 15. Jahrhundert, Straßburg 1897; G. Scheffels, Peter von Andlau. Studien zur Reichs- und Kirchenreform im Spätmittelalter, Diss. masch. FU Berlin 1955; vgl. R. Newald, in: NDB I (1953), 276 f.; P. Conring, P. v.A., in: HRG III, Sp. 1634 ff.; M. Stolleis, in: Lex MA I (1980), Sp. 597 f.; W.v.Schulte, in: ADB I (1875), 431.

[2] Vgl. dazu H. G. Walther, Gelehrtes Recht, Stadt und Reich in der Theorie des Basler Kanonisten Peter von Andlau, in: Lebenswelten und Weltentwürfe im Übergang vom Mittelalter zur Neuzeit, hg.v. H. Boockmann u. a., Göttingen 1989, S. 77 ff., hier S. 79.; die Abkunft von einem »miles« ist belegt durch zwei päpstliche Dispense (Calixt III. 1457 Nov. 3; Pius II. 1459 Jan. 4; Druck Repert. Germ. VII, Nr. 2383 und VIII Nr. 5197).

[3] *Peter de Andelou dioec. Argentinensis*; cf. G. Toepke (Hg.), Die Matrikel der Universität Heidelberg I, Nendeln 1884, S. 222.

[4] Vgl. Scheffels, S. 13/14.

1445 kehrte der junge Kirchenrechtler aus Italien zurück. Dem Zutun seines Onkels, Georg von Andlau[5], seit 1432 Propst des Basler Domstiftes, mag es zu danken gewesen sein, daß ihm 1446 die Domkaplanspräbende am Altar Mariae Heimsuchung, die der Kollatur eben dieses Propstes unterstand, zufiel. In späteren Jahren erscheint Peter auch als Kanoniker in Colmar, seit 1457 bezog er Einkünfte aus der Pfarrei in Helfertskilch bei Basel. Die Vermutung, daß Peter es nicht bei der Erfüllung seiner geistlichen Pflichten beließ, sondern sich daneben als Domscholaster und vor allem als engagierter Mitstreiter an der Basler Konzilsuniversität (1432-1448)[6] betätigte, speist sich aus der Tatsache, daß er sogleich nach Auflösung der Konzilshochschule die Errichtung einer eigenen Universität in Basel aufs nachdrücklichste betrieb. Er tat dies in Wort und Schrift erfolgreich. Seinem Plädoyer, mit dem er in einer Rede 1450 für das Universitätsprojekt geworben hatte,[7] schlossen sich im Laufe der Jahre zahlreiche Gleichgesinnte an. 1459 hatte die *Alma mater Basiliensis* soweit Gestalt angenommen, daß Pius II. (1458-1464) sie nach Ausfertigung der päpstlichen Privilegien in die Selbständigkeit entließ. 1460 öffnete das nach italienischen Universitätsstrukturen eingerichtete Hohe Haus seine Pforten.[8]

Peter von Andlau reüssierte an der jungen Hochschule rasch. Bischof Johann von Venningen (1458-1478),[9] dessen kuriale Bestätigung er in Rom mit Geschick betrieben hatte und der ihm dies durch Vertrauens- und Gunsterweise lohnte, investierte ihn als Vizekanzler, ein Amt, das Peter bis zu seinem Tode versah. Als Rektor der Hochschule amtete im übrigen sein familiarer Protektor und Gönner, Georg von Andlau.[10]

Den glücklichen Fügungen, die in den späten 50er und frühen 60er Jahren das Leben des Peter von Andlau in neue, nach Neigung und Talent angemessenere Bahnen lenkten, war ein Rechtsakt vorausgegangen, der den Makel der unehelichen Geburt behob und zu

---

5 Kanoniker (seit 1416), Dekan (seit 1427) und Propst (seit 1432) des Domstiftes Basel; gest. 1466. R. Newald, in: NDB I (1953), S. 270.
6 Vgl. Walther, S. 83 f.; dazu u. a. V. Redlich, Eine Universität auf dem Konzil von Basel, in: HJb 49 (1929), S. 92-101.
7 Druck bei Hürbin, S. 261-263.
8 Dazu Walther, S. 85 ff.; grundsätzlich s. E. Bonjour, Die Universität Basel von den Anfängen bis zur Gegenwart, Basel ²1971.
9 Vgl. J. Stöcklin, Johann VI. von Venningen, Bischof von Basel, Solothurn 1902.
10 Vgl. Bonjour, S. 40.

mancherlei Würden die notwendigen Voraussetzungen schuf. Seit dem 4. Januar 1459 war Peter im Besitz einer päpstlichen Dispens, die den benachteiligenden Status insofern behob, als sie zum Erwerb weiterer Pfründen berechtigte und dem Supplikanten erlaubte, die besonderen Umstände seiner Geburt künftig zu verschweigen.[11]
Mit welchem Feuereifer Peter von Andlau sich ins akademische Geschäft stürzte, zeigt seine Resignation auf die Chorherrenstelle am Martinsstift zu Colmar, die er mit Erlangung des Universitätsamtes aufgab. In das Matrikelbuch der Basler Universität inskribierte er sich als einer der ersten und verewigte sich dort mit einem 16 Hexameter umfassenden Gedicht »Preconium studii Basiliensis«.[12] Daß er sich dort *Doctor juris canonici* nannte, läßt auf eine inzwischen abgelegte Promotion – vermutlich 1459/60, wiederum in Pavia – schließen.

Er, der vormals als praktischer Jurist bei Prozessen agiert und als Rechtsbeistand gutachterlich tätig gewesen war, lehrte an der Hochschule zunächst als *lector extraordinarius* mit bescheidenem Salär, ehe ihm ab 1468 als zweiter Ordinarius für kanonisches Recht mit der Reputation des Lehrstuhles auch umfänglichere Einkünfte zuwuchsen. Der Aufnahme seiner unmittelbaren Lehrtätigkeit vorausgegangen war im übrigen die Abfassung des »Libellus de Cesarea monarchia« im Jahre 1460, Peters einziger größerer Abhandlung, mit der er sich als politisch urteilender und theoretisch denkender Kopf im Kreis der gelehrten Kollegen nicht ungeschickt einführte. Dreimal, 1465, 1470 und 1475, bekleidete Peter das Amt des Dekans der juristischen Fakultät; im Wintersemester 1471/72 wurde er zum Rektor gewählt.[13] Wiewohl die Ausrichtung der Professur ihm in seinen Vorlesungen thematisch wenig Spielraum ließ – er las über die neueren Gesetzesbücher, den »Liber sextus« mit den »Regulae juris« sowie den Clementinen – erwies er sich in Belangen der universitären Selbstverwaltung und Studiengesetzgebung als gefragter Jurist. Peter von Andlau war zweifellos ein Mann kurial-konservativen Zuschnitts, dennoch wirkte er nicht polarisierend, sondern ausgleichend und kompromißbereit, mochte es sich um Statutenreformen handeln, um die Schlichtung

---

11 Walther, S. 83; Verweis auf Rep.Germ. VIII (Pius II.) Nr. 5197.
12 Als *decretorum doctor*. Vgl. H. G. Wackernagel, Die Matrikel der Universität Basel I, 1460-1529, Basel 1951, S. 1. Matrikeleintrag Andlaus: S. 3.
13 Matrikel passim; I, S. 102. Vgl. Scheffels, S. 22.

des Wegestreites zwischen Nominalisten und Realisten oder um die nicht unumstrittene Rezeption humanistischer Ideen an seiner Universität.[14]

Eine gewisse Umtriebigkeit brachte ihn immer wieder ins Geschäft mit Bischof und Stadt. Sein Rat war gefragt, auf sein Urteil hielt man viel. Kein Wunder, daß er sich zu diesem und jenem äußerte, Maßnahmen gegen den Luxus befürwortete, die Sittenlosigkeit anprangerte und in Denkschriften und Memoranden viel und eingehend über die Krisensymptome der Gesellschaft nachdachte. Als Propst des St. Michaelsstiftes in Lautenbach im Oberelsaß, als der er seinem Onkel Georg 1466 nachgefolgt war, war ihm die Klosterreform ein nachdrückliches Anliegen geworden.[15] Selbst inzwischen hinreichend arriviert, hielt er bei der Besetzung hoher kirchlicher Ämter mit seiner Meinung nicht hinter dem Berg. Daß Klosterreform auch Personalpolitik bedeutete, ließ er all jene spüren, denen seine Einflußnahme auf die Abtwahl von Murbach 1476 oder die Wahl Kaspars zu Rhein zum Bischof von Basel 1479 nicht ins Konzept paßte.[16]

Den Krieg zwischen den Eidgenossen und Herzog Karl dem Kühnen von Burgund verfolgte er engagiert, parteiisch und voll Trauer über die klägliche Rolle, die die Reichsfürsten seiner Ansicht nach dabei spielten. Friedrich III. (1440-1493),[17] dem er 1460 noch seinen »Libellus« gewidmet hatte, kritisierte er je länger je mehr seiner Passivität in Sachen Reichsreform wegen. Die Antipathie diesem Kaiser gegenüber wuchs mit den Jahren und gipfelte schließlich im Vorwurf der Häresie, der Untauglichkeit und politischen Instinktlosigkeit, so daß ihm zu guter Letzt dessen Absetzung durch den Papst – eine Forderung, zu der er sich expressis verbis 1473 in einer seiner Vorlesungen hinreißen ließ – als angemessen erschien.[18]

Die politischen Umwälzungen seiner Zeit ausführlich zu kommentieren und den eigenen, vielfach ungefestigten und wandelbaren Standpunkt, einer Klärung unterziehend, zur Grundlage einer um-

---

14 Vgl. Bonjour, S. 63; Scheffels, S. 84 ff.

15 Vgl. seinen *Tractatus de canonica clericorum secularium vita*; ediert von Scheffels, S. 103 ff.

16 Scheffels, S. 24 ff.

17 Zu Friedrich III. vgl. H. O. Meisner, in: NDB V (1961), 484 ff.; H. Koller, in: Lex MA IV (1989), Sp. 940-943; B. Rill, Friedrich III., Graz 1987.

18 *Papa ... propter heresim ...[et] propter inutilitatem imperatorem deponere potest*; UB Basel C II 28 f. 124 a; Zitat bei Scheffels, S. 31, 101.

fassenden Analyse zu machen, ist Peter von Andlau nicht mehr vergönnt gewesen. Ob dies seine Lebensplanung überhaupt vorgesehen hätte, darf füglich bezweifelt werden. Als er am 5. März 1480 in Basel starb und im Münster zur letzten Ruhe gebettet wurde, hatte sich ein Leben vollendet, dessen geistige Ausbeute als abgeschlossen gelten mußte. Mit der Verfügung, sein Jahresgedächtnis möge künftig mit demjenigen seines Onkels Georg am 16. August gefeiert werden, bezeugte Peter von Andlau einmal mehr seine tiefe Dankbarkeit seinem Förderer, aber auch dem Geschlecht derer von Andlau gegenüber, als deren würdiger Abkömmling er sich selbst empfunden haben mag.[19]

II.

Der »Libellus de Cesarea monarchia« des Peter von Andlau ist nicht die Summe eines langen Gelehrtenlebens, sondern steht am Anfang einer akademischen Karriere. Gleichwohl hat die Forschung den Autor lange Zeit als Begründer des »deutschen Reichsstaatsrechts«[20] gefeiert und dem Werk eine langfristig eher belastende denn förderliche Belobigung angedeihen lassen, die nun, da man im Urteil bedächtiger und in der Wertung kritischer geworden ist, ins Gegenteil umzuschlagen droht. Von »Gelegenheitsschrift«[21] ist nun die Rede, deren Verbleib im Kreis der Reformschriften zu überdenken sei. Was hat man von einem solchen Gesinnungswandel zu halten, und wie kommt er zustande?

Der spätmittelalterliche Traktat, auch unter dem Titel »De Imperio Romano« rezipiert, wurde in den Jahren 1603 und 1612 von Marquard Freher († 1614)[22], dem neben Goldast bedeutendsten Editor deutscher Rechts- und Geschichtsquellen an der Wende vom 16. zum 17. Jahrhundert, in Straßburg zum Druck gegeben und so in die damals aktuelle Diskussion um die deutsche Staatslehre einge-

---

19 Scheffels, S. 33. Es existiert (vermutlich) kein Portrait von ihm; das Epitaph scheint verloren.
20 P. Laband, Die Bedeutung der Rezeption des Römischen Rechtes für das deutsche Staatsrecht, 1880 (Rektoratsrede Straßburg 1880). Vgl. auch P. Conring, in: HRG III (1984), Sp. 1635.
21 Etwa Walther, S. 28.
22 Vgl. zu Freher: R. Hoke, in: HRG I (1971), Sp. 1214-1216.

führt.[23] Die Aktualisierung eines annähernd 150 Jahre alten Textes muß im Zusammenhang neu aufflammender, von Jean Bodin maßgeblich beeinflußter Kontroversen um die *forma imperii* gesehen werden, in deren Kontext der Einfluß des römischen Rechts und der scholastisch-aristotelischen Politiklehren auf die deutsche Verfassungsentwicklung neu bedacht wurde. Viel ist über die Reichs-Nostalgie am Vorabend des Dreißigjährigen Krieges geschrieben worden, als der Niedergang der alten Gesellschaftsordnung unübersehbar wurde, Maß und Mitte scheinbar verlorengingen und ein Paradigmawechsel an politischen Vorbehalten und staatsbürgerlicher Unmündigkeit scheiterte. Jede Art von Systematik, die versprach, Licht ins Dunkel einer desolat überlieferten Verfassung des Heiligen Römischen Reiches deutscher Nation zu bringen, und vorgab, zur nationalen Selbstfindung beizutragen, konnte freudiger Aufnahme sicher sein.[24]

Peter von Andlaus »Libellus« erging es nicht anders. Er war – jedenfalls zu diesem Zeitpunkt – das Buch zur rechten Zeit. Autor und Text fanden ungewöhnliche Resonanz; der Lorbeer »erste wissenschaftliche Darstellung des deutschen Staatsrechts« oder »Begründer des Reichsrechts« hielt sich über Gebühr lange und selbst dann noch, als aus Textvergleichen gewonnene Abhängigkeiten Originalität und Wert der Schrift deutlich relativierten.

Und dennoch: Nicht eine dem Autor unter Basels Bürgern und Professoren Renommee erheischende »Gelegenheitsschrift« oder ein humanistischer Kotau vor dem Reichsoberhaupt, dem er gewidmet war, ist der »Libellus«, sondern eine verfassungsgeschichtliche Studie von subtiler Gelehrsamkeit mit klaren, reichsrechtlichen Positionen und zeitgenössischen Optionen. Wer ein stringent konzipiertes Kompendium des Reichsstaatsrechts erwartet hatte, mußte enttäuscht sein, gewiß; Lesefrüchte führen zu eindeutig nachweisbaren Bezügen, zu Thomas von Aquins »De regimine principum« vor allem[25], zum »Memoriale de prerogativa Romani imperii« des Alexander von Roes[26], zum Translationstraktat des Landulfo Co-

---

23 Vgl. M.Stolleis, Geschichte des öffentlichen Rechts in Deutschland I, München 1988, S.132.
24 Neben Stolleis (wie Anm.23) siehe auch: D.Wyduckel, Ius publicum. Grundlagen und Entwicklung des öffentlichen Rechts und der deutschen Staatsrechtswissenschaft, Berlin 1984.
25 Siehe vor allem Walther, S. 101; Scheffels passim.
26 Edition vgl. S.334.

lonna[27], zu Enea Silvio Piccolominis programmatischer »Epistula de ortu et auctoritate imperii Romani«.[28]

Wie bei einem Kanonisten nicht anders zu erwarten, gibt die Folie für eine Reihe von Argumenten das Corpus juris canonici samt dessen Glossatoren ab. Johannes Andreae († 1348) wird als *rabbi doctorum* und *fons et tuba juris* gepriesen und wiederholt zitiert, Nicolaus von Tudeschis (Panormitanus) desgleichen; mehr noch als auf Antonius de Butrio, Johannes de Anania, Franziskus Zabarella und Johannes de Lignano bezieht Peter von Andlau sich auf Henricus de Segusio (Hostiensis) und Guilemus Durantis (Speculator).[29] Der ausgewiesene Jurist erweist sich selbstredend auch als Kenner des Corpus juris civilis und seiner Kommentarwerke. Kaum jemand im 15. Jahrhundert hätte bei gegebenem Thema auf Bartolus von Sassoferrato verzichtet, auch der Autor des »Libellus« wagt es nicht, desgleichen beruft er sich auf Johannes de Platina, auf Baldus.[30]

Bei der Beschreibung konstitutiver Rechtsakte, so des Procederes der Kaiserwahl in Frankfurt, stützt er sich auf eines der Fundamentalgesetze des Reiches, die Goldene Bulle Karls IV., die er mehrfach lobend auch »Constitutio Karolina« nennt. Das lombardisch-staufische Lehnsrecht ist ihm vertraut aus dem »Liber feudorum« Friedrichs I.[31]

Die humanistischen Neigungen des Baseler Juristen treten keineswegs auffallend in Erscheinung und lassen sich ablesen höchstens an einer größeren Anzahl von Cicero-Zitaten. Andere römische Autoren – Sallust, Livius, Sueton, Valerius Maximus, Ovid, Vergil, Boethius – fehlen nicht gänzlich, bleiben aber doch in erster Linie stilistischer Zierrat. Peter vermag seine thomistische Grundhaltung nirgendwo zu leugnen. Selbst wenn er sich modern gibt, gar zeitgenössische Autoren wie Boccaccio und Poggio zitiert, weiß man, daß seine Seele am Aquinaten hängt. Über diesen, aber auch unmittelbar, ist er »Aristoteliker« und benutzt dessen »Physik«, »Metaphysik«, »Ethik« und »Politik« mit Gewinn.[32]

27 Edition vgl. S. 335.
28 Edition R. Wolkan, Der Briefwechsel des Eneas Silvius Piccolomini. II. Fontes Rerum Austriacarum 67, Wien 1912, S. 6 ff.; Nachdruck und Übers. v. G. Kallen, Köln 1939.
29 Edition vgl. S. 335.
30 Edition vgl. S. 335.
31 Edition der Goldenen Bulle siehe S. 334; zum *Liber feudorum* vgl. P. Weimer, in: Lex MA V (1991), Sp. 1943 f.
32 Stellen vgl. Hürbin, Quellen, S. 11.

Die Kirchenväter, Augustinus mit seiner »De civitate Dei« insonderheit, aber auch Kirchenlehrer, Gregor der Große etwa, bewähren sich in vieler Hinsicht als Vordenker, über deren Werke sich nicht zuletzt der Schatz an Zitaten aus dem Alten und Neuen Testament, vor allem den rechtsgeschichtlich bedeutsamen Paulus-Briefen, heben läßt, mit denen Peter von Andlau wuchert.[33]

Der Traktat unseres Autors ist die Explikation eines Idealbildes von Herkommen, Verlauf und Struktur des Reiches aus der spezifischen Perspektive eines spätmittelalterlichen Kanonisten, wobei die kaiserliche Regentschaft – wie der Titel »De Cesarea monarchia« unmißverständlich andeutet – im Vordergrund steht. Der papstfreundliche und kirchentreue Tenor des Verfassers muß als berufsbedingt gelten, hängt aber gleichermaßen mit den Autoritäten zusammen, in deren Tradition eingebunden Peter von Andlau sich versteht. Der »Libellus« gehört, trotz seines stark kompilatorischen Charakters, in das Umfeld der zahllosen Reichsreformtraktate insofern, als er sich nicht weniger ernsthaft um eine Korrektur der Reichspolitik bemüht und für ein »aktualisiertes« Kaiser- und Reichsideal wirbt.[34]

Wie Enea Silvio Piccolomini hat Peter von Andlau längst auf scholastisches Raffinement verzichtet, sich auch von den geschätzten Glossatoren methodisch weit entfernt und seine Gedanken einer humanistischen Rhetorik untergeordnet, die ihn in die Nähe der Zeitenwende rückt, auch wenn der vielfach unreflektierte und selbstverständliche Abbau im Steinbruch antiker und mittelalterlicher Schriften an seinen geistigen Wurzeln keinen Zweifel läßt.

Der Traktat gliedert sich in zwei Bücher: In den 16 Kapiteln des ersten Buches handelt Peter von den Grundlagen politischer Herrschaft und historischer Entwicklung nach dem Muster der Vierweltreichslehre bis hin zur *translatio imperii* an die Deutschen. Das zweite Buch beschreibt in 20 Kapiteln die konkrete Gegenwart des Reiches.

---

33 Ebda. S. 10.
34 Etwa der *Reformatio Sigismundi* (hrsg. v. G. Koller, Stuttgart 1964 (MGH Staatsschriften d. spät. Ma.s, Bd. VI) oder der *Concordantia catholica* des Nikolaus von Kues (ed. and transl. P. E. Sigmund, Cambridge 1991).

III.

Staatliche Herrschaft gründet nach Peter von Andlau in Gott, sie ist natürlich und durch den Lauf der Geschichte legitimiert: *dominium esse a Deo, in comparacione ad motum. Omne namque quod movetur, ab alio movetur et in moventibus et motis non est infinitum abire, sed est venire ad aliquod movens, quod non movetur, quod est ipse Deus.*[35] Aus der göttlichen Gesetztheit jeglicher Herrschaft ergeben sich Staatsformen und Handlungsmaximen, deren Ziel und Zweck in der Überwindung nachparadiesischer Fried- und Rechtlosigkeit und der Begründung neuer Ordnungen liegen. Denn während die Menschen im Paradies im Stand der Unschuld und des natürlichen Rechtes lebten, also frei, friedlich und unter Verzicht auf oktroyierte Gesetze, erzwang der Sündenfall mit all seinen Konsequenzen völlig neue Mechanismen gesellschaftlichen Zusammenlebens.

Peters Herleitung staatlicher Ursprünge ist altbewährt, das gesamte Mittelalter kannte keine andere. Wenn Augustinus und vor allem Thomas von Aquin in seinem »De regimine principum« den Rechtsgrund des Staates im Herrschafts- resp. Unterwerfungsvertrag sahen, so hat der Basler Kanonist ihnen keine plausiblere Erklärung dagegenzusetzen.[36] Deren Gedanken aufnehmend, verknüpft er diese vielmehr mit einem weiteren beliebten Topoi mittelalterlicher philosophisch-historischer Deutung: *quemadmodum corpus hominis et cujuslibet animalis deflueret, nisi esset aliqua vis regitiva communis in corpore, ad omnium membrorum commune bonum intendens.*[37] Variantenreiche Ausdeutungen der aus antik-christlichen Quellen gespeisten organologischen Herrschaftsmodelle sind noch zu Zeiten Peter von Andlaus und bis weit in die Frühe Neuzeit hinein beliebt. Nikolaus von Kues etwa, Peters Zeitgenosse, erprobt sie in seiner Reformschrift »De concordantia catholica« des langen und breiten in bezug auf die römische Kirche.[38]

---

35 S. 28.
36 Vgl. Walther, S. 101 ff.; Scheffels, S. 37 ff.
37 S. 34.
38 Zum organologischen Staatsmodell vgl. u. a. D. Peil, Untersuchungen zur Staats- und Herrschaftsmetaphorik in literarischen Zeugnissen von der Antike bis zur Gegenwart, München 1983, hier S. 302 ff.; T. Struve, Die Entwicklung der organologischen Staatsauffassung im Mittelalter, Stuttgart 1978.

Wenn im 15. Jahrhundert von Herrschaft gesprochen wurde, so war Alleinherrschaft, monarchische Herrschaft zuvörderst, gemeint. Sie als die einzig »vernünftige« Form auszuweisen, war nicht neu, wenngleich die Betonung der *ratio humanae naturae* im humanistischen Umfeld eine andere Qualität erreichte und deutlich in die Zukunft wies. Enea Silvio begründete »Einherrschaft« in seiner »Epistula« aus der der Menschennatur gegebenen Vernunft, ohne daß Peter von Andlau ihm hierin in angemessener Weise gefolgt wäre.

Der »Libellus« hält sich, was den weiteren Fortgang der Geschichte betrifft, an biblische Vorgaben: Sintflut, Noah und Noahs Kinder als Stammväter der Erdteile Asien, Afrika und Europa nehmen den ihnen seit Jahrhunderten zugewiesenen Platz im frühgeschichtlichen Ablauf ein. Fürstentümer und Königsherrschaften entstehen und vergehen – den Bedürfnissen der Menschen und den Erfordernissen der Zeit entsprechend.

*

Vier große Reiche hat die Welt seither gesehen, so der »Libellus«: Das assyrisch-babylonische, das medisch-persische, das griechische und das römische. Peter von Andlau ist ein klassischer Vertreter der augusteischen Vierweltzeitalterlehre samt deren alttestamentlichen Fundamenten, der Danielprophetie und der Traumdeutung des Nebukadnezar.[39] Wie eine Vielzahl von Vorgängern, nicht zuletzt einige der ihm vertrautesten, Jordanus von Osnabrück, Alexander von Roes, Enea Silvio Piccolomini, attestiert Peter dem römischen Weltreich eine Dauer bis ans Ende der Welt: *Habet quoque Romanum imperium, ut quidam auctumnant, aliud privilegium: nec enim eo stante venturum existimant Antichristum*, hatte auch Enea Silvio in seiner »Epistula« geschrieben.[40]

Ausführlich behandelt Peter von Andlau in den Kapiteln V-X des ersten Buches die Geschichte des römischen Reiches und die Bedeutung der Stadt Rom als Zentrum (*caput*) beider Monarchien, der weltlichen wie der geistlichen, der Stadt immerhin, wo Petrus seinen Bischofssitz nahm.[41] An frühestmöglicher Stelle verweist er so auf

---

39 Siehe A. Seifert, Der Rückzug der biblischen Prophetie von der neueren Geschichte, Köln 1990.
40 Kallen, S. 64.
41 Zum Rombild im Mittelalter vgl. u. a. M. Seidlmayer, Rom und Romgedanke im

die Abhängigkeit des deutschen Kaisertums vom Papsttum. Da die päpstliche Salbung und Krönung des Kaisers conditio sine qua non für dessen legitime Amtsausübung sei, dürfe sich der zum römischen *princeps* Gewählte nicht eher Kaiser nennen, ehe er nicht die dreifache Krone Roms und die päpstliche Salbung empfangen habe.[42] Im Sinne unseres Autors besaß der Papst gegenüber dem Kaiser also ein Approbationsrecht, das dessen Souveränität deutlich einschränkte. So schrieb und dachte ein Kanonist des Spätmittelalters, der sich in den Glossen und Kommentaren der Dekretalisten sein Wissen suchte, der geistige Sohn des Bartolus von Sassoferrato.

Auch wenn Peter von Andlau von der Transformation des römischen Kaisertums auf die Griechen handelt (I, 11), bleibt er seinem kurialen Standpunkt treu. Keinen Zweifel läßt er daran, daß Konstantin mit dem Transfer der Kaiserwürde nach Konstantinopel *Romam cum territorio suo et plerasque alias provincias per pragmaticum constitutum Romane ... ecclesie* vermacht habe.[43] Einwände der Legisten an der Korrektheit der *donatio* bleiben unberücksichtigt; Kritiker, die die Konstantinische Schenkung als Fälschung betrachten, ein Lorenzo Valla († 1457) mit seiner »De falso credita et eminentia Constantini donatione« etwa, ein Baldus de Ubaldis († 1400), finden keine Erwähnung.[44]

*

Die für das Reich »deutscher Nation« entscheidende *translatio imperii* von den Griechen auf die Germanen schildert Peter in den letzten Kapiteln des ersten Buches ausführlich und mit Sinn für staatsrechtlich problematische Konstrukte. In der Forschung ist zu Recht Peters starke Betonung der heilsgeschichtlichen Komponente im Vorgang der Kaiserkrönung des Jahres 800 betont worden. Und in der Tat wird der geistige und politische Niedergang Ostroms zwar als mitentscheidendes, jedoch nicht ursächliches Moment für den päpstlichen Entschluß einer erneuten *translatio* gesehen.[45] Diese sei

---

Mittelalter, in: Ders., Wege und Wandlungen des Humanismus, Göttingen 1965, S. 11-32; F. Schneider, Rom und Romgedanke im Mittelalter, München 1926 (ND Darmstadt 1959.
42 Zur Kaisererhebung vgl. E. Eichmann, Die Kaiserkrönung im Abendland, 2 Bde., Würzburg 1942.
43 S. 108.
44 A. Erler, Konstantinische Schenkung, in: HRG II (1978), Sp. 1113.
45 Vgl. W. Goez, Translatio Imperii. Ein Beitrag zur Geschichte des Geschichtsdenkens

aufgrund göttlicher Vorsehung (*divina preordinacione*), nicht menschlicher Planung (*humana disposicione*) erfolgt und symbolisch vorbereitet gewesen durch Petrus, der seinen Hirtenstab ins Elsaß gesandt habe, um den dort verstorbenen Glaubensboten Maternus zu erwecken.

Die Frage nach der Nationalität Karls des Großen wird in diesem Zusammenhang von nicht unerheblicher Bedeutung.[46] Peter von Andlau beantwortet sie, wie andere zeitgenössische Humanisten – etwa Jakob Wimpfeling – auch, dahingehend, daß Karl sich selbst zwar als Frankenkönig (*rex francorum*) gesehen, tatsächlich aber über eine Vielzahl von Stämmen geboten habe und als in Ingelheim Geborener – *Romuleus matre, Teutonicus patre* – Deutscher gewesen sei. Somit auch verbleibe das Imperium über den Abfall Frankreichs (*francia*) hinaus bei den Deutschen, *usque in hodiernum diem*.[47]

*

Buch 2 des »Libellus« beginnt mit der Darlegung des karolingischen Niedergangs und der Verselbständigung des west- und ostfränkischen Reiches. Königs- und Kaiserherrschaft der Ottonen werden kurz gestreift, deren Aussterben im Mannesstamm mit Otto III. als Faktum von weitreichender historischer Bedeutung ausführlich erörtert. Daß Papst Gregor V. (996-999) die Vakanz dazu genutzt habe, erbrechtliche Ansprüche an das deutsche Königtum fortan gänzlich zu liquidieren und das Geblütsrecht durch ein Wahlrecht zu ersetzen, erscheint Peter von Andlau um so plausibler, als Johannes Andreae, der große Kanonist, in seiner »Glossa ordinaria« zur Dekretale »Ad apostolica« das Wahlrecht als das für jedes Regnum,

---

und der politischen Theorien im Mittelalter und in der frühen Neuzeit, Tübingen 1958.

46 Vgl. u. a.: W. Schulze, Die Entstehung des nationalen Vorurteils – Zur Kultur der Wahrnehmung fremder Nationen in der europäischen Frühen Neuzeit, in: GWU 11 (1995), S. 642-665; K.v.See, Deutsche Germanenideologie vom Humanismus bis zur Gegenwart, Frankfurt 1970; R. Stauber, Nationalismus vor dem Nationalismus? in: GWU 47 (1996), S. 139-165; A. Borst, Das Karlsbild in der Geschichtswissenschaft vom Humnaismus bis heute, in: Karl der Große, hg.v.W. Braunfels, Düsseldorf 1967, Bd. IV, S. 364-404; J. Knepper, Nationaler Gedanke und Kaiseridee bei den Elsässischen Humanisten, Freiburg 1898.

47 S. 144.

nicht nur das Imperium, angemessene Instrument zur Herbeiführung eines Herrscherwechsels längstens sanktioniert hatte.

Der folgenreiche Beschluß des Jahres 1004 *non per viam successionis sed electionis procederet, ut dignissimus habeatur ad dignitatem imperii gubernandam*[48] steht gedanklich auf einer Stufe mit der – angeblichen – Einsetzung des Kurfürstenkollegiums durch den Papst. Indem Peter der »Kurfürstenfabel«[49] Geltung verschafft und die sieben Kurfürsten zu Symbolen der Reichseinheit stilisiert – *velut septem candelabra lucencia in unitate septiformis spiritus* –, relativiert er die Bedeutung des Kaisers im Reichsgefüge und betont einmal mehr das Gewicht des Adels für den *status imperii*.

Denn daß der deutsche Adel konstitutives Element der Herrschaftsausübung sei, daran hatte der Basler Rechtsgelehrte schon in den letzten zwei Kapiteln des ersten Buches keinen Zweifel gelassen. Den Hinweis auf eine trojanische Abstammung desselben aufgreifend, den Alexander von Roes in seinem »Memoriale« gegeben hatte, leitete Peter von Andlau daraus nicht nur Bedeutung und Rang ab, sondern auch eine individuelle Prädisposition, die sich zu äußern pflegte in Vorzügen des Herzens, Gaben des Geistes, Eindrücklichkeiten des Körpers und im Kampf der Dynastien und Geschlechter-Familien, wie den Habsburgern, den Zollern, den Staufern, Badenern und nicht zuletzt den Andlauern, den Sieg bescherte.[50]

Immer um Anschaulichkeit und bildhafte Vergegenwärtigung bemüht, führt Peter von Andlau den Leser des »Libellus« in die zu damaliger Zeit aufblühende Quaternionentheorie[51] ein, um mit ihrer Hilfe ältere Rechtszustände zu revozieren und das hierarchische Ge-

---

48 S. 174.
49 Vgl. u.a. W. Becker, Der Kurfürstenrat, Münster 1973, S. 23 ff.; P. Hoffmann, Die bildlichen Darstellungen des Kurfürstenkollegiums von den Anfängen bis zum Ende des Heiligen Römischen Reiches, Bonn 1982.
50 Zum spätmittelalterlichen Adelsideal vgl. u.a. L. Manz, Der Ordo-Gedanke. Zur Frage des mittelalterlichen Ständegedankens, Stuttgart 1937; G. Franz, Tugenden und Laster der Stände in der didaktischen Literatur des späten Mittelalters, Diss. masch. Bonn 1957; K. Schreiner, De nobilitate – Begriff, Ethos und Selbstverständnis des Adels im Spiegel spätmittelalterlicher Adelstraktate, Phil. Habilschr. masch. Tübingen 1970.
51 Vgl. dazu grundsätzlich E. Schubert, Die Quaternionen – Entstehung, Sinngehalt und Folgen einer spätmittelalterlichen Deutung der Reichsverfassung, in: ZHF 20 (1993), S. 1-63; ferner R.A. Müller, ›Quaternionenlehre‹ und Reichsstädte, in: ders. (Hg.), Reichsstädte in Franken I, München 1987, S. 78-97.

füge des Reiches zu erläutern. Es gelingt ihm, ungeachtet der theoretischen Mängel und optischen Unzulänglichkeiten einer noch keinesfalls zu Ende gedachten Symbolik in den eindrucksvoll vom Adel besetzten Amplifikationen – mit seinen je vier *principes, marchiones, comites provinciales, comites castrenses, comites sacri imperii, barones* und *milites* –, den ständischen Gedanken im spätmittelalterlichen Staatsdenken sichtbar zu machen. Was sich im 15. Jahrhundert vielerorts als nationale Rückbesinnung geriert, nämlich die Identifikation des imperialen Aufbaus mit der eigenen, der deutschen Gesellschaft und ihren Ständen, vertieft das Quaternionenschema auf originelle Weise.[52]

Andernorts im »Libellus«, anläßlich der Frage nach der Nationalität des deutschen Königs, hatte Peter von Andlau gleichfalls einer nationalen, das heißt deutschen Lösung das Wort geredet. Zwar darauf hinweisend, daß der römische Senat, als dessen Rechtsnachfolger das Kurfürstenkolleg sich in vieler Hinsicht verstehe, auch Nicht-Römer zu Kaisern gewählt habe, folglich auch ein Nicht-Deutscher dieses Titels und Amtes würdig sein müsse, zumal die Kaiserherrschaft sich auf die gesamte Christenheit erstrecke, schien ihm die Wahl eines Deutschen letztlich als in vieler Hinsicht angemessener. Indem der Papst sowohl das aktive wie passive Kaiserwahlrecht dem berühmten Volk der Deutschen (*inclita natio Germanorum*) übertragen habe, habe er dessen Sonderstatus sanktioniert und der besonderen *dignitas* und *auctoritas* seiner Kaiser Rechnung getragen.[53]

*

Von den *virtutes* sowohl der Könige respektive Kaiser wie auch des Adels spricht Peter von Andlau freilich mit um so größerer Skepsis, je weiter er sich chronologisch der Gegenwart nähert. Wiewohl er mit Genugtuung feststellt, daß auf Rang sieben des Quaternionenschemas sich als erster ein *miles de Andlo in Alsacia* befindet, hält er mit seiner Kritik am Adelsstand generell nicht zurück. Heruntergekommen sei der Adel in Deutschland, testiert er verschiedentlich, und mitverantwortlich für den beklagenswerten Zustand des gegen-

---

52 Schubert hält eine Abhängigkeit vom Werk F. Hemmerlins (*De nobilitate et rusticitate*) für unwahrscheinlich (S. 8 ff.).
53 Siehe dazu etwa F. Andreae, Das Kaisertum in der juristischen Staatslehre des 15. Jahrhunderts, Diss. masch. Göttingen 1951.

wärtigen Reiches. Unfähig, die ihm ursprünglich zugedachten Aufgaben im Reichsverband zu lösen, biete sich, in Ergänzung zum Geburtsadel, die Beiziehung eines geistigen Adels, eines Verdienstadels, bestehend aus Gelehrten und Gebildeten, an. Schon 1450 hatte er bei einer Baseler Disputation Ähnliches geäußert und, Bartolus zitierend, darauf verwiesen, daß der Doktorgrad adle und eine zwanzigjährige universitäre Lehrtätigkeit gleichsam in den Rang eines Grafen erhebe. Man mag diese Haltung eines von sich und seiner Wissenschaft überzeugten Juristen, dem die besonderen Umstände seiner Geburt den Adelsrang vorenthalten haben, psychologisch ausdeuten, im Trend der Zeit mit seiner aus Mißständen stets von neuem genährten Diskussion um wahre *nobilitas* lag sie allemal.[54]

Die Sorge um das Wohl des Reiches treibt Peter von Andlau um so mehr um, als er sich, im Verein mit seinen Gewährsmännern, im vierten Weltzeitalter wähnt, an dessen Ende unweigerlich die Ankunft des Antichrist steht. Gleichermaßen beschwörend, wie er vom Kaiser den Schutz der Kirche, des *cultus divini* generell, eingefordert hatte, hebt er gegen Ende seiner Ausführungen die Friedenswahrung als elementare kaiserliche Pflicht hervor. Ob er selbst sich von seinen Appellen an die Weisheit Friedrichs III. und den Gebeten seinetwegen eine Bewältigung der Reichskrise[55] versprach, mag dahingestellt sein; einige Zuversicht immerhin klingt aus den Worten, mit denen er, im Vertrauen auf einen Schöpfergott, *qui perpetua mundum semper racione gubernat, in secula benedictus*, seinen Traktat beschließt. Möge der Welt Aufschub gewährt werden und das Weltende nicht in die Gegenwart fallen, vielmehr diese sich fortsetzen in eine glückliche und lange von Kaiserhand geleitete Zukunft.

---

54 Siehe dazu: A. L. März, Die Entwicklung der Adelserziehung vom Rittertum bis zu den Ritterakademien, Diss. masch. Wien 1949, S. 24 ff.; R. A. Müller, Universität und Adel, München 1974, S. 44 ff.; W. Paravicini, Die ritterlich höfische Kultur des Mittelalters, München 1994, S. 45 ff.
55 Dazu grundsätzlich H. Angermeier, Die Reichsreform 1410-1555, München 1984; auch A. Laufs, Reichsreform, in: HRG IV (1990), Sp. 732 ff.

ZUR ÜBERSETZUNG

Peter von Andlaus »Libellus de Cesarea monarchia« hat keine weite Verbreitung gefunden. Sigmund Meisterlin, der später berühmte augsburgische und nürnbergische Chronist und zeitweilige Insasse des Klosters Murbach, erwähnt in einem Brief beiläufig, der Autor des »Libellus« habe diesen an seinen Verwandten, den Abt des Klosters Murbach, gesandt.[56] Somit dürfte der Traktat außer in Basel und den dortigen Gelehrten-, vor allem Juristenzirkeln, auch in elsässischen Humanistenkreisen bekannt gewesen sein. Ob Kaiser Friedrich III. jemals ein Dedikationsexemplar in Händen hielt, ist mehr als fraglich.[57]

Als J. Hürbin Peter von Andlaus »Libellus« gegen Ende des 19. Jahrhunderts ein weiteres Mal edierte, lagen ihm drei Handschriften vor, die sich in folgenden Bibliotheken befanden:[58]

1. Darmstadt – Bibliothek Cod.N.242 saec.XVI (Papier, auf Folio, 1556 verfaßt; Hürbin: D)
2. Basel – Universitätsbibliothek Fol. II 10 saec XV (Papier, auf Folio, wohl 15. Jh.; Hürbin: B)
3. Paris – Bibliothèque nationale, Nr. 6030 (olim 9980 et Baluze 70; Papier in Folio, 62 Blätter, in 2 Kolumnen, 1490; Hürbin: P)[59]

Nicht benutzt hat Hürbin eine zu damaliger Zeit in der Universitätsbibliothek Heidelberg, jetzt in der Vatikanischen Bibliothek liegende weitere handschriftliche Fassung, die Marquard Freher 1603 dem Erstdruck zugrundelegte. Frehers zweiter Druck, 1612 ebenfalls ins Straßburg erschienen, trug den Titel: »Petri de Andlo Canonici Colombariensis, Decretorum Doctoris *De Imperio Romano Regis et Augusti Creatione, Inauguratione, administratione: officio et potestate Electorum; aliisque Imperii partibus, juribus, ritibus et ceremoniis, Libri duo ad Fridericum III. Imp. Augustum ante sequisseculum scripti: et nunc primum e Bibliotheca Palatina in publicum*

---

56 Vgl. Scheffels, S. 21.
57 Walther, S. 111.
58 J. Hürbin, Der »Libellus de Cesarea monarchia« von Hermann Peter aus Andlau, in: ZRG GA 12 (1891), S. 34-103 (liber primus); ZRG GA 13 (1892), S. 163-219 (liber secundus).
59 Walther, S. 111, benennt noch eine weitere HS: Paris, Bibl.nat. lat. 17 788, saec. XV.

collati. Cum Notis amplissimis Marquardi Freheri Consiliarii Palatina Electoralis, Argentorati, Typia Josiae Rihelii Haerdum, Anno MDCXII.«

Die zweite Auflage Frehers unterscheidet sich von der ersten textlich nur marginal, ihr angefügt sind allerdings die Noten des Herausgebers (S. 143-206). Der Titel Frehers »De Imperio Romano« setzte sich in der Rechtsliteratur fortan gegenüber der handschriftlichen Version »De Cesarea monarchia« durch. Unter dem Titel »Repraesentatio Reipublicae Germanicae sive tractatus de S.R.G.J. regimine« erschien 1657 in Nürnberg ein weiterer Druck des »Libellus«, der für unsere Edition jedoch keine Rolle spielt. Vorliegende Übersetzung beruht auf der ergänzten und überarbeiteten Edition Hürbins, die dieser anhand der Pariser Fassung Nr. 6030, der wohl ältesten und geschlossensten der überlieferten Handschriften (Hürbin: P), sowie der Freherschen Druckfassung von 1612 (Hürbin: L) erstellt hatte. Offensichtliche Lesefehler wurden getilgt und einer größeren Übersichtlichkeit wegen sowohl im lateinischen wie auch im deutschen Text Kapiteluntergliederungen vorgenommen.

Für die Übersetzung zeichnen Frau Renate Pletl M.A. und Herr Prof. Dr. Konrad Vollmann verantwortlich; die letzte Durchsicht oblag dem Herausgeber. Das Konzept der Reihe »Bibliothek des deutschen Staatsdenkens« sieht eine ausführliche Kommentierung nicht vor; die im Text erwähnten Namen wurden in einem »Personenverzeichnis« jedoch mit knappen Erläuterungen versehen. In einem »Quellenverzeichnis« finden sich die von Andlau zitierten bzw. erwähnten Werke in ihren jeweils jüngsten resp. wichtigsten Ausgaben aufgenommen. Personenverzeichnis und Register erstellte Herr Stefan Schuch M.A.; bei den Korrekturarbeiten an den Texten half Frau Barbara Maigler, die auch die technische Einrichtung der Satzvorlage besorgte. Allen Mitarbeitern, insonderheit den Übersetzern, sei auf das freundlichste gedankt.

Quellen (außer Hl.Schrift)
des »Libellus de Cesarea monarchia«

Editionen und Übersetzungen in Auswahl
* benutzt, nicht zitiert

Admonius (Aimoin) von Fleury – Gesta Francorum (Gesta regum Francorum); (Migne PL 139, 387-414 und 627-870; M.Bouquet, Recueil de historiens de Gaules et de la France, 1738-1904, Bd.3, 21-143; ND 1869-1904 und 1967/68).

Aeneas Silvius Piccolomini – De ortu et auctoritate imperii Romani* (G.Kallen, Ae.S.P. als Publizist in der Epistola de ortu ..., 1939).

Alexander von Roes – Memoriale de prerogativa Romani imperii* (hg. H.Grundmann/H.Heimpel, Schriften, in: MGH Staatsschr. I,1, 1958)

Ambrosius – Psalmenkommentar »Beati immaculati« (Migne PL 14-17; CSEL 32,62,64,72; BKV 17,21,32)

Anastasius Bibliothecarius – Chronica de Greco in Latinum translata (= Chronographia tripartita; hg. C. de Boor, Theophanis Chronographia II, 1885, 31-346)

Aristoteles – Physik/Metaphysik/Ethik/Politeia (Opera ed. I.Bekker, 5 Bde., 1831-1870 (ND 1961-1970); Aristotle, hg.v. W.D. Ross u.a., 14 Bde., 1894-1965; Werke in dt. Übers. hg.v. E.Grumach/H.Flashar, 1966ff.)

Augustinus – De trinitate/De civitate Dei/Glosse Lukasevangelium (Werke in dt. Übers. hg.v. C.C. Perl, 19 Bde., 1955-1981; Migne PL 32-47).

Averroes (Corpus Commentriorum Averois in Arist., hg.v. Med. Acad. of America, 1931 ff.)

Boccaccio, Giovanni – Liber de claris mulieribus (Gesamtausgabe Bd.X, hg. V.Zaccarina, 1970; Gesammelte Werke in dt. Übers., 5 Bde., hg.v. M.Krell, 1924).

Boethius – De consolatione Philosophiae (lat./dt.: hg.v. E.Gothein, 1949)

Chronica francorum – Liber historiae francorum (hg. B.Kusch, in: MGH SRM 2, 1888, 215-328)

Chronica francorum – Chronicarum quae dicuntur Fredegarii (hg. B.Kusch, in: MGH SRM 2, 1888, 1-194)

Cicero – De officiis/De republica/De senectute/contra Sallustium (Gesamtausgabe hg.v. I.G. Baiter/C.L. Kayser, 11 Bde., 1860-1869; lat./dt.: Vom rechten Handeln, hg.v. K.Büchner, ²1964; Sämtliche Reden, übers.u.hg.v. M.Fuhrmann, 7 Bde., 1971/85; De re publica, lat./dt., v. K.Büchner; De senectute, lat./dt., hg.v. M.Faltner, 1983)

Constitutio Carolina (Goldene Bulle; bulla aurea) – (MGH Fontes XI, 1972;

Die Goldene Bulle. Das Reichsgesetz Kaiser Karls IV. vom Jahre 1356, dt.v. W.D. Fritz, 1978)

Corpus Juris Canonici – hg.v. A. Friedberg, 2 Bde., 1879/81; ND 1959 (Glossatoren: Johannes Andreä; Panormitanus (Nicolaus von Tudeschis); Abbas antiquus; Antonius de Butrio; Johannes de Anania; Cardinalis Florent. (Franciscus Zabarella); Hostiensis (Henricus de Segusio); Johannes de Lignano; Speculator (Guilelmus Durantis d.Ältere = Decretum Gratiani)

Corpus Juris Civilis – hg.v. Th. Mommsen-P. Krüger etc., 3 Bde., 1872-1895; ND 1980 (Glossatoren: Bartolus; Johannes de Platina; Jacobus de Arena; Cynus; Baldus; Libri feudorum)

Eutropius – Breviarium ab urbe condita (lat./dt., hg.v. F. L. Müller, 1995)

Flavius Josephus – Antiquitates (Opera, hg. v. B. Niese, 7 Bde., ²1955; dt.: H. Clementz, 1959)

Gottfried von Viterbo – Chronica (MGH SS XXII, 1-338)

Gregor d. Große – In Pastorali (Regula pastoralis: Migne PL 77, 13-128; dt.: G. Kubis,1986)

Hemmerlin (Hemmerli) Felix – De nobilitate et rusticitate* (Straßburg 1493/1500)

Hieronymus – De sepultura/Epist. ad Eugenium (Migne PL 22-30; Bibl. d. Kirchenväter 15,16,18)

Isidor von Sevilla – Etymologiae (hg.v. W. M. Lindsay 1911; auch: Migne PL 81-84)

Jordanus von Osnabrück – De prerogativa Romani imperii* (MGH Staatsschr. I, 1958, S. 94-100)

Landulphus de Columna (Landolfo Colonna) – Tractatus de translatione imperii a Graecis ad Latinos sive De statu et mutatione imperii Romani (hg.v. L.L. Bethmann/Ph. Jaffé, MGH SS XX, 1868, 21-49)

Liber feudorum Friderici I. Augusti – (ed. CIC III)

Liber pontificalis – Le liber pontificalis (hg.v. L.Duchesne, 3 Bde., 1886-1892 (ND 1957))

Livius Titus – Ab urbe condita (lat./dt. v. R. Feger, 1981 ff.)

Lukian – Werke (dt./gr.: hg.v. K. Mras, 1954)

Methodius – Werke (Migne PG 99)

Orosius – Historiarum libri VII adversus paganos (hg.v. M.-P. Arnaud-Lindet, 3 Bde., 1990/91; dt: A. Lippold, 1985/86)

Ovid – De arte amandi (Ars Amatoria) (lat./dt.: hg.v. F. Burger, ¹⁰1964)

Plato – Timaios/Politeia (Sämtliche Werke, dt: F. Schleiermacher, ⁵1967)

Plautus Maccius – Amphitruo (lat./it. v. R. Oniga, 1991; dt. v. E. W. Müller, 1982)

Poggio Braccioloni – Dialogus de nobilitate (Opera omnia, hg.v. T. Tonnelli, 4 Bde., ²1964-1982)

Pontificale Romanum – Text benutzt wohl nach G. Durantis, Pontificalis ordinis liber (hg. v. M. Andrieu, Studi e Testi 88, 1940)

Sallust C. Crispus – Bellum Catiliniarum (Werke, lat.-dt., hg.v. W. Eisenhut u. a. ²1985)

Seneca Annaeus – De brevitate vitae/Briefe (Dialoge: hg.v. M. Rosenbach, 1971; dt.: hg.v. O. Apelt; Briefe: hg.v. A. Beltrami, 1971)

Sichard von Cremona – Chronicon (hg.v. O. Holder-Egger, MGH SS XXXI, 1903, 22-183)

Sueton Tranquillus – XII Vitae Imperatorum (Werke, hg.v. J. C. Rolfe, 2 Bde., 1914 (ND 1979); dt.: hg.v. M. Heinemann, ⁷1986)

Terentius Afer – Adelphoe (Comoediae, hg.v. R. Kauer/W. M. Lindsay, ²1959; dt./lat.: hg.v. D. Ebener, 1988)

Thomas v. Aquin – Summa Theologiae/ De regimine principum*
(Opera omnia, hg.v. S. E. Fretté u. a.,34 Bde., ²1873-1895; dt: 1934 ff.)

Valerius Maximus – Facta et dicta memorabilia (lat./dt.: hg.v. U. Blank-Sangmeister, 1991)

Vegetius Renatus Fl. – Epitome rei militaris (lat./dt.: hg.v. F. Wille, 1986)

Vergilius Maro – Aeneis/Eclogae (lat./dt.: hg.v. J. Götte u. a., ⁷1988)

Personenverzeichnis

Abdon, bibl. Richter der Israeliten.
Abel, zweiter Sohn Adam und Evas; von seinem Bruder → Kain aus Neid erschlagen.
Abraham, bibl. Stammvater der Israeliten.
Acca Larentia, sagenhafte Ziehmutter von → Romulus und Remus, Frau des → Faustulus.
Achaz (Ahas), jud. König 741-725 v.Ch.
Adalrich-Eticho, elsäss. Herzog 673-700, Stammvater der Etichonen, Vater der Hl. → Ottilie.
Aemilius Paullus (Macedonicus) (um 228-160 v.Chr.), röm. Feldherr, Politiker und Rhetor.
Aeneas, sagenhafter Ahnherr der Römer, Sohn des → Anchises und der Aphrodite.
Aimoin (Admonius) von Fleury (ca.965-1010), Historiograph und Hagiograph.
Aistulph, langobard. König 749-757; bedrohte 754/756 Rom, das erfolgreich von → Pippin verteidigt wurde.
Alexander der Große, maked. König 336-323 v.Chr.
Ambrosius, Hl. (334/339-397), Kirchenlehrer; ab 374 Bischof von Mailand.
Amos (8. Jh. v.Chr.), bibl. Schriftprophet.
Amphitrion (Amphitryon), sagenhafter Gemahl der Alkmene.
Amulius, sagenhafter König von Alba Longa, Bruder des → Numitor, dem er die Herrschaft raubte.
Anaklet I. (Cletus), 76(?)-88(?) Papst.
Anastasius III. Bibliothecarius (800-879), 855 Gegenpapst.
Anchises, sagenhafter Vater des → Aeneas; König von Dardanos.
Ancus Marcius, sagenhafter röm. König (640-616 v.Chr.), der die Latiner unterworfen und diese auf dem Aventin angesiedelt haben soll.
Antoninus (Pius), röm. Kaiser 138-161.
Apollo, gr. Gott des Orakels, des Lichts, der Reinheit, der Heilkunst, der Künste und Wissenschaften; Sohn des Zeus und der Leto.
Arat (Aratos) von Soloi (ca. 310-245 v.Chr.), gr. Dichter und Astronom.
Arbakes, sagenhafter medischer Feldherr, Zerstörer von Ninive.
Aristoteles (= der Philosoph) (384-322 v.Chr.), gr. Philosoph, Schüler → Platons und Erzieher → Alexanders des Großen.
Arnulf von Kärnten; ostfränk. König 887-899, Kaiser 896.
Askanius (auch Julus), sagenhafter Stammvater der Julier; Sohn des → Aeneas und der Kreusa.
Assuerus (Ahasverus), bibl. Name Xerxes I., altpers. König 486-465 v.Chr.

Attilus Regulus s. Marcus R. A.
Augustinus, Hl. (354-430), Kirchenlehrer; Bischof von Hippo.
Augustus, Octavianus (31 v.Chr.-14 n.Chr.); erster röm. Kaiser, Adoptivsohn Julius → Caesars.
Aventinus, sagenhafter Urkönig Latiums; Sohn des → Herkules und der → Rhea.
Averroes, Mohammed ibn Ruschd (1126-1198), arab. aristotelischer Philosoph.
Azabel (Hasaël), alttest. König von Aram Ende 8. Jh. v.Chr.

Bartolus de Saxoferrato (1313/14-1357), it. Jurist, Glossator; Professor in Pisa und Perugia.
Belus, alttest. erster König der Welt; König der Assyrer und Begründer der assyr. Kultur; Sohn des → Nimrod.
Berengar II. (-966), Markgraf von Ivrea, it. König ab 950.
Boccaccio, Giovanni (1313-1375), it. Dichter und Humanist.
Boethius (um 480-um 524), röm. Staatsmann und Philosoph.
Brutus, Lucius Junius, sagenhafter Befreier Roms von der Königsherrschaft, neben → Collatinus 509 v.Chr. erster Konsul; Ahnherr der Junier.
Brutus Decimus Junius (-43 v.Chr.), röm. Politiker und Feldherr; Quästor 53, Prätor 44; Vertrauter und Mörder Caesars.

Caesar, Gaius Julius (100-44 v.Chr.), röm. Feldherr und Staatsmann.
Cato, Porcius Censorius, der Ältere (234-149 v. Chr.), röm. Staatsmann.
Cham s. Ham.
Chus, bibl. Stammvater; Sohn → Hams, Enkel → Noahs und Vater → Nimrods.
Cicero, Marcus Tullius (106-43 v.Chr.), röm. Philosoph und Politiker.
Childerich III., fränk. König 743-751; auf Betreiben Karls d. Großen abgesetzter Merowingerkönig.
Cletus s. Anaklet.
Collatinus, Lucius Tarquinius, sagenhafter Befreier Roms von der Königsherrschaft, 509 v.Chr. neben → Brutus erster Konsul; Gatte der → Lucretia.
Cynus de Sighibuldis (Cino da Pistoia) (1270-1336/37), it. Jurist und Dichter; Professor in Siena, Perugia, Neapel und Bologna, Lehrer des → Bartolus.

Daniel, bibl. Prophet.
Darius (Dareios) I., der Große, altpers. König 522-486 v.Chr.
David, israelit. König ca. 1000-ca.965 v.Chr.
Desiderius, letzter langobard. König 757-774.
Dido, sagenhafte Gründerin und Königin von Karthago; Geliebte des → Aeneas.

Dietrich von Erbach, Kurfürst von Mainz 1434-1459.
Diokletian, Gaius Aurelius Valerius, röm. Kaiser 284-305.
Dionysius, Papst 259/260-267/268.
Drusus (38-9 v.Chr.), röm. Feldherr, neben → Tiberius Sieger in Germanien; Stiefsohn des → Augustus.

Elias, bibl. Prophet; nach jüd. Vorstellung Vorgänger des Messias.
Enea Silvio Piccolomini s. Pius II, Papst.
Ennius, Quintus (239-169 v.Chr.), röm. Dichter; Schöpfer der lat. Satyre.
Enoch (Henoch), bibl. Stammvater; Sohn → Kains.
Esau (Edom), bibl. Stammvater; Sohn Isaaks und der → Rebekka, Zwillingsbruder → Jakobs.
Esther, bibl. Gattin des persischen Königs → Ahasverus (Xerxes).
Euander (Euandros), sagenhafter arkad. König; Sohn des Hermes.
Eucharius, Hl. (Mitte 3. Jh.), Schüler des → Petrus; neben → Valerius und → Maternus Missionar in Gallien/Germanien; erster Bischof von Trier.
Eudokia (Eudoxia) (610-641), Frau des oström. Kaisers → Heraklius.
Eutrop (um 330-um 390), röm. Historiker; »Magister memoriae« des Kaisers Valens.
Ezechiel (Hesekiel) (6.Jh. v.Chr.), bibl. Prophet.

Fabius Maximus Verrocosus, Quintus (Cunctator) (-203 v.Chr.), röm. Feldherr und Staatmann; best. Politiker im II. Punischen Krieg.
Fabricius Luscinus, Gaius, röm. Politiker und Feldherr; Konsul 282 u. 275 v.Chr.; Sieger über Pyrrhos I.
Faustulus, sagenhafter Ziehvater von → Romulus und Remus.
Festus, Porcius, röm. Militärbeamter, Prokurator (Statthalter) von Judäa 54/56-60.
Friedrich I. Barbarossa, dt. König 1152-1190, Kaiser 1155.
Friedrich II., dt. König 1212-1250, Kaiser 1220.
Friedrich III., dt. König 1440-1493, Kaiser 1452.

Gallicanus III., Ovinius, Präfekt von Rom 316-317.
Gaius Marius s. Marius.
Gelasius I., Hl., Papst 492-496.
Geneband (Genebaud) (4. Jh.), fränk. Stammmesherzog.
Georg von Andlau (-1466), dt. Humanist; Dompropst in Basel.
Georg von Podiebrad (Gersing), böhm. König 1458-1471.
Gnaeus Pompeius s. Pompeius Magnus.
Gottfried von Viterbo (-ca. 1190), Historiograph, Kaplan → Friedrich I.
Gratian (um 1150), bed. it. Kanonist.
Gregor I., der Große, Hl. (540-604), Kirchenlehrer, seit 590 Papst.

Gregor III., Hl., Papst 731-741.
Gregor V. (Brun von Kärnten), Papst 996-999.

Hadrian I. (Adrian), Papst 772-795.
Ham (Cham), bibl. Stammvater der Hamiten; zweiter Sohn → Noahs.
Hannibal (247-183 v.Chr.), karthag. Feldherr.
Heinrich I., ostfränk. König 919-936.
Heinrich II. der Heilige, dt. König 1002-1024, Kaiser 1014.
Heli, bibl. Richter der Israeliten.
Heraklius, byz. Kaiser 610-641.
Herkules (Herakles), sagenhafter gr. Heros; Sohn des Zeus und der Alkmene.
Hesekia (Ezechias), König von Juda 721-693 v.Chr.
Hieronymus, Hl. (ca. 347-419/420), Kirchenlehrer.
Hostiensis (Henricus de Segusio) (um 1200-1271), it. Kanonist, Bischof v. Sisteron, Erzbischof v. Embrun, Kardinalerzbischof v. Ostia.
Hugo Capet, frz. König 987-996; Stammvater der Kapetinger.

Ilia s. Rhea Silvia.
Innozenz III. (Lotario da Segni), Papst 1198-1216.
Innozenz IV. (Sinisbaldo Fieschi) (um 1195-1254), it. Dekretalist; ab 1243 Papst.
Isidor von Sevilla, Hl. (um 570-636), Kirchenvater.

Jacobus de Arena (-1296), it. Jurist, Postglossator; Professor in Padua.
Jakob, bibl. Ahnherr der 12 israel. Stämme; Sohn des Isaak und der → Rebekka.
Japhet, bibl. Stammvater der Jafetiden; dritter Sohn → Noahs.
Jehu, israel. König 845-818 v.Chr.
Jeremias (um 630 v. Chr.), bibl. Prophet der Israeliten.
Jeroboam I., israel. König 926-907 v.Chr.
Jesaja (Isaias) (8. Jh.v.Chr.), bibl. Prophet der Israeliten.
Joel (Ioel) (4./3. Jh. v.Chr.), bibl. Prophet der Israeliten.
Johannes, Hl., Evangelist.
Johannes XV., Papst 985-996.
Johannes Andreae (ca. 1270-1348); it. Kanonist; Professor in Bologna und Padua.
Johannes de Lignano (-1383); it. Jurist und Kriegstheoretiker; Professor in Bologna.
Johannes de Placentia (Placentinus) (-1192); it. Jurist; Professor in Mantua, Montpellier, Bologna und Piacenza.
Jonas, bibl. Prophet der Israeliten.
Joram, jud. König 852-845 v.Chr.

Josephus, Flavius (37/38-um 100), jüd. Historiker.
Judas Machabäus (Makkabi), bibl. jüd. Hohepriester 166-161.
Judith, bibl. Heroin der Israeliten im Kampf gegen Holofernes.
Julus s. Askanius.
Jupiter, röm. Gottvater.
Justinian I., byz. Kaiser 527-565; Kompilator des röm. Kaiserrechts.

Kain, erster Sohn Adams, Bruder → Abels.
Karl d. Große, fränk. König 768-814, Kaiser 800.
Karl IV., dt. König 1346-1378, Kaiser 1355.
Karlmann, fränk. König 768-771, Bruder → Karls d. Großen.
Kolumban d. Ä. (521/543 - 597), Hl., Apostel Schottlands.
Konrad I. fränk. König 911-918.
Konrad II., dt. König 1024-1039, Kaiser 1024.
Konstantin I., der Große, röm. Kaiser 306-337.
Konstantin V. Kopronymos, byz. Kaiser 741-775.
Konstantin VI., byz. Kaiser 780-797.
Kreusa (Creusa), sagenhafte Tochter des troj. Königs → Priamos und der Hekabe, der ersten Frau des → Aeneas.
Kunigunde, Gattin → Konrad I.; Schwester des schwäbischen Alaholfinger-Herzogs Erchanger.
Kyros II., d. Große, altpers. König 559-529 v.Chr.

Ladislaus V. Postumus, 1440 bzw. 1453 König von Böhmen, nachgeborener Sohn Albrechts II.
Lamech, bibl. Urvater der Israeliten; Sohn des Methusalem, Vater des Noah.
Landulf (Landolfo) Colonna (-1331), it. Historiker; Kanoniker in Chartres 1290-1328.
Lavinia, sagenhafte Tochter des Königs Latinus; Gattin des → Aeneas.
Leo III. (der Syrer), byz. Kaiser 717-741.
Leo I., der Große, Hl., Papst 440-461.
Leo III., Hl., Papst 795-816.
Leo VIII., Papst 963-965.
Leonora (Eleonore) von Portugal, Gattin → Friedrichs III.
Livius, Titus (ca.60-ca.15 v.Chr), röm. Historiker.
Loth (Lot), bibl. Stammvater der Moabiter und Ammoniter; Neffe → Abrahams.
Lucilius Iunior, Freund und Briefpartner des → Seneca; 63/64 Prokonsul auf Sizilien.
Lucretia, sagenhafte Frau des → Collatinus; durch den Königssohn Sextus → Tarquinius entehrt; Rache war Anlaß zum Sturz des Königtums in Rom.
Ludwig IV., das Kind, ostfränk. König 900-911.

Lukian, Marcus Annaeus (39-65), röm. Dichter.
Lutatius Catulus, Quintus (1. Jh. v.Chr.), röm. Politiker; Konsul 78, Zensor 65 v.Chr.
Lykurg (9. Jh. v.Chr.), sagenhafter Gesetzgeber Spartas.
Lysander (-395 v.Chr.), spart. Feldherr.

Manasse, jud. König 696-642 v.Chr.
Marcellinus, Papst 295(?)-304.
Marcus Curtius, sagenhafter röm. Krieger.
Marcus Curius Dentatius (-270 v.Chr.), röm. Feldherr und Politiker; Sieger über Sabiner und Samniten.
Marcus Marcellus (3. Jh. v.Chr.), röm. Feldherr und Politiker.
Marcus Regulus Attilius, röm. Feldherr und Politiker; Konsul 267-256 v.Chr.
Markomet (Marcomer), fränk. Stammesherzog, führt 388/389 Einfall ins röm. Reich, 398 abgesetzt; Bruder des → Sunno.
Marius, Gaius (157/58-86 v.Chr.), röm. Feldherr und Politiker; Heeresreformer; Sieger im Iugurthinischen Krieg 104, über die Teutonen 102, über die Kimbern 104.
Markus, Hl., Evangelist.
Mars (gr. Ares), röm. Kriegsgott, Vater des → Romulus und Remus.
Maternus, Hl. (Ende 3./Anfang 4. Jh.), erster Bischof v. Köln.
Mathathias, alttest. Priester.
Mathilde, Gattin → Heinrichs I., Mutter → Ottos I.; Tochter eines sächsischen Immedinger-Fürsten.
Matthäus, Hl., Evangelist.
Mauritius (Maurikios), byz. Kaiser 582-602.
Mauritius, Hl. (3. Jh.), legend. Anführer der thebäischen Legionen.
Melanthus (Melanthos), sagenhafter König von Athen um 1170 v.Chr.
Melchisedech, bibl. Priesterkönig von Jerusalem.
Metellus, Quintus Caecilius (-115 v.Chr.), röm. Feldherr und Politiker; führte vor → Marius den Krieg gegen Iugurtha.
Methodius, Hl. (815-885), neben seinem Bruder Kyrill Apostel der Slawen.
Micha (Michäus) (8. Jh.v. Chr.), bibl. Prophet der Israeliten.
Milon von Kroton, erfolgreichster Ringer der antiken olympischen Spiele zwischen 540 und 512 v.Chr.
Mohammed (Machomet) (570-632), islam. Religionsstifter.
Moses, bibl. Religionsstifter der Israeliten.

Nabuchodonoser I. (Nebukadnezar), babyl. König 605-562 v.Chr.
Nansus (Nimschis), bibl. Vater des → Jehu.
Nemrod (Nimrod), sagenhafte Herrschergestalt in der Völkertafel der Genesis; Erbauer von Ninive, Herrscher über Babel, Erech und Akkad.

Nestor, Patriarch v. Konstantinopel 428-431; Vertreter der Zweinaturenlehre Christi; durch Konzil von Ephesus 431 zum Häretiker erklärt.

Nikolaus V., Papst 1447-1455.

Nikolaus de Tudeschis (Panormitanus) (1386-1445), it. Kanonist, Professor in Bologna, Parma und Siena; 1434 Erzbischof v. Palermo, 1440 Kardinal.

Ninus (Ninos), sagenhafter Begründer des assyr. Reiches, Namensgeber der Stadt Ninive; Sohn des → Belus.

Noah (Noe), bibl. – vor der Sintflut geretteter – Urvater der Menschheit.

Numa Pompilius, sagenhafter zweiter röm. König 715-672 v.Chr.

Numitor, sagenhafter König von Alba Longa.

Octavian s. Augustus.

Ottilie (Odile), Hl., Tochter des elsäss. Herzogs → Adalrich.

Oneus, 29. König der Assyrer.

Orosius, Paulus (5. Jh.), span. Historiker; Presbyter in Braga, Schüler des → Augustinus.

Osee (Hosea) (8.Jh.v.Chr.), bibl. Prophet.

Osee (Hosea), letzter israel. König 731-724/23 v.Chr.

Otto I., ostfränk.-dt. König 936-973, Kaiser 962.

Otto II., ostfränk.-dt. König 961-983, Kaiser 967.

Otto III., ostfränk.-dt. König 983-1002, Kaiser 996.

Otto IV., dt. König 1198-1218, Kaiser 1209.

Ovid, Publius Naso (43 v.Chr.-17 n.Chr.), röm. Dichter.

Panormitanus s. Nikolaus de Tudeschis.

Paulus (Saulus) (-60), Hl., Apostel.

Pausanias, spart. König um 408-394 v.Chr.

Petrus (8. Jh.), Kardinalpresbyter, Gesandter → Hadrian I.

Petrus (-64), Hl., Apostel.

Pharamund (Faramund), fränk. König 420-428.

Phokas, byz. Kaiser 602-610; Mörder des Kaisers → Mauritius.

Pilatus, Pontius, röm. Prokurator Judäas 26-36.

Pippin der Ältere (-640), fränk. Hausmeier.

Pippin III., der Jüngere, fränk. König 751-768; Vater Karls des Großen.

Pius II. (Enea Silvio de Piccolomini), Papst 1458-1464.

Placida, fiktive Tochter Ludwig IV. und Gattin → Konrad I.

Platon (Plato) (427-347 v. Chr.), gr. Philosoph.

Plautus, Titus Maccius (-ca. 183 v.Chr.), röm. Komödiendichter.

Poggio Bracciolini (Poggius Florentinus) (1380-1459), it. Humanist.

Pompeius Magnus (106-48 v. Chr.), röm. Feldherr und Politiker.

Pranchaleon von Andlau.

Priamos, sagenhafter letzter troj. König.

Priamos d. Jüngere, Sohn des Polites, Enkel → Priamos.

Procas, sagenhafter König von Alba Longa.
Publius Nasica s. Scipio Nascia, Publius C.
Pythagoras (570-497/96 v.Chr.), gr. Philosoph.

Quintus Catulus s. Lutatius Catulus.

Raimundus de Arenis (=Cardinalis) († 1177/78), Kanonist, Glossator des Decretum Gratiani.
Rebekka, bibl. Gestalt; Frau Isaaks, Mutter von → Jakob und → Esau.
Rhea Silvia, sagenhafte Stammmutter der Römer; Mutter des → Romulus und Remus.
Roboam, alttest. Gestalt; Sohn Salomons, jud. König 926-910 v.Chr.
Romulus, sagenhafter Gründer und erster König Roms.
Rudolf I. von Habsburg, dt. König 1273-1291.

Sallust, Gaius (86-um 35 v. Chr.), röm. Historiker.
Salomon, bibl. Gestalt; Sohn Davids, israel. König ca. 965-926 v.Chr.
Samson (Simson), alttest. Gestalt; israel. Volksheld mit gewaltiger Körperkraft.
Samuel, alttest. Richter, Heerführer und Prophet.
Saphat Elius (Schafat).
Saturn, röm. Bauern- und Erntegott.
Saul, erster israel. König 1050-1000 v.Chr.
Scipio Aemilianus Africanus Numantinus, Publius (185/184-129 v.Chr.), röm. Feldherr und Politiker, 147 Konsul; 146 Zerstörer Karthagos.
Scipio Africanus maior, Cornelius (ca. 235-183 v.Chr.), röm. Feldherr und Politiker; 205 u. 194 Konsul, 210 Prokonsul in Spanien; Sieger über Hannibal; bed. röm. Heerführer vor → Caesar.
Scipio Nascia Serapio, Publius C. (-132 v.Chr.), röm. Politiker; 138 Konsul, 133 Pontifex maximus; Führer der Gegner des Tiberius Gracchus.
Scylla (Skylla), sechsköpfiges Meeresungeheuer der gr. Mythologie.
Sedechia (Zedekia), jud. König 597-586 v.Chr.
Sem, bibl. Stammvater der Semiten; ältester Sohn → Noahs.
Seneca, Lucius Annaeus (-65), röm. Philosoph und Dichter.
Sergius I. (Sergios), Patriarch von Konstantinopel 610-638; durch Konzil von Konstantinopel als Häretiker verurteilt.
Servius Tullius, sagenhafter 6. röm. König 578-534 v.Chr.
Sextus Tarquinius s. Tarquinius Sextus.
Sibylle von Tibur (Albunea), sagenhafte antike Seherin.
Sichard (Richard) von Cremona, Theologe, Kanonist und Chronist; 1185-1215 Bischof von Cremona.
Silvester I., Hl., Papst 314-335.
Silvius, Aeneas, sagenhafter Sohn des → Aeneas und der → Lavinia.

Sokrates (470-399 v.Chr.), gr. Philosoph; Lehrer des → Platon.
Stephan II., Papst 752-757.
Sueton Tranquillus, Gaius (2. Jh.), röm. Kaiserbiograph.
Sunno (4. Jh.), fränk. Stammesherzog; führt 388 Einfall ins röm. Germanien, 398 abgesetzt und ermordet; Bruder des → Markomet.

Tarquinius Priscus, sagenhafter 5. röm. König 616-578 v.Chr.
Tarquinius Sextus, Sohn des sagenhaften letzten röm. Königs → Tarquinius Superbus; Schänder der → Lucretia.
Tarquinius Superbus, sagenhafter 7. u. letzter röm. König 534-510 v.Chr.
Terenz (P. Terentius Afer) (190-159 v.Chr.), röm. Komödiendichter.
Thomas von Aquin, Hl. (1225/1226-1274), Kirchenlehrer; bed. scholast. Theologe; Professor in Paris, Rom und Neapel.
Tiberius, röm. Kaiser 14-37.
Timaios von Lokri (um 400 v.Chr), gr. Philosoph; Titelfigur bei → Platon.
Timotheus, Schüler und Begleiter des Apostel → Paulus.
Titus, Flavius Vespasianus, röm. Kaiser 79-81; Sohn des Vespasian; zerstörte im Jahre 70 Jerusalem.
Torquatus, Titus Manlius Imperiosus (4.Jh. v.Chr.), röm. Politiker und Feldherr; Diktator 353, 349, Konsul 347, 344, 340; Sieger über Latiner, Kampaner und Aurunker.
Trajan, Marcus Ulpius, röm. Kaiser 98-117.
Tullus Hostilius, sagenhafter 3. röm. König 672-640 v.Chr.

Valentinian I., röm. Kaiser 364-375.
Valerius Maximus (1. Jh.), röm. Schriftsteller.
Valerius, Hl. (3. Jh.), 2. Bischof von Trier.
Vegetius, Renatus Flavius (4./5. Jh.), röm. Schriftsteller.
Vergil, Publius Maro (70-19 v.Chr.), röm. Dichter.
Vespasian, Titus Flavius, röm. Kaiser 69-79.

Zabarella, Francesco (1360-1417), it. Kanonist; Kardinalerzbischof von Florenz.
Zacharias, Papst 741-752.
Zacharias (um 795), Presbyter am Hof → Karls des Großen.

Abkürzungsverzeichnis

Auth.	=	Authenticum
C.	=	Capitulum/Causa
Clem.	=	Clementinen
Cod.	=	Codex
Dig.	=	Digesten
Dist.	=	Distinctio
Dt.	=	Deuteronomium
Extrav.	=	Extravaganten
Inst.	=	Institutionen
Is	=	Jesaia
L./Lib.	=	Liber
Lib.VI.	=	Liber Sextus
Ps	=	Psalm
Pv	=	Proverbia
Rg	=	Buch der Könige